法学学科新发展丛书
New Development of Legal Studies

法理学的新发展

——探寻中国的政道法理

纪念中国社会科学院法学研究所成立50周年
1958—2008
法學所
INSTITUTE OF LAW, CASS

胡水君\主编

New Development of Legal Studies

中国社会科学出版社

图书在版编目（CIP）数据

法理学的新发展／胡水君著．—北京：中国社会科学
出版社，2009.10
（法学学科新发展丛书）
ISBN 978 - 7 - 5004 - 8220 - 8

Ⅰ. 法…　Ⅱ. 胡…　Ⅲ. 法理学 - 研究　Ⅳ. D90

中国版本图书馆 CIP 数据核字（2009）第 177267 号

出版策划　任　明
责任编辑　官京蕾
责任校对　王应来
技术编辑　李　建

出版发行　中国社会科学出版社
社　　址　北京鼓楼西大街甲 158 号　　邮　编　100720
电　　话　010 - 84029450（邮购）
网　　址　http：//www. csspw. cn
经　　销　新华书店
印　　刷　北京奥隆印刷厂　　　　　装　订　广增装订厂
版　　次　2009 年 10 月第 1 版　　印　次　2009 年 10 月第 1 次印刷
开　　本　710×1000　1/16
印　　张　25　　　　　　　　　　　插　页　2
字　　数　432 千字
定　　价　45.00 元

今天的法学研究所，拥有多元互补的学术背景、宽容和谐的学术氛围、兼收并蓄的学术传统、正直精邃的学术追求、老中青梯次配备的学术队伍。在这里，老一辈学者老骥伏枥，桑榆非晚，把舵导航；中年一代学者中流砥柱，立足前沿，引领理论发展；青年一代学者后生可畏，崭露头角，蓄势待发。所有的这一切，为的是追求理论创新、学术繁荣，为的是推动法治发展、社会进步，为的是实现公平正义、人民福祉。

在新的历史起点上，我们解放思想，高扬改革开放的大旗，更要关注世界法学发展的新问题、新学说和新趋势，更要总结当代中国法学的新成就、新观点和新发展，更要深入研究具有全局性、前瞻性和战略性的法治课题，更要致力于构建中国特色社会主义法学理论创新体系。

为纪念中国社会科学院法学研究所建所五十周年，纪念中国改革开放三十周年，我们汇全所之智、聚众人之力而成的这套法学学科新发展丛书，或选取部门法学基础理论视角，或切入法治热点难点问题，将我们对法学理论和法治建设的新观察、新分析和新思考，呈现给学界，呈现给世人，呈现给社会，并藉此体现法学所人的襟怀与器识，反映法学所人的抱负与宏愿。

五十风雨劲，法苑耕耘勤。正直精邃在，前景必胜今。

中国社会科学院法学研究所所长李林　谨识
二〇〇八年九月

总　序

景山东麓，红楼旧址。五四精神，源远流长。

中国社会科学院法学研究所位于新文化运动发源地——北京大学地质馆旧址。在这所饱经沧桑的小院里，法学研究所迎来了她的五十华诞。

法学研究所成立于 1958 年，时属中国科学院哲学社会科学学部，1978 年改属中国社会科学院。五十年来、尤其是进入改革开放新时期以来，法学研究所高度重视法学基础理论研究，倡导法学研究与中国民主法治建设实践紧密结合，积极参与国家的立法、执法、司法和法律监督等决策研究，服务国家政治经济社会发展大局。改革开放初期，法学研究所发起或参与探讨法律面前人人平等、法的阶级性与社会性、人治与法治、人权与公民权、无罪推定、法律体系协调发展等重要法学理论问题，为推动解放思想、拨乱反正发挥了重要作用。20 世纪 90 年代以后，伴随改革开放与现代化建设的步伐，法学研究所率先开展人权理论与对策研究，积极参与国际人权斗争和人权对话，为中国人权事业的发展作出了重要贡献；积极参与我国社会主义市场经济法治建设，弘扬法治精神和依法治国的理念，为把依法治国正式确立为党领导人民治国理政的基本方略，作出了重要理论贡献。进入新世纪以来，法学研究所根据中国民主法治建设的新形势和新特点，按照中国社会科学院的新定位和新要求，愈加重视中国特色社会主义民主自由人权问题的基本理论研究，愈加重视全面落实依法治国基本方略、加快建设社会主义法治国家的战略研究，愈加重视在新的起点上推进社会主义法治全面协调科学发展的重大理论与实践问题研究，愈加重视对中国法治国情的实证调查和理论研究，愈加重视马克思主义法学和中国法学学科新发展的相关问题研究……

五十年弹指一挥间。在这不平凡的五十年里，法学所人秉持正直精邃理念，弘扬民主法治精神，推动法学创新发展，为新中国的法治建设和法学繁荣作出了应有贡献。

法学研究所的五十年，见证了中国法学研究事业的繁荣与发展；法学研究所的五十年，见证了中国特色社会主义民主法治建设的进步与完善；法学研究所的五十年，见证了中国改革开放与现代化建设事业的成就与辉煌。

前　言

　　本书在"古今中外"的时空背景下，尝试着从价值、政制、法律、学术四个方面，对中国据以发展的政道和法理作出一定分析和探讨，力图以此开启一些关于法理学，特别是中国法理学新的思考。

　　承接古今中外，是本书的一个基本立场。由此，所谓的"新"，并不是割裂古今、隔断中外的"新"。日月经天，江河行地，在"人事有代谢，往来成古今"的同时，世间总有一些事物和过程是周而复始、亘古不易的。"天地之常经，古今之通义"，因此并不能由于惟求其"新"而被割舍。只分古今新旧，而不问是非真伪，是不可取的。从法理学研究来说，在文字生产、语言表述、叙事方式、观察角度、知识分析乃至思维观念不断翻新的过程中，对根本之"道"的追寻和固守其实也理当作为"新"的基本内容。正所谓"大学之道，在明明德"，使天然"明德"重现其明，也称得上一种"新"。近人有言："新之义有二：一曰淬厉其所本有而新之，二曰采补其所本无而新之。二者缺一，时乃无功。"就此而论，在世界不同文化的交流过程中，立足于根本普适之道，采人所长，补己所短，融会提升，也不能不作为"新"的重要内容。

　　本书由多人共同完成。按照篇章顺序，撰稿人及其撰写章节分别是，胡水君：导论、第一章、第三章；黄金荣：第二章；刘海波：第四章；贺海仁：第五章；谢海定：第六章；陈根发：第七章；冉井富：第八章；支振锋：第九章。全书由胡水君统稿。

胡水君
二〇〇九年五月

克明俊德，以亲九族。九族既睦，平章百姓。百姓昭明，协和万邦。

——《尚书·尧典》

修之于身，其德乃真。修之于家，其德乃余。修之于乡，其德乃长。修之于邦，其德乃丰。修之于天下，其德乃普。

——《道德经》

目　　录

导论　中国法理学的历史任务和研究对象 …………………………（1）

第一章　中国法理学：历史和文本分析 …………………………（47）

　　第一节　道 ………………………………………………………（49）

　　第二节　政 ………………………………………………………（57）

　　第三节　法 ………………………………………………………（67）

　　第四节　学 ………………………………………………………（76）

第二章　中西语境中的人权 ………………………………………（85）

　　第一节　新说与旧论 ……………………………………………（85）

　　第二节　理想与现实 ……………………………………………（92）

　　第三节　普遍与特殊 ……………………………………………（98）

　　第四节　内部与外部 ……………………………………………（104）

第三章　民主政治下的为民之道 …………………………………（110）

　　第一节　民主与合法性 …………………………………………（111）

　　第二节　价值与逻辑 ……………………………………………（122）

　　第三节　程序与实质 ……………………………………………（130）

第四章　政制与法制：分权的视角 ………………………………（140）

　　第一节　政治哲学与分权 ………………………………………（140）

　　第二节　分权理论中的司法权 …………………………………（161）

　　第三节　判例法法制 ……………………………………………（175）

第五章　法治国家 …………………………………………………（188）

　　第一节　法律与治乱 ……………………………………………（189）

　　第二节　法家与实质理性 ………………………………………（203）

　　第三节　三重规则与法治国家 …………………………………（215）

第六章　法律变迁 …………………………………………………（226）

　　第一节　方法论基础 ……………………………………………（227）

　　第二节　原因系统分析 …………………………………………（236）

　　第三节　过程机理考察 …………………………………………（249）

第七章 法律与后现代主义 ································ （261）
  第一节 后现代主义与后现代法学 ················· （261）
  第二节 后现代法学概观 ························· （271）
  第三节 理论和现实分析 ························· （294）

第八章 法律与全球化 ····························· （305）
  第一节 什么是法律全球化？ ····················· （306）
  第二节 法律全球化的事实考察 ··················· （310）
  第三节 法律全球化的规范分析 ··················· （324）
  第四节 全球化条件下法学研究的范式转换 ·········· （331）

第九章 知识与法理：构建中国的法理学 ·············· （344）
  第一节 变法与强国 ····························· （346）
  第二节 西化与进化 ····························· （362）
  第三节 知识与思想 ····························· （379）

导论　中国法理学的历史任务和研究对象

"有时，大任就降落在一代人身上。你们可以成为那伟大的一代。让你们的伟大茁壮起来。当然，这一任务并不轻松。但是，不这么做，将会是不仁的犯罪，将会是我想让所有人现在都起来反对的犯罪。"这是南非第一任黑人总统曼德拉（Nelson Mandela）2005 年 2 月在伦敦特拉法尔加广场，对英国年轻人发表的一段以"让贫困成为历史"为主题的演讲词。这样一本书，以这样一段话开篇，是想由此引出关于法理学，尤其是中国法理学的历史任务或使命的思考。

历史任务或使命，在"各人为自己，上帝为大家"的个人主义时代，会成为奢侈乃至虚妄的语词。在社会分化日渐加深、劳动分工更趋细密、人的认知越来越依凭经验和理智的现代社会，古人那种"为天地立心，为生民立命，为往圣继绝学，为万世开太平"的抱负，也可能被认为只是一相情愿的道德理想主义。在经济和社会哲学方面，无论是在对"看不见的手"推崇备至的经济自由主义者那里，还是在极力主张维护自发生成的历史传统的文化保守主义者那里，蕴涵道德理想的社会建构都被认为是不合时宜的，甚至是有害的。而且，所谓历史任务或使命，还始终面临或伴随着一种以快乐为基点的功利哲学的角逐。明显的是，在历史上，尽管从"生年不满百，长怀千年忧"这样的话语，本可以生发出"身无分文，心忧天下"、"努力为生，还要努力为死"的生命理想，但它实际上却也演绎了一种"且趣当生，奚惶死后"、"为乐当及时，何能待来兹"的人生态度。

在此处境下，关于历史任务或使命的思考很容易陷入"有"与"无"、"是"与"非"、"为"与"无为"的矛盾而踌躇不前或被搁置。有道是："四时行焉，百物生焉，天何言哉？""天下本无事，庸人扰之而烦耳。"而且，如果不能形成共同的道德体认，它甚至还会受到各种仅立足于知识分析的批评。关于中国法理学的历史任务的思考似乎也是如此。法理学，历经这许多年的发展，在中国已然成为一门相对独立而专门的学科，而在年复一年的教学科研和完善教科书的过程中，关于法理学历史任务的思考看上去并不总是这一学科所必需的。或者说，即使没有关于历史任务或使命的思考，作为一门有着专门知识领域的学科，法理学仍旧是可以存在并且向前延伸的，相关的文字生产和知识积累足以让这一门学科更为丰富饱满。按照通常的看法，法理学的发展也有赖于通过各式学者、各式教学、各式教科书和论著，包括社会科学方法在内的各式研究方法等，这样一些并不统一的多样知识渠道去共同促成。这在知识层面无可厚非，对于学科本身也是需要的。只是，在法理学的发展过程中，有些根本论题还是不能不去面对和追问的，而且，对这些论题的探究并不是仅仅通过知识分析即可实现的。

这些根本论题，既可能长久地绵延在历史中，成为每一代人都得思考和应对的恒久问题，也可能因为历史变迁和现实发展而在当下的生存实践中显得尤为突出，以致成为一代人乃至几代人迫切需要处心积虑地去寻求解决的大问题。所谓历史任务或使命，正发源于这样一种现实忧虑乃至终极关怀。曼德拉的演讲词，其实也是针对在历史和现实中长期存在的"贫困"问题有感而发。发表演讲时，曼德拉87岁，他自觉这已是可以不问世事的年纪，而且，他此前确已退休并且表示不再参与公共活动。尽管如此，他认为自己在"让贫困成为历史"这个人类问题上仍然负有无可推卸的道德义务，他因此也试图有意识地促使台下的年轻人觉悟到他们这一代人对此所负的责任和使命。他说，"只要贫困、不公、明显的不平等还在我们这个世界存在，我们就没有哪个人能够真的安心休息"。一如曼德拉所面临的、同时也是人类所共同面临的"贫困"问题，有很多大的问题，亦是法理学在历史潮流中无法回避或割舍的。即使这样一些问题在法理学界乃至整个学界未必人人都得全面深入地研究，但至少，它们需要也值得有一部分人去关心和思考。在很大程度上，正是一些与现实联系紧密的根本论题，为在细密、分散、芜杂的知识分析之外思考法理学的历史任务和宏观走向提供了切入点。

对历史任务或使命的觉悟和思考，总是与历史意识、现实状况和未来愿景相联系的。关于现时代（present time）的把握理解和历史定位，可以说是历史任务或使命的认知前提。缺乏一种在特定历史时空中对人类生存处境的真切感触和认知，无论是在乱世还是在太平岁月，人们都有可能把任何所谓的历史任务看作是无意义的虚构而由此置身事外。在很大程度上，人们的使命感正产生于对所处历史时代的觉悟和体认，以及由此改良现实、成就未来的那种愿望和可能性。近几百年间，随着世界范围的历史大变迁，现时代实际上日渐作为一个亘古未有的新的历史时代呈现出来而受到中外史家的普遍关注。这样一个时代，构成了思考中国法理学的历史任务和研究对象的大的历史背景。迄今，关于这一时代的把握角度和语词表述仍然存在着某些差异，尽管如此，认为这一时代是人类有史以来具有历史意义的特殊时期却是大体一致的。这究竟是一个怎样的特殊时代？我们究竟立身于历史的何处？

一

在《历史的起源与目标》（1949）一书中，卡尔·雅斯贝斯（Karl Jaspers）显然注意到，公元1500年以来的现时代是一个极为特殊的历史年代，他称之为"科技时代"。这一时代与远古的"轴心时代"（Axial Age）相应，因此也被视为"新轴心时代"或"第二轴心时代"。所谓"轴心时代"，在雅斯贝斯那里，指的是公元前800年至公元前200年之间，在世界不同地区几乎同时而独立地出现印度佛陀、中国圣贤、希腊哲人、犹太先知的年代。这600年间的教义或哲学，表现出"终极关怀的觉醒"和对原始文化的突破或超越，并作为经典或教训流传后世，奠定了此后两千多年人类精神的基础，对印度、中国、前西方、伊斯兰等文明形态的生成产生了深远影响，因此，"公元前800至前200年间的数世纪，就是世界历史的轴心"。① 此后，直到中世纪结束，雅斯贝斯认为人类又开始进入一个新的轴心期。关于两个轴心时代以及新轴心期的状况，雅斯贝斯这样写道：

> 在公元前800年至前200年的轴心期，东西方两极分化的人类精神基础在西方、印度和中国这三个彼此独立的地区产生了。
>
> 自中世纪结束以后，西方在欧洲产生了现代科学；18世纪结束后，西方又靠现代科学产生了技术时代，它是自轴心期以来在精神领域或物质领域的第一次全新发展。
>
> ……由于技术发展的结果，自16世纪起，当代世界在缓慢发展的过程中，已在事实上变成了一个联络体。尽管总有冲突和分裂，全世界

---

① ［德］卡尔·雅斯贝斯：《历史的起源与目标》，魏楚雄、俞新天译，华夏出版社1989年版，第27页。中国近代有学者曾指出，"中国之尧、舜、周、孔，印度之释迦、婆罗门，耶路撒冷之摩西、耶稣，阿喇伯之穆罕默德，数千年之旧教也"。见唐才常《尊新》，载《贬旧危言：唐才常、宋恕集》，辽宁人民出版社1994年版，第17页。

现在已是一个联络体，这导致了向政治联合的日益驱进。政治联合，或是由世界帝国的专制力量来完成，或是通过以法制为基础的世界秩序中的相互协议而实现。①

雅斯贝斯认为，从近两千年来的历史看，16 世纪以来的这个时代"在精神和物质上确实是一个崭新的时代"。② 概括而言，这一"崭新的时代"具有三个明显特征，一是科学的兴盛，二是欧洲的崛起，三是世界或世界秩序的出现，而且，这些特征紧密地联系在一起。一如雅斯贝斯所说：

> 我们时代全新全异的因素，就是现代欧洲的科学和技术，它不仅与亚洲的产物迥然不同，甚至于与希腊的成果也不是一脉相承的。回顾起来，迄今为止的历史总图象展示了一种连续性，一种真正的统一性，其最后的辉煌描述包含于黑格尔的历史观中。现代技术的出现改变了这种状况。因此，直至公元 1500 年左右，欧洲和亚洲仍极为相似，而在其后几世纪中却产生了极大的差异。③
> 技术使前所未有的交往和通讯速度变为可能，它造成了全球的统一。人类整体的共同的历史开始了。统一的命运控制着人类整体。④
> 基本事实是，再也没有任何东西可置身事外。世界是封闭的。地球的统一性已经达到。新的危险和新的机会暴露了。一切重大问题都成为世界的问题，目前状况已成为人类的状况。⑤

不难发现，雅斯贝斯所提到的现时代的这些特点，在马克思、韦伯等现代思想家的著作中其实也是时常可以看到的。进一步，雅斯贝斯还指出了前后两个轴心期的不同。在雅斯贝斯看来，"轴心时代"具有历史起源

---

① ［德］卡尔·雅斯贝斯：《历史的起源与目标》，魏楚雄、俞新天译，华夏出版社 1989 年版，第 31—32 页。

② 参见 ［德］汉斯·萨尼尔《雅斯贝尔斯》，张继武、倪梁康译，三联书店 1988 年版，第 165—178 页。

③ ［德］卡尔·雅斯贝斯：《历史的起源与目标》，魏楚雄、俞新天译，华夏出版社 1989 年版，第 95 页。

④ 同上书，第 220 页。

⑤ 同上书，第 145 页。

意义的哲学或教义，是在各个地区相对独立产生的，"是地方性的，没有一个地方对整体具有决定性的作用，这就使西方的特殊性和在那儿产生的分离成为可能"；而后来的轴心时代"是人类整体进行的"，"是世界性的和包罗一切的，不可能再存在中国、欧洲或美洲的界限。决定性的事件将是整体性的，因而也是空前重大的"。① 通过前后轴心时代的比较，雅斯贝斯凸显了现时代可能具有的新的原创性以及与之相应的新的历史意义。如果这样一个现时代，真的是又一个堪与古代产生圣贤先知的时代相提并论的开创年代，那么，身处这个同样可能跨越几百年的现时代的人们所肩负的历史任务或使命无疑将是巨大的。

基于对现时代的这种宏观历史把握，雅斯贝斯试图提出一种"世界哲学"，并把构建世界哲学作为科技"时代的必然任务"。② 按照雅斯贝斯的看法，尽管科学技术使世界成了一个整体，但世界范围的政治统一体并未由此自然形成，因而，对于未来的世界秩序以及未来可能出现的世界帝国的思考构成了世界哲学的重要内容。一方面，由科技发展带来的核战争技术等，让人类面临共同灭亡的境地，这使得"今天真正的政治……是世界政治或以实现世界政治为目标的政治"，③ 它致力于世界秩序的形成；另一方面，技术的发展又使得绝对的政治集权主义在现代社会成为可能，这又使得维护政治自由显得尤为必要。因此，雅斯贝斯将构建世界秩序与维护人的政治自由视为世界哲学的双重基本任务，并因此也将民主和法治放在了世界历史进程中极为重要的位置。④

尽管雅斯贝斯承认，他对历史的猜测多于对历史的真切了解，但这似乎并不足以用来彻底否定作为其关于轴心时代和世界哲学的宏观思考的事实前提的那个现时代所具有的独特历史性质。实际上，在雅斯贝斯的历史"猜测"之外，很多现代思想家和社会理论家也从多种角度和途径深入到对这一时代相同或相近的历史理解。发生在这一时期的文艺复兴、宗教改革、启

---

① ［德］卡尔·雅斯贝斯：《历史的起源与目标》，魏楚雄、俞新天译，华夏出版社 1989 年版，第 33—34 页。

② ［德］汉斯·萨尼尔：《雅斯贝尔斯》，张继武、倪梁康译，三联书店 1988 年版，第 168 页。

③ 同上书，第 169 页。

④ 同上书，第 165—178 页；以及 ［德］卡尔·雅斯贝斯《历史的起源与目标》，魏楚雄、俞新天译，华夏出版社 1989 年版，第 174—196 页。

蒙运动、工业革命、民主革命、世界大战等历史事件，以及所谓"自然权利"、① 资本主义、② "民族—国家"、③ 市场经济、④ "形式的—合理的"法律、⑤ "社会分化"、⑥ 民主政治、⑦ "世界体系"⑧ 等历史现象，连同目前仍在全球延展或加深的现代科学认知方式、现代经济和社会体制、现代政治和法律制度、"全球化"等新的历史形式一起，无不显示出这一时代的历史独特性。⑨ 鉴于此，有学者认为"现代的社会制度在某些方面是独一无二的，其在形式上异于所有类型的传统秩序"，⑩ 并由此指出在现代社会与以往的传统社会之间发生了一种"断裂"：

> 现代性以前所未有的方式，把我们抛离了所有类型的社会秩序的轨道，从而形成了其生活形态。在外延和内涵两方面，现代性卷入的变革比过往时代的绝大多数变迁特征都更加意义深远。在外延方面，它们确

---

① 参见 [英] 霍布斯《利维坦》，黎思复、黎廷弼译，商务印书馆 1985 年版；[荷兰] 斯宾诺莎：《神学政治论》，温锡增译，商务印书馆 1963 年版；[英] 洛克：《政府论》下册，叶启芳、瞿菊农译，商务印书馆 1964 年版等。

② 参见 [德] 马克思、恩格斯《共产党宣言》，载《马克思恩格斯选集》第 1 卷，人民出版社 1995 年版；[德] 马克斯·韦伯：《新教伦理与资本主义精神》，于晓、陈维纲等译，三联书店 1987 年版。

③ [英] 安东尼·吉登斯：《民族—国家与暴力》，胡宗泽、赵力涛译，三联书店 1998 年版。

④ 参见 [英] 卡尔·波兰尼《大转型：我们时代的政治与经济起源》，冯钢、刘阳译，浙江人民出版社 2007 年版。

⑤ Cf. Max Weber, *Max Weber on Law in Economy and Society*, Cambridge, MA: Harvard University Press, 1954.

⑥ 参见 [法] 埃米尔·涂尔干《社会分工论》，渠东译，三联书店 2000 年版；Niklas Luhmann, *Social Systems*, Stanford: Stanford University Press, 1995。

⑦ 参见 [美] 塞缪尔·亨廷顿《第三波：二十世纪末的民主化浪潮》，刘军宁译，上海三联书店 1998 年版。

⑧ 参见 [美] 伊曼纽尔·沃勒斯坦《现代世界体系》（三卷本），罗荣渠、庞卓恒等译，高等教育出版社 1998、2000 年版。

⑨ 有学者指出，"（现代的精神世界）滥觞于中世纪的内在发展、文艺复兴运动和新教，经过中世纪晚期的城市文化、新教教会文化和反对宗教改革的天主教—罗马教廷文化的酝酿阶段，最后在启蒙运动、英国、美国与法国的革命洗礼中达到完全独立。当今生活的一切重要特征都起源于此……在国家、法律、社会、经济、科学、艺术、哲学、道德、宗教等领域，都呈现出崭新的形态，尽管它们产生于古老的形态，而且，最终不过是曾经创造了古老形态的人的素质和本能的特殊形式而已，但是这些特殊形式却表现出明显的特性和无比的重要性"。见 [德] 特洛尔奇《基督教理论与现代》，朱雁冰等译，华夏出版社 2004 年版，第 44 页。

⑩ [英] 安东尼·吉登斯：《现代性的后果》，田禾译，译林出版社 2000 年版，第 3 页。

立了跨越全球的社会联系方式；在内涵方面，它们正在改变我们日常生活中最熟悉和最带个人色彩的领域。很明显在传统和现代之间还存在着延续，两者都不是凭空虚构出来的。尽人皆知，若以过于世俗的方式简单对比二者，会产生什么样的误导。但是，过去三至四个世纪（历史长河中的一瞬间！）以来出现的巨大转变如此剧烈，其影响又是如此广泛而深远，以至于当我们试图从这个转变以前的知识中去理解它时，发现我们只能得到十分有限的帮助。①

然而，这样一个在很多方面呈现出独特性的时代，确实是与"轴心时代"发生断裂乃至彻底脱离的一个全新时代吗？如果这一历史论断成立或得到普遍认可，那么，这个具有全新历史意义的现时代，确实如雅斯贝斯所认为的那样，是大约从公元 1500 年开始的吗？世界历史和全球体系只是从近代欧洲兴起才开始的吗？这些是由雅斯贝斯关于轴心时代和世界哲学的思考引出的主要问题，也可以说是雅斯贝斯的思考本身始终面临的关键问题。关于这些问题的不同解答，在很大程度上影响乃至决定着关于世界历史文化的全面看法，以及关于现时代历史任务的思考路向。后来的学者对于这些问题实际上提出了并不完全相同的答案或看法。

二

在一本同样讨论轴心时代的著作《大转型：我们宗教传统的开始》（2006）中，凯伦·阿姆斯壮（Karen Amstrong）也认为"创造了科学的和技术的现代性"的"伟大西方转型"可与"轴心时代"比肩齐观，但她并不认为现时代已经超越"轴心时代"的智慧或洞见。她在书的导言中说：

> 或许，每一代人都相信自己到达了一个历史转折点，但是，我们的问题似乎特别地难以应付，我们的未来也越来越不确定。我们的很多困难掩盖了更深的精神危机。在 20 世纪，我们经历了暴虐行径的空前爆发。不幸的是，我们相互毁损的能力与我们不同寻常的经济和科学进步不相上下。我们似乎缺乏控制住我们的侵害并将其维持在安全而合适的范围之内的那种智慧。……

---

① ［英］安东尼·吉登斯：《现代性的后果》，田禾译，译林出版社 2000 年版，第 4 页。

　　……越来越多的人认为，传统的宗教教义和实践于己无关、不可信，并转而通过艺术、音乐、文学、舞蹈、运动甚至毒品来获得人似乎需要的那种超越体验。……然而，实际上，我们从来没有超越轴心时代的智慧。在出现精神和社会危机之时，人们还是会不断地回到这一时期去寻求指引。他们可以对轴心时代的洞见作不同的解释，但是，他们从来没有成功地超越它们。……轴心时代的圣贤对于我们的时代仍然富于教益……

　　我们需要重新发现轴心时代的道义。……轴心时代的那些创始人奠定了后人据以建设的基础。每一代人都在想方设法地根据自己的特定处境调整这些原初的智慧，而这也必定是我们今天的任务。[①]

　　阿姆斯壮的此种观点和态度与雅斯贝斯的多少有些不同。雅斯贝斯通过科学技术、欧洲兴起以及世界联系，突出了现时代前所未有的新异，而阿姆斯壮则试图仍将现代历史统合于"轴心时代"这一总的源头。这意味着，现时代虽然独特，也发生着巨大转型，但它并不能作为一个与"轴心时代"断裂或完全摆脱"轴心时代"经典教义的时代看待。雅斯贝斯似乎认为，在16世纪以来的新轴心时代，人类又产生了一些新的、用以作为现时代基础的经典。他说："世界历史从1500年至1830年这一段时期，在西方是以其大量特殊的个性、不朽的诗篇和艺术作品、最深层的宗教动力以及在科技领域的创造而著名的。这段世界历史是我们自己精神生活的直接前提。"[②]而在阿姆斯壮看来，尽管"轴心时代"的宗教和哲学传统在一些方面对于现代思维方式和生活方式构成了某种挑战或反思，但这些原初智慧仍然是养育现代人的精神资源。

　　这里，关于现时代与"轴心时代"之间关系的不同判断，或者说，对现时代的历史定位，明显引出了关于历史任务思考的不同方向。雅斯贝斯看上去更多地侧重于现代学术知识，他提出的世界哲学由此更多地涉及了政治和法律，尽管他也关心现代人的精神状况；而阿姆斯壮对于传统道德伦理的维护，使得她在类似的主题上明显更加强调人的精神层面，从而将主要关注

---

　　① Karen Armstrong, *The Great Transformation*: *The Beginning of our Religious Traditions*, New York: Anchor Books, 2007, Introduction.

　　② ［德］卡尔·雅斯贝斯：《历史的起源与目标》，魏楚雄、俞新天译，华夏出版社1989年版，第72页。

点放在了现代社会中道德的作用空间上。这样一种差异，直接触及近几百年世界历史进程中传统与现代的关系问题。就政治和法律领域而言，现代政治和权利是否具有以及是否仍需要具有道德基础，可以说是这一问题的核心所在。用中国的传统术语，这也可以说是"内圣"与"外王"的关系问题。如果马基雅维里、霍布斯、斯宾诺莎、洛克、边沁等人的著作可以作为现代经典看待，那么，不难洞察的是，在认识论以及关于道德和宗教的观点上，作为"启蒙"、"现代"的一个重要特征，这些所谓的现代经典著作基本上是有别于乃至于相对于"轴心时代"的道德伦理观念的。而且，事实上，一如阿姆斯壮与雅斯贝斯之间的观点差异，在现代学术脉络中，也一直存在着诸如边沁的功利主义与康德的道德形而上学、密尔的自由原则与詹姆斯·斯蒂芬的道德批判、哈特的法律实证主义与帕特里克·德富林的道德强制理论等之间的不同和争论。

对于法理学来说，这些分歧涉及的是作为政治和法律道路选择基点的"道"的问题，其间的纠葛在现时代主要发生在同样可能作为普适之道的传统德性与现代权利之间。现时代的发展，是完全抛弃"内圣"来实现"新外王"，还是沿着"内圣"道路开"新外王"或者在现代条件下实现"新外王"与"内圣"新的连接或融合，这是关于现时代历史任务思考中重要的"古今"论题。就人的存在而言，这一论题可以表述为，现代人的生活是只需满足于生存的安全、生理的愉悦、生命和身体等"自然权利"的保护，还是需要在此基础之上去进一步实现某种终极的道德目标或意义，究竟有没有以及怎样认知这样的道德目标或意义？具体到法理学上，这一论题还可以这样表述：法律以及法治，在现代社会是只成为据以实现现实的经济、政治、社会等功利目标的一种实用工具，还是仍然可能具有或者仍然需要具有传统社会的那样一种超验或超越的道德精神？法理学是只成为一门经验和实证的法律科学或关于法律的现代知识之学，还是仍然需要具有某种超验或超越的维度，而这在现代社会中是否仍有可能？

如果说，阿姆斯壮关于"轴心时代"与现时代之间关系的讨论，引出了"古今"论题，那么，在现时代或近代起始时间的确定上，关于两个轴心时代的讨论则还可能引出一个与亚洲和中国在世界历史进程中的历史地位和作用相关的"中西"论题。这反过来是一个与"欧洲中心主义"紧密联系的论题，由此也与欧洲以及世界其他地区在世界历史进程中的实际历史作用相关。与时间上的"古今"论题一样，空间上的"中西"论题并非仅仅对于中国才具有历史意义，从长远和普适方面看，在摆脱"欧洲中心主义"

的干扰之后，它其实也可能成为一个涉及世界范围的人类共同论题。就法理学而言，"古今"论题主要涉及人类共通道路的起点选择以及古今不同选择之间的关系，"中西"论题则主要涉及中国法律和法理学发展道路的自主性，以及与此紧密相关的中国普遍性因素在现代乃至世界范围的生发。

在《历史的起源与目标》中，虽然雅斯贝斯并没有完全忽略中国和印度，甚至还指出了这两个国家在将来复兴的可能性，但他显然与很多其他欧洲现代思想家一样，把欧洲的崛兴与亚洲的衰落看作是世界历史的同一过程。他说："世界历史的范围是全世界。如果我们缩小这个范围，我们所组成的人类画面将变得不完全和不真实。但是如果我们把目光转过来放在亚洲的数量和功效上，我们就会轻易地被它夸张而模糊的观念所欺骗。"① "脱离亚洲是一个普遍的历史过程，不是欧洲对亚洲的特殊姿态。这发生在亚洲内部本身。它是人类的道路和真实历史的道路。"② "19 世纪末期，欧洲似乎统治着世界，这被认为是最终局面，黑格尔的话看来要被证实：'欧洲人进行了环球航行，对他们来说，世界是一个球体。凡是尚未落入他们控制的，不是不值费心，就是注定要落入它控制。'"③ 这些话语，在时间维度之外突出了世界历史的空间维度，特别是把世界历史与近代欧洲联系在了一起。尽管雅斯贝斯并不认同黑格尔关于亚洲是世界历史的起点、欧洲是世界历史的终点这样的看法，④ 但其关于统一的世界历史起始于近代欧洲的观念，其实与黑格尔关于世界历史的想象一样，都使得世界历史陷入到欧洲这一所谓的"中心"，由此也可能最终滑向所谓的"历史终结"论。如同 1840 年被很多人视为中国近代史开端的历史分界线一样，关于近代欧洲在世界历史进程中的这种中心地位和决定性作用，也一度成为中外很多学者的通识，以致在世界历史进程中，西方与西方之外的其他地区成为所谓的"文明"与"野蛮"、"主动"与"回应"、"中心"与"边缘"的关系，由此蒙蔽和抑制了西方以外的其他地区对于世界历史所可能具有的历史意义和普适价值。在关于"全球史"的进一步研究中，这样一种以近代欧洲为中心的历史认识受到了越来越多的挑战。

---

① ［德］卡尔·雅斯贝斯：《历史的起源与目标》，魏楚雄、俞新天译，华夏出版社 1989 年版，第 82 页。

② 同上书，第 83 页。

③ 同上书，第 90 页。

④ ［德］黑格尔：《历史哲学》，王造时译，上海书店 1999 年版，第 106、110 页。

三

关于现时代或新轴心时代起始的时空范围，雅斯贝斯将之划定在 1500 年前后的欧洲，这虽是一种广为现代思想家所接受的看法，① 但也并非没有争议。伊曼纽尔·沃勒斯坦在论及近代欧洲发生历史"断裂"的起始年限时指出："对一次断裂就出现了三个不同的年限，即 1500 年左右，1650 年和 1800 年；三种（或更多）历史理论，即：主张 1800 年者，强调把工业主义看成是以此剧变；主张 1650 年者，侧重强调第一批'资本主义'国家（不列颠和尼德兰）出现的时间，或者强调笛卡尔、莱布尼茨、斯宾诺莎、牛顿以及洛克的主要的'近代'思想的出现；主张 1500 年者，侧重强调一个与其他经济模式相区别的资本主义世界体系的建立。"② 沃勒斯坦所归纳的这样三个年限虽然有所不同，但都处在 1500 年之后的 300 年间，就新轴心时代这样一个长的历史时期而言，它们未尝不可以被视为同一个大的时期，从而与雅斯贝斯所提到的中世纪结束其实并不发生根本冲突。然而，在这些历史把握之外，也有学者把这一历史"断裂"的时限往上推至中世纪以内。与从经济、社会、文化等方面对"近代"起始的把握不一样的是，在此种从中世纪内部的视角来看待历史转折的观点中，法律或法治，以及政治与宗教之间的关系变化对于"近代"的开始所起的历史作用，受到了足够重视。

这正是哈罗德·伯尔曼（Harold J. Berman）在《法律与革命》（1983）中采取的历史看法。在书中，伯尔曼将 1050—1150 年确定为西方近代的起始年限，由此把雅斯贝斯所认为的 16 世纪向前推了近 5 个世纪。伯尔曼提到，西欧直到公元 1000 年，法律还不是一种脱离于其他社会控制形式的独立调控体系，也没有形成与其他知识形态分开的专门法律学术，法律尚未被视为与神学和哲学不同的研究对象。而从 11

---

① 有学者指出，"17 和 18 世纪，欧洲的历史学家逐渐放弃了基于基督教的历史分期，开始使用古代、中世纪和现代的分期法。起初，近代史的开端被认为是随着康斯坦丁堡的陷落或美洲的发现而到来的，如果更精确一点，也可以说是 1453 年 5 月 29 日清晨，或是 1492 年 10 月 12 日凌晨两点。但是现在更通常的看法认为近代史'大约开始于 1500 年'"。见［美］布莱克《现代化的动力：一个比较史的研究》，浙江人民出版社 1990 年版，第 5 页。

② ［美］伊曼纽尔·沃勒斯坦：《现代世界体系》第 2 卷，庞卓恒等译，高等教育出版社 1998 年版，第 5 页。

世纪后期到 12 世纪，欧洲的"教皇革命"最终导致了近代西方国家和近代西方法律体系的产生，法律和法学开始有意识地成为专门而独立的特定领域，教会法体系和世俗法体系各自独立形成，法律也开始作为一门系统化的科学知识得到讲授和研究，由此形成了西方的法律传统。伯尔曼指出：

> 在 1050—1150 年前的欧洲与 1050—1150 年后的欧洲之间存在着根本断裂（radical discontinuity）。……在西方，近代（modern times）——不仅近代的法律制度和近代的法律价值，而且近代的国家、近代的教会、近代的哲学、近代的大学、近代的文学以及很多其他近代事物——起源于 1050—1150 年这一时期，而不早于这一时期。①
>
> 在 11 世纪晚期、12 世纪和 13 世纪早期的西欧，无论是作为一种政治制度的法律还是作为一种智识概念的法律，其性质都发生了根本变化。法律脱嵌（disembedded）出来。在政治上，首次出现了强大的中央当局，既有教会的也有世俗的，其控制权通过委派的官吏从中央向下延伸到地方。与此部分地相联系，还出现了专业的法学家阶层，包括职业法官和执业律师。在智识上，西欧同时也经历了它的第一批法学院的创建，它的第一批法律论著的撰写，对流传下来的大量法律材料的着意整理，以及作为自治的、一体的、发展着的法律原则和法律程序体系的法概念的成长。②

沿着伯尔曼的此种眼光看，"近代"也可以说是一个"法律年代"或"法治时代"。法律以及法学从宗教、道德等领域中"脱嵌"出来而成为独立自主的体系，这在伯尔曼看来是西方法律传统的核心特征，其实也是梅

---

① Harold J. Berman, *Law and Revolution：The Formation of the Western Legal Tradition*, Cambridge, MA：Harvard University Press, 1983, p. 4. 伯尔曼将"教皇革命"的时间大致确定为 1075—1122 年。1075 年，教皇格列高利七世（Gregorius VII）颁发《教皇敕令》，宣布罗马教皇对教会拥有政治和法律上的无上权威，教权高于世俗权力，有权废黜国王。1122 年，教权与王权签署《沃尔姆斯协议》，达成最后妥协。

② Harold J. Berman, *Law and Revolution：The Formation of the Western Legal Tradition*, Cambridge, MA：Harvard University Press, 1983, p. 86. 12 世纪被一些人视为"文艺复兴"的开始时间，由于出现"罗马法复兴"，这一世纪也被人称为"法律的世纪"。

因、韦伯、卢曼等很多学者所普遍注意到的现时代的一个显著特征。① 这样一套独立自主的法律体系、司法体系和法律知识体系，可谓现代法治的基本构成形式。在对近代的理解和把握上，虽然伯尔曼所采用的这种法律视角有别于雅斯贝斯的科技视角，但二者并非毫无联系。实际上，雅斯贝斯与伯尔曼都受到了韦伯理论的影响，而在韦伯那里，所谓"形式的—合理的"现代法律，正表现出逻辑推理、理性权衡和科学控制等特点。不过，伯尔曼与雅斯贝斯对于近代起始时间的界定分歧，也明显而深刻地体现出西方学者把握和理解现代历史的很大不确定性。

这种不确定性不仅发生在时间的界定上，也表现在欧洲、亚洲以及世界其他地区对于世界历史可能具有的历史地位和作用上。当一些西方学者将16—18世纪的历史圈定在西欧，并以此宣称欧洲在世界历史进程中的特殊性乃至优越性时，也有学者基于历史经验数据对此提出了批评。此种争论最明显地发生在"世界体系"理论与"全球化"理论之间。按照沃勒斯坦的世界体系理论，采取资本主义世界经济形式的现代世界体系，在1450—1640年的欧洲得以形成，此后犹如一匹脱缰的野马，从地域上扩展到世界其他地区，直至覆盖全球，而中国直到19世纪才被纳入这一世界体系。② 针对这种看法，安德烈·贡德·弗兰克（Andre Gunder Frank）在《回到东方：亚洲时代的全球经济》（1998）中，基于16—18世纪亚欧实际拥有的白银数量对比，指出了其中的偏颇。弗兰克注意到，在1800年以前的两个半世纪，中国通过贸易从欧洲以及世界其他地区获得了大约6万吨白银，大

---

① 例如，梅因认为，"把法律从道德中分离出来，把宗教从法律中分离出来，则非常明显是属于智力发展的较后阶段的事情"。见［英］梅因《古代法》，沈景一译，商务印书馆1959年版，第10页；韦伯把"法"界定为"依靠强制人员（enforcement staff）的一种秩序"，See Max Weber, *Max Weber on Law in Economy and Society*, Cambridge, MA：Harvard University Press, 1954, pp. 5－7；马克·格兰特也把"靠专职人员运行"视为"现代法"的重要特征，See Marc Galanter, "The Modernization of Law", in Myron Weiner（ed）, *Modernization*, New York：Basic Books, 1966, pp. 155—156；卢曼认为，现代法是现代社会系统的一个独立自治的子系统，Cf. Niklas Luhmann, *A Sociological Theory of Law*, London：Routledge & Kegan Paul, 1985；还有学者指出，近代的支配关系可以概括为"从人的支配到法的支配"这一特征，见［日］高坂史朗《近代之挫折——东亚社会与西方文明的碰撞》，吴光辉译，河北人民出版社2006年版，第98页。此外，社会学中也有理论将现代化描述为一个从"礼俗社会"向"法理社会"转变的过程，参见费孝通《乡土中国》，三联书店1985年版。

② 参见［美］伊曼纽尔·沃勒斯坦《现代世界体系》（三卷本），罗荣渠、庞卓恒等译，高等教育出版社1998、2000年版。

概占世界有记录的白银产量的一半。[①] 由此，弗兰克认为，在 1400—1800
年间，欧洲在全球经济中实际上只处于相对弱势的地位，中国不仅是东亚纳
贡贸易体系的中心，而且，在整个世界经济体系中，即使不是中心，也至少
占据着支配地位，而这种地位直到 19 世纪因为鸦片贸易才得以最终动摇。[②]
弗兰克说：

> 从 1400 年到 1800 年，更不用说更早的时候，世界的真实情况与流
> 行理论的说法完全不同。欧洲中心论历史学和"经典"社会理论以及
> 沃勒斯坦的"现代世界体系"所认为或宣称的欧洲的支配地位根本不
> 存在。直到大约 1800 年为止，世界经济绝不是想象中的以欧洲为中心，
> 在任何重要方面也不能用所谓从欧洲起源的（和由欧洲体现的）"资本
> 主义"来界定或标示。更谈不上有什么欧洲人或西方引发、扩散、传
> 播或维护的任何真正的"资本主义发展"。这些只是欧洲中心论的想象
> 产物，甚至正如伯纳尔已经强调指出的，只是迟至 19 世纪以后的
> 产物。[③]

弗兰克不仅通过中西白银总量的对比消解所谓以西欧为中心的世界体
系，以此指明当时全球经济的中心实际在亚洲，也通过金矿开采、殖民掠
夺、奴隶贸易等史实，在一定程度上减弱了科学技术、资本主义、形式法律
等所谓西方据以崛兴的独特历史因素在世界历史进程中的可能作用。就此，
弗兰克进一步指出：

> 通常那种把近代早期和现代历史视为一次重大历史断裂的结果或预
> 兆的论点是不确切的，甚至是不必要的。各种流行的断裂说法不仅无助
> 于，而且大大妨碍了人们理解真实的世界历史进程和当代现实。这些引
> 人误入歧途的说法表现为各种各样的形式，其中包括"资本主义的诞

---

① ［德］弗兰克：《白银资本：重视经济全球化中的东方》（ReOrient：*Global Economy in the Asian Age*），刘北成译，中央编译出版社 2000 年版，第 208 页。还有学者指出，从 1500—1800 年的三个世纪，新发现的美洲大陆生产的白银有近 3/4 最后也都流入中国，参见 ［美］马克斯《现代世界的起源：全球的、生态的述说》，夏继果译，商务印书馆 2006 年版，第 111 页。

② ［德］弗兰克：《白银资本：重视经济全球化中的东方》，刘北成译，中央编译出版社 2000 年版，中文版前言及第 182、422 页。

③ 同上书，第 372 页。

生"、"西方的兴起"、"亚洲被并入欧洲的世界经济"等等，更不用说所谓西方的"理性主义"和"文明使命"了。[①]

弗兰克对于世界体系理论以及西方中心论的此种批评，为在中国、欧洲以及世界其他各个地区之间的实际互动关系中把握全球史，而不是在作为前设的欧洲对世界其他地区的优势对比以及由此而致的权力关系中理解现代世界历史，开拓了空间。同时，由伯尔曼与雅斯贝斯关于"近代"的不同时间界定和不同特征把握，以及弗兰克与沃勒斯坦关于世界体系的不同历史理解，所反映出的现代世界历史的复杂性和人们把握历史的不确定性，也为中国以及世界其他地区，自主地沿着自身的文化理路及其实际的社会发展道路审视现代世界历史进程提供了可能。

四

实际上，不仅弗兰克提出了全球史研究的视角和话语的转换，其他一些学者也表现出立足亚洲重构"近代"的理论倾向，并且尝试着"走向以中国为中心的中国史"，"在中国发现历史"[②]。在这些试图探究历史真实的新的努力中，无论是关于近代西方本身及其对世界的影响的历史认识，还是关于近代中国及其与世界之关系的历史认识，都可能不同于那些以西欧为中心的历史观念，由此也为思考现时代的历史任务或使命确立了新的选择路向。

在与《历史的起源与目标》同年出版的《中国近代思想的挫折》（1949）一书中，日本学者岛田虔次就采取了一种从中国自身内在地观察其"近代"历史的视角。岛田虔次认为，与人类历史一致，中国也有其"近代"和近代文明，中国的近世始于宋代（960—1279 年），而明代（1368—1644 年）则是"中国近代精神史上提出独特问题的时代"。他说：

> 在欧洲史上，一般在文艺复兴以后就一律叫做近代（Modern Age），……我把宋以后称为近世——更确切地说，不能赞同把宋以后

[①] ［德］弗兰克：《白银资本：重视经济全球化中的东方》，刘北成译，中央编译出版社 2000 年版，中文版前言及第 437 页。

[②] 参见［美］柯文《在中国发现历史——中国中心观在美国的兴起》，林同奇译，中华书局 1989 年版。

称为中世的观点；在宋以后的中国，尤其在其精神史上，如果把欧洲史作为典型来衡量的话，那么我认为可以承认从文艺复兴时期前后开始到几乎触及启蒙期为止的诸现象，是异常慢地、极其散发性地，然而不一定是无体系地、又在根本上常常被中国文明赋予了性格地表现出来的。……我认为，中国历史最终没能达到所谓的"近代"这件事几乎是命运性的事态，然而中国文明归根结底必须被作为一个独立的自体，作为一个活生生的孕育着无限可能性的文明来进行评价。①

就世界历史而言，岛田虔次对于中国"近世"的这样一种把握，与雅斯贝斯的理解显出很大不同。在雅斯贝斯那里，远古轴心时代的源头看上去是各自独立的，而到近代，世界历史则因为西方而成为整体，而在岛田虔次这里，中国与西方是同样被作为"近世"的独立渊源对待的。换言之，中国与西方在世界历史中具有相同的历史位置。此种历史观转向的意义在于，它在世界历史的单一西方维度之外，又打开了一个立足东方自身的观察视角，或者说，被近代西方历史理论所蒙蔽或掩盖的东方维度重新得到了拓展。对于中国而言，这在很大程度上可以避免现代进程中"中外"论题对"古今"论题的替代，以及对中国文化路径所蕴涵的普适因素的堵塞，由此也为这些普适因素在现代世界的生发乃至对现代文化的补给带来新的可能。就此，同样对中国思想文化怀有崇敬之心的日本学者沟口雄三也指出：

　　　　实际上在中国思想中存在着不同于欧洲思想史的展开的中国独自的思想史的展开，而且在人类史上，在这个中国独自的思想史的展开和欧洲思想史的展开之间，能够发现也可称为人类的普遍性的共同性。②
　　　　我们应该一方面利用市场原理来完成经济发展，一方面再度检讨由这个市场原理产生的欧洲的近代原理，并且再度发掘中国思想文化的重层的传统中所蕴藏的中国的原理，从而面向为回答二十一世纪的课题而构造新的原理。③

---

　　① ［日］岛田虔次：《中国近代思想的挫折》，甘万萍译，江苏人民出版社 2005 年版，第151—152 页（着重号省略）。
　　② ［日］沟口雄三：《中国前近代思想的演变》，索介然、龚颖译，中华书局 2005 年第 2 版，致中国读者的序，第 3 页。
　　③ 同上书，第 5 页。

　　在这样一种历史把握中，中国及其思想文化中普遍而积极的方面明显受到了重视。

　　而且，此种历史把握与中国学者自己的理解大体也是一致的。被岛田虔次视为中国"近世"起源的宋明时期，往远看大致与伯尔曼所提到的11—12世纪相当，往近看也大致与西方历史学者所谓的"16世纪"[①] 相当，而在中国历史上，这也的确是一个引人注目的时代。最明显的是，儒家学者往往循着儒学的发展和变革历程，将这一时期视为一个与孔孟遥相呼应的"新儒学"时期。韩愈在总结唐以前的儒学发展时说："尧以是传之舜，舜以是传之禹，禹以是传之汤，汤以是传之文、武、周公，文、武、周公传之孔子，孔子传之孟轲，轲之死，不得其传焉。"[②] 循着这样的线索看，宋明正可谓一个"道"的新的发现或开启时期。15—16世纪的王阳明事实上也是这么看的。他说："洙泗之传，至孟氏而息。千五百余年，濂溪、明道始复追寻其绪。"[③] 而王阳明认为自己也不过是将"沉埋数百年"的"致良知"的道理重新发明出来。[④] 从历史上看，如果说儒学在周代通过人的道德努力来达致"天人合一"，由此实现了对于巫术或原始宗教的超越，这称得上是道德理性的一次"早启"或"早熟"，[⑤] 那么，宋明儒学特别是"心学"，其实也表现出将个人的道德理性从日趋形式化和外在化的社会伦理中解放出来的努力，这未尝不可被视为道德理性的再一次觉醒或显现。而中国在几千年的历史中并未将宗教彻底政治化和社会化的那种生活方式，或许也给了西方的"人文主义"和"启蒙运动"以足够的脱离教会或宗教而生活的想象空间，人的理智因此得以被勇敢地运用，近代的序幕从此也被拉开。只不过，当西方实现这样的"启蒙"时，它在很大程度上实际偏离了道德理性而走上了认知理性的道路，而宋明对道德理性的新的开启在中国后来的历史发展中实际上也遇到了阻碍。然而，就这一时期的"阳明学"对于日

---

　　① 布罗代尔提到，"16世纪分成两个……第一个16世纪开始于约1450年，结束于约1550年，第二个16世纪开始于同一年代而延续到1620年或1640年"。转见［美］伊曼纽尔·沃勒斯坦《现代世界体系》第1卷，罗荣渠等译，高等教育出版社1998年版，第80页。

　　② 韩愈：《原道》。

　　③ 王阳明：《朱子晚年定论》序。

　　④ 王阳明说："此理简易明白若此，乃一经沉埋数百年。……良知二字，实千古圣贤相传一点骨血也。"见《传习录拾遗》第44条，载陈荣捷《王阳明传习录详注集评》，台湾学生书局1983年版，第414页。

　　⑤ 参见梁漱溟《东西文化及其哲学》，载《梁漱溟全集》第1卷，山东人民出版社1989年版，第526、529页。

本"明治维新"的重要影响而言,① 在现代进程中,人的道德理性与现代文明的融通仍是可以进一步发掘的。

无论是"科技时代"、新轴心时代、法律独立自治的西方近代,还是亚洲的宋明时期、欧洲的 19 世纪,都实际体现出人们对于同一长期客观历史过程的不同把握和理解。在很大程度上,隐藏在或不经意留存在其中的历史观念或主观认识,影响乃至决定着这些把握和理解。对于辨明我们究竟处在一个怎样的时代来说,再思或反思这些历史观念或主观认识是重要的。如果断定我们处在一个与古代完全断裂、历史终结于西方的时代,以往的很多普遍性因素将因此在现代社会遭受埋没或得不到充分展开,现时代也可能步入一条单向度的片面发展路径。就此而言,思考历史任务或使命,既需要尽可能地做到对客观历史真实的科学认知,也需要一种合理的历史哲学或理论,以校正影响人们更切合地理解现时代的那些不合适的主观认识。

基于上述各种历史观点和分析,总体可以说,古今和中西视角,对于把握现时代的历史方位和性质,都是必要的。仅仅立足于中国、西方、古代或近代的历史观察,都可能因为角度的褊狭而带来对历史的不当理解,甚至造成对自身及其历史的误解。其实,在中西关于近代史的理解中,都可以发现两条线索,一是 19 世纪以来西方在全球范围的扩展,二是 19 世纪以前中西各自的历史发展。这样两条线索在 19 世纪中叶融合后形成了所谓的"古今中外"问题。在历史分析中,这一问题既包含着"古今"关系,也包含着"中外"关系,对中国来说还包含着"古今"与"中外"之间可能的混淆或替代关系,亦即,误以"中外"关系为"古今"关系。② 就中国在"近世"的发展及其普世文化对于未来世界的可能影响而言,"古今中外"问题的适用范围并不局限于中国,它也是一个对于中西同具历史意义的普遍问题。在"中外"问题上,西方在 19 世纪的实力胜出,未必意味着源自西方的某种特殊性或普遍性对于西方以外其他社会的普适因素的完全取代。同样,在"古今"问题上,中西近代"转型"或"断裂"据以产生,在很大程度都可以说是源于文化系统内部的道德理想与现实政治之间的冲突,这在西方发生于宗教与科学、教权及君权与民主之间,在中国则发生于道德理性

---

① 梁启超曾说,"日本维新之役,其倡之成之者,非有得于王学,即有得于禅宗",见梁启超《新民说·论自由》,《饮冰室合集》专集之四。章太炎也曾说,"日本维新,亦由王学为其先导",见章太炎《太炎文录初编·别录卷二·答铁铮》。

② 钱穆曾批评"惟分新旧,惟分中西,惟中为旧,惟西为新,惟破旧趋新之当务"的倾向。见钱穆《现代中国学术论衡》,三联书店 2001 年版,序。

与形式伦理、君主制与民主制之间，然而，由此冲突所致的对现实教权或君权体制的革除，未必一体连带地适用于自古以来的那些道德价值和原则。其实，中西在近代彻底批判或脱离"轴心时代"的道德伦理的同时，也都产生过以古希腊、"三代"等形式来寄托文化理想的历史现象，这在一定程度上映衬出对作为根本价值的"道"的有意维护。质言之，在价值层面，纯粹以"知"取代"德"，以"私"取代"公"，以"自然权利"或生理本性取代仁义道德，乃至以"西"取代"中"，是现代进程所当尽力避免的，现代的发展更需要寻求古今中外普适价值之间的融会兼济，而不是对历史上的不同普适价值顾此失彼乃至以此攻彼。

五

"古今中外"的时空格局，自19世纪中叶国门被动地打开以来，构成了中国知识分子把握现代世界和思考现代使命的基本历史框架。如同西方学者的认识一样，中国知识分子也感到近代是一个亘古以来发生大变革、大转型的特殊时代。而且，作为现时代的两个最显著特点，横向空间维度上中国与世界的紧密联系和纵向时间维度上"数千年来未有之变局"，都受到了普遍关注。诸如"合地球东西南朔九万里之遥，胥聚于中国，此三千余年一大变局也"，[①]"夫泰西诸国之相逼，中国数千年来未有之变局也"，[②]"洎乎海禁大开，中外互市，创千古未有之局，集万国来同之盛"，[③]"今日之世变，岂特春秋所未有，抑秦、汉以至元、明所未有也"，[④]"近百年来，五洲大开，万国大通"，"现在的时代，是世界大通，万国洞开的时代"[⑤]之类的看法，庶几成为近代共识。[⑥]尽管如此，这样两个时空维度在中国后来的历史进程中，实际上并没有得到很好的疏通和拓展，而是不时地遭受到部分乃至全部割断。时至今日，受20世纪几次大的文化运动的影响，恰当地处理现代中国与世界以及与古代的关系，仍是需要进一步思考的时代论题。

---

① 李鸿章：《复议制造轮船未可裁撤折》。
② 康有为：《康有为政论集》，中华书局1981年版，第149页。
③ 郑观应：《盛世危言·商战下》。
④ 张之洞：《劝学篇》序。
⑤ 朱公振编：《近百年世界史》，世界书局1929年版，引言及第5页。
⑥ 更多关于"千古变局"的话语，参见王尔敏《中国近代思想史论》，社会科学文献出版社2003年版，第11—12页，第51页注26，第175页注34，第325—327、345—348页。

20 世纪初，梁启超在《中国史叙论》（1901）中，按照中国与世界的关系，将中国的历史划分为"中国之中国"（上世）、"亚洲之中国"（中世）和"世界之中国"（近世）三个时期。他说：

　　自黄帝以迄秦之一统，是为中国之中国，即中国民族自发达、自竞争、自团结之时代也。……自秦统一后至清代乾隆之末年，是为亚洲之中国，即中国民族与亚洲各民族交涉繁赜、竞争最激烈之时代也。又中央集权之制度日就完整，君主专制政体全盛之时代也。……自乾隆末年以至于今日，是为世界之中国，即中国民族合同全亚洲民族与西人交涉、竞争之时代也。又君主专制政体渐就湮灭，而数千年未经发达之国民立宪政体将嬗代兴起之时代也。此时代今初萌芽，虽阅时甚短，而其内外之变动，实皆为二千年所未有，故不得不自别为一时代。①

在此历史划分中，梁启超实际上贯彻了中外关系变化和古今政制变革两个标准，由此在世界一体的大背景下，结合西方政制变革的特点及其对中国的影响，指出了中国政治的未来发展方向。而就"亚洲之中国"未尝不可称为"中国之亚洲"言，梁启超所谓"世界之中国"最终是否也会如以往的"中国之中国"、"亚洲之中国"那样，在将来成为作为主体的中国，则是意味深长的。

不过，从秦与晚清两大历史转折点来说，梁启超的这一史识，其实并没有完全脱出中国史家关于中国历史的基本看法。而尤可注意的是，如同西方学者所谓两个轴心时代一样，晚清以来的时局也被一些人认为是与先秦相近似的年代。在这一点上，最典型的说法是，"近代世界是一个新战国时代"，"近代中国已被迫走上了世界的新战国时代"：

　　用一个旧名词来简单标明近代国家的国际关系，可以说是"新战国"。这种"新战国"，最先发生于欧洲，便开始在欧洲斗争，渐次由欧洲伸展到非洲澳洲美洲以及亚洲。……近代世界，是一个"新战国"的世界。在这个新战国的世界，也如同中国历史上的战国时代一样是"强国务兼并，弱国务力守"，无所谓正义，也无所谓公理。而且新战国时代的国际斗争之剧烈，较之旧战国时代更加千百倍之多。不幸开关

———————
① 梁启超：《中国史叙论》，《饮冰室合集》文集之六。

前的中国，既不曾梦想到这个"新战国时代"的来临，开关后的中国
又未曾始终切实准备如何应付这个新战国时代，以致对外固是层出不穷
的屈辱，对内也是继续不断的混乱，几乎不足以立国了。这就是近代中
国历史大变之所由来。①

　　此种以春秋战国比论近代时局的说法，早在 19 世纪下半叶的中国即已
甚为流行。② 在缺乏"世界政府"的意义上，现时代的确可以说是一个"新
战国时代"，20 世纪的两次世界大战充分体现了它的特点，而当今世界各国
的竞争也仍然延续着它的特点。与梁启超所谓"世界之中国"一样，这一
时代之后是否也会如中国先秦那样最终实现"大一统"、"世界帝国"或
"天下一家"，也是发人深省的。

　　其实，近世学者在以"新战国时代"现实地描述这个年代的同时，还
蕴涵了另外一层深意。这就是，如同春秋战国一样，"新战国时代"亦将是
一个产生新法家、新儒家甚至新的孔子、新的全球国家或世界秩序的创造年
代。中国学者关于两个"战国时代"的这种比对，与西方学者关于两个轴
心时代的比对，是极为相似的。宋明"新儒学"以及民国以来又一期"新
儒学"的产生，看上去也在一定程度上印证了这样一种发展。而且，一些
近世学者也是明确如此主张的：

　　　　法家思想产生于战国时代，今又遇一个世界的新战国时代，自然而
　　然要重行倾向于法家思想。同时新战国时代列强最有力的思想如"国
　　家观念"，"法治观念"，"军国观念"和"国家经济观念"等等也与旧

---

　　① 陈启天：《法家的复兴》，载蔡尚思主编《中国现代思想史资料简编》第 3 卷，浙江人民出
版社 1983 年版，第 836—838 页。该文原载陈启天《中国法家概论》，中华书局 1936 年版。
　　② 例如，冯桂芬 1861 年在《校邠庐抗议·重专对议》中说："今海外诸夷，一春秋时之列国
也，不特形势同，即风气亦相近焉。"张斯桂 1863 年在为《万国公法》所作的序中说："观天下大
局，中华为首善之区，四海会同，万国来王，退哉勿可及已。此外诸国，一春秋时大列国也。"彭
玉麟 1884 年在为《盛世危言》所作的序中也说："当今日之时势，强邻日逼，俨成战国之局，虽孔
孟复生，亦不能不因时而变矣。"薛福成 1891 年说："今地球大势，颇似春秋之后，战国之初。"项
藻馨 1892 年说："就天下大势而论，为春秋时一大战国。"关于以春秋战国比论近代时局，参见王
尔敏《中国近代思想史论》，社会科学文献出版社 2003 年版，第 98—103 页。另外，晚清也流行
"商鞅以耕战，泰西以商战"、"习兵战不如习商战"的说法，参见王尔敏《中国近代思想史论》，
社会科学文献出版社 2003 年版，第 202—203、211—219 页，以及第 53 页注 36；该书第 198—322
页专论"商战观念与重商思想"。

日法家思想有几分相近之处，更容易联想到法家。①

过去是孔夫子，他从正面入手研究心态，落入了封建人伦关系而拔不出来，从实际出发而没有能超越现实。他的背景是春秋战国时代，那是中国古代的战国时代。现在世界正在进入一个全球性的战国时代，是一个更大规模的战国时代，这个时代在呼唤着新的孔子，一个比孔子心怀更开阔的大手笔。②

由此看，这样一个极为特殊的"新战国时代"或"世界之中国"时期，一如所谓的"新轴心时代"，对于中国以及中国人来说，也是蕴藏着巨大开创可能并且需要向前拓展的年代。换言之，在一种强烈的时空比照中，现时代的历史任务或使命及其实现的可能性，充分地展现了出来。就这一点，近代很多中国人确实表露出了明显的意向和信念：

处数千年未有之奇局，自应建数千年未有之奇业。③

合地球东西南朔九万里之遥，胥聚于我一中国之中。此古今之创事，天地之变局，所谓不世出之机也。④

中国艰危，……真是古今奇变。然……开辟以来，战国与今日遥遥相映，时局虽皆极危，却又是极盛之萌芽。⑤

这些话语，在说明世局艰危的同时，更点出了隐藏其中的千载难逢的时运和转机。

在关于"世界之中国"的分析中，梁启超以"二千年所未有"的"立宪政体"指出了此种转机的历史方向。这与后来近代史的发展大致是吻合的。总的来说，近世知识分子在探察时运流向时，尽管受到西潮的影响，但他们大多并未完全转向西方，而是在横向的中外维度的参照下，着重沿着纵向的古今维度开通了一条直贯远古的"天下为公"道路。在这样一种历史

---

① 陈启天：《法家的复兴》，载蔡尚思主编《中国现代思想史资料简编》第3卷，浙江人民出版社1983年版，第840页。

② 费孝通：《论文化与文化自觉》，群言出版社2007年第2版，第93页。相关话语还可参见该书第202、242—243等页。

③ 李鸿章：《议复张家骧争止铁路片》。

④ 王韬：《弢园尺牍》卷七。

⑤ 谭嗣同：《谭嗣同全集》，中华书局1981年版，第398—399页。

探寻中，儒家关于"三代以上"、"三代"以及"三代以下"的划分①受到了特别关注。在王韬、郭嵩焘、曾纪泽、薛福成、冯桂芬、郑观应等近世诸多知识分子看来，西方政教特别是议会制度，正合乎中国的三代以上之治。例如，王韬说："君民共治，上下相通，民隐得以上达，君惠亦得以下逮，都俞吁咈，犹有中国三代以上之遗意焉。"②郑观应也说："议院之设，原以示大公无我，上下一体也。……此三代以上之遗风也。"③而且，按照"三代"及其前后的历史划分，梁启超所谓的"中国之中国"阶段至少还包含着"尧舜"和"三代"两个时期，就此，一些人也提到，"自邃古至唐虞，世局一变；自唐虞至秦汉，世局一变；自秦汉至今，世局又一大变"。④中国历史上，在从"天下为公"的"三代以上"，到"天下为家"的"三代"，再到天下为私的"三代以下"这样一种看上去近乎"沦落"的现实政治发展过程中，其实自孔子以来就长期存在着回复到"三代"，并进而再回复到"三代以上"的文化理想。⑤在近代发生"千古变局"之时，此种旨

---

　　①　例如，王韬认为："三代以上，君与民近而世治；三代以下，君与民日远而治道遂不古若。"见王韬《弢园文录外编·重民下》。冯桂芬认为："三代以下，君民隔而上下之情不通也，其流弊非一端矣，道又在反其本。"见冯桂芬《校邠庐抗议·严盗课议》。关于"三代以上"、"三代"以及"三代以下"，最典型的是儒家对"小康"与"大同"以及"据乱世"、"升平世"、"太平世"的划分。

　　②　王韬：《弢园文录外编·重民下》。

　　③　郑观应：《盛世危言·议院下》。唐才常也认为："大抵泰西各国之命脉，悬于国会；国会之机要，系于民心。拂其欲则上下沸腾，惬其意则君民交泰。……此盖太平之公理，仁学之真诠。积三代来磅礴沉郁之气，一千五百兆民守望扶持之心，于国会甫露端倪者也。将来二十周文致太平之地球，其以此哉！"见唐才常《各国政教公理总论·国会》，载《贬旧危言：唐才常、宋恕集》，辽宁人民出版社1994年版，第65—66页。不过，严复也曾一度以"疑古"的态度对此提出批评，他说："以春秋战国人心风俗程度而推之，向所谓三代，向所谓唐、虞，祇儒者百家，其意界中之制造物而已，又乌足以为事实乎！思囿乎其所已习，而心常冀乎其所不可期，此不谓之吾国宗教之迷信，殆不可已！"见［法］孟德斯鸠《孟德斯鸠法意》，严复译，商务印书馆1981年版，第35页，按语。

　　④　唐才常：《历代商政与欧洲各国同异考》，载《贬旧危言：唐才常、宋恕集》，辽宁人民出版社1994年版，第4页。王韬也认为："巢、燧、羲、轩，开辟草昧，则为创制之天下；唐、虞继统，号曰中天，则为文明之天下。三代以来，至秦而一变；汉、唐以来，至今日而又一变。……上古之天下，一变而为中古；中古之天下，一变而为三代。自祖龙崛起，兼并宇内，废封建而为郡县，焚书坑儒，三代之礼乐典章制度，荡焉泯焉，无一存焉，三代之天下至此而又一变。"见王韬《弢园文录外编·变法上》。

　　⑤　中国自古一直存在关于"三代"以及"三代以上"的议论，这在很大程度上体现了君主政制与"天下为公"的道德理想之间潜在而持久的矛盾，也为近代中国的民主转向提供了内生的文化基础。更多的相关文献，可参见本书第一章。

在实现"天下为公"和"大同"的道德理想最终获得了其气运和时机。中国近代的这样一种历史发展脉络，在康有为的理论中得到了最明显的体现。康有为说：

> 夫孔子删《书》，称尧、舜以立民主，删《诗》，首文王以立君主；系《易》，称见群龙无首，天下治也，则平等无主。其为《春秋》，分据乱、升平、太平三世。据乱则内其国，君主专制世也；升平则立宪法，定君民之权之世也；太平则民主，平等大同之世也。……尧、舜之为民主大同之公天下，孔子倡之，而不能即行之。今民主之法，大同之道，乃公理之至义，亦将来必行者也。而今中国，实未能行民主也，世界实未能行大同也。①

> 二千年之中国，安于小康，不得蒙大同之泽……吾中国二千年来，凡汉、唐、宋、明，不别其治乱兴衰，总总皆小康之世也。凡中国二千年儒先所言，自荀卿、刘歆、朱子之说，所言不别其真伪精粗美恶，总总皆小康之道也。其故则以群经诸传所发明，皆三代之道，亦不离乎小康故也。夫孔子哀生民之艰，拯斯人之溺，深心厚望，私欲高怀，其注于大同也至矣。……今者中国已小康矣，而不求进化，泥守旧方，是失孔子之意，而大悖其道也，甚非所以安天下乐群生也……②

尽管康有为的理论受到了诸多批评，但自秦以来的帝制，终究还是朝着"公天下"的历史方向结束了。清廷于1912年2月颁布的《退位诏书》实际接受并贯彻了这样一种历史观。诏书写道："外观大势，内审舆情，特率皇帝将统治权公之全国，定为共和立宪国体。近慰海内厌乱望治之心，远协古圣天下为公之义。"在20世纪的中国民主革命中，"天下为公"和"大同"其实也是时常作为革命目标看待的，只是在新的历史条件下具有更为现代的"民主"意义。

六

事实上，从"天下为家"或天下为私向"天下为公"的历史转变过程，

---

　①　康有为：《康有为政论集》，中华书局1981年版，第475—476、483页。王韬也曾说："千百年之后道必大同。"见王韬《弢园文录外编·纪卜斯迭尼教》。
　②　康有为：《康有为政论集》，中华书局1981年版，第192—193页。

在中国近代是以 100 多年的内外战争、政治革命、文化运动、社会动荡乃至民族衰败形式具体呈现的。尽管其间明显夹杂着国际因素的干扰，但这些具体历史形式在很大程度上也表明，这个发生了"千古变局"的历史时代，没有能够一帆风顺地实现其历史转型，并因此遭遇到前所未有的困境。换言之，现时代的基本问题在历史转型过程中并没有得到很好的解决。就其与政道和法理的密切相关性而言，这个时代的基本问题也可谓中国法理学所要解决的基本问题，或者说，解决现时代的基本问题同时构成了中国法理学的基本历史任务。这个时代的基本问题究竟是什么？

从形式上看，中国帝制的终结，与对立宪、共和与民主的政治诉求，在近代表现为同一过程，但近代的基本问题并不因此仅仅是一个政制重构问题。就文化运动以及寻求独立富强的历史动因而言，政制重构还触及更为根本的道德问题。实际上，无论中西，近代以来的历史变革在一定意义上都可以说主要是围绕政治和道德两个基本方面展开的，而且，这两个方面紧密联系在一起。这可以西方近代政治哲学的产生为例。在西方，马基雅维里和霍布斯都曾被作为近代政治学的创始人，而由他们提出的所谓具有近代创始意义的政治学，都明显是以道德方面的一种新理论为基础的，甚至可以说是以非道德或反道德为基础的，这与中国主流的传统政治哲学大相径庭。当马基雅维里在《君主论》中教育君主以守卫君权为天职、欲达目的可以不择手段时，他事实上完全抛弃了道德。在霍布斯那里，道德具有同样的历史处境。这不仅体现在霍布斯关于人性的描述上，也体现在其"自然权利"概念上。现代社会，人权被越来越多地赋予了某些道德意蕴，而作为人权重要渊源的"自然权利"，按照霍布斯的看法其实并不能算是一个道德概念。霍布斯这样界定"自然权利"，他说："自然权利，乃是每个人按照自己的意愿，运用他自身的力量，来保全他自己的本性，亦即保全他自己的生命的自由。这也就是用他自己的判断和理性认为最适合的方式去做任何事情的自由。"[1] 在此界定中，"自然权利"实际反映的是一种为保全性命而不惜一切

---

　　① ［英］霍布斯：《利维坦》，黎思复、黎廷弼译，商务印书馆 1985 年版，第 97 页。斯宾诺莎对此讲得也很直白："每个个体应竭力以保存其本身，不顾一切，只有自己，这是自然的最高的律法与权利。所以每个个体都有这样的最高的律法与权利，那就是，按照其天然的条件以生存与活动。……个人（就受天性左右而言）凡认为于其自身有用的，无论其为理智所指引，或为情欲所驱迫，他有绝对之权尽其可能以求之，以为己用，或用武力，或用狡黠，或用吁求，或用其他方法。因此之故，凡阻碍达到其目的者，他都可以视之为他的敌人。"见 ［荷兰］斯宾诺莎《神学政治论》，温锡增译，商务印书馆 1963 年版，第 212 页。

的自然观念，这与马基雅维里为保持君权而不惜一切的看法并无二致。由此，当霍布斯将"自然权利"作为现代政治和法律实践新的起点时，他断言"旧道德哲学家所说的那种终极的目的和最高的善根本不存在"① 是不足为奇的。就此而言，如果循着雅斯贝斯的看法，将马基雅维里、霍布斯甚至密尔等的著作视为据以支撑未来的现代"经典"，那么，这些所谓现代"经典"的非道德倾向或者可能的道德缺失是不应被忽视的。

在很大程度上，现代政治是以霍布斯、斯宾诺莎、洛克等提出的"自然权利"为起点展开的。② 由于不再以传统的德性为基点，此种带有自然主义和科学主义取向的政治，在为人的政治自由设置法律保障的同时，也产生了一些与道德相关的"现代性"问题。政治与道德的这种现代处境同样发生在中国。中国近代以来的历史变迁，既包含"政"的变革，也包含"道"的兴替，其间，如果说民主政治取代帝制最终成为无可阻挡的时代潮流，那么，在此政制转型过程中，传统社会中的"道"和"德"是否必然为科学认知以及作为现代政治基点的"自然权利"所取代，则成为始终困扰时代的突出问题。历经 20 世纪的变革和运动之后，这一问题并不能说业已得到根本而妥善的解决。而且，就"新轴心时代"人的道德和精神处境以及西方兴起的"后现代"思潮而言，这也并非一个仅仅存在于中国的现代问题。

具体从中国古代政治的主要方面来看，政治与道德在中国古代可以说是长期融合在一起的，甚至可以说，政治在很大程度上只是道德的扩展。换言之，中国古代政治总体上是旨在实现"内圣外王"的政治，"外王"由"内圣"自然延伸而出。这样几段话大体可以用来说明中国古代政治的这一特点：

> 克明俊德，以亲九族。九族既睦，平章百姓。百姓昭明，协和万邦。③

> 欲明明德于天下者，先治其国。欲治其国者，先齐其家。欲齐其家者，先修其身。……身修而后家齐，家齐而后国治，国治而后天下平。自天子以至于庶人，一是皆以修身为本。④

---

① ［英］霍布斯：《利维坦》，黎思复、黎廷弼译，商务印书馆 1985 年版，第 72 页。
② 参见［美］列奥·施特劳斯《自然权利与历史》，彭刚译，三联书店 2003 年版。
③ 《尚书·尧典》。
④ 《礼记·大学》。

修之于身，其德乃真。修之于家，其德乃余。修之于乡，其德乃长。修之于邦，其德乃丰。修之于天下，其德乃普。[①]

从这些话中，可以明显看到政治与道德同构、政治以道德为基点，以及从"身"到"家"到"国"再到"天下"的一体结构和历史阶段。沿着这样的发展次序，如果说唐虞代表"天下为公"的道德阶段，周代表"天下为家"的分封阶段，秦汉至晚清代表天下为私的帝国阶段，那么，近代以来，中国则处于"协和万邦"的"平天下"阶段，也就是梁启超所谓的"世界之中国"阶段。尽管政治与道德的同构始终构成中国古代政治的一个特点，但在不同历史阶段，道德与政治融合的形式和程度却也存在着明显差别。其中，由公天下转变成为家天下和私天下，由道德转变成为外在形式伦理的发展趋向是明显的，儒家对周代的推崇以及奉尧舜时代为更高理想，在一定意义上正表明道德在当时政治中的更高含量，而中国宋明以来内生的"现代性"在很大程度上恰是针对由公到私、由道德入外在形式伦理的历史趋势兴起的。而当时代发展到"平天下"阶段，在所谓"新战国"形势下，无论是国家政制还是社会伦理，都遭受到严重破坏乃至崩溃，而且，在新的政制构建过程中，由于基点或起点的改变，政治与道德发生了更大分离，一如马基雅维里和霍布斯的政治理论所意指的，新的"外王"构建甚至可能带来对"内圣"的彻底否定或舍弃。可以说，这是一个政治和道德发生双重变革的时代，在此时代，西方的政治民主以及远古的道德大同，实际上使中国帝制和纲常伦理面临着双重挑战，因此也为中国在新的历史阶段融汇古今中外、重构政道和法理提供了新的契机和可能。由此而言，克服"道"与"政"在古今中外维度上所遭遇的双重挑战，并且在实现政制从传统向现代的历史转型过程中进一步协调"政"与"道"的关系，构成了这个时代所要解决的基本问题。

从实际的历史发展看，在 20 世纪相当长的一段时期，中国并没有沿着西方的道路以"自然权利"为基点构筑起现代自由政治以及与之相应的法治，无论是古今维度，还是中西维度，在很大程度上都遭受到割裂。一方面，传统文化在 20 世纪 90 年代以前的历次文化运动中一直经受着批判甚至是彻底颠覆；另一方面，革命后的早期建设阶段，有别于西方现代化模式的苏联模式严重影响了中国，政治和法制实践由此主要是在阶级斗争以及国家

---

① 《道德经》。

和法律最终都是要被消灭的理论背景下展开的，以致法制未能得到充分而合理的发展，而且在一段时期出现了法制虚无、砸乱国家机器的混乱局面。就此来说，在从"革命"到"改革开放"再到"实现现代化"的新的历史进程中，承接古今，融汇中外，立足于古今中外的普适因素开拓中国据以发展的政道和法理，仍是极为现实的历史任务。与此历史任务密切相关的基本理论问题是，中国政制的发展是否必须以人权或"自然权利"为基点？在此过程中，作为传统政治基点的德性是否必须被彻底舍弃？作为现代之道的人权与作为传统之道的德性之间的关系如何处理？是否有必要而且仍有可能为现代政治以及现代法治构建一种更加健全的道德或权利基点，以此实现"外王"与"内圣"新的融合或衔接？

这些看上去主要是道德哲学和政治哲学的基本问题，但它们并不因此就处在法理学研究范围之外。其实，无论中西，法理学最初都是沿着"道"与"政"向前延伸和发展的。中国古代关于法律的理论探讨，基本上是关于据以治国安邦的"道"与"政"的讨论。在西方，作为法理学早期形态的自然法学，无论是在古代从宇宙秩序出发，还是自近代以来从自然权利出发，都实际涉及对"道"的认知和对"政"的构建。当然，就法理学本身来说，"法"无疑是它的核心概念，不过，关于"法"的分析和讨论，并不能离开"道"与"政"。不难发现的是，在现代权利哲学和民主政治的主导下，人们关于"法"的现代理解乃至建构，与古代的认识相比，在很多方面实际上发生了变化。而且，在很大程度上，由于"道"与"政"的近代变革，法理学作为一门学科也受到了重要影响，最明显的是，试图割断其与"道"和"政"的联系的所谓"纯粹法学"和"分析法学"产生了出来。然而，如果为分析实证主义法学填补上历史维度和时代精神背景，法理学与"道"和"政"的联系在现代依然可以说是明显的。由此，概括起来，可以说，价值、政制、法律、学术，或者，"道"、"政"、"法"、"学"，构成了中国法理学实现其历史任务必须研究的四个最为基本的对象。中国法理学的这四个基本研究对象，与中国自近代以来在"古今中外"背景下寻求和开拓据以长远发展的道统、政统、法统和学统，是紧密联系在一起的。以下就这四个研究对象分而述之。

七

现代社会讲自由人权，一如古代社会讲仁义道德。在近代欧美，"不自由，毋宁死"①，"宁愿在风暴中享自由，不愿在安宁中受奴役"②，成为流行的话语。而在中国古代，处于社会价值体系的基础和主导地位的则是这样一些话语："朝闻道，夕死可也"③，"所欲有甚于生者，所恶有甚于死者"④，"宁饥寒乘理而死，不愿饱暖违义而生"。⑤ 同样是比生死看得更重的事物，在近代欧美是政治"自由"，而在中国古代则是道德"仁义"。中西两套话语体系的不同，鲜明地反映出"道"在古今中外历史发展过程中的差异和变化。

　　作为现代之道，人权在当今世界已成为政治权力据以持续存在和运行的基本合法性渊源，现时代因此也被称为"民权世界"、"权利时代"。⑥ 一如有学者指出的，"政治道德和社会选择全部或部分建立在关于个人权利的某种阐释的基础之上，这种想法是西方政治学中一个熟为人知的论题"。⑦ 尽管如此，人权或权利的道德基础或哲学根据却远没有达到坚不可摧的程度。看上去，对人权的理论论证要比对人权的政治宣称显得更为艰难。就此，有学者指出，"实际上，人的自然权利教义面临道德质疑有时显得特别脆弱"。⑧ 还有学者甚至认为，"令人信服地证明人享有存在或道德意义上的权利，这是不可能的"。⑨ 从源起上看，"自然权利"在兴起之初其实就已面临挑战。例如，柏克（Edmund Burke）在 18 世纪末期曾对"自然权利"提出批评，他说，"（自然权利的）抽象完美性恰是它们在实践中的缺陷"，"这些形而上学的权利进入到日常生活中来，就像光线穿透一种稠密的介质之中一样，它们由于自然的规律，是会脱离它们的直线而折射的"，"这些理论家们所假想的权利都是偏激的，它们在形而上学上的真实程度，一如它们在

---

　　① Patrick Henry, "Give Me Liberty or Give Me Death!", in Laura Hitt（ed）, *Human Rights*: *Great Speeches in History*, San Diego: Greenhaven Press, 2002, pp. 23—26.

　　② 参见［法］卢梭《论人类不平等的起源》，李常山译，商务印书馆 1962 年版，第 133 页。相同的话语在洛克的《政府论》中也可以找到。

　　③ 《论语·里仁》。

　　④ 《孟子·告子上》。

　　⑤ 《后汉书·赵壹》。

　　⑥ 见孙中山《民权主义》，载《孙中山选集》，人民出版社 1981 年版；Norberto Bobbio, *The Age of Rights*, Cambridge: Polity Press, 1996。

　　⑦ Jeremy Waldron（ed）, *Theories of Rights*, New York: Oxford University Press, 1984, p. 1.

　　⑧ Ibid. p. 3.

　　⑨ Michael Freeden, *Rights*, Minneapolis: University of Minnesota Press, 1991, p. 28.

道德和政治上的虚假程度"。① 边沁在 19 世纪早期批评法国《人权宣言》
(1789) 时也曾否认"自然权利"，他说："没有自然权利这样的事物……自
然权利只是胡说：自然的、不可剥夺的权利，这是修饰学上的胡说——高跷
上的胡说。"② 20 世纪中叶，《世界人权宣言》(1948) 宣告"人人生而自
由，在尊严和权利上一律平等。他们富有理性和良心，应以同胞之义相
待"。但对于人为什么生而自由平等，是"天赋的"(God-given)，还是
"自然的"(natural)，抑或其他，宣言并没有作出充分的阐释。直到 20 世
纪末，在《万民法》(1999) 中，罗尔斯依然没有将人权设置在足够坚固的
道德或形而上学基础之上。他说："所谓人权，被认为是任何社会合作体系
的必要条件。……这些权利并不依赖于有关人性的任何特定的完整宗教教义
或哲学教义。例如，万民法并不是说，人是道德的人，在上帝眼中都具有同
等价值，或者，他们具有某种道德的和理智的天分使他们得以有资格享有这
些权利。"③

　　作为现代政治合法性和社会合作体系必要条件的人权，却在构筑其道德
或形而上学根据上面临着困难，这显示出人权在政治、法律和社会合作体系
层面，有着与其在道德层面不同的处境。实际上，虽然柏克、边沁等人否认
权利是"上天赋予的"或"自然状态"中的物件，但他们并不因此否认权
利本身，在他们看来，人的权利来源于社会习俗和法律。换言之，人权并非
缺乏根据，它们植根于政治、法律和社会之中。在后来的讨论中，人权被更
多地建立在人是人这一基本的自然事实基础之上，④ 但由此也带来了一些现
代问题特别是道德问题。如果说，人因为并且仅仅因为其是人，所以应该受
到保护，这可以被确立为一项现代政治和法律原则，那么，这一原则也将因
为它并没有从道德上区分好人和恶人而不可避免地遭受道德质疑。例如，对
于穷凶极恶的人，是否应该以及为什么应该给以人权保护？或者说，穷凶极
恶的人是否也具有人权？按照传统的道德理论，穷凶极恶的人因为丧失了
"天良"这一人之为人的基本要素，理应遭受道德谴责，而且社会可以理直

---

　　① [英] 柏克：《法国革命论》，何兆武、许振洲、彭刚译，商务印书馆 1998 年版，第 78—81
页。引文据英文有改动。

　　② Jeremy Bentham, "Anarchical Fallacies", in Patrick Hayden (ed), *The Philosophy of Human
Rights*, St. Paul: Paragon House, 2001, pp. 123—125.

　　③ John Rawls, *The Law of Peoples*, Cambridge, MA: Harvard University Press, 1999, p. 68.

　　④ Cf. Patrick Hayden (ed), *The Philosophy of Human Rights*, St. Paul: Paragon House, 2001,
pp. xv, 5, 371.

气壮地对其实施刑杀。这样一种理论与现代人权原则存在着明显的张力。不仅人权如此，现代道路中的自由和民主在一定程度上也面临着相似的处境。例如，私人之间建立在"自由意志"基础上、以无害他人为唯一限定条件的现代"自由原则"，① 是否也需要以某些基本的道德准则或"天理"作为"自由意志"的边界？现代公共生活中通过民主表决方式达成的所谓共识、"公理"或公共决议，是否可能以及是否可以背离"天理"？② 或者说，"对"与"错"的标准在现代社会是否只需依凭人类通过某种形式达致同意或共识即可决定，还是仍然需要诉诸"天理"，而在科学认知主导下，这种诉诸"天理"的努力是否仍有可能？这些问题的形成，很大程度上是以现代人的经验认知与道德认知可能存在不一致为条件的，在此情形下，建立起人权与德性的融合或连接可谓一种时代需要。

　　大体而言，人权与德性是古今两种相辅相成的"道"。人权立足于人的身体和性命层面，旨在把人当人，不以非人的方式对待人；德性则立足于人的仁义和精神层面，旨在为君子，成圣贤，不为"草木禽兽"。人权与德性虽立足于人的不同方面，但却都被认为是人之为人的基本要素，特别是在政治和社会条件下，二者因此也都曾被认为是天赋的，正所谓"天植灵根"③、"天赋人权"。由于立足点不同，人在人权那里主要是作为保护对象存在的，而在德性那里则主要是作为道德主体存在的。作为保护对象的人在现代不必是内心高尚的人，而作为道德主体的人则是道德感强烈、是非观分明的人。就此而论，德性更加注重精神超越和生命之道，比人权具有更强的精神属性，人权则更加注重世俗物欲和社会之理，具有明显的世俗倾向。而且，由于把仁义道德看作是比身体性命更高的价值，德性在一定程度上存在着轻视或漠视身体和性命的倾向，这既表现为个人舍生取义，也表现为人们在善恶感的支配下对犯下万恶罪行的罪犯执行死刑；而由于把人的身体尤其是生命保全视为至高的价值，人权在一定程度上具有摆脱善恶论的倾向，它在对人客观一体的保护中消解了"能好人，能恶人"、"恶不仁者，其为仁矣"④的善恶结构。由此，人权与德性在现代条件下形成了一定的紧张。例如，按

----

① 参见［英］约翰·密尔《论自由》，程崇华译，商务印书馆 1959 年版。

② 现代民主政治被认为是一种"建立在人的意志（human will）基础之上的治理"，或者，"受意志指导的（will - directed）人的治理"。参见 Ian Shapiro（ed），*The Rule of Law*，New York：New York University Press，1994，pp. 13—19。

③ 王阳明：《传习录下》。

④ 《论语·里仁》。

照君子能爱人也能憎人的道德逻辑，对极恶之人执行死刑很容易为德性理论
所接受；而按照现代人权逻辑，死刑得因生命保全的绝对价值而被废除。人
权与德性的这种紧张需要从根本道理上作出协调和澄清，以使古今两种普适
之道都能得以张扬，而不致厚此薄彼或取此舍彼。具体来说，若以人为道德
的人，认定即使为恶之人也可能重现"良知"，则德性理论可以止于刑杀，
而人权理论也由此可以获得道德支撑。就此而言，立足传统道德资源，重构
现代权利理论，不仅是必要的，而且是可能的。从中国文化的理路看，现代
权利理论适合沿着"民吾同胞，物吾与也"[1]、"天地万物，本吾一体"[2] 的
道德路径向前拓展，基于"恻隐之心，人皆有之"，[3] "万物皆备于我"[4] 的
普适德性逻辑来构建人皆应受人权保护的道德基础，以此实现人的道德精神
与现代民主、人权保护、政治自由的融合或衔接。

八

　　尽管人权与德性都可谓普适之道，但现代政治主要是以人权和公民权利
为基点展开的。就中国传统政治而言，虽然三代以上"天下为公"的"大
同"之世在历史上对于君主专制形成张力，然而，在结束君主专制之后，
构建同样旨在实行"公天下"的民主政治，却并非只是通过领导者个人德
性的扩展来达成的，也不只是通过全体社会成员个体德性的普遍发扬来实现
的。在现代条件下，德性需要通过有效保护人权和公民权利的政治和法律制
度来彰显。保护人的身体、生命和政治自由，是现代政治权力运行的基本逻
辑，[5] 也是德性在现代政治中的一种具体体现。在现代政治的构建过程中，
不仅需要从出发点或根本上实现人权与道德的融合或衔接，也需要避免诸如
马基雅维里、霍布斯等所提到的道德与政治的完全分离，以使立足于人权保

---

① 张载：《正蒙·乾称篇》。
② 王阳明：《传习录中》。
③ 《孟子·告子上》。
④ 《孟子·尽心上》。
⑤ 福柯提到，现代政治是"身体政治"（the politics of body）和"生命政治"（bio‐politics），它们以保护身体和保全生命为己任，不能有效保护人的身体和"让人活"的政治权力在现代社会将难以存续。Cf. Michel Foucault, *The History of Sexuality*, *Volume* 1: *An Introduction*, New York: Vintage Books, 1980; Michel Foucault, "The Birth of Biopolitics", in Michel Foucault, *The Essential Foucault*: *Selections from the Essential Works of Foucault*, 1954—1984, ed. by Paul Rabinow and Nikolas Rose, New York: New Press, 2003, pp. 202—207.

障而展开的现代政治仍不失为对"道"与"德"的实践。① 如果说，传统政治在君主专制制度下通过使道德高度外在化和形式化，而在一定程度上消解了道德精神的积极向上特质，那么，在现代社会中，以人权为基点构建起来的民主政治，正可以将人的道德精神从强行制度中解脱出来，由此兼顾人的政治自由和道德自由，实现"外王"与"内圣"新的结合。

自近代以来，人权和政治自由才在中国流行，而且，人们起初对这些名词和概念的认知并未表现出欧洲人那样的强烈感受，由此在一定程度上影响了这些名词和概念在中国政治中起作用的力度和方式。在权利与道德之间，道义和伦常仍被很多人作为古今不易之理置于首要地位，因此也存在对权利的消极理解。例如，康有为说，"若以道德论之，则中国人数千年以来受圣经之训，承宋学之俗，以仁让为贵，以孝弟为尚，以忠敬为美，以气节名义相砥，而不以奢靡淫佚奔竞为尚，则谓中国胜于欧、美人可也"，② "夫自由者，纵极吾欲云尔；权利思想者，日思争拓其私云尔"，③ "以争权利为事，而未尝有道德之存其心，国民效之，相习而成风。且夫争权利者，岂待教哉，而道德者，虽厉之二不能行也。国无道德之率厉，而惟权利之是争，则父子兄弟夫妇不能久处，而况于国民乎。今举国滔滔，皆争权利之夫，以此而能为国也，未之闻也"。④ 在《劝学篇》（1898）中，张之洞对于"圣道"、"伦纪"以及"民权"、"男女平权"表达了类似的看法。近世关于政治自由的理解大体也是如此，其间，尽管有梁启超、严复等对于西方政治自由话语的推崇，但康有为、孙中山等也指出了政治自由在中国与西方的不同语境。康有为说，"吾国二千年来，本已大受自由之乐，本无待于释放也"，⑤ "发明民权自由、立宪公议之说，引法、美以为证，倡佯其词，煽动全国，于是今之床头之竖，三尺之童，以为口头禅焉。夫自由二字，生于欧洲封建奴民之制，法国压抑

① 参见夏勇《中国民权哲学》，三联书店 2004 年版，第二章"权利与德性"。书中写道，"就美好的人类生活和健全的社会制度来讲，对个人尊严的信仰和对社会责任的信仰是不应该分离的，也是不可分离的"；"强调德性并不必然导致贬低个人权利的重要意义，提升个人权利也并不必然削弱对集体利益的道德关怀"；"为了最大限度地使政治道德化，也为了最大限度地使道德价值政治化，应当把政治参与理解为既是德性的践履，又是权利的实行"。见该书序"我这十年的权利思考"，引文着重号省略。
② 康有为：《康有为政论集》，中华书局 1981 年版，第 568 页。
③ 同上书，第 1045 页。
④ 同上书，第 905 页。
⑤ 同上书，第 574 页。还可参见该书第 589、592、594 等页。

之余，施之中国得自由平等二千年者，已为不切"。① 孙中山也提到，中国人自古未受"不自由"的切肤之痛，对于自由两个字因而"没有心得"、"不注意去理会"、"不情愿来附和"。由此，自由在近代革命中不仅没有被作为政治目标，而且还因为中国人被认为自由得近乎一盘散沙而改变了其西方用法，亦即，从西方的争个人自由的用法，转到中国近代争民族独立和国家自由的用法上来，在此用法中，个人自由实际上是作为需要克制的方面看待的。② 所以，与存在众多争议的"民权"相比，"国权"在近代得到了更广泛的认同，权利因此与现代国家和政治的构建紧密地联系在了一起。③ 历史地看，个人自由或政治自由新的兴起主要是改革开放以来的事情，这与新中国成立初期的政治运动特别是"文化大革命"所表现出的，政治权力运行不规范以及商品经济和市场经济的发展，有着明显的历史关联。

"国权"的构建确实是近代民族独立和国家富强的一个关键，然而，围绕抵御外侵以及约束个人自由而展开的"国权"构建，也可能滑向专制政体。或者说，通过构建一个专制国家来完成民族独立和国家富强的现实任务也是可能的，而同样可能的是，民主因此将得不到实现或被长期延缓。事实上，康有为、梁启超以及孙中山等也的确提到了在实现民主政治之前作为过渡形式的专制或强权政治。康有为说："盖今日由小康而大同，由君主而至民主，正当过渡之世……凡君主专制、立宪、民主三法，必当一一循序行之，若紊其序，则必大乱。"④ 梁启超也曾提到："与其共和，不如君主立宪，与其君主立宪，又不如开明专制。"⑤ 孙中山则把国家建设分为三个时期："一曰军政时期；二曰训政时期；三曰宪政时期。"⑥ 这些主张，体现了在通往"天下为公"的"大同"道路上，内忧外患的现实政治与实现民主

---

① 康有为：《康有为政论集》，中华书局 1981 年版，第 570 页。

② 参见孙中山《民权主义》，载《孙中山选集》，人民出版社 1981 年版。

③ 例如，张之洞认为："盖惟国权能御敌国，民权断不能御敌国，势固然也。"见张之洞《劝学篇·正权》。梁启超也曾指出："国权者，一私人之权利所团成也。……其民强者谓之强国，其民弱者谓之弱国，其民富者谓之富国，其民贫者谓之贫国，其民有权者谓之有权国，其民无耻者谓之无耻国。……欲使吾国之国权与他国之国权平等，必先使吾国中人人固有之权皆平等，必先使吾国民在我国所享之权利与他国民在彼国所享之权利相平等。"见梁启超《新民说·论权利思想》，《饮冰室合集》专集之四。另可参阅［日］松本三之介《国权与民权的变奏——日本明治精神结构》，李冬君译，东方出版社 2005 年版。

④ 康有为：《康有为政论集》，中华书局 1981 年版，第 476 页。

⑤ 梁启超：《开明专制论》，载《饮冰室合集》文集之十七。

⑥ 孙中山：《国民政府建国大纲》，载《孙中山选集》，人民出版社 1981 年版。

的共同愿望之间的纠缠纷扰。就政治实践而言，在战争频仍和政局动荡的100多年间，民主宪政在中国终究没有得到充分实现，这同时意味着，中国长期以来构建民主之"政"的历史任务未能彻底完成。尽管中国近代的民主诉求明显受到了西方以及整个世界潮流的影响，但从中国政治几千年来的历史发展看，特别是从"三代以上"的"大同"道德理想与现实政治实践中长期的小康之道以及君主政制之间的历史矛盾看，实现"公天下"的大同民主之"政"，也可谓中国自身长期以来未得实现的一大历史任务或政治理想。大体上，中国传统政治经历了从尧舜时代实行禅让制的"天下为公"政治，到三代的"天下为家"政治以及周实行封建制的贵族政治，再到秦以后实行帝制的君主政治这样的历史发展。在此过程中，尧舜之后的历代政治始终只在小康之道或君主专制中打转，一直未能从中转出并进而转向大同民主政治。而且，由于长期做不到"天下为公"，政权几千年来一直遭受此取彼夺，由此形成了治乱相循、离合相续、兴亡相仍的政治局面。[①] 就君主与人民在政权层面存在裂缝而言，三代以来的中国传统政治可以说始终经受着一种"政"的缺失。由此，古代中国要么被认为有"道"无"政"或有"治"无"政"，要么被认为有"治道"而无"政道"，[②] 而且，对行政"治"理的擅长在很大程度上遮蔽了对民主之"政"的历史需要。沿着这样的历史发展线索看，民主之"政"自近代以来正构成中国贯通古今的一大历史使命。而且，就"德性"、"大同"这些中国传统概念与"人权"、"民主"这些现代概念的各自侧重而言，更为深厚的道德文化内涵可能成为中国构建其现代民主之"政"的一个特点。或者说，与政治与道德的分离这一近代趋势相对照，在新的"外王"构建过程中，人权与德性以及"政"与"道"之间的联系在现代中国更有可能得到加强。

从新中国成立以来的历史看，尽管民主革命为中国摆脱长期以来循环往复的兴衰周期律提供了可能，但在很长一段时期，人民民主实践并没有朝法治的方向发展，国家正式的政制和法制建设也明显受到了国家和法律消亡理

---

① 参见本书第三章。

② 例如，梁启超认为："二千年来之中国，虽谓之无政焉可也。"见梁启超《〈西政丛书〉叙》，载《饮冰室合集》文集之二。钱穆认为："中国的政治只重'道'，不重权。所以中国人只说有'君道'，不说有君权，道统犹在政统之上。"见钱穆《人生十论》，载《钱宾四先生全集》第39卷，台北联经出版事业公司1998年版，第183页。牟宗三则认为："中国在以前于治道，已进至最高的自觉境界，而政道则始终无办法。"见牟宗三《政道与治道》，载《牟宗三先生全集》第10卷，台北联经出版事业公司2003年版，第1页。

论的困扰。改革开放，为重新承接"古今中外"，并围绕保障人权和公民权利、约束和规范政治权力来构建民主法治国家带来了新的生机。就中国在21世纪上半叶直选范围扩大以及"实行普选"的趋势而言，① 中国的民主实践仍然有着改革和发展空间。在进一步改革开放以及"基本实现现代化"的道路上，最终完成近世200年来对民主之"政"合理构建的历史任务，实现民主法治国家，不仅具有重要的历史意义，也具有现实的可能。而民主，也只有沿着天下大同的道德理想与现实长期的君主政制之间内在矛盾的纵深发展审视，才能更深切体察其在中国的历史使命和现实意义。

九

与作为出发点的"道"和作为基本框架的"政"比起来，"法"是法理学也是中国法理学最核心的研究对象。而且，相对古代关于法律的阐释来说，现代法理学对于"法"的研究更为专门和具体，在很多方面也显得更为科学和实证，特别是在法律实证主义兴起之后。从中国近世以来的发展看，"法"在历史上一直是作为国家政治生活中的大事呈现的，关于法的科学而专门的研究也在西学影响下得到了加强。在一定意义上，近代变革的开始，可以说就是从"法"特别是从国际公法开始的。而从"维新变法"，到"仿行立宪"，到革命时期的宪法和宪政，到"文化大革命"时期的所谓"无法无天"，直至改革开放时期的"依法行政"、"依法治国"和"依法执政"，也都可以明显看到"法"与政治时局的紧密联系及其政治地位的历史变化。时至今日，尽管"法"在国家和社会生活中的作用日渐增强，"法治"也成为时代共识，但无论是关于古代法的认识以及古人关于"法"的理解的认识，还是关于现代法以及现代法治的认识，都仍有很多模糊甚至误解的方面需要克服和消除，也有很多新的方面需要开拓和发展。

"法，刑也"，从《说文解字》的这种解释，今人很容易得出中国古代法就是刑法或刑罚的结论。其实，就刑字从"井"、古代"刑名"并称以及中国文化的内在理路来看，模仿、学习更可能是法与刑的文化本意。或者

---

① 邓小平在1987年谈到："大陆在下个世纪，经过半个世纪以后可以实行普选。现在我们县以上实行的是间接选举，县级和县以下的基层才是直接选举。"见邓小平《会见香港特别行政区基本法起草委员会委员时的讲话》，载《邓小平文选》第3卷，人民出版社1993年版，第220页。

说，法与刑起初都蕴涵有一种向自然天道学习的文化态度，诸如"仰则观象于天，俯则观法于地"①，"凡礼之大体，体天地，法四时，则阴阳，顺人情"② 之类的话多少可以用来说明这一点。因为法与自然天道的原初联系，法在后世是与自然律和道德律紧密结合在一起的。汉字"法律"和英文"law"，实际上都在一定程度上透显出与必然性相关联的法则或规律意蕴。大体上，中国古代法家侧重于从人的自然本性方面来把握法律，而儒家则更注重从人的道德本性来阐释法律，由此在历史上形成了两套与各自的道德哲学和政治哲学相联系的法律哲学。基于人趋利避害的生理本性，法家强调通过赏罚二并来有效管理人的行为，从而提出了"垂法而治"③、"以法治国"④ 的主张。儒家则基于人固有的"恻隐"和"不忍"之心，更加强调通过道德劝导来调整人的行为，正所谓"道之以政，齐之以刑，民免而无耻；道之以德，齐之以礼，有耻且格"。⑤ 由于儒学在意识形态上的主导地位，法律在国家治理和社会生活中的地位和作用长期以来受到了一定抑制其至贬低，法律特别是刑罚被认为是社会治理必要的但却并不值得推崇。结合三代以来的政治总体来看，法律在传统社会只是约束社会成员和官吏的治理工具，而未能成为人民用以控制王权或政治权力的一种政治形式。鉴于此，黄宗羲甚至认为"三代以上有法，三代以下无法"。⑥ 法律成为人民用以约束王权或政治权力的有效形式，大体是在有了现代宪法和民主政治之后的事情，这在西欧中世纪已经萌芽。沿着这样的历史脉络，可以说，法律在形式上既存在道德层面的法与功利层面的法的区别，也存在政制层面的法与治理层面的法的区别。就对道德律的排斥或否定而言，法家所把握的法主要发生在功利层面，而就传统伦理体系的崩溃以及道德在现代社会日渐分化为一个更加独立或孤立的系统而言，现代法在很大程度上也主要是一种与道德发生适度分离的功利层面的法。就传统德性理论所认为的道德律与自然律一样对人有着必然影响和后果而言，儒家所理解的法是一种更具超验或超越意义的法，这样一种法在现代民主政制形式下能否继续显示或发挥其功效，由此弥补"现代性"之不足，实现"外王"与"内圣"新的衔接，在很大程度上

---

① 《易·系辞》。
② 《礼记·丧服四制》。
③ 《商君书·壹言》。
④ 《韩非子·有度》。
⑤ 《论语·为政》。
⑥ 黄宗羲：《明夷待访录·原法》。

取决于，从"道"和"学"上对基于人的道德认知的德性理论的更深开掘。

与法的四个层面相应，法治在理论上也可以抽象出道德、功利、治理、政制四个层面。而从中国自古以来文治武功的实际发展来看，法治则主要呈现出作为武功的法治、作为文教的法治和"作为宪政的法治"（the rule of law as constitutionalism）① 三种具体的历史形态。其中，作为武功的法治以法家学说为理论基础，旨在通过严刑峻法、奖励耕战实现国家富强，这主要是功利和治理层面的法治；作为文教的法治以儒家学说为理论基础，旨在通过道德教化和伦理构建，使人过一种既物质富足又天人合一、伦常有序的道德生活，正所谓"正德、利用、厚生"，② 这在历史上主要是道德和治理层面的法治；③ 作为宪政的法治在很大程度上以"启蒙"时代以来的现代理性

① Cf. Shannon C. Stimson，"Constitutionalism and The Rule of Law"，in John S. Dryzek，Bonnie Honig，Anne Philips（eds），*The Oxford handbook of political theory*，New York：Oxford University Press，2006，pp. 317—332.

② 古人所讲的"六府三事"大致可以用来说明这一理想："德惟善政，政在养民。水、火、金、木、土、谷，惟修；正德、利用、厚生，惟和。九功惟叙，九叙惟歌。戒之用休，董之用威，劝之以九歌，俾勿坏。"见《尚书·大禹谟》。

③ 儒学是否也包含着某种法治理论？中国传统社会是否也实行着某种法治？这些是可能引发理论批评或争议的问题。但从中国历朝历代都有法律和朝制，古人对"经远之法"的追求，以及"民一于君，断于法，国之大道也"、"匠万物者，以绳墨为政；驭大国者，以法理为本"、"律令者，政事之经，万机之纬"等（见欧阳询等编撰《艺文类聚·刑法部》）跨越上千年的古代话语看，这样的问题还是值得深思的。一些学者对于这些问题明确作出了肯定回答。例如，郑观应提到："夫中国自秦、汉以来，以文法治天下，科条非不密也。其奉行而持守之者，非不严且明也。"见郑观应《盛世危言·吏治上》。钱穆也曾指出："中国的政治，相沿日久，一天天地繁密化。一个制度出了毛病，再订一个制度来防制它，于是有些却变成了病上加病。制度愈繁密，人才愈束缚。这一趋势，却使中国政治有后不如前之感。由历史事实平心客观地看，中国政治，实在一向是偏重于法治的，即制度化的，而西方近代政治，则比较偏重在人治在事化的。何以呢？因为他们一切政制，均决定于选举，选举出来的多数党，就可决定一切了。法制随多数意见而决定，而变动，故说它重人、重事实。我们的传统政治，往往一个制度经历几百年老不变，这当然只说是法治，是制度化。法治之下，人才就受束缚了。所以明末的黄梨洲要慨然说：'有治人，无治法。'这因一向制度太繁密，故使他太不看重法，太看重人，而要提出此主张。但尚法并非即算是专制，而中国历史上平地拔出的人愈后愈多，而自由展布之才，却愈后愈少了。此后的我们，如果不能把这种传统积习束缚人的繁文琐法解放开，政治亦就很难有表现。"见钱穆《中国历代政治得失》，三联书店2005年第2版，第157—158页。这种见识与叶适、顾炎武等人的看法是一脉相承的。此外，也有从正面来谈传统法治的观点。例如，徐复观指出："至于说儒家重人治而不重法治，便首先要看对'法'的解释。若将'法'解释为今日的宪法，则二千年以前尚无此观念。当然过去也曾想到要有一种恒常不变的法，来维持政治的安定，此即孟子所说的'旧章'、'先王之法'，这有似于英国的历史的惯例。但它与现代的宪法观念，究不相同。若将'法'解释为刑法，则儒家确是不重视刑法，

主义、经验主义和功利主义为理论基础，旨在通过政治和法律制度设计来有效约束和规范国家权力或政治权力，保障人和公民的权利，就其以人权和公民权利为出发点而言，这主要是功利和政制层面的法治，也可以说是新的"外王"层面的法治。同民主之"政"相联系，现代中国的要务正在于拓展政制层面的法，着力打造中国自古以来长期缺乏的政制层面的法治。而在此过程中，法治各个层面之间的关系也是需要理清和协调的，以使一些传统的治理和道德因素也得以涵容于作为宪政的法治之中，发挥其积极功效。总体而言，正如人权与德性、民主政制与民本治理①的关系一样，现代法治也需要融合"古今中外"，实现"政"与"治"、功利与道德、"外王"与"内圣"的衔接。

　　在历史上，无论是从哈林顿1656年提到的"使一个共和国成为法律的王国，而不是人的王国"、②洛克1690年提到的"法律在哪里终结，暴政就在哪里开始"③以及潘恩1776年提到的"一如在专制政府中国王就是法律一样，在自由国家法律就应该是国王"④这些理论话语看，还是从1215年的《大宪章》、1689年的英国《权利法案》以及旨在实现"法律的政府而不是人的政府"的1780年美国《马萨诸塞州宪法》这些近代政治和法律文献看，近代法治主要是一个与国家政制，更精确地说，与对王权、国家或政府权力的限制和约束紧密联系在一起的概念。这被视为现代法治的精义之

但并不否定刑法。孟子说得很清楚，'国家闲暇，及是时，明其政刑'。若将'法'解释为政治上所应共同遵守的若干客观性的原则，及由此等原则而形之为制度，见之于设施，则孟子乃至整个儒家，是在什么地方不重法治呢？……'齐之以礼'即是主张法治。荀子的所谓'礼'，在政治上也是指法治而言。孟子也有'上无礼，下无学，贼民兴，乱无日矣'的话。专谈政治制度的《周官》又称为《周礼》，由此一端，也可知儒家在政治上所说的'礼'都是法治。而孔子也决不曾忽略法治。所以汉人常说：'孔子作《春秋》，当一王之法。'最容易引起误解的是《中庸》'文武之政布在方策，其人存则其政举，其人亡则其政息，'的一段话，许多人由此而说儒家不重法治。其实，这段话只说明当时的实际情形，何能解释为不讲法治？《中庸》在这章后面接着说'凡为天下国家有九经'，'九经'即是九种常法大法，后面皆一一胪列了出来，这不是法治是什么？"见徐复观《中国思想史论集》，上海书店出版社2004年版，第114、116—117页。

　　①　参见本书第三章。

　　②　［英］詹姆士·哈林顿：《大洋国》，何新译，商务印书馆1963年版，第21页。

　　③　［英］洛克：《政府论》下篇，叶启芳、瞿菊农译，商务印书馆1964年版，第123页，引文据英文有改动。

　　④　［美］托马斯·潘恩：《常识》，载《潘恩选集》，马清槐等译，商务印书馆1981年版，第35—36页，引文据英文有改动。

所在,① 它有别于社会生活中或社会治理层面对公民的法律之治（rule a-
mong citizens）。然而，实际上，关于法治的很多现代理解，仍然没有区分政
制和治理两个层面，由此割裂了现代法治与权利、道德、实质正义乃至民主
的联系。这集中体现在法治的"形式理论"（formal theory）和"稀薄理论"
（thin theory）上。② 基于对法治的形式理解，一些现代西方学者看上去重又
陷入到类似古代法家看法的观点之中，有学者甚至认为，"法律可以……在
不违反法治的情况下建立奴隶制"。③ 尽管从法律规则的一般、明确、稳定、
普遍、公布、可预期等形式方面把握法治是必要的，但是，对于现代法治，
并不能仅限于法律的内在形式理解。法据以产生的民意、道德和道理基础，
法在政制与治理层面的不同地位和作用，法在治理层面与其他行为调整机制
之间的关系，也理当成为构建现代法治不得不考虑的重要方面。中国历史
上，在人们的生活世界中惟法是尚、严刑峻法、务法不务德、"削仁废义"、

---

① 例如，在哈耶克看来，法治指的是，"政府的一切行动都受到预先确定并宣布的规则的约
束"；"政府除了实施众所周知的规则外，不得对个人实施强制，它构成了对政府一切权力的限制，
包括对立法权的限制"。See Friederich A. von Hayek, *The Road to Serfdom*, Chicago：University of Chi-
cago Press, 1944, p. 72; Friederich A. von Hayek, *The Constitution of Liberty*, Chicago：University of Chi-
cago Press, 1960, p. 205。德沃金也指出："法律实践最抽象和最基本的要义在于指引和限制政府权
力……法律要求，权力只有依照已往的判决为个人权利和义务所许可或必需，才能被行使或保留。
法律概念的这一特点以适当的虚幻形式表明了时常被称为'法治'的那种东西。"See Ronald Dwor-
kin, *A Matter of Principle*, Cambridge, MA：Harvard University press, 1985, p. 93。还有人认为，"法
治……包含着传统的自由和自然正义理念，而更普遍的是，它还包含着政府与被治理者之间的关系
必须正义和公平的理念"；"法律构成了治理者与被治理者之间的壁垒，防护个人免受那些持有政治
权力的人不怀好意的歧视"。See T. R. S. Allan, *Law, Liberty and Justice：The Legal Foundations of
British Constitutionalism*, Oxford：Clarendon Press, 1993, pp. 21, 44。另一方面，法治对权利的保障
和对政治权力的限制和约束，也可以被视为政治权力得以存在和持续运行的一种合理方式。
② 关于法治的"形式理论"和"稀薄理论"，参见 Brian Z. Tamanaha, *On The Rule of Law：
History, Politics, Theory*, Cambridge：Cambridge University Press, 2004, Chapter 7; Charles Sampford,
"Reconceiving the Rule of Law for a globalizing World", in Spencer Zifcak (ed), *Globalization and the
Rule of Law*, New York：Routledge, 2005, pp. 9—31; Charles Sampford, *Retrospectivity and the Rule of
Law*, New York：Oxford University Press, 2006, pp. 39—64。
③ Joseph Raz, "The Rule of Law and its Virtue", in Joseph Raz, *The Authority of Law*, Oxford：
Clarendon Press, 1979, p. 221. 拉兹在文中还提到，"一个建立在否认人权、普遍贫困、种族隔离、
性别不平等以及种族迫害基础上的非民主的法律体制，原则上可以比任何更加文明的西方民主的法
律体制更好地遵循法治的要求……它将是坏得不能再坏的法律体制，但是，它有一点长处：长就长
在它遵循法治"。见该书第 211 页。

"伤恩薄厚"、"以法绳天下"①的法律形式主义或法律工具主义观点，自古以来一直遭受着批评；在近代，由于未能区分法治的政制和治理层面、缺乏对政制层面的法治的充分了解，这样一些批评也曾被一些人不加分别地一体扩及于所有的法治，②其间的是非道理是很值得深思和反省的。总之，在民主政制下，国家或政府权力依照宪法和法律、循着维护人民利益和保障公民权利的方向运行，可谓构建"法治国家"（state under the rule of law）和"法治政府"（government under law）的基本要求，而在治理或社会生活层面，现代法在沿着人权和权利保护路径向社会延伸，由此确立公民义务、法律惩罚并成为一个专门而独立的体系的同时，作为多种社会规范形式中的一种，它仍需要与道德、情理、信仰以及其他导引和规范机制一道对人的行为协调发生作用，存留道德伦理和实质正义的伸展空间。

十

综合而言，无论是人权，还是民主和法治，在现代社会都与人的道德精神发生了一定程度的分离。从人权对人的身体和生命的侧重、民主对人的意志和民意的侧重、法治对外在形式和功利的侧重来看，现代人权、民主和法治相互贯通，共同构成了"新外王"的主要方面。不仅于此，作为价值、政制、法治共同认知前提的学术或科学，或者说，作为"道"、"政"、

① 参见《史记·太史公自序》；《汉书·艺文志》；刘勰：《九流》；欧阳修：《崇文总目叙释》。

② 例如，"中国奉孔子之教，固以德礼为治者也。孔子曰：道之以德，齐之以礼，有耻且格，道之以政，齐之以刑，民免而无耻。太史公曰：法者制治之具，而非制治清浊之原也。故法出而奸生，令下而诈起，中国数千年不设辩护士，法律疏阔，而狱讼鲜少，戴白之老，长子抱孙，自纳税外，未尝知法律，盖以半部《论语》治天下，国民自以礼义廉耻、孝弟忠信相尚相激，而自得自由故也。……盖以个人独立之义，有国而无家，故薄恩义，而但尊法律，然奸诈盗伪，大行于奉法之中，诚哉，其免而无耻也。法治乎何足尊夫，何足舍德礼之治而降师之。然吾国无识之徒，不深知治化之本，而徒媚欧、美一时之富强也，又以吾国法律之有未备也，于是高谈法治，几若视为政治之极则者，何其颠倒哉。"见康有为《康有为政论集》，中华书局1981年版，第1038页。又如，"自汉至今，几二千余年，人情之诈伪极矣，风俗之浇漓至矣。律例繁多，刑狱琐碎。文法之密，逾于网罗；辞牒之多，繁于沙砾。动援成法，辄引旧章，令人几无所措其手足。各直省禀报之案，虚词缘饰，百无一真，而更益之以六部之律例纷纭，互相牵制，不知此特便于吏胥舞文弄法，索贿行私，以上下其手而已，非特不能为治，且足以坏政体，而于经国治民毫无裨补。即其下，繁文缛节亦指不胜屈，要不过徒乱人意耳。……然则治天下，岂在乎法律之多，足以杜弊而止奸乎？"见王韬《弢园文录外编·尚简》。

"法"共同理论根基的"学"，也在现代明显表现出脱离道德的趋向。尽管如此，这并不足以用来说明乃至主张人的道德精神在现代社会的消亡，而只能表明传统的道、政、法、学相互交融的一体结构，在现代权利政治、民主法治的崛兴过程中发生了历史性变化，人的道德精神在现代起作用的环境和方式因此也必定随之发生变化。而且，正是这种现代趋向，充分展现出人在现代社会的道德处境或认知困境，① 从而使得现时代重构人的道德精神与现代人权、民主、法治以及学术的关联，或者，重建"内圣"与"外王"的衔接，越发显得必要。事实上，无论是身体和生命，还是仁义和道德，都同属于人；无论是作为知性主体或权利主体的人，还是作为德性主体的人，都同样是人；无论是现代人权、民主、法治，还是现代学术，都同以具有德性的人为实践主体，就此而言，构建这样一种现代衔接是有根基可立的。从中国古人所讲的从格物致知，到诚意正心，到修身齐家，到治国平天下这样的本末顺序看，格物致知可谓道德与政治的根本之根本，而重新建立人的道德精神与现代人权、民主、法治以及学术的衔接，至为关键的环节也在于"学"。

　　"学"，首先是与人的认知相联系的，正所谓"学也者，观察事物而发明其真理者也"。② 而人究竟以何种方式进行观察和认知，究竟如何格物致知，这在历史上并非总是存在一致意见。有人认为格物致知是通过外在科学认知穷究物理和事理，有人则认为格物致知是通过内在道德认知格心物、致良知。由这两种主要的认知方式，生成了两套学问或学术形式，③ 或者说，生成了学问或学术的两个维度，一是科学的或经验的，一是道德的或超验的。由此，从认识论上讲，法理学一方面可以说是法学或法律科学，另一方面也可以是关于政道和法理的理学。这在中西历史上都有明显反映。作为西方法理学的早期形式，古代自然法学主要是在天与人、宇宙秩序与世俗法则、神法与人法、道德律与法律这样的二元立体框架中展开的。认定人法或实证法之上存在一个超验的或超越的维度，这是古代自然法学与现代法律实证主义最主要的区别。在后来的发展中，这样一个维度实际上被逐渐削弱，

---

　　① 人的这种现代处境在艾略特（Thomas Stearns Eliot）的《荒原》（1922）、贝克特（Samuel Barclay Beckett）的《等待戈多》（1952）等作品中得到了强烈表现。

　　② 梁启超：《学与术》，载《饮冰室合集》文集之二十五下。

　　③ 梁启超曾说："天下学问，不外成己成物二端。"见梁启超《万木草堂小学学记》，载《饮冰室合集》文集之二。所谓"尊德性而道问学"、"知识之真与道理之是"也在一定程度上体现了这两个方面。

关于法律的现代研究，无论是分析实证主义法学，还是法社会学，都主要是在一元平面结构中展开的。如同西方伦理学日益浓厚的实证和知识化倾向一样，现代自然法学也在一定程度上呈现出某些实证特点。从中国学术的历史变迁来看，这样一种科学化或知识化的趋势看上去也是明显的。大体而言，中国传统学术的主流，在内容上主要表现为"六艺之学"和"四部之学"，在性质上则由于道德伦理体系对学术的支配性影响，而主要表现为"德性之学"和"通人之学"。20 世纪初期，受西学的影响，"六艺之学"和"四部之学"逐渐为所谓的"七科之学"所取代，"德性之学"和"通人之学"也在以科学和知识分析为基础的"专门之学"的兴起过程中日渐式微，甚至出现了"治学则务为专家，惟求西化"的倾向。① 近代以来，在欧美、日本及苏联法学和法律理论的强势影响下，中国法学终究成为相对独立而专门的现代学术和知识领域。②

　　古今学术在历史上所表现出的不同侧重和特性，与"启蒙"时代以来发生的知识变迁是相应的。"启蒙"时代，也被称为"理性时代"，在此时代，人从宗教和传统的权威中走出来，勇敢地运用理智去认知和判断外在世界，乃至按照科学认知和理性原则去构建和改造外在世界。③ 认知以经验和理智为基础，是"启蒙"的一个重要特征。无论是笛卡儿的"我思故我在"、贝克莱的"存在就是被感知"，还是霍布斯对善德的否定以及洛克的"白板"认识理论，都明显表现出以人的经验和理智作为认知判断标准的特点。可以说，科学认识论和物理世界观，构成了现代世俗生活以及现代民主法治的知识论基础。然而，"启蒙"在通过人的理性祛除宗教和传统的面纱而使世界变得"光明"的同时，也带来了理性过度使用的风险，④ 甚至造成了知性对德性的取代，或者说，道德理性为认知理性所抑制和遮蔽，由此产生了现代的道德迷失或迷茫。雅斯贝斯指出了人的这种现代认知处境，他说：

---

　　① 参见钱穆《现代中国学术论衡》，三联书店 2001 年版，序；左玉河：《从四部之学到七科之学——学术分科与近代中国知识系统之创建》，上海书店出版社 2004 年版。

　　② 参见本书第一章。

　　③ 参阅［德］康德《回答这个问题："什么是启蒙运动？"》，载［德］康德《历史理性批判文集》，何兆武译，商务印书馆 1990 年版，第 22—31 页。

　　④ Cf. Michel Foucault, "The Subject and Power", in Michel Foucault, *The Essential Foucault: Selections from the Essential Works of Foucault*, 1954—1984, ed. by Paul Rabinow and Nikolas Rose, New York: New Press, 2003, p. 128.

　　（古人）有天、地、人合一的可靠安身之所。……与那些时代的人比起来，今人是无根的，他知道自己只生活在一种由历史决定的、变动不居的处境之中。人生无根蒂，飘若陌上尘。在古人那里，生活与认知似乎是不证自明地合在一起的……而我们已经能够按照事物实际存在的方式看清事物，这就是为什么生活的基础在我们脚下摇晃的原因。……我们反思这个世界是怎样被理解的，怀疑每一种解释的有效性。在任何生活与关于生活的意识表面一致的背后，都隐藏着真实世界与我们所认知的世界之间的区分。……由于我们所认知的世界不是确定无疑的，我们就不再寄望于超越，而是转向尘世，这依靠我们自己的努力是可以改变的，因此，我们对于完善世俗的可能性抱有信心。①

　　这种现代处境，在学术上主要表现为，学问或学术沿着科学的或经验的维度发展，而其道德的或超验的维度被割舍或为科学和经验认知所替代。其实，将两种不同层面或不同领域的认知形式放在同一个层面针锋相对，并不是合适的。如同人权与德性、自然律与道德律一样，两种各有侧重的认知形式都可以说蕴涵着某种普遍性，正所谓"天大无外，故有外之心不足以合天心。见闻之知，乃物交而知，非德性所知。德性所知，不萌于见闻"②。就此而言，开掘现代人权、民主、法治以及学术的价值之源，仅仅立足于"见闻之知"和世俗功利层面的知识分析是不够的，它在根本上还需要通过对"德性之知"的拓展来实现。而且，从"果能于此处调停得心体无累，虽终日做买卖，不害其为圣为贤。何妨于学？学何二于治生？"③来看，这样一种拓展在现代社会也是可能的。

　　如果说，在从事科学研究的同时，通过存留并拓展"德性之知"来重构现代人权、民主、法治和学术的道德和精神基础，是现代学术以及现代法理学在"古今"维度的一项历史任务，那么，就中国学术和中国法理学来

---

　　① Karl Jaspers, *Man in the Modern Age*, New York: Doubleday, 1957, pp. 2—3. 雅斯贝斯还提到："权威曾是通过彼此信任达致相互联结的形式，它对不确定因素设置法则，把个人与存在意识联系起来。在 19 世纪，这种形式被批判之火彻底销毁了。一方面，现代生活的玩世不恭特性产生了出来。……另一方面，恪守本分和舍生取义的忠诚消失了。"见该书第 86 页。

　　② 张载：《正蒙·大心篇》。

　　③ 见《传习录拾遗》第 14 条，载陈荣捷《王阳明传习录详注集评》，台湾学生书局 1983 年版，第 398 页。

说，则还存在着一个突出的"中外"问题。自西学东渐以来，中国法理学基本上是在因袭或照搬外国法学和法律理论的基础上建立起来的，它起初受到欧美和日本法学的影响，1949 年后受苏联"国家与法的理论"的影响，改革开放以来则进一步受到西学的影响。与外国理论资源比起来，中国法理学特别是大陆地区的法理学对于中国传统文化资源的正面利用是稀少的，"古今"历史联系明显为"中外"文化沟通所削弱乃至隔断。此种学术状况，与"新轴心时代"中国与世界的联系空前加强的全球大背景是分不开的。世界不同文化融汇交流，未尝不可被视为促进一国学术发展的客观有利条件，然而，中国学术和中国法理学的主体性却也因此作为历史转型过程中的一个现实问题凸显出来。早在 19 世纪末 20 世纪初，梁启超即已意识到这一问题，他说，"今日非西学不兴为患，而中学将亡为患"，① "吾不患外国学术思想之不输入，吾惟患本国学术思想之不发明"。② 20 世纪，"中学"的确长时期地被作为陈腐的、比不上西学的知识体系而多番遭受文化和政治运动的批判和否定。实际上，"中学"并不能仅仅作为一种存在新旧更替的民族历史文化形态去理解，而更应作为一种蕴涵着可以跨越古今中外的普适因素的文化去对待，一如西学之中也包含着某种普适要素。从普适的角度看，"学"确实可以说是不分中西、无论古今的，正所谓"学无新旧，无中西"，③ 而从达致对普适因素的不同认知路径看，"学"在不同文化中又显现出不同的侧重和分别，因此，也可以说"文化异，斯学术亦异"。④ 就此而言，挺立中国学术和中国法理学的主体性，与其说是狭隘地维护本国文化的民族主义的表现，不如说是立足中国文化理路和社会现实对人类普适文化的固守和开创。尽管中国文化在近 100 多年来历尽艰辛，但从历史上看，"中学"始终不乏一种包容和创新能力。就此，梁启超曾指出："中国，大国也，而有数千年相传固有之学，壁垒严整，故他界之思想入之不易；虽入矣，而阅数十年百年常不足以动其毫发。……虽然，吾中国不受外学则已，苟既受之，则必能尽吸其所长以自营养，而且变其质，神其用，别造成一种

---

　　① 梁启超：《〈西学书目表〉后序》，载《饮冰室合集》文集之一；《与林迪臣太守书》，载《饮冰室合集》文集之三。

　　② 梁启超：《论中国学术思想变迁之大势》，载《饮冰室合集》文集之七。

　　③ 王国维：《〈国学丛刊〉序》，载《观堂别集》卷四。

　　④ 钱穆：《现代中国学术论衡》，三联书店 2001 年版，序。

我国之新文明，青青于蓝，冰寒于水。"①

　　而且，在这样一个看上去与远古的"轴心时代"、春秋战国遥相呼应的现时代，实现中国学术和中国法理学的这样一种融汇"古今中外"的历史任务，也是存在"不世出"的历史契机的。

---

　　① 梁启超：《论中国学术思想变迁之大势》，载《饮冰室合集》文集之七。梁启超还曾以为"隋唐之交，为先秦以后学术思想最盛时代"，这显然是就佛学而言的。从中国文化与外来文化的关系看，佛学东传与西学东渐对于中国学术发展来说具有一定的历史可比性。梁启超指出，佛教入中土，中经留学交通近五百年，而"自唐以后，印度无佛学，其传皆在中国"，而且，"中国之诸宗派，多由中国自创，非袭印度之唾余者"，"诸国所传佛学皆小乘，惟中国独传大乘"。据此，梁启超说，"昔佛学之入中国……自成一种中国之佛学，非复寻常之佛学。他日欧学入中国，消化于中国人之脑中，必当更发奇彩，照耀于全世界，自成一种中国之欧学，非复寻常之欧学者"；"他日合先秦、希腊、印度及近世欧美之四种文明而统一之、光大之者，其必在我中国人矣"。参见梁启超《论中国人种之将来》，载《饮冰室合集》文集之三；《论中国学术思想变迁之大势》，载《饮冰室合集》文集之七；《中国佛法兴衰沿革说略》，载《饮冰室合集》专集之五十一。

第一章　中国法理学：历史和文本分析

在回顾新中国法学 30 年时，陈守一教授曾经感叹，"三十年来，我国法学……经历了一段极其坎坷曲折的道路"，"法学的落后……尤为突出"，并且断言我国改革开放之后"必然会出现一个法学的繁荣时期"。[①] 20 几年后，当历史的时距拉得更长，回顾改革开放以来中国法学的又一个 30 年，我们应该会有不同于陈守一教授的新的感慨，感慨前 30 年和后 30 年中国法学发展变化之悬殊，感慨陈守一教授的断言在很大程度上的确是实现了。这 30 年，尽管仍然不乏艰辛，但中国法学毕竟没有再经历头 30 年那样的坎坷乃至中断，而是在一个纵有纷纭而主线不断的社会环境中，持续地走出了一条渐次向前发展的道路。作为这 30 年中国法学发展的亲历者，作为中国法学界至为重要的专业期刊，《法学研究》第一现场地记载了改革开放以来中国法学成长道路的历史轨迹。1978—2007 年，175 期《法学研究》，不仅为我们探察改革开放以来中国法学的基本发展状况提供了一条途径，也足以用来作为我们分析近 30 年中国法理学成长变化的第一手素材。本章旨在以 30 年的《法学研究》为文本，分析中国法理学的历史发展。

30 年间，从论题、作者和内容综合考量，《法学研究》总共刊登了大约 480 篇法理学文稿，[②] 占《法学研究》总篇数的 1/5 强，在一定程度上凸显了法理学在法学中的基础学科地位，也为中国法理学积聚了不可替代的历史文本。整体来看，在内容上，这些篇章既有对法理学基本论题的一贯研究，也比较明显地表现出对于国际形势和国内政策的积极回应。1978 年至 80 年代初，加强法制和繁荣法学是两个突出主题；20 世纪 80 年代中后期，法律改革和政治体制改革以及法学更新受到关注，对于西方法理学的介绍也主要

---

① 陈守一：《新中国法学三十年一回顾》，载《法学研究》1980 年第 1 期。本章未特殊注明的文章均出自《法学研究》，引用时只写明发表的年份和期数。

② 除了由法理学者撰写的明显属于法理学论题的典型法理学文章外，本章选用的 480 篇文稿也包含了少量由法律史、宪法、诉讼法等领域的学者撰写的具有较强法理学意义的文章，以及由法理学者撰写的涉及部门法内容的文章，还包含了 7 篇法理学学科年度述评、近 20 篇与法理学相关的综述或笔谈稿，未包括"补白"短文。

集中于此；1991 年前后，人权研究兴盛一时；1994 年前后，法律与市场经济备受瞩目；1997 年前后，关于法治国家的研讨广泛而深入；世纪之交，后现代和全球化话语日渐进入法理学。可以说，30 年《法学研究》中的法理学研究比较契合地见证了时代的历史发展——十一届三中全会的召开，新宪法的颁布，经济和政治体制改革，"人权"、"市场经济"、"依法治国"入宪，"一国两制"，"冷战"结束，中国加入世界贸易组织等国际国内大的形势和事件，在法理学文稿中都得到了一定反映。在形式上，这些篇章明显具有从短文变化为长篇大论，从注释无或少变化为注释多而且规范，从注释以马克思主义经典作家和领导人著作为主变化为注释涵括更为丰富而专门的中外文献，从学习、介绍型文稿变化为研究型论文等特点。此外，就作者群而言，这些篇章对于造就中国的法理学人才也起到了一定推动作用。30 年来，约有 90 位专门从事法理学研究的学者在《法学研究》上发表过文章，其中有 50 多位发表两篇以上，这些作者大多已是或其后成为全国各教学和研究机构中法理学方面的知名学者。对于成长中的法理学者来说，在《法学研究》上第一次发表论文也往往成为其学术生涯的一个新起点。总体上，480 篇文稿体现出 30 年在开放中推进改革、在改革中扩大开放的时代特点，并且在对中国改革开放实践的回应中成就了一条具有典型性的中国法理学的《法学研究》之路。

　　以《法学研究》所承载的这些文本为切入点，本章将沿着中国法理学的《法学研究》之路，在更为久远的历史背景中对这 30 年的中国法理学作一种整体的理论分析，探测其基本发展状况，总结和理清它在这 30 年里研究了哪些主要问题，达到了何种深度、高度和广度，存在着怎样的不足，并尝试着把握中国法理学的可能走向。就主旨而言，本章更倾向于在这 30 年之外打量这 30 年，将《法学研究》近 30 年的法理学文本放在新中国成立以来的 60 年、晚清以来的近 160 年乃至几千年的中国和世界文明历史进程中予以审视。法理学，时常被一些西方学者比拟为一座大厦，认为其间厅堂林立、各个角落明暗不一。① 从 480 篇法理学文稿看，其所涉及的论题确实显得有些头绪纷繁、变化多端，让人时有"身在此山"、"不知东西"之感，因此，本章适当避开全部文本所展现的各种琐碎的角落和厅堂，而是基于一

---

① 参见［美］埃德加·博登海默《法理学——法哲学及其方法》，邓正来、姬敬武译，1987 年版，第 199 页；Dennis Lloyd and Michael Freeman, *Lloyd's Introduction to Jurisprudence*, 5th edition, London: Stevens & Sons, 1985, p. 13。

种整体把握，着重分析中国法理学这座大厦的根基、脊梁、墙柱和外观。具体来说，本章拟从道、政、法、学这四个基本方面，展开对中国法理学的《法学研究》之路的考察。如同古人从目的因、动力因、质料因、形式因把握事物一样，道理、政制、法律和学术这四个方面，正可以被视为用以构筑和支撑中国法理学这座大厦的四个基础性因素。事实上，从 30 年的法理学文本看，这四个方面的确构成了中国法理学的《法学研究》之路的主干道。当中国法理学随着中国的经济增长和社会发展而逐渐成长起来时，对于中国据以发展的道统、政统、法统和学统的研究和思考，也理当成为中国法理学的历史任务。

第一节　道

法理学是关于法律及其道理的学问。理与道是难以分开的，正如古人所说，"道也者，治之经理也"①，"循天下之理之谓道"②，"道者，天下万世之公理"③。究竟何谓"道"？在汉语中，道，本义指"向着一定方向的路径"，作动词使用时有"引导而行"之义。④ 就此而言，道是一个蕴涵着自然据以发育生成、人据以安身立命、政治据以建基铺展的自然或正当的普适因素的概念，正所谓"凡言道者，皆谓事物当然之理，人之所共由者也"。⑤不过，由于对普适道理的不同侧重，古今社会对于道理的追求也经历了变化，这在中西历史上主要表现为从宗教义务向自然权利、从道德伦理向天赋人权、从"人伦"向"物理"的转变。具体就中国来说，古人以"人伦"为"道之大原"⑥，认为"道即是良知"⑦，"仁义礼智，人之道也"⑧；而近人则强调"天民人权之理"⑨，认为"提倡人民的权利，便是公天下的道

---

① 《荀子·正名》。
② 张载：《正蒙·至当篇》。
③ 陆象山：《陆九渊集·论语说》。
④ 参见陈来《中国近世思想史研究》，商务印书馆 2003 年版，第 26 页。
⑤ 朱熹：《论语集注·学而》。
⑥ 张载：《张子语录下》。
⑦ 王阳明：《传习录下》。
⑧ 张载：《张子语录中》。《孟子·告子上》提到，"仁义礼智，非由外铄，我固有之也"。
⑨ 康有为：《大同书·戊部》。

理"①，"侵人自由者，斯为逆天理，贼人道"②。古今社会价值基点不同，由此选择的政治和法律道路也不一样。大体上，人权和公民权利作为现代之道，构成了现代法律实践以及现代法学的主要价值取向。

1949 年以来，尽管历次宪法都辟有专章规定"公民的基本权利"，1982 年宪法更是将其提到"国家机构"之前，但人权作为主导价值最终被确立下来却是在 1991 年之后。这一年，《中国的人权状况》白皮书发布，其中称人权为"伟大的名词"。2004 年"人权"入宪，进一步巩固了人权在我国的政治和法律地位。就理论界而言，关于人权和公民权利的讨论主要集中在两个时期。一是 1979 年，这一年全国涌现了大量有关人权的争论文章，③同期也出现了很多讨论人道主义、人性论的文章；二是 1991 年和 1992 年，这一时期的讨论与"冷战"结束以及我国在国际政治斗争中的人权问题上变被动为主动存在着一定联系。这两个时期，在《法学研究》上也有较为明显的反映。30 年间，《法学研究》共刊载关于人权和权利的法理学文稿约 55 篇，范围涉及人权、公民权、集体人权、基本权利、结社权、发展权、性权利、环境权、权利理论等，其中，1979 年刊登了 4 篇，有两篇是具有一定开创性的人权论文，而 1991 年和 1992 年则集中发表了 12 篇。

这 55 篇文稿，如果以 1979 年和 1991 年、1992 年为两个研究波峰，那么与之相应地也存在波峰过后的研究波谷和相对平缓时期。从这些文稿看，1979 年之后 10 年，《法学研究》关于人权的讨论一度趋于沉寂，这一时期关于权利的研究以公民权利与宪法和法律的关系为主，而且篇目较少；1991 年、1992 年高峰过后，《法学研究》关于人权和权利的研究一方面沿着国际、国内的法律制度和实践平稳延伸，另一方面则着力于更有理论深度和高度的哲学探讨。由此，按照研究的波澜起伏，大致可以从人权与历史、权利与法制、人权与权利、权利与哲学这些具体内容，来分析人权和权利研究的《法学研究》之路。

---

① 孙中山：《孙中山选集》，人民出版社 1981 年版，第 883 页。

② 严复：《严复集·论世变之亟》。

③ 见刘瀚、吴大英《什么是"人权"？我国宪法和法律为什么不用"人权"一词？》，载《民主与法制》1979 年第 2 期；肖蔚云等：《马克思主义怎样看"人权"问题》，载《红旗》1979 年第 5 期；余良：《"人权"是资产阶级的口号》，载《文汇报》1979 年 4 月 8 日；志群：《"人权"是哪家的口号？》，载《新华日报》1979 年 4 月 9 日；徐炳：《论人权与公民权》，载《光明日报》1979 年 6 月 19 日等。

一、人权与历史

在中国，"人权"并不是一个自古土生土长的语词。因此，近代以来，当"人权"作为一个西方概念进入中国时，它未能避免遭受一些文化隔膜乃至政治波折。尽管中国传统中包含着各种形式的保护人的思想和制度，但在长期有关"义"与"利"、"天理"与"人欲"的道德论辩中，权利特别是以权利为基点的政治和法律制度并没有得到充分发展；而在新中国成立以来的革命和建设实践中，由于"人权"在很长一段时期被视为"资产阶级的口号"，我国对于人权的接受也远不是一帆风顺的，以致直到20世纪90年代初，学者们仍在为疏通人权与中国传统、人权与马克思理论之间的障碍而努力。①

其实，在此之前，"文化大革命"的结束以及改革开放初期的思想解放运动，曾经为人权在理论界的正面提出带来过一次契机。一如1957年之后的20多年间，一些侵犯人权的现象与理论上对所谓"资产阶级的法权"、"资产阶级人道主义"的批判形成紧密对应关系一样，"文化大革命"结束后人们对于保障人权的关注也与这一时期关于人性论、人道主义的讨论交织在一起。1979年，在全国关于人权的争论中，《法学研究》也刊登了两篇相关理论文章。一是《保障人民权利是革命法制的光荣传统》，二是《对人权要作历史的具体的分析》。尽管没有明确地将"人权是资产阶级的口号"作为批驳的靶子，但这两篇文章很明显地舍弃了此种认识。前一篇指出，"通过法律形式确认人民的民主权利、人身自由和经济利益，是革命法制的优良传统"，② 后一篇则提到"无产阶级也使用人权的口号"③。不仅于此，这两篇文章都是主要通过历史分析方法来提出其人权观点的。前一篇利用了20世纪30—40年代的革命法制方面的历史材料，后一篇视野更为广阔，还涉及人权在西方近代以来的发展及其历史作用。两篇文章最终无非是要说明，既然中国革命时期就在"争自由争人权"、"为人权自由而战"，进行社会主义

---

① 参见夏勇《人权概念起源》，中国政法大学出版社1992年版，有关"人权与中国传统"、"人权与马克思"的章节。尽管如此，诸如梁漱溟、钱穆等都曾注意到权利与中国传统文化特别是儒家文化之间的隔阂，到20世纪90年代，有学者仍在强化这一点，例见黄克剑《在"境界"与"权利"的错落处——从"人权"问题看儒学在现代的人文使命》，载《天津社会科学》1998年第4期。

② 刘海年、常兆儒：《保障人民权利是革命法制的光荣传统》，1979年第1期。

③ 吴大英、刘瀚：《对人权要作历史的具体的分析》，1979年第4期。

现代化建设理当更应重视保障人权。

应该说，从历史的视角切入来倡导人权在当时不失为一种切实可行的方法。不过，对于人权的提出，历史的方法并不足以替代理论的论证。人权要能扎根现实，终究还需要更深层次的理论支撑。相对而言，后一篇文章在历史分析之外更多地触及了人权理论。只是，正如标题所示，它着重于对人权作历史的、具体的和阶级的分析，而避免了对人权的抽象理论讨论。在此分析中，人权具有很强的政治用途：资产阶级以之作为反封建主义的斗争工具，无产阶级也以之作为反封建主义和反资产阶级的思想武器。看上去，此时的人权理论明显处在一种政治对立结构之中，"人民权利"这样的措辞也体现了这一特点。就理论讲，对人民好与保障人权并不能完全画等号，因为，人权并不仅仅适用于人民和公民，它还可能适用于人民和公民之外的所有人。对"人民"好，对"好人"好，这在理论上是不难论证的，但是，当人权被普遍扩及于"罪犯"、"坏人"乃至"敌人"时，人权与政治对立之间的张力便会凸显出来。在这样一些问题上，学者们后来在理论上迈出了更远的步伐，也作了更为详细的论述。

二、公民权利与法制

1979 年之后，直到 1989 年，《法学研究》才再度出现有关人权的理论文章。这期间，人权是一个政治上颇为敏感的话题，尤其是在 20 世纪 80 年代中后期国际政治领域人权斗争有所加剧后。不过，此时在《法学研究》上仍然可以零星地见到关于公民权利的文章。其中，有几篇涉及的是宪法上的公民权利，例如，1979 年试刊上就有两篇有关公民的"人身权利"、"申诉权"的文章，1982 年过后则又有谈论新宪法中公民的"人格尊严"的文章；另有两篇则专门探讨公民自由与法律的关系。

这些讨论，明显含有对"文化大革命"进一步的反思。新中国成立头三十年，在大大小小的政治运动特别是"文化大革命"冲击下，宪法以及宪法所规定的公民权利实际上并没有显现其作为"根本法"或"基本权利"的岿然不动地位，而是一直面临着风雨飘摇的尴尬处境，以至到十一届三中全会仍不得不强调：维护法律的"极大的权威"；"宪法规定的公民权利，必须坚决保障，任何人不得侵犯"。国家的宪法及其规定的基本权利在政治实践中长期处于一种严重失衡状态，促使人们在拨乱反正之后对此政治困境作出深入的理论思考。总体上，关于宪法权利的几篇文章虽然在理论上直面着这样的政治处境，但它们还只停留在对宪法规定的解释和论证以及主张保护公民权利的应然层面上。在现实举措方面，这些文章也提到了通过官员守法和严格执法来加强对权利的维护，但政治权力的规范运行尚未进入它们的视野，相关讨论终未能从理论上根本解决这样一个问题：为什么国家有了宪法，而且宪法明文规定了公民的基本权利，而宪法连同这些基本权利在政治实践中还是会遭受任意践踏？

　　同样，两篇讨论公民自由与法律之间关系的文章，也主要是在法律框架内展开的。一篇对"社会主义法与公民自由是根本对立的观点"提出了批评，主张"社会主义法是公民自由的保障"。① 另一篇也认为"公民的自由必须由法律保障"。② 两篇文章的主题都是法律与自由的关系。在思想史上，关于这一问题人们并非毫无分歧。例如，边沁等人认为法律是对人的自由的限制，而洛克、康德等人则认为法律旨在保障自由，而不是为了限制自由。两篇文章在主张法律保障公民自由的同时，显然并没有回避法律限制人的行为的一面。一篇认为自由权利以不违背人民根本利益和社会秩序为界限，另一篇则认为违背人民共同意志的行为并不构成自由。由此，与权利相对应的义务以及有关权利与义务之间关系的讨论也就自然地被引接出来。这些关于自由权利以及权利与义务之间辩证统一关系的讨论，③ 尽管看上去远没有当时有关"法的阶级性"的讨论那样广泛而热烈，但在一定程度上为以后把权利和义务作为法制基本要素以及法学核心范畴的学术热衷埋下了伏笔。另外，如同关于宪法权利的几篇文章一样，关于自由权利与法律的这两篇文章，也只是强调了宪法和法律应该规定和保护公民的权利和自由，而始终没有触及通过对政治权力的政治制约和法律规范来保障公民权利与自由这样一条权利保护路径。"以权利制衡权力"，④ 使政治权力依照法定程序运行，⑤ 这到后来才成为学者们关注的重点。

三、人权与公民权利

　　从《法学研究》的文本看，人权与公民权利构成了学界关于权利研究的两条主要线索。相比而言，虽然相关研究自 20 世纪 80 年代以来仍面临着意识形态障碍，并且都在 80 年代末 90 年代初取得突破性进展，但公民权利

---

①　张建华：《社会主义法是公民自由的保障》，1985 年第 1 期。
②　李茂管：《公民的自由和法律》，1981 年第 2 期。
③　例见许启贤《论权利和义务的辩证统一》，1980 年第 2 期。
④　郭道晖：《试论权利与权力的对立统一》，1990 年第 4 期。
⑤　刘作翔：《法治社会中的权力和权利定位》，1996 年第 4 期。

研究更为平稳，而人权研究则显得大起大落、相对迟缓。这不仅体现在法学研究中，也表现在法律体系上。就研究而言，《法学研究》在 1979 年对人权和公民权利各刊载两篇文章，此后，人权研究一度中断，而关于公民权利的研究则沿着法学体系和法律体系的学理轨迹得以断断续续地向前延展，直至权利和义务被确立为法学的核心范畴，[①] 权利被确立为法律体系的本位。[②]就法律而言，公民权利自始至终就存在于我国宪法规定中，而"人权"直到 2004 年才成为宪法措辞。虽然人权与公民权利构成两条线索，但合在一起看，权利发展在中国也可以说包含了一个从"公民权利"到"人权"的过程。这一过程与改革开放进程是紧密联系在一起的。

改革开放，并不仅仅是一个政治、经济和社会变迁过程，也是一个涉及价值观和正义观转变的过程。在正义论上，有学者区分了部分正义或群体正义（sectional justice）和整体正义或普遍正义（universal justice）。[③] 群体正义是"封闭社会"的正义，适应于群体内部成员，具有部分性和选择性；普遍正义则是"开放社会"的正义，一体适应于所有人，具有兼容性和扩展性。按照此种区分，随着我国开放程度的加深，普遍正义在实践中势必被更多地吸纳，权利保护因此也相应地突破"以阶级斗争为纲"的束缚，从保护人民、公民扩展到对人的一体保护。这样一种观念转变，在 1989 年的《人权理论的产生和历史发展》一文中得到了充分体现。这篇观点鲜明、理论勇气沛然的人权理论文章，以"同类相怜的人心"为"人权的根基"，视人权为人类文明发展的共同成果，把实现人权作为公民权的唯一目标。基于"文化大革命"的教训，该文特别涉及了对于罪大恶极的罪犯乃至阶级敌人的人权保护问题，并因此提出人权就其本身而言"是一个超阶级的概念"。该文还批评了"对阶级敌人不论多么狠，多么凶残，也不过分"的观念，指出"否认人权的超阶级性，一味强调人权的阶级性，主张只给人民以人权，不给敌人以人权，就会导致完全否定人权的谬误，就会导致践踏人权的后果"。[④] 这些当时让人耳目一新的观点和分析，在很大程度上特别是从普

① 张文显：《论法学的范畴意识、范畴体系与基石范畴》，1991 年第 3 期。
② 参见《中国法制改革学术讨论会发言摘要》，1989 年第 2 期，第 11—12 页；乔丛启、杨一凡：《五四运动与中国法律文化》，1989 年第 3 期；林喆：《权利本位——市场经济发展的必然要求》，1992 年第 6 期。
③ Cf. F. A. von Hayek, "The Mirage of Social Justice", Law, Legislation and Liberty, Vol. 2, London: Routledge & Kegan Paul, 1976, pp. 143—150.
④ 徐炳：《人权理论的产生和历史发展》，1989 年第 3 期。

遍正义的视角，克服了先前人权理论中人权与阶级对立之间的内在紧张。只是，就后来的讨论而言，在"为什么给坏人以人权保护"等问题上，① 此类见解并没有能够完全避免进一步的道德追问。

1989 年之后，《法学研究》于 1991 年、1992 年接连刊发了 8 篇人权文稿，其中包括两篇较为系统的人权论文《论人权的三种存在形态》、《社会主义人权的基本理论和实践》以及一篇较为全面的人权理论会议综述。② 这些文稿适时地满足了我国在主动接纳人权话语之际对于人权理论的需求，也进一步巩固了我国法学和法律体系的人权价值取向。在此后的权利研究中，以人权和权利来引导政治、法律活动的理论倾向更为明显而确定。换言之，在理论上，人权和权利保护日渐从"通过法律规定人和公民的权利来保护权利"这种看上去相对消极的形式，转向"通过法律限制和规范政治权力来保护权利"这种相对积极的形式，直至人权和权利作为现代之道融入政治实践和法律制度之中，成就法治和宪政理想。这在后来关于公民权的研究中表现得尤为突出，例如，有学者分析指出，"公民权的核心是既参与又抗衡国家权力的政治干预权和政治防卫权"；③ 也有学者提到，"随着民主法治的不断发展，权利势必将会逐渐摆脱依附于行政权力的特点，而走向由立法机关规定而由司法机关保证的一种充分法律意义的权利"。④

四、权利与哲学

从历史上看，人权、"自然权利"构成了西方近代以来政治和法律实践的基本出发点。一如学者所说："现代思想的出发点是个人的权利，并认为国家的存在是为了确保个人发展的条件，而希腊思想的出发点是国家的自治和自立的权利，个人则被认为要促进国家的那种存在状态。"⑤ 20 世纪 90 年

---

①　例见赵汀阳《有偿人权和做人主义》，《哲学研究》1996 年第 9 期。

②　李林等整理：《以马克思主义为指导深入研究人权理论——人权理论研讨会综述》，1991 年第 5 期。

③　郭道晖：《公民权与公民社会》，2006 年第 1 期。

④　吴玉章：《公民权利的实践——结社现象的法律意义》，2006 年第 5 期。

⑤　［英］厄奈斯特·巴克：《希腊政治理论：柏拉图及其前人》，卢华萍译，吉林人民出版社2003 年版，第 36—37 页。施特劳斯也曾指出，"18 世纪的政治哲学就是一种自然权利论"，"前现代的自然法学说教导的是人的义务；倘若说它们多少还关注一下人的权利的话，它们也是把权利看作本质上是由义务派生出来的。就像人们常常观察到的一样，在 17 和 18 世纪的过程中有了一种前所未有的对于权利的极大重视和强调。可以说重点由自然义务转向了自然权利"，见［美］列奥·施特劳斯《自然权利与历史》，彭刚译，三联书店 2003 年版，第 35、186 页。

代以来，尽管中国法理学界在对人权和权利的普遍接受过程中不可避免地受到了西学的影响，但在中国语境中对人权和权利之根据的理论论证却并不能被当然省略，事实上也没有被忽视。学者们在努力理清人权和权利究竟是什么的同时，也对作为现代之道的人权和权利的根本理据及其现实的政治和社会处境，作出了哲学探讨、分析乃至反思。

　　人权的根据时常被人追溯至人性或人的自然本性。在西方的"自然权利"理论中，人不惜一切来保全自己的生命被认为是自然律法和人的本性；① 在近代中国，也有人通过"同为天民，同隶于天"来论证"天赋人权"。② 不过，这些理论自始就面临着挑战，特别是道德质问。问题不仅发生在人性概念的含糊上，也发生在"虽然'同为天民'，但穷凶极恶的坏人是否也应享有人权？"上。对此问题，1997 年的《论人权的道德基础》一文作了专门探讨。在《法学研究》的众多文稿中，这是少有的一篇让人感受到道德张力的论文。该文将人权的根基建立在人的"道德心"上，强调了人权的"无害性"，即人权的享有以"不得损害他人"这一道德规范为条件。③ 该文的论证过程与结果，较为充分地显示出人权在现代社会中的道德处境：一方面，人权因为对邪恶暴行的道德憎恶而兴起，而另一方面，人权又在对包括坏人在内的所有人的一体保护中表现出"无善无恶"。历史地看，如果说人权是一种道，那么，自古以来的德性也是一种道，两种同样具有普世意义的价值在现代社会是否可以协调？如何协调？确实值得更深入地研究。在此方面，倚重丰厚的传统道德资源，我国的人权和权利理论其实有着广阔的开拓空间。

　　人权和权利不仅与道德哲学有着深层关联，也与政治哲学密切联系在一起。无论是在历史上，还是在现实中，人权、权利与现代政治都是休戚相关的。人权和权利，既是现代社会的基本价值，也是人们相互交往或交易的社会媒介和法律形式，还是人们争取政治地位、对抗政治权力的政治和法律手段。作为价值，人权和权利在正义论上对功利主义、市场逻辑、社会分配、行政控制等构成批判性的张力。④ 作为政治和法律形式，人权和权利不仅表

――――――――――

　　① 参见［英］霍布斯《利维坦》，黎思复、黎廷弼译，商务印书馆 1985 年版，第 97 页；［荷兰］斯宾诺莎：《神学政治论》，温锡增译，商务印书馆 1963 年版，第 212 页。

　　② 康有为：《大同书·戊部》。

　　③ 张恒山：《论人权的道德基础》，1997 年第 6 期。

　　④ 参见邱本《从契约到人权》，1998 年第 6 期；夏勇：《权利哲学的基本问题》，2004 年第 3 期；胡水君：《民主政治下的为民之道――对政治、行政及其关系的一个分析》，2007 年第 3 期。

现为在政治和法律实践中尊重和保护人这样一种道德要求，这在传统社会的治理中其实也一直存在，它们更在治道选择上具体表现为对政治体制和社会治理的一种形式化的、程序化的制度设计和法律安排。具体从《法学研究》的文本看，人权和权利研究也较为明显地日渐深入到政治层面。一方面，在国内政治领域发生了从对权利与义务之间关系的分析到对权利与权力之间关系的探讨的深化，在国际政治领域经历了由个人权利到集体人权的发展；[①]另一方面，对于基于人权和权利的制度化、形式化路向开始出现批判性反思，这主要表现在关于形式法治的讨论中。[②] 人权观念，自启蒙思想家结为概念并昭示世人以来，至今已历经近300年，然而，在这300年间，人类的生存状态并未因为人权观念的提出与普及而当然改善，相反，奴隶贸易、鸦片战争、资本压榨、世界大战、种族屠杀等均发生在这300年里。就人权的理想与现实之间的这种反差而言，进一步构建支撑人权的道德根基和保护人权的政治和法律力量，避免现代权利道路上的"现代性"问题，诚可谓任重而道远。

第二节 政

法理学不仅是关于法理的学问，也是关于政道的学问。尽管"法理学"在字面上并不包含"政"，而且一些学者还倾向于将国家或政治从法理学的研究对象中驱逐出去，但事实上，法律，无论是宪法、公法还是私法，与政治都是无法完全分割开的，"政"对于法理学来说不仅是不可避免的，而且是至关重要的。

从历史上看，中国的法律实践长期以来都未能免除来自政治的影响。在古代，它受到皇权的支配，在司法上也一定程度上表现出司法与行政不分的特点；近代以来，在政治运动的反复冲击下，它不断经历着变迁乃至动荡。在百年宪政历程中，立宪以及宪法实践在各个历史时期都明显是与政治势力联系在一起的，以致无论是在所谓"预备立宪"时期，"党治"、"军政"、"训政"时期，还是在"无产阶级的革命专政"时期，"宪政"理想都被长

---

① 参见白桂梅《论新一代人权》，1991年第5期。

② 参见高鸿钧《现代法治的困境及其出路》，2003年第2期；张建伟：《认识相对主义与诉讼的竞技化》，载《法学研究》2004年第4期；汪海蓝：《形式理性的误读、缺失与缺陷——以刑事诉讼为视角》，2006年第2期等。

期搁置。虽然从历史上如何并不能推导出理想上也应如此，但从法理上看，法律与国家或政治之间的联系在现代条件下也是难以割裂的。关于现代国家的建立，启蒙思想家们曾在理论上构造了一种"无政府"的自然状态，沿着这样的思路，现代其实也可以被认为处在一种民族国家林立的"无世界政府"状态，在此状态中，无论国家在理论上被认为是应当消灭的，还是被视为一种不得不容忍的"恶"，它终究构成现代法律实践的基本现实条件之一。而且，尽管宪法和法律至上、使政治服从法律等被一些人视为宪政的基本要求，但即使在现代民主体制下，宪法与民主①、议会主权与法治②、人民权力与法治③之间也并不总是相互融洽的，不受政治影响的宪法和法律也远不是经常的现实。实际上，不避开政治，反倒创造了为法律实践构建政治理想的可能性。就中国来说，在从贵族政治向君主政治再向民主政治的久远历史发展中，在近代以来从君权向民权、从君主向民主的政治转变过程中，"民主"不仅迄今仍是我国宪法规定的国家目标之一，而且也是中国法理学长期以来以及今后研究的重要论题。

　　新中国成立头 30 年，法理学一直沿袭苏联的"国家与法的理论"这一名称，在内容上把国家理论放在核心地位，表现出使法律从属于政治的明显理论倾向。改革开放以来，关于法律的专门研究日渐加强，国家理论在法理学中也相应有所减弱，但这并不意味着法律与政治或国家的关系在研究中越来越薄弱。其实，从《法学研究》的讨论情况看，法理学界关于"政"的讨论与其说弱化或消失了，不如说增添了新的内容，更换了新的视角，采用

---

　　① "有些理论家担心宪法上的约束会窒息民主。而另一些人则害怕宪法之堤会被民主的洪流冲决。"见［美］埃尔斯特、［挪］斯莱格斯塔德编《宪政与民主：理性与社会变迁研究》，潘勤、谢鹏程译，三联书店 1997 年版，第 225 页。另有学者也提到："在某种意义上，'立宪民主'这一概念本身是有矛盾的：民主以信奉民治政府为目的，而宪政或立宪政体则意味着对政府、甚至是对民治政府和代议政府加以限制。"见［美］路易斯·亨金《宪政·民主·对外事务》，邓正来译，三联书店 1996 年版，第 136 页。此外，前一代人制定的宪法与后代人的民主生活之间也可能发生一定矛盾。

　　② 戴西一方面主张法治，另一方面又认为在英国宪法下，议会有权制定或不制定任何法律，而英国法律并不认可任何人或机构有权推翻议会的立法，见 Albert Venn Dicey, *Introduction to the Study of the Law of the Constitution*, 10th edition, London：Macmillan, 1959, pp. 39—40。对此，有学者指出："如果议会……能够在任何时候改变任何法律……那么，法治就只是一个糟糕的玩笑。"见 Geoffrey de Q Walker, *The Rule of Law：Foundation of Constitutional Democracy*, Melbourne：Melbourne University Press, 1988, p. 159。

　　③ "法治应该被理解为不仅对政府设置限制，也对人民设置限制吗？"参见 Andrew Altman, *Arguing About Law：An Introduction to Legal Philosophy*, Belmont：Wadsworth, 1996, pp. 6—7。

了新的形式。具体而言，排除专门的宪法、行政法、诉讼法文章以及法治论文，30 年间，《法学研究》共刊载关于"政"的文稿约 85 篇，范围涉及人民民主及其制度化、法律化，依法行政，司法独立，党政分开，政治体制改革等。就主体内容而言，这些篇章体现了法律学者对于民主政权、行政权力、司法权力、政党活动这四个"政"在现代社会中的基本方面的长期研究和思考。本节主要从这四个方面来分析政制研究的《法学研究》之路。

一、民主政制

在历史上，尽管中国古代有"天聪明自我民聪明，天明畏自我民明威"①、"民为贵，社稷次之，君为轻"② 之类近乎民主的政治话语，而且在漫长的君主专制时期也时常发生关于"三代"与"后世"③ 以及"三代以上"与"三代以下"④ 的争论，由此透显出君主政制与道德理想之间的张力，但作为政制的民主显然是中国古代所长期缺乏的。在很大程度上，中国传统社会对于"治"理的擅长和倚重，延缓乃至替代了对于民主"政"制的追求，这使得"政"对于现代中国来说尤其显得重要。直到最近一个半世纪，民主才成为中国努力争取的政治目标。

对于民主政制的探讨特别是对于"民主是什么"的追问，《法学研究》30 年间可谓贯穿始终。85 篇关于"政"的文稿中，论题涉及民主的文章约有 20 篇。这些研究大多与当时的政治形势有着较为紧密的联系，并且表现出前后差异，反映了政治体制改革进程的深入。大体上，在 1990 年之前，关于民主的讨论比较多，而且大都涉及人民民主专政，将民主与专政、法制相提并论；之后，规范和制约政治权力的理论倾向更趋明显，研究也逐步扩

---

① 《尚书·皋陶谟》。

② 《孟子·尽心下》。

③ 例如，"三代之治，顺理者也。两汉以下，皆把持天下者也"（程颢、程颐：《河南程氏遗书》卷第十一）；"为治而不法三代，苟道也。虞舜不可及已，三代之治，其可复必也"（程颢、程颐：《河南程氏粹言·论政篇》）；"问：'自秦始皇变法之后，后世人君皆不能易之，何也？'曰：'秦之法，尽是尊君卑臣之事，所以后世不肯变。且如三皇称皇，五帝称帝，三王称王，秦则兼皇帝之号，只此一事，后世何肯变。'"（朱熹：《朱子语类》卷第一百三十四）；"唐虞以上之治，后世不可复也，略之可也；三代以下之治，后世不可法也，削之可也；惟三代之治可行"（王阳明：《传习录上》）。

④ 例如，"三代以上有法，三代以下无法。……三代以上之法，固未尝为一己而立也。……三代之法，藏天下于天下者也……所谓无法之法也。后世之法，藏天下于筐箧者也……所谓非法之法也。"见黄宗羲《明夷待访录·原法》。

展到对于民主与法治之关系的探讨。

人民民主专政，是《法学研究》1990 年前关于民主讨论的思想主题。在 1979—1984 年 6 年间，民主与专政是法理学研究中的热门话题之一，相关专题文章达 11 篇之多，此后直到 1989 年才再度出现《论新时期人民民主专政的历史使命》一文，至此《法学研究》再没有出现专门论述人民民主专政特别是专政的论文。就内容而言，这些讨论主要是围绕马克思主义经典作家和领导人的著作展开的，《论人民民主专政》是这些讨论中反复出现的一篇文献。人民民主专政是民主理论，更是基于中国革命实践产生的一种国家理论，《法学研究》在 20 世纪 80 年代关于这一理论的讨论，可以说是国家理论在法学基础理论中的进一步延伸。相比较而言，关于民主的较早讨论尤为强调其政治上的专政一面，因此也"强调运用法律武器进行斗争"[①]；后来的研究则更为注重民主的政治形式和实现民主的法律制度。例如，1988 年的《社会主义民主政治建设初探》一文，主要从人民代表大会制度来探讨我国的民主政治，而此前诸如《坚持无产阶级专政的光辉思想》、《民主是一种国家制度——兼谈民主与法制的关系》等文稿，所讨论的其实大多是国家理论，并未提及人民代表大会制度。[②]

民主的制度化、法律化，是《法学研究》有关民主研究的一贯思路。在较早的讨论中，所谓"民主的制度化、法律化"，通常被理解为以完善而有权威的法律和制度保障人民的民主权利。这既是对十一届三中全会强调"使民主制度化、法律化"的理论回应，也明显体现出对"文化大革命"侵犯公民权利的进一步理论反思。不过，以法保障民主权利虽是民主的制度化、法律化的重要方面，但并不足以概括其全部。实际上，民主的制度化、法律化也包含着使民主政治活动规范化，直至使政治权力沿着法治之道平稳运行，从而避免"大民主"或政治大动荡的意蕴。对此，《关于建国以来党的若干历史问题的决议》曾指出："长期封建专制主义在思想政治方面的遗毒仍然不是很容易肃清的，种种历史原因又使我们没有能把党内民主和国家政治社会生活的民主加以制度化、法律化，或者虽然制定了法律，却没有应有的权威。这就提供了一种条件，使党的权力过分集中于个人，党内个人专

---

①　詹孝俊：《坚持和发展人民民主专政理论——学习〈邓小平文选〉的体会》，1984 年第 5 期。

②　从 1979—1989 年，《法学研究》关于人民代表大会制度的文章有 4 篇，作者多是宪法学者，此后有关于政体、议行合一以及党与人大的关系的理论讨论，但没有再出现专门以人民代表大会制度为题目的论文。

断和个人崇拜现象滋长起来，也就使党和国家难于防止和制止'文化大革命'的发动和发展。"在这段话中，使政治权力和国家民主政治生活沿着制度和法律的路径理性开展的意思是很明确的。后来，1982 年宪法将 1975 年、1978 年宪法中有关"大鸣、大放、大辩论、大字报"的内容删除，也表明了这层意思。

就法律与民主政制的关系而言，一方面，人民民主长期以来影响乃至决定着我国法律制度和实践的特点；另一方面，民主的制度化、法律化为我国后来走上"法治国家"的道路作了很好的铺垫。理论界后来关于民主的探讨，也主要是结合法治或宪政展开的。1990 年过后，《法学研究》专门研究民主的论文只有 3 篇，这些论文要么认为民主政治是"程序政治"、"法治政治"，由此强调法治对于民主的保障、引导和推动；① 要么认为民主与法治不可分割，二者统合为"社会主义宪政"，由此强调法治对于民主的确认、引导乃至规制。② 此外，自 1989 年起，《法学研究》共刊载了 3 篇专门论述宪政的论文，这些论文对中西宪政道路作了历史考察，并提出了包括人民主权、法律至上、分权制衡、选民选举、人权保障、违宪审查在内的宪政原则，③ 体现了把法律特别是宪法与民主政治结合起来的思路。无论是关于民主与法治的探讨，还是关于民主与宪政的研究，在很大程度上都把国家的民主政治生活与宪法和法律紧密地结合在了一起，使"人民国家"深入到"法治国家"、"民主"深入到"宪政"，由此也使得国家理论更趋丰富和完善。

二、行政管理

与"民主的制度化、法律化"这一普遍认识相联系，也有一些学者提出"国家行政管理需要制度化、法律化"④，直至主张"依法行政"⑤。有此主张的并不仅限于行政法学者，从《法学研究》的讨论情况看，一些法理

---

① 张文显：《建立社会主义民主政治的法律体系——政治法应是一个独立的法律部门》，1994 年第 5 期。

② 李林：《当代中国语境下的民主与法治》，2007 年第 5 期。

③ 参见王德祥《五四运动与民主宪政》，1989 年第 3 期；王人博：《宪政的中国语境》，2001 年第 2 期；钱福臣：《宪政基因概论》，2002 年第 5 期。

④ 张尚鷟：《国家行政管理需要制度化法律化》，1985 年第 6 期。

⑤ 参见刘瀚《政治体制改革与法制建设》，1988 年第 1 期；郭润生：《关于依法行政的理论问题》，1990 年第 1 期；周新铭、宋为民：《试论依法行政的概念及范围》，1992 年第 1 期。

学者也比较早地思考和分析了行政及其与法律的关系。排除专门的行政法方面的文章，《法学研究》关于政府或行政的理论文稿有 9 篇，其中有 7 篇集中在 1984—1993 年间，而这正是我国经济和政治体制改革的重要时期，在一定程度上反映出我国政企分开、简政放权、转变职能，"使行政管理走上法制化的道路"的行政体制改革进程。

　　大体上，"依法行政"构成了这些文稿的中心论题。尽管诸如"法治政府"、"依法行政"迄今广为人知，但当初这些主张在研究过程中并不是一下子被提出的，它们看上去经历了一个历史过程。1984 年的《我国社会主义法律与国家管理》是一篇较早讨论行政管理与法律之间关系的法理学文章，它显然只是尝试性的，从中不难感受到当时相关研究的稀少。1984 年、1985 年的 3 篇文稿在措辞上都使用"国家行政管理"或"国家管理"，虽然提到"学会运用法律武器管理国家"①，法律形式对于国家管理具有重要作用，以及行政管理法律化等主张，但并未明确提出"依法行政"。联系实际看，这些讨论与当时的经济体制改革强调"正确发挥政府机构管理经济的职能"是一致的。不过，就理论层面讲，行政命令有别于法律，一如有学者所认为的，行政命令只有在可能影响公民权利的行使或私人自由的享有以及赋予公民义务时才进入法律范畴；② 而且，行政也不同于司法，"司法判决是依法作出的，行政决定是依行政政策作出的。法院尽力从法律规则和原则中找出正确的答案。行政官尽力根据公共利益找出最有利、最理想的答案"。③ 就此而言，将法律置于行政之上，确立"依法行政"或行政法治原则是需要一定理论努力的，特别是要理清国家权力体系中立法、行政与司法之间的关系。

　　1990 年之后 4 年内，《法学研究》接连发表了 4 篇以"依法行政"为题的论文。这与 1989 年《行政诉讼法》被通过无疑有着重要联系。在此期间，"依法行政"被扩及"行政的各个方面、各个环节"④，以至有学者

----

　　① 郑林：《加强行政立法 为进一步健全社会主义法制而奋斗——学习〈邓小平文选〉的体会》，1984 年第 2 期。

　　② 参见［美］埃德加·博登海默《法理学——法哲学及其方法》，邓正来、姬敬武译，1987 年版，第 349—350 页。

　　③ ［英］威廉·韦德：《行政法》，徐炳等译，中国大百科全书出版社 1997 年版，第 50—51 页。

　　④ 刘瀚：《论依法行政》，1992 年第 5 期。

认为非常时期也得依法行政；① 而在较早的探讨中，出于对形式主义的担忧，有学者并不主张"把国家管理的全部活动都归结为法律形式"②。不过，主张依法行政的学者也大多强调了行政的效率。相对主要涉及政权的民主政制而言，行政管理主要涉及的是政权之下政府的治理能力，孙中山曾把二者之间这种"政"与"治"、"权"与"能"的关系，形象地比作阿斗与诸葛亮、工程师与机器的关系。③ 由此来看，"依法行政"原则在强调权利价值以及行政的法定权限和程序的同时，并不必定排斥构建一个管理得当的精干政府。沿着行政法治的方向，到后来，也有学者尝试着从理论上提出通过司法权来处理我国的中央与地方关系，④ 而这显然需要以足够大的司法权威为前提。政府权力成为法律乃至司法约束的对象，这在法理上不仅需要抬高立法的权威，也需要提升司法的权威。就此而言，司法究竟有多大权威，正从一个方面反映着依法行政乃至法治最终在多大程度上得到了实现。

三、司法改革

在我国改革进程中，司法体制改革与行政体制改革同为政治体制改革的重要组成部分。而在《法学研究》中，又尤以司法改革备受法理学者关注。30 年间，排除诉讼法方面的专论，《法学研究》共刊载讨论司法体制和司法改革的文章约 25 篇。司法独立和司法改革是这些文稿普遍涉及的两个主题，而且在后来的讨论中，司法改革与司法独立交织在一起，凸显出司法的政治意义。

这些文稿，大多分布在 1981 年之前和 1998 年之后，这两个时段之间则只有两期有文章涉及司法改革。具体而言，1981 年前有 4 篇，除 1 篇涉及"公检法"互相配合和制约外，其他 3 篇都涉及"审判独立"。由于此时的《人民法院组织法》仍保留有"人民法院独立进行审判，只服从法律"的规定，这些文章重点不在于争论审判是否应该独立，而是有现实针对性地探讨了审判独立与人民民主、党的领导、审判监督的关系。1988 年第 6 期有 2

---

① 陈春龙：《论非常时期的依法行政》，1993 年第 5 期。
② 吴大英：《我国社会主义法律与国家管理》，1984 年第 5 期。
③ 孙中山：《孙中山选集》，人民出版社 1981 年版，第 770、786 页。
④ 刘海波：《中央与地方政府间关系的司法调节》，2004 年第 5 期。

篇，分别讨论检察和司法改革，这是对党的十三大关于政治体制改革内容的积极响应，司法体制由此也是作为政治体制的组成部分看待的；1995 年第 4 期有 3 篇，集中讨论我国审判方式改革中的"对抗制"问题。其他篇章大都集中在 1998 年之后，内容涉及司法与传媒、司法权、司法职业化等，归根结底都未脱离司法改革和司法独立这两个主题。

就与现实的关系而言，这些文稿在时间分布上，与我国各个历史时期的司法体制状况以及司法改革进程是相适应的。从最高人民法院历年的工作报告看，1983 年，对人民法院实行机构改革和工作改革已被提出。这一年，《人民法院组织法》作了修订，特别是按照 1982 年宪法修改了法院审判"只服从法律"的规定。此后近 15 年，我国法院系统的改革主要侧重于提高审判人员专业化和知识化水平、设立经济审判庭和行政审判庭、改进民事和经济审判方式等方面。1997 年，党的十五大提出"推进司法改革"，最高人民法院随之于 1999 年后接连出台了两个人民法院"五年改革纲要"。这一时期的司法改革，总的来说还只是人民法院改革。2002 年，党的十六大报告在"政治建设和政治体制改革"部分，首次提出"司法体制改革"，体现了把司法体制改革作为政治体制改革重要组成部分的政治思路。可以说，在经历了较长时期的人民法院改革之后，我国司法改革已处在作为政治体制改革一部分的历史阶段。在此阶段，仅仅将司法作为一种"治理"形式看待是不够的，仅由人民法院或最高人民法院来实行司法改革也是不够的，司法更需要从国家"政制"的高度来审视。

1998 年之后，学者们关于司法改革的讨论大多触及司法独立和宪政，明显表现出从国家政治制度的角度思考司法改革的理论倾向。与 1981 年前的讨论不同的是，学者们对"司法何以需要独立？"作了较为充分的回答和论证。1999 年，《论建立独立、开放与能动的司法制度》一文指出，"司法独立是现代政治制度的基础"，其"根本依据在于保护基本人权"，而"司法独立保护人权的功能根植于司法权的性质"。2000 年，《司法权的性质》一文提到，"从宪政体制的角度来看，司法权是相对于立法权、行政权的第三种权力"，这种权力存在的目的，一是为个人提供权威的权利救济渠道，二是对具有侵犯性和扩张性的国家权力实施一种中立的审查和控制。这些观点和分析，在很大程度上从人权和法治等方面，阐明了司法独立在现代社会的重要性和必要性。通过司法，使行政权乃至立法权处在宪法和法律的规范和制约之下，以此保障人权和公民权利，可谓作为国家权力重要组成部分的司法权的现代政制意义之所在。或许正是在此意义上，沈家本当年才断言，

"宪法精理以裁判独立为要义"，"司法独立，为异日宪政之始基"。① 在此之外，也有一些学者试图从维护司法公正和防止司法腐败来论证司法独立，而事实上，在"治理"层面实现这两点并非只有司法独立一途，而司法独立也如其他任何制度设计一样，未必能从根本上解决这两个问题，反倒可能在形式化以及职业化道路上加剧官僚主义。② 这或许也是司法独立在"治理"实践中屡遭阻力的一个原因吧。

四、政党政治

与各种国家权力形式与法律的关系比起来，政党与法律、国家机关之间的关系显得更为复杂，因为它不仅涉及国家层面的权力配置，还涉及国家层面之下甚至之上的政治权力的法律对待。就此而言，法律与政治的关系比法律与国家的关系更为广泛。如果以宪法、法律制约和规范国家权力成就的是"法治国家"，那么，进一步使包括政党在内的各种政治权力在宪法和法律框架下规范运行带来的则是"宪政"。30 年间，对于政党及其与法律和国家机关之间的关系，《法学研究》并没有忽视，其中，在标题上直接有关党的文章有 7 篇，涉及政策与法、党与司法、党政分开、政党制度、党与人大等内容，时间集中在 1994 年前，此外也有其他一些论文提及了党与政、法的关系。

这些文章都具有较强的现实针对性，一些也与当时的政治事件有着直接联系。新中国成立头 30 年，在我国的政治和法律实践中，曾经出现"政策就是法"、"党委审批案件"、将审判独立视为"以法抗党"等情况。改革开放之初，学者们就已开始在《法学研究》上撰文纠正此类做法和看法，强调国家法律与党的政策的不同，③ 强调"党对司法机关的领导，应该直接表现为切实保障司法机关行使国家宪法和法律规定的职权"④。这一时期，董必武有关"党的组织不能代替国家机关"以及关于党与国家政权之关系的话语，在《法学研究》中也时常可以看到。1987 年，党的十三大报告在关于政治体制改革部分，首先强调"实行党政分开"、"党政职能分开"，提到划清党组织与国家政权的职能，理顺党组织与国家机关的关系，做到各司其

---

① 故宫博物院明清档案部编：《清末筹备立宪档案史料》下册，中华书局 1979 年版，第 827 页。

② 参见何兵《司法职业化与民主化》，2005 年第 4 期。

③ 孙国华：《党的政策与法律的关系》，1978 年试刊。

④ 张晋藩、谢邦宇：《独立审判与党的领导》，1980 年第 2 期。

职，并且逐步走向制度化。1988 年《法学研究》上有好几篇文章都论及党政分开，还出现了对党政分开的专论。1989 年底，中央《关于坚持和完善共产党领导的多党合作和政治协商制度的意见》出台，随之，1990 年、1991 年《法学研究》上接连出现了两篇关于我国政党制度的专论。两篇文章都提到制定政党法，使政党关系法律化，"使我国政治生活的核心部分政党制度作到有法可依、有法必依"。① 到 1994 年，《权威、权力还是权利——对党和人大关系的法理思考》一文尝试着对党的领导权作了法理探讨。该文特别提到，"党政不分最实质的问题是执政党的治权（执政权）与国家主权（统治权）不分；领导权威与权利同国家权力不分。党政分开，关键是'权能分开'，而不只是'职能分开'"，从理论上更深入地触及党与国、党与人民主权的关系。

在这些讨论中，一些学者对于政党以及政治协商会议之类的政治组织形式，比较明显地表现出制定政党法、"政治法"的法律路向。对于法律在国家政治生活中基础乃至至上地位的这种强调，无疑是重要的。不过，如同作为政治概念的人民与作为法律概念的公民的不同一样，作为政治组织形式的政治协商会议与作为国家权力机关的人民代表大会、作为政治主体的政党与作为法律主体的国家机关以及法人，其实是存在一定差异的。所谓政策与法、党与政、党与司法、党与人大的区分，正突显出这些差异。这些差异使得政党以及政治协商会议等政治形式与法律的关系，也相应有别于国家机关与法律的关系，就如同人民与法律的关系和公民与法律的关系之间的差异那样。就此而言，对于政党以及其他政治组织形式，特别是现实中人民、政党、国家、法律相互交融的复合政治和法律结构，单一的法律视角、法律理论以及法律规则也许是不够的，有时还需要引入包括民主在内的政治视角、政治逻辑和政治规则。事实上，现代政党不仅需要通过尊重和遵守国家宪法和法律来获得和巩固其法律合法性，也需要通过在政治活动中对政治道义的践履来获得和巩固其政治合法性。就对政治道义的违反也必然带来不利乃至严重的政治后果而言，现代政党不仅受着国家宪法和法律的规范，也受着体现政治道义的政治规则或宪政惯例的制约，在比较广泛的意义上，后者未尝不可以被视为一种不同于国家制定法的"法"。

①　参见王超之、张铭《论共产党领导的多党合作制——兼评多党制》，1990 年第 5 期；陈春龙：《坚持和完善多党合作的政党体制——兼论政协的法律地位和政党立法》，1991 年第 1 期。

第三节　法

法是法理学的核心概念。对于法律及其道理的分析和研究，是法理学最基本也是最主要的任务。就法与法理学的这种关系而言，法律在国家政治生活中的地位和处境及其对人们的思想观念和行为方式所起的实际作用，在很大程度上决定着法理学的规模气象。在一个忽视甚至肆意贬低和践踏法制的年代，昌明法治是困难的，发展和繁荣法学同样是难以想象的。对此，沈家本曾经指出："法学之盛衰，与政之治忽，实息息相通。然当学之盛也，不能必政之皆盛，而当学之衰也，可决其政之必衰。"①

改革开放前后30年我国法制和法学的实存状态，鲜明地映衬出法制境遇与法学盛衰之间的必然联系。这30年来，不仅法律数量与日俱增，各类法典渐趋完备，与新中国成立头30年连刑法等基本法律都告阙如的状况适成强烈对照，法律对于政治权力体系的基础性地位和作用也在提升。与此相应，法学的更新和发展也可谓"快马加鞭"、"挥斥方遒"，渐渐脱却了当初的"幼稚"。往更远看，此种变化甚至可以说是一种前所未有的历史性变化。在中国历史上，法律自古以来总是有着一副灰色面孔。在以道德伦理为根基和主导的传统文化结构中，法律长期遭受着道德贬抑，在性质上一般被视为一种不宜推崇的治理工具，正所谓"刑为盛世所不能废，而亦盛世所不尚"。② 因此，法律的数量在传统社会中也受到限制，诸如"削繁去蠹"、"务存简平"之类的约法省禁话语，在历朝历代不绝如缕。③ 而在20世纪的社会革命时期以及新中国成立初期，法律又通常是作为"刀把子"或阶级专政工具看待的，这使得法律的作用主要流于政治斗争层面，而未能成为人们在社会生活中所普遍仰仗的理性形式，更遑论成为控制政治权力的一种力量。经历了"文化大革命"这样大的历史教训之后，法律作为安邦定国之重器，其对于政治和社会生活的基础性作用才越来越被深刻认知，人们关于法律的性质的认识也在不断调整和深化。在使国家政治生活日趋规范化和形式化的过程中，法律日趋成为保障人权、制约和规范政治权力的现代方式，其理性色彩由此也渐渐呈现出来，直至"法治"作为治国方略在20世纪末终于被树立起来。这种历

---

① 沈家本：《法学盛衰说》，《寄簃文存》卷三。

② 《四库全书总目提要·政书类》按语。

③ 参见［日］浅井虎夫《中国法典编纂沿革史》，陈重民译，中国政法大学出版社2007年版。

史变化，在《法学研究》中得到了较为明显的反映。

30 年间，排除涉及权利、政制以及法学的文章，《法学研究》上专论法律的法理文稿总共约达 240 篇，构成了法理学文稿的主体部分。文稿论题甚为广泛，覆盖了法理学中诸如法制、法的概念、法的性质、法治、法律价值、法律规范、法律效力、法律关系、法律行为、法律解释、法律适用、法律推理、法律责任、法律职业、法律文化等各方面内容。这些篇章，对于中国法理学的丰富和发展，无疑起到了"积水椎轮"的作用。以下不求面面俱到，主要从法制、法的性质、法的概念、法治这四个最能反映这些年法律的历史变化的方面，来依次分析法律研究的《法学研究》之路，其他有些内容将在有关"学"的部分作进一步分析。

一、法制

法制、法的阶级性、"人治"与"法治"，是《法学研究》开办之初即骤然兴起的三个基本论题。三个论题相互联系，都延续了 20 世纪 50 年代的一些法学争论，也都以"文化大革命"为基本背景和针对对象。"文化大革命"，一方面看上去是所谓的"无产阶级专政下继续革命"，另一方面又是所谓的"大民主"，无论哪一方面，都对法制造成了极为严重的冲击和破坏。因此，改革开放之始，"加强法制"就作为一项历史任务被提上了日程，也成为《法学研究》首先要讨论的热点。从标题和内容看，包含 3 篇会议综述在内，《法学研究》共刊载探讨法制的文稿约 30 篇，时间主要集中在 1994 年前，1994 年之后只有零星 5 篇。总体上，这些讨论经历了从"加强法制"到"法制改革"再到"法制现代化"的发展，直至转入对"法治"的研究。

1978 年试刊上发表的文稿基本上都是主张加强法制的。这些文稿在理论层面基于马克思理论和毛泽东思想来论证加强法制的必要性，在现实层面则结合对"文化大革命"的批判来提出加强法制的重要性。这样的论证是紧要而适时的，也是煞费苦心的，只是在一定程度上仍反映出历史条件的限制。例如，《学习毛主席的革命法制思想》一文通篇以毛泽东思想来论证需要加强法制，而其中轻视法律的话语显然被忽略了。次年的相关文稿延续了上一年的论证思路，由于是新中国成立 30 周年，这一年也出现了总结法制30 年的文章。在《我国法制建设三十年》一文中，学者们将我国法制发展划分为创建、发展、遭干扰而停滞、大破坏、恢复和进一步发展五个时期，并基于历史总结提炼了四条经验教训：依政策而不依法不行，讲人治而不讲法治不行，搞运动而不重视法制不行，法律虚无主义不行。① 这样的看法在当时可以说已经成为一种共识，后来关于法制的讨论大体上都遵循了这样的理论方向。10 年后，当法律界再回过头来看我国法制建设的情况时，一些人认为，尽管十年的立法数量相当于前 30 年的总和，但立法规划、法律实施等方面也存在不少问题，甚至不能说 10 年在成绩上超过了前 30 年。② 这或许也是理论界兴起关于法制改革的研讨的一个动因。

法制改革，是《法学研究》继十年前有关法治与人治、法的阶级性的讨论之后，再度推出研讨的一个主题。1989 年 2 月，《法学研究》组织召开"中国法制改革学术讨论会"，在这次讨论中，法律至上、民主宪政、权力制衡、分权原则、保障人权、权利本位、司法独立、法治国家等理念均被提了出来。③ 在经历了 10 年的改革开放之后，理论界就法制改革展开研讨，从一个侧面衬托出我国深化改革在观念和体制上所面临的现实分歧和困难。改革开放的这 10 年，是从计划经济向商品经济乃至市场经济转轨的 10 年，与此相应，也是新旧体制和观念在社会转型过程中相互碰撞尤为激烈的 10 年。因此，在《论法制改革》一文中，学者们甚至是在"变法"意义上提出法制改革的。④ 与 10 年前《我国法制建设三十年》一文归纳的经验教训相比，这篇文章提到的摒弃法是阶级斗争工具的观点，摒弃重义务轻权利、重官轻民、重国家轻个人的观念，摒弃党是凌驾于国家和法律之上的组织、党的政策高于法律之类的认识等，显得更进了一步。此后，随着经济体制改革的深化，1994 年出现了多篇讨论法制与市场经济的文章。

如果说早期加强法制的讨论主要针对的是"文化大革命"对法制的破坏，那么，关于法制改革的探讨其实更为深层地涉及受苏联影响的整个法律体制，⑤ 而后来的讨论则在更为广阔的现代史进程中触及了法制现代化问题，⑥ 而且，相关讨论也不再有起初的那份拘谨。现代化，构成了近代以来中国变法、革命和改革的一个基本背景，学者们在理论上关于现代化的阐

①　陈守一、刘升平、赵震江：《我国法制建设三十年》，1979 年第 4 期。

②　参见刘兆兴、李林《社会主义初级阶段法制建设若干理论问题研究——1988 年全国法学基础理论研究会年会综述》，1988 年第 5 期；《十年法制建设理论讨论会在京举行》，1988 年第 6 期。

③　《中国法制改革学术讨论会发言摘要》，1989 年第 2 期。

④　王家福、刘海年、李步云：《论法制改革》，1989 年第 2 期。

⑤　孙光妍、于逸生：《苏联法影响中国法制发展进程之回顾》，2003 年第 1 期。

⑥　公丕祥：《国际化与本土化：法制现代化的时代挑战》，1997 年第 1 期；夏锦文：《论法制现代化的多样化模式》，1997 年第 6 期；公丕祥：《全球化与中国法制现代化》，2000 年第 6 期。

释，经历了从"现代化"到"世界体系"再到"全球化"的发展，西方中心论在这一过程中事实上逐渐被消解。① 从 1996 年开始，《法学研究》约有 6 篇论文专门从现代化的理论视角对法制或法治作了思考。在有关西化与本土化、内发与外发、中心与边缘的论辩中，这些论文大多表达了一种"和而不同"的立场，亦即，既学习借鉴世界法制或法治经验，又在法制现代化过程中走中国自己的法律发展道路。法理学界关于法制现代化的探讨，在一定程度上显示出中国改革开放进程乃至全球化进程的进一步加深。

二、法的性质

与法制比起来，法律的性质是一个更深层次的论题。新中国成立头 30 年，我国的法制表现出这样几个特征：一是法律少，甚至有些基本法律也是缺乏的；二是宪法和法律缺乏权威；三是法律主要作为阶级斗争工具被使用。如果关于法制的讨论主要与前两个特征相关，那么，第三个特征则主要与关于法律的性质的理论观点联系在一起。1957 年之后，特别是在"文化大革命"期间，并不是没有宪法，也不是没有审判，关键是宪法没有得到尊重，审判是在机构不健全的情况下以阶级专政或群众运动的形式实施的。所谓"无法无天"，所描述的与其说是没有法律，不如说是有法而无视法、拿法根本不当法。就此而论，法律具有怎样的性质、法律实际起作用的方式，其实比是否有法律显得更为重要。30 年的改革史，不仅包含着法制从无到有、从少到多、不断完善的过程，也包含着关于法律的性质的理论看法发生转变的过程。

关于法律的性质的讨论主要集中于法的阶级性，这也是国家与法的理论以及法学基础理论的一个核心问题。除关于法的概念的论文外，《法学研究》上涉及这一问题的文稿约有 20 篇。其中，1982 年前有 14 篇，可见当时争论之热烈；1986 年、1987 年各两篇；1990 年有两篇重申并强调了法的阶级性。1994 年、1995 年，出现过在市场经济背景下专门讨论法的本质的论文，但主旨并不在于强调法的阶级性。此后，《法学研究》上再没有出现关于法的阶级性的专论。总体来看，关于法的阶级性讨论，主要涉及法的阶级性与法的继承性、社会性、人民性之间的关系，所谓法的客观性、规律性、超阶级性等，大致都可归入其中。

---

① 参见 [德] 贡德·弗兰克《白银资本——重视经济全球化中的东方》，刘北成译，中央编译出版社 2001 年版。

　　法的继承性是一个老问题。早在 1957 年的法学界，曾专就这一问题展开异乎寻常的广泛讨论。1979 年，《法学研究》重起这一旧题，由此也开始了关于法律的性质的各种争论。专论法的继承性的文章随后出现了 3 篇，其中有 2 篇支持法的继承性，有 1 篇则基于法的阶级性提出了不同看法，认为"对旧法不能批判地继承只能借鉴"。在争论中，主张法的继承性的学者并没有回避法的阶级性问题，他们通过区分法律条文与法律规范以及相同的规范内容和不同的制定主体，来协调法的继承性与阶级性之间的矛盾。到 1980 年，一些学者在法的阶级性之外，又提出了法的社会性、客观性和规律性。① 其基本观点是，法不单纯是阶级斗争的工具，而是承担着社会公共职能、有其客观的物质条件基础、反映着人类社会生活规律。这一讨论中经常被提到的一个例子是，诸如《环境保护法》之类的技术性法律到底有没有阶级性？ 在一些学者看来，它作为整个法的规范体系的一部分，同样体现着阶级性。多年后，一些教授在课堂上讲授法的性质时，仍然面临着来自实务界的学生诸如此类的提问：一起合同案件究竟是怎样体现法的阶级性的？再到 1986 年，出现了关于"法的超阶级性"的争论。所谓"法的超阶级性"，指的其实是法的"全民性"，② 这也是苏联的国家与法的理论较早涉及的一个问题。问题的关键在于，在经历"无产阶级的革命专政"这一过渡时期后，社会主义社会不再是一个阶级对立的社会，法律因此就成为全体人民意志的体现，只具有人民性或全民性。就此，有学者这样写道："在整个社会主义历史时期，人民性是一个扩展因素，而阶级性是一个消亡因素，它只存在于社会主义法律发展的一定历史阶段。所以，确认人民性作为社会主义法律的根本属性，或者说是属性的主导方面，更符合社会主义法律的真实内容及其发展规律。"③

　　总体上，关于法的阶级性的论争，既发生在理论层面，也发生在理论与现实之间，反映出改革进程中书本理论与社会实践之间的张力和互动。从《法学研究》的情况看，随着市场经济体制的建立以及改革开放实践的深入展开，理论界关于法律的性质的看法经历了明显变迁，法律在性质上由传统社会的治民之具、革命时期的阶级专政工具，转变成了用以保障人权和公民

---

　　① 参见周凤举《法单纯是阶级斗争的工具吗？ ——兼论法的社会性》，1980 年第 1 期；武步云：《试论社会主义法律的阶级性和客观性》，1980 年第 5 期；严存生：《法律·意志·规律》，1980 年第 6 期。

　　② 殷勇：《论法的超阶级性》，1986 年第 4 期。

　　③ 朱华泽、刘升平：《关于社会主义法律本质的几个问题》，1987 年第 1 期。

权利、制约和规范包括国家权力和社会权力在内的政治权力，并且为现代社会生活交往所不可缺少的理性形式，由此也涂改了笼罩在法律面孔之上的阴暗色调。

三、法是什么？

"法是什么？"这是与法的性质密不可分的问题，也是法理学最基本、最具争议的问题。关于这一问题的理论解答，尽管可能常论常新乃至终无定论，但的确可以用来作为衡量法理学研究高深程度的重要标准之一。当然，以此作为判断标准时，解答远不仅限于提供一个简单的答案或立场，更重要的还在于它所依凭的根本道理、所掌握的理论工具、所选择的分析路径、所采用的论证方式，等等。在中国法理学的《法学研究》之路上，考察中国学者关于这一重要问题的理论解答是没有理由被忽略的。在关于法的性质的讨论中，很多文章其实已经论及法的概念，除此之外，《法学研究》约有15篇文稿专门就"法是什么"这一问题展开了探讨，贯穿30年始终。从分析思路看，这些文稿大致经历了从国家与法的理论到马克思的原著再到法理本身这样一个发展路径。

早期关于"法是什么"的讨论，主要是从法与国家相伴随、法具有阶级性这两个基本方面展开的。[①] 法因此通常被理解为由国家制定或认可，并由国家强制力保障实施的，反映统治阶级意志的规范总和。这一时期的讨论，无论是对于问题本身的分析，还是对于理论著作的解读，都明显受着新中国成立初期从苏联引入的国家与法的理论的影响。后来，在关于法的阶级性的争论中，一些学者认为法并非阶级社会独有的现象、法的阶级性不是法的质的规定性，因此把法定义为"具有社会性、强制性和规范性的行为规则的总和"[②]。对于这些争议，1986年的《研究法的概念的方法论问题》一文专门讨论了法的概念所涉及的一些方法论问题，从词义、分析的具体层面等角度，对一般的法、阶级社会的法、社会主义社会的法、法的现象和本质、法的不同层次的本质等，逐一作了辨析。[③] 这对于理清关于法的概念的讨论中一些无谓争论是有帮助的。对于"法是什么"这一问题，国外有些法理学著作并不急于下定义，而是首先对语言形式、命名、可能影响认识和

---

① 参见郭宇昭《试论法的概念》，1981年第2期。
② 张宗厚：《略论法的概念和法的质的规定性》，1986年第6期。
③ 沈宗灵：《研究法的概念的方法论问题》，1986年第4期。

定义的因素等作出细致分析，有的甚至以这些分析来代替对于问题的回答，可见其对于方法论的重视。①

1987 年，《法与法律的概念应该严格区分——从马克思、恩格斯法学思想的演变看法与法律概念的内涵》一文基于马克思主义经典原著对法的概念作了新的理解，由此为关于"法是什么"的理论探讨开拓了另外一片视野。该文认为，在马克思理论中，存在着法与法律的区分，法是法律的内容，法律是法的形式，二者表现出客观内容与主观形式的不同。此种近乎自然法理论的观点一出，在同年就引来了两篇商榷文章。一篇文章认同法与法律在马克思的理论中是两个内涵不同的概念，但不同意二者是客观内容与主观形式的关系，而是基于《资本论》中"法权关系是一种反映着经济关系的意志关系"的相关论断，强调法、法律同为社会经济关系这一内容的形式。② 另一篇文章则认为"在马克思主义法学思想中，法与法律概念没有严格区分"。③ 到 1994 年，《论法与法律的区别——对法的本质的再认识》一文对这一论题作了更全面也更具条理的分析。这些争论，在理论界长期有关法的阶级性的讨论之外，凸显了马克思法律理论中以往少为人留意的一些哲理内容。10 年后，就此仍有学者指出："马克思的理论一直保留了西方自然法中的许多优秀成果。如，他批判把法（自然法）与法律相混淆的做法，提倡'作为法的法律'，反对让法去迁就法律（恶法）……他甚至于说过自然法是不可取消的。一言以蔽之，马克思珍惜自然法遗产。"④

在关于法与法律的关系争论中，也有学者认为马克思理论中法与法律是应然与实然的关系。后来到 1997 年，《法的应然与实然》一文中对此作了专门探讨。这篇论文既分析了马克思关于法的应然与实然的论述，也对西方的相关理论作了历史考察，并在此基础上提出了作者自己关于法的看法，显出更为广阔的理论视野。2005 年，《法学关于法律是什么的分歧》一文围绕"法是什么"分析了法的三种面相：作为规则的特定形态的法律；作为一种人类活动的法律；作为生命形态的法律。与 20 多年前

---

① Cf. Dennis Lloyd and Michael Freeman, *Lloyd's Introduction to Jurisprudence*, 5th edition, London: Stevens & Sons, 1985, chapter 2.

② 公丕祥：《论法与法律的区别——与李肃、潘越新同志商榷》，1987 年第 4 期。

③ 汪永清：《在马克思主义法学思想中，法与法律概念没有严格区分——与李肃、潘越新同志商榷》，1987 年第 6 期。

④ 吕世伦、张学超：《西方自然法的几个基本问题》，2004 年第 1 期。

相关论题的文章比较起来，无论是在中外理论资源上，还是在思考、论述和表达方式上，这篇论文都显得更为自主。此外，中国传统法也得到了更为慎重的研究。例如，有学者运用训诂学的方法，对汉语中"灋"字的本义作了细致考察，①由此对"灋"字不体现公平、正义的看法提出了批评，也丰富了"法是什么"的分析渠道。总起来看，30 年间关于"法是什么"的理论研究所经历的历史变迁，与其说仅仅发生在观点上，不如说更为深刻地发生在文献资源、理论视野、研究路径乃至思想生成的方式和自由程度上。

四、法治

理论界关于法制、法的性质和概念的争论和研究，从后来的发展看，在客观上都为法治理论的确立和完善造就了条件。法治，是理论界 30 年取得的最重要成果之一，也是《法学研究》中讨论最多、研究头绪最繁杂的一个论题。240 篇专论法律的法理学文稿中，包括 8 篇相关综述在内，约有 40 篇在标题和内容上涉及法治。如同人权研究一样，法治探讨也经历两个明显的波峰。一是 1982 年之前关于人治与法治的争论，二是 1996 年、1997 年关于依法治国的研讨。在 1983 年至 1995 年间，法治讨论时有时无；1998 年之后，法治研究则更趋广泛而深入。如果拟一条线索，那么大致可以说，贯穿《法学研究》始终的法治研讨经历了从争论，到铺排，到确立，到研究，再到反思这样一个过程。

1979—1981 年，《法学研究》三次开辟"法治与人治"讨论专栏，有选择地刊登了 8 篇争论人治与法治的文章。尽管 1979 年中央《关于坚决保护刑法、刑事诉讼法切实实施的指示》明确提到了"实行社会主义法治"几个字，但从这 8 篇文章看，理论界关于法治的理解其实存在很多分歧，也存在一些模糊认识。例如，有学者认为，在历史上法治论比人治论更民主；有学者认为，法治与人治作为统治方法并无绝对界限，由此主张法治与人治并用；还有学者认为，应当摒弃"法治"、"人治"这样容易产生思想混乱的不科学概念。这些分歧和模糊认识，与学者们大多围绕古代儒家和法家的治国主张来谈人治和法治存在着一定联系。仅从"治"理的角度，而不从"政"制的角度审视"法治"，是难免会产生所谓的人治与法治"结合论"的。1982 年，针对有人所主张的"法治"提法片

---

① 张永和：《"灋"义探源》，2005 年第 3 期。

面、不科学的观点，《法治概念的科学性》一文从立法完备、依法办事、司法平等三个方面把握法治，并且对"法制"与"法治"作了区分，在法理上澄清了一些概念和认识。

此后八年间，只有 1989 年出现过一篇从词义上辨析"法制"、"法治"与"人治"的文章，而同期几乎每年都有讨论"法制"的文章，此种差异在一定程度上衬托出"法治"比"法制"更强的意识形态色彩。到 1991 年，《中国社会主义法治的理论与实践》一文比较系统地提出了现代法治理论。该文把法治与商品经济、民主政治等联系起来，归纳了良法之治、法律至上、权力制约、权利保护、依法办事、完善程序等法治原则，是到此为止《法学研究》中对法治的理解尤为细致深入的一篇论文，而此时"冷战"即将结束、"人权"也开始不再成为禁区。1992 年，"法治与社会经济发展国际学术讨论会"召开，《法学研究》发表了 2 篇相关会议论文，主旨是法治对于经济发展和政治稳定的促进作用。1994 年则又出现了一篇论市场经济是法治经济的文章。这些论文从概念、原理、作用等方面，为"依法治国，建设社会主义法治国家"的提出作了理论准备。

1996 年，可以说是法治理论确立的一年，也是法治理论影响政治决策的一年。这一年，由多位学者合撰的《论依法治国》一文对于依法治国的意义、条件、观念等作了提纲挈领的阐述；中国社会科学院法学研究所也召开了"依法治国，建设社会主义法治国家"学术研讨会，学者们就"法制"与"法治"、"以法治国"与"依法治国"、"形式法治"与"实质法治"等，作了进一步的广泛讨论。① 从研讨情况看，尽管学界此时对于实行法治已大体达成共识，但关于"法治是什么"等基本理论问题，仍有深入研究的必要。此后，法治一直是《法学研究》的一个讨论重点，研究范围涉及法治的价值、原则、要件，法治的社会互动基础、政治和文化条件，法治与市民社会、法治与民主等各个方面，论题广泛，观点纷呈。

在这些讨论中，也夹杂着对于法治及其中国实践的理论反思。诸如形式与实质、确定与变革、普遍与特殊、中国与西方、传统与现代、国家与社会、司法与调解、诉讼与信访、民主与法治、职业化与民主化、法律事

---

① 《依法治国建设社会主义法治国家学术研讨会纪要》，1996 年第 3 期。

实与客观真实之间的矛盾等，都进入了学者们的分析视野。① 这些反思，一方面反映出法治作为一种与政治相联系的治理道路本身所具有的特点，另一方面也反映出中国现代化进程中法治实践与社会现实之间的交磨。就前一方面而言，如同作为"道"的人权一样，法治也意味着路径选择。作为一种以法律为基本方式的形式化治理道路，法治有别于以宗教、道德、政治运动等形式展开的治理路线，由此也存在着"路径依赖"以及路径局限，其他一些道路的优长可能是它无法兼顾的。就后一方面而言，法治作为一种现代治理方式，与源自中国社会自身的生存方式以及现实的信访、调解等治理形式，存在着一定的隔膜。协调这种隔膜乃至消减其间的摩擦，重要的或许不在于去此存彼或以此代彼，而在于首先在"政"制层面建立起正式的司法和法律体制，以使传统治理形式和生存方式得以涵容于现代政制之下。由此而论，在现代语境下，法治并非像以往在关于"人治"和"法治"的争论中所认识的那样，只是一种"治"理形式，它还相应的蕴涵着依法建立起并不断完善用以有效保障人权和公民权利的"政"制。

第四节　学

法理学既是关于法的理学，也是关于法理的学科。尽管目前在各教育和研究机构中，法理学已被普遍设置为一门法学类的基础学科，但关于法理学的性质、对象、任务等，在学界并不能说已达成共识。犹如"法是什么"一样，法理学在作为一门学科被建立起来之后，仍然面临着"法理学是什么"、"法理学研究什么"这样的基本问题。而且，自近代以来，特别是改革开放以来，随着中国日趋广泛地卷入世界历史进程，一些学者也提出了这样的问题：中国古代是否有法学？是否有法理学？与此相关，究竟是只存在无论古今、不分中西的"法学"、"法理学"？还是也存在所谓的"中国法学"、"中国法理学"？30 年间，越往后，《法学研究》越多越深地涉及这些

---

① 参见苏力《二十世纪中国的现代化和法治》，1998 年第 1 期；马小红：《法治的历史考察与思考》，1999 年第 2 期；高鸿钧：《现代法治的困境及其出路》，2003 年第 2 期；应星：《作为特殊行政救济的信访救济》，2004 年第 3 期；张建伟：《认识相对主义与诉讼的竞技化》，《法学研究》2004 年第 4 期；何兵：《司法职业化与民主化》，2005 年第 4 期；汪海蓝：《形式理性的误读、缺失与缺陷——以刑事诉讼为视角》，2006 年第 2 期；《纪念依法治国基本方略实施十周年笔谈》，2007 年第 4 期。

问题。对"学"本身的思考和分析，构成了中国法理学的《法学研究》之路的重要组成部分。

从学术史的角度看，可以说，这30年《法学研究》所体现出的法理学总体上是"现代学术"。通过中西古今对比，可以更为具体地发现其大致特点。法理学，在西方主要呈现出自然法学、分析实证主义法学、法社会学三种历史形态，其中，自然法学侧重于对法的形而上学思考，而分析实证主义法学和法社会学则侧重于对法的科学分析。无论中西，形而上学思考和科学分析都构成两类基本的学术形式：一者在超验或超越的立体结构中对人和物作哲理思考，所谓"理学"、"自然法学"大体属于此类；一者在更为平面化的结构中对人和物作知识分析，近代以来基于学科分工而形成的各种"专门之学"大体属于此类。而中国传统学术，无论是所谓的"六艺之学"，还是所谓的"四部之学"，在性质上都受到了"德性之学"和"通人之学"的主导，因此明显表现出更为立体通透的道德体系结构，直到20世纪早期才逐渐为体现现代学术分类的所谓"七科之学"取代。① 沿着古今中西的这些学术脉络看，可以说，《法学研究》中的法理学研究整体上多是关于法律的知识分析。一方面，虽然兴起过关于法社会学的理论探讨，但社会科学方法在法理学研究中的运用显然是不够的，甚至是基本缺乏的；另一方面，虽然也有关于法律的哲理思考，并且表现出价值探讨，但这些思考和努力显然更多侧重于源自经验和感知的政治和社会层面，而很少再受到传统社会中那种超验或超越的道德体系结构的影响。从《法学研究》的法理学文稿中，这些特点是不难体察的。

在这种整体背景下，本节结合《法学研究》的法理学文稿，特别是其中关于"学"、"法学"的文稿，来更为细致地分析关于"法理学"的研究的《法学研究》之路。30年间，《法学研究》共刊载讨论"法学"或"法理学"本身的文稿约85篇，其中包括5篇会议研讨综述和7篇学科研究综述。按照这些文稿透显出的线索，以下的具体分析从历史沿革、法律科学、权利之学、中国法理学这四个主要方面展开。

一、历史沿革

尽管近代史上有《法学盛衰说》（沈家本著）、《中国法理学发达史论》

---

① 参见左玉河《从四部之学到七科之学——学术分科与近代中国知识系统之创建》，上海书店出版社2004年版。

（梁启超著）之类的篇章，但在近 30 年中却也出现过"中国古代无法学"
的断语。1997 年，《法学形态考——"中国古代无法学论"质疑》一文中
对此作了辨析。该文基于中外对照分析，指出"中国古代不仅存在法学，
而且还是一种比较发达的法学形态"，在很大程度上对中西文化比较中"惟
分新旧，惟分中西，惟中为旧，惟西为新"①，甚至"惟西为准"的理论倾
向作了矫正。这一时期，《法学研究》发出"回顾我国新法学发展的历史成
果，吸取前辈治学的经验和教训，冷静思考未来法学发展的道路"的倡
议，② 随之出现了几篇关于中国近、现代法学的文章。这些文章表明，近代
约有 4500 名可查的法学留学生，对中国法制近代化起到了重要作用，而另
一方面，虽然仅民国时期就有约 5500 种法学著作，但"经典作品不多"，
"大都是西方法学理论的翻版"，③ 显示出中国法学近代化道路上的受动处境
和自主性不足。

对于新中国成立后头 30 年的法学状况，《法学研究》差不多每隔 10 年
就有一次回顾。1989 年，在《中国法学四十年》一文中，学者们划分了法
学经历的四个阶段：初步发展（1949—1957）；受到挫折和在曲折中发展
（1957—1966）；遭受严重破坏（1966—1976）；迅速恢复和蓬勃发展
（1977—   ）。这与前述法制发展的几个时期是大体一致的，体现了法学与
法制之间的紧密联系。关于这头 30 年法学落后的原因，学者们大多提到了
苏联法学的影响，认为照搬苏联法学导致了头 30 年中法只被理解为阶级专
政的工具，对法的阶级性过于强调以及法律理论中的国家主义倾向等。④ 而
且，一批曾经留学西方的法学知识分子在头 30 年提出的法律观点及其坎坷
的人生遭遇，也受到了一些学者的关注。⑤ 两相比较，如果苏联模式在理论
上也可以被视为一条现代化路径的话，那么可以说，在这头 30 年的法学发
展过程中，不仅源于苏联的现代化模式最终遭受挫败，源于西方的现代化模

---

① 钱穆：《现代中国学术论衡》，三联书店 2001 年版，序。
② 郝铁川：《中国近代法学留学生与法制近代化》，1997 年第 6 期，编者按。《法学研究》后
来也强调了对法学学术发展史的梳理，并多次涉及对 20 世纪中国法学的历史回顾和总结。
③ 参见郝铁川《中国近代法学留学生与法制近代化》，1997 年第 6 期；何勤华：《中国古代法
学的死亡与再生——关于中国法学近代化的一点思考》，1998 年第 2 期。
④ 参见陈守一《新中国法学三十年一回顾》，1980 年第 1 期；孔小红：《中国法学四十年略
论》，1989 年第 2 期；唐永春：《苏联法学对中国法学消极影响的深层原因——从马克思东方社会理
论出发所作的分析》，2002 年第 2 期。
⑤ 参见陈景良《新中国法学研究中的若干问题——立足于 1957—1966 年的考察》，1999 年第
3 期；郝铁川：《中国近代法学留学生与新中国初期的法治建设》，2000 年第 2 期。

式也遭受到严重挫折。由此看，在一定意义上，随即而至的改革开放其实可以说是现代化道路的转向或新的开始。

对于改革开放以来的法学发展，《法学研究》也有经常的观察和反思。关于改革开放头 10 年的法理学，学者们在看到进步的同时，也注意到法理学研究中仍然存在保守、僵化的倾向，学科体系不够完善，未最终从"以阶级斗争为纲"的思想禁锢中解放出来等。① 再一个 10 年后，学者们基本认同这些年法理学的进展是"令人瞩目的"，这在人权、权利、法治、学科体系等方面都有体现，但仍有不满意之处，主要表现为"泛政治化"、"教条主义"、与部门法联系不够紧密、社会科学方法运用不够等。② 综合起来，大致可从两个角度来审视这 30 年的法理学。从理论资源看，法理学逐渐从苏联法学的影响中走出来，转而受到西方法学的更大影响，到 21 世纪则日益表现出立足中国文化和社会现实维护自身主体性的倾向。在 85 篇关于"法学"的文稿中，单纯介绍西方法学的就有 17 篇，集中在 1994 年前，在一定程度上体现出西方法学的进一步影响。从学科体系看，法理学逐渐从所谓"泛政治化"中走出来，开始形成一门专门而独立的法律科学，并在树立权利取向后成为一门权利之学，直至在新的世纪朝更加自主的方向发展。《法学研究》所体现出的这一变迁过程，与国内法理学教材从"国家与法的理论"到"法学基础理论"再到"法理学"的发展大体是一致的。③

二、法律科学

《法学研究》开办之初，法学就是作为一门科学对待的，或者说，就存在着使法学成为一门科学的努力。1979 年发刊词这样写道，"法学是一门现实性很强的科学"。后来，一些文稿中也时常有这样的话："法学是一门古老的社会科学"，"法学是以法律这一特定社会现象作为研究对象的科学"。④ 就法学中的法社会学、分析法学等而言，这些判断并不为错，但研究也表

① 孔小红：《中国法学四十年略论》，1989 年第 2 期；《进一步解放思想，繁荣法学研究——法学所部分研究人员座谈邓小平南巡谈话》，1992 年第 5 期；刘瀚、夏勇：《法理学面临的新课题》，1993 年第 1 期。

② 《20 世纪中国法学与法制研讨会发言摘要》，1999 年第 2 期；《"法理学向何处去"专题研讨会纪要》，2000 年第 1 期。

③ 参见胡水君《法理的呈现：中国法理学三十年》，《中国法学》2008 年纪念改革开放三十周年专刊。

④ 余先予、夏吉先：《论马克思主义法学的科学性》，1980 年第 5 期；黎青：《论马克思主义法学》，1989 年第 6 期。

明，在自然科学、社会科学和人文学科三种知识形态分类中，法学其实是难以归入其中哪一类的。法学，在何种意义上是一门科学？

所谓科学，至少包含这样三层意思：以源自感官或经验的"闻见之知"为基础，对于感官所不及、不能以逻辑理性认知的事物通常予以否定或置之不论；追寻真实和可以被反复验证的客观规律；与此相应，认知和研究不从宗教、道德、政治等立场或意识形态出发，而是从客观实际出发。就这三点而言，将法学视为一门科学，其实标志着一种强调研究的科学性和独立性，使法学摆脱来自政治、功利等的不良干扰的学术立场。事实上，从《法学研究》看，这样一种学术努力在法学研究中是一直存在的。

1979 年，《五四精神与法学研究》一文重提五四运动科学精神，专门谈到了法学的政治性与科学性之间的关系。这其实是近 30 年间特别是 20 世纪 90 年代以前长期黏附在法理学研究中的一对矛盾。同年，有文稿指出："在研究问题的时候，科学以外的考虑是不必要的。科学研究是一种探讨真理的工作，从事这种工作……应该采取'独立思考，只服从真理'的态度。"[①]次年，《论马克思主义法学的科学性》一文也特别强调了把法学建立在科学的基础上。不过，直到 20 世纪 90 年代初，学者们还是注意到，法理学研究中仍然大量存在着从书本出发，着力于对经典著作或领导人讲话的学习和解读的情况。尽管如此，在一种迈向法律科学的长期学术努力中，法理学的学科体系终究被建立了起来，学科内容也得到了极大丰富。

建立独立的学科体系，确定专门的研究对象，可以说是我国法理学朝法律科学方向迈进的一个起步。早在 20 世纪 60 年代，理论界就曾对法学体系展开讨论，但国家与法在当时仍没有被区分开。1983 年，《法学体系初论》一文对法律科学的学科体系以及法理学在其中的地位，作了初步而有益的探讨。到 20 世纪 90 年代初，有学者从本体、进化、运行、主体、客体、价值六个方面，对法学范畴体系作了归纳，提出了诸多法理学范畴；[②] 也有学者从知识、价值和方法论三个方面，对法理学学科体系作了调整和充实，进一步明确了法理学的研究对象和任务。[③] 这些论文，对于法理学的学科骨架的形成无疑是有好处的。在此骨架下，法理学的诸多概念和范畴在研究中得到

---

① 于光远：《对法学研究工作的一些意见——在全国法学规划会上的讲话（摘要）》，1979 年第 2 期。

② 参见张文显《论法学的范畴意识、范畴体系与基石范畴》，1991 年第 3 期。

③ 刘瀚、夏勇：《法理学面临的新课题》，1993 年第 1 期。

了前所未有的丰富和发展。30 年间，除关于权利、法制、法治、法学等的论文外，《法学研究》专论法律的近 240 篇法理文稿中，涉及法律价值 4篇、法律效力 4 篇、法律渊源 5 篇、法律体系 6 篇、法律关系 3 篇、法律规范 5 篇、法律行为 2 篇、法律责任 2 篇、法律制定 11 篇、法律实施 3 篇、法律适用 2 篇、司法裁判（含法律推理）11 篇、法律解释 8 篇、法律职业 3篇、法律意识 2 篇、法律文化 6 篇、方法论 5 篇。有了这些专论，法理学在体魄上才日渐丰满和壮大起来。

尽管法理学循着科学路径得以强筋健骨，但法理学其实并不只是法律科学。除对法律的科学观察外，法理学也包含着关于法律的哲学分析乃至理学思考。到 21 世纪，一些学者对法理学研究中的科学和理性取向，给予了批判式的审视。如果说法理学当年朝科学方向迈进旨在避免政治话语的过度影响，那么，"被科学话语遮蔽的'法学范式'"在新的世纪最终也受到了反思。[①] 科学研究中所依凭的那些以往为人习以为常的语言形式、理性思维、认知方式、前在观念、科学话语等，变成了研究的对象。由此，学者们认为，纯粹的法律科学可能是困难的。在很大程度上，这些反思重新为道德哲学、政治哲学等进入法理学开通了渠道。

三、权利之学

中国近代法律学者在 20 世纪 40 年代曾经基于西学提出"法学为权利义务之学"，时隔近半个世纪，这一论断再次出现于我国法学界，[②] 并且成为法学界的一股强音。这与其说是后人对前人的一种有意模仿，不如说是改革开放的时代发展使然。如果说，法律科学是法理学在形式和知识层面的一种发展，那么，权利之学则可谓法理学在价值和道理层面的一种发展。

广为人知的是，欧陆语词中的 jus、Recht、droit（"法"）通常兼有"权利"之义，以致在一些汉语译著中时而被译为"法"，时而被译为"权利"，还有时被译为"法权"。在此语境下，法学被称为权利之学不足为奇。但在汉语中，"法"与"权利"还是有明显区别的，法学何以成为权利之学？严几道有言，"法之立也，必以理为之原。……在中文，物有是非谓之理，国

---

① 参见葛洪义《法学研究中的认识论问题》，2001 年第 2 期；刘星：《法学"科学主义"的困境——法学知识如何成为法律实践的组成部分》，2004 年第 3 期；舒国滢：《寻访法学的问题立场——兼谈"论题学法学"的思考方式》，2005 年第 3 期。

② 刘瀚、夏勇：《法理学面临的新课题》，1993 年第 1 期。该文提到，"法学是权利义务之学"。另参见张文显《论法学的范畴意识、范畴体系与基石范畴》，1991 年第 3 期。

有禁令谓之法，而西文则通谓之法……西文'法'字，于中文有理、礼、法、制四者之异译"。① 由此来看，在汉语中，称法学为权利之学或权利义务之学，需从"理"上去把握。就"权利"为现代"法理"而言，法学或法理学在现代社会未尝不可被称为权利之学。

1991 年，《论法学的范畴意识、范畴体系与基石范畴》一文从五个方面对于以权利和义务为核心来构筑法学或法理学作了详细论证。按照该文的观点，法在本体上以权利和义务为机制调整人的行为和社会关系；立法、执法、司法在过程上表现为对权利和义务的分配、保护、确认；现代法在价值上以权利为本位配置权利和义务；权利和义务表现出人对法的主体性，而不是法对人的管制；权利和义务构成法律规范、法律关系、法律行为等的核心；法律现象导源于权利和义务的对立统一。总起来看，这些分析不外乎是从法律形式和法律价值两个方面展开的。实际上，从前面的分析也可以看到，权利在我国法理学中大体是循着公民权利和人权两条线索发展的，公民权利从一开始就与宪法和法律相联系，人权则有赖于价值观念上的意识形态突破。可以说，法律科学、权利义务之学，分别从形式和价值层面，实现了法理学自 20 世纪 80 年代中后期以来的一次"更新"，法理学由此从所谓的"阶级斗争学"最终转变成为法律科学和权利之学。这样一种转变的意义并不仅限于这 30 年或 60 年，它也是更为久远的中国现代化进程的一部分。

从后来的讨论看，有学者认为"法律规则是法学的核心范畴"，"我国的法理学应以规则为核心构建体系"。② 就形式层面而言，这样一种观点与价值层面的权利之学是可以并行不悖的，一如法治在一些国家既以个人权利为基础，也以规则典章（rule-book）为基础。从《法学研究》看，学者们对规则、原则等的研究实际上也是越来越多，越来越精深。还有学者对所谓"权利义务法理学"提出了批评，认为"权利和权力才是法律世界中最重要、最常见、最基本的法现象，法学应当以权利和权力为最基本研究对象和分析起点，从而形成新的范畴结构和新的法现象解释体系"。③ 就价值层面而言，这样一种观点并不必定与权利义务之学或权利之学两相对立。从现代性的角度看，权利之学可谓一种与道德哲学和政治哲学紧密联系的现代法理学，它在很大程度上不仅蕴涵着义务源出于权利的观点，也蕴涵着法律和政

---

① ［法］孟德斯鸠：《孟德斯鸠法意》，严复译，商务印书馆 1981 年版，第 2—3 页，按语。

② 陈金钊：《认真对待规则——关于我国法理学研究方向的探索》，2000 年第 6 期。

③ 童之伟：《论法理学的更新》，1998 年第 6 期；《再论法理学的更新》，1999 年第 2 期。

治权力也源出于权利的看法。权利之学所试图开辟的是以保障人权和公民权利为出发点的现代政治和法律道路，它不主张只从道德义务出发的治理路线，不支持以政治权力为中心的统治路线，也不赞同从上而下以刑杀为主的法律路线。就此而言，权利之学不仅相对"阶级斗争学"显出其现实意义，它也相对传统的统治和治理理论显出其现代意义。

四、中国法理学

无论是法律科学，还是权利之学，在很大程度上都带着西方法学影响的痕迹，这反映了近 30 年中国法理学发展的世界背景和历史处境。实际上，这样一种背景和处境还可以更往前地延伸到整个近代以来。自从中国在近代由"中国之中国"、"亚洲之中国"变为"世界之中国"①，处在近世学者所谓的"新战国时代"之后，世界就构成了影响中国发展的一个基本背景。在此背景下，与传统文化和制度遭受前所未有的批判、贬抑乃至毁损形成鲜明对照的是，外国的学说和制度成了学习、模仿乃至移植的主要对象。由此产生了中国近、现代史上的"古今中外"问题，以至很多人在认识上表现出这样一种明显倾向，凡外国的尤其是西方的，通常被视为是新的、进步的、值得追求的，凡中国的通常被认为是旧的、落后的、势必淘汰的，而中国发展的目标就在于向日本、欧美乃至苏联学习，与世界接轨。近世屈辱和百年动荡促成了这样一种向外国学习的心态和受外国影响的情势。从历史看，近代以来的法学同样未能幸免这样的状况。这是迄今仍然有所延续的中国近、现代法学的历史处境。

其实，学习借鉴并不为过，问题的关键在于学习借鉴过程中对于自身文化传统或传统文化的那种态度。从《法学研究》的法理学文稿看，相比西方理论资源，法理学界对于中国传统文化理论资源的重视和利用程度是相当薄弱的，而在为数不多的触及相关资源的文稿中，也多是在诸如民主法制传统缺乏的意义上提及文化传统，视之为现实挫败或失误的历史原因。看上去，缠绕在传统文化之上的那些自近代以来形成的根深蒂固的批判观念，远远多于人们对传统文化的细致、真切、同情的了解，而且，沿着既有理论乃至西方学者的眼光来作判断而不作实际深究的情况仍然存在。对此，一些法律史学者感触尤深。有学者这样写道："当我们阅读百余年来，尤其是近二十年来关于中国传统法研究的著作时，我们感受不到传统的震撼，找不到可

----

① 梁启超：《中国史叙论》，载《饮冰室合集》文集之六。

以给我们自信的传统。相反我们时时感到的是一种苦涩和失落。……在中国五千年的文明发展史中，历史与传统从未像百余年来这样暗淡，这样被国人所怀疑。"① 此种状况多少也出现在 30 年的法理学文稿中。时至今日，存留在研究中的那些对待中国传统文化的历史遗绪是值得深思的。无论如何，那种在纵向历史比较中惟破旧趋新、在横向空间比较中惟中不如西的扭曲比较观是需要校正的。实际上，"古今中外"都可能蕴涵着普适道理，正如前文所分析的，德性和权利都可谓普适之道，尽管现代社会改以权利为出发点来展开政治和法律实践，但这并不意味着德性是应该被摒弃的，相反，对于避免现代权利和法治道路上的"现代性"问题，传统德性的补给显得尤为必要。

如果说，中国法理学在对待"古"的方面需要从隔膜和断裂转向更多的疏通和理解，那么，它在对待"外"的方面则又需要从被动乃至自觉接受转向主体性建构。这意味着，"世界之中国"，不仅需要中国与世界接轨，以吸纳世界文化，也需要世界与中国接轨，以使中国的智慧和普适价值主动参与和融入世界历史进程。从《法学研究》的法理学文稿看，此种主体性文化自觉后来已经开始呈现。2006 年，有学者这样反思近 30 年的中国法学："中国法学近 30 年的发展，主要是以现代化范式为依凭的，其具体表现便是它不仅经由移植西方制度安排或相关理念而为中国法制/法律发展提供了一幅西方法律理想图景，而且还致使中国法学论者意识不到他们所提供的并不是中国自己的法律理想图景。"② 近 30 年后，当中国法理学日渐在法律科学和权利之学基础上丰满起来，这样一个判断是发人深省的。在现代化进程中，"中国法理学"何以成为"中国的"？何以需要成为"中国的"？这是中国法理学倚靠外来理论资源经历 30 年的发展后不得不提上思考日程的问题。当然，这样一种主体意识自觉，未必意味着自我封闭、坐井观天乃至夜郎自大，毋宁说，它试图展示的是中国法理学的一种沿着中国社会现实和中国文化理路开拓政道和法理，既对中外普世价值融会贯通，又使中外文化互相推助、彼此补充、内外衔接、共济并行的理论姿态。

---

① 曾宪义、马小红：《中国传统法研究中的几个问题》，2003 年第 3 期。
② 邓正来：《中国法律哲学当下基本使命的前提性分析——作为历史性条件的世界结构》，2006 年第 5 期。

第二章　中西语境中的人权

人权在中国仍然是一个容易让人情绪激动的概念。一方面，它被尊奉为崇高的理想，具有普遍的价值；另一方面，它又被视为西方时常向中国挥舞的价值大棒。在国际人权斗争的喧嚣中，人权本身的价值及其实现的方式经常受到不应有的忽视。本章试图透过这种情绪的纷扰来重新审视中西人权话语交流的可能性与有效性，提出中西人权对话应该始终坚持"自主"原则。本章将从对两篇由中国学者撰写的人权论文的批评分析开始，指出其试图建立与西方不同的人权话语的努力并没有完全成功，接着将从人权的普遍性与特殊性的角度解读人权地方主义的正当性与局限性，然后再从人权的内部批评和外部批评两个角度探讨中西的人权交流如何才能正当而有效。

第一节　新说与旧论

对东方学者而言，能够提出"一种非西方的普遍人权理论"无疑是诱人的。现代人权话语是西方文化的产物，西方提出的那套人权话语早已通过《世界人权宣言》以及众多国际人权公约而至少在形式上实现了全球的普遍化。对于像中国这样的发展中国家而言，接受这套人权话语似乎是一个无可避免的选择。然而，西方在人权方面事实上存在的话语霸权使得人权概念并没有成为一种中国人无论何时都会热情拥抱的东西。建立一种能获得普遍接受的中国人权话语，对中国人而言始终构成一种很大的诱惑。在这种情况下，《"预付人权"：一种非西方的普遍人权理论》① 一文提出的所谓"预付人权论"无疑可以让力图维护文化自尊的中国学者感到振奋。

然而，正如"预付人权论"自身也承认的那样，要建立这样一种既是

---

① 赵汀阳：《"预付人权"：一种非西方的普遍人权理论》，载《中国社会科学》2006 年第 4 期。下面有关"预付人权论"的引述都来自这篇论文。有关"预付人权"的观点始见于赵汀阳《有偿人权与做人主义》，载《哲学研究》1996 年第 9 期。该文发表后，曾经引出众多的批评文章。例如，邱本：《无偿人权与凡人主义》，载《哲学研究》1997 年第 2 期；王海明：《有偿人权还是无偿人权》，载《哲学研究》1997 年第 7 期。2006 年的文章是作者对观点的进一步深化。

"非西方的"，同时又是"普遍"的人权概念无疑是非常困难的。至少目前尚没有人提出比原有的西方人权概念更为有效的替代性理论。面对这种严峻现实，"预付人权论"提出要跳出西方在人权话语上的游戏规则，创造自己的游戏规则。然而，从现有的论述来看，尽管"预付人权论"急于摆脱西方人权话语霸权的动机多么值得同情，但这种努力似乎并不怎么成功。

"预付人权论"认为"天赋人权"存在"危险逻辑"，其理由在于"天赋人权理论相信，每人生来就平等地拥有一系列权利，这些权利终身无条件拥有，在任何情况下都不可剥夺并且不可让渡。于是人权似乎是超越任何约定或法定游戏的权利，变成了至上的特权。'人权高于一切'这一逻辑意味着人权高于主权、高于法律、高于制度、高于文化，如此等等。无条件的至上性是非常危险的逻辑，因为无条件的权利是对任何价值标准的否定"。由此，"预付人权论"断定，"人权的游戏情况"是，"任意一个人无论做什么事情都永远保有不可剥夺的人权，于是，无条件的人权蕴涵着'破坏他人人权的人拥有人权'"，进而得出"人权制度相对有利于破坏他人人权的人"、"人权社会相对有利于不公正的行为"的结论。

这种推论看上去是违反常识的。很显然，即便是早期反映西方人权观念的法国《人权宣言》和美国《独立宣言》也没有到宣称"任何人在任何情况下，生命权和自由权都不能被剥夺"的地步，这些文件的制定者也不至于认为，为了人权可以废除刑罚和监狱。对于这一点，我们只要看看法国《人权宣言》的具体内容就可以了。该宣言第 4 条规定，"自由就是指有权从事一切无害于他人的行为。因此，各人的自然权利的行使，只以保证社会上其他成员能享有同样权利为限制。此等限制仅得由法律规定之。"这就明确说明，自由是有限制的，一个人享有自由是以不得侵犯他人的自由为限的。第 7 条规定了限制人身自由的正当程序原则，第 8 条规定了罪刑法定原则，第 9 条确立了无罪推定原则，这些条款都无一不在说明，自由甚至生命都是可以被剥夺的，人权概念只不过是确立了国家不得任意剥夺个人自由和生命的原则而已。第 17 条的规定更可以明确地说明，西方早期绝对化表述下的人权概念究竟是怎么回事。该条规定，"私人财产权神圣不可侵犯，除非当合法认定的公共需要所显然必需时，且在公平而预先赔偿的条件下，任何人的财产不得受到剥夺"。它一方面宣布"私人财产神圣不可侵犯"，另一方面又设定了剥夺财产的条件。这说明"私人财产权神圣不可侵犯"从一开始就不意味着"私人财产在任何条件下都不可侵犯"，恰恰相反，它意味着私人财产可以被合法剥夺，它的神圣性只不过表现在，它不能被"任意剥夺"，即"除非当合法认定的公共需要所显然必需时，且在公平而预先赔偿的条件下"，它就不能被剥夺。

　　这就是说，从西方的人权体系看，绝大多数人权的享有从一开始就是以个人履行一定的义务为前提的，或者用"预付人权论"的话语说是"有偿的"，附有条件的。无论是作为人权的生命权、自由权还是财产权，从来不意味着在任何条件下都不可剥夺或限制；尽管剥夺或限制个人的人权不一定是由于个人未能履行相应的义务（也可能是基于紧急公共需要或公共利益而限制人身自由或财产），但是个人未能履行相应的义务肯定是构成剥夺或者限制个人人权的一个重要理由。对于这一点，刑法的存在本身就是一个很好的证明。从这个意义上说，西方人权理论从来就不只是一种"权利"理论，它同时也包含着一种义务理论。法国《人权宣言》第5条规定，"法律仅有权禁止有害于社会的行为。凡未经法律禁止的行为即不得受到妨碍，而且任何人都不得被迫从事法律所未规定的行为"。这句话隐含着人有不得做有害于社会的行为的义务。第8条规定，"法律只应规定确实需要和显然不可少的刑罚，而且除非根据在犯法前已经制定和公布的且系依法施行的法律以外，不得处罚任何人"。这句话隐含着"人不得违反法律，否则就要受到处罚"这个含义。

　　但为什么西方各种人权宣言主要宣布"权利"，而不是"义务"呢？主要原因在于，有关"义务"的观念有史以来就是不言而喻、理所当然的，它就像"杀人偿命"、"欠债还钱"这类观念一样古老，也像人类社会的刑罚体系一样源远流长。从历史上看，没有人会否认人对他人和社会负有一定的义务。"不得杀人"、"不得任意侵犯他人的财产"、"不得任意伤害他人"，这些所谓的"做人"的义务对于所有人类社会来说都是自然而然、不言而喻的。也没有人否认国家应该对违反这些义务的行为进行惩罚。但与人对社会的义务不同，人的"权利"却在历史的长河中经常受到忽视乃至否定，它在社会和国家所赋予个人的义务面前总是显得脆弱不堪；在义务论的主导下，个人根本无力维护自己在生命、自由和财产上的根本利益。在这种情况下，西方的人权观念开始宣布个人的"权利"，用"权利"划定个人的自由空间，并且为社会和国家给个人施加义务以及惩罚的范围和方式施加了一定的限制。法国《人权宣言》第5条确认的人权就要求，国家如果要给个人施加义务就必须通过法律的方式。第8条确认的人权要求，国家在给个人施加刑罚时，不仅必须通过法律的方式，而且这个法律只能规定"确实需要和显然不可少的刑罚"，并且是"在犯法前已经制定和公布的且系依法施行的"。由此可见，西方的人权概念和理论从来就没有否认人对社会和国家应该履行的义务，相反它从来就是建立在这种不言而喻的义务的基础上的。它的出现从一开始就是要矫正社会上曾经根深蒂固的"义务论"观念，并且在人权的基础上重建人类的义务观念。人权概念实际上是用一种权利的中心论代替以往的"义务中心论"。

当然，"预付人权论"对西方人权概念的实质内容实际上并不感兴趣，它感兴趣的是西方人权概念中的某些绝对化表述。不可否认，无论是西方资产阶级革命时期的人权宣言，还是第二次世界大战后试图通过淡化西方色彩而实现更大普遍性的《世界人权宣言》都存在某些绝对化的表述。例如，1789 年法国《人权宣言》的序言就宣称要把"天赋的、不可剥夺的和神圣的人权阐明于庄严的宣言中"。1776 年美国的《独立宣言》也宣称，"我们认为下面这些真理是不言而喻的：人人生而平等，造物者赋予他们若干不可剥夺的权利，其中包括生命权、自由权和追求幸福的权利"。1948 年的《世界人权宣言》序言第 1 段也声明，"对人类家庭所有成员的固有尊严及其平等的和不可剥夺的①权利的承认，乃是世界自由、正义与和平的基础"。"预付人权论"正是抓住这些表述而得出西方人权观念逻辑的危险性：主张人权都是"天赋的、不可剥夺的和神圣的人权"就等于主张绝对的个人自由主义，甚至无政府主义，因为这意味着一个人无论怎么做，其人权都不受剥夺，例如，即使一个人杀人放火、打家劫舍，他的生命权和自由也仍然是不可剥夺的，这就意味着人权观念必然有利于坏人，必然导致对恶的放纵。

"预付人权论"将其从"天赋的、不可剥夺的和神圣的人权"推论出来的结论视作是"西方人权观念"或"西方人权理论"必然得出的结论，从而攻击西方人权观念所具有的致命危险性。但从西方人权的具体内容看，这种推论显然存在问题，因为在阐述生命权或者自由权的时候，西方人权理论从来就没有主张生命权或者自由权在任何时候都不能被剥夺或限制。由此看来，尽管"预付人权论"攻击整个"西方人权观念"，但它实际上只是指出了这样一个语言上的问题：如何在语言的逻辑上说明，西方人权理论中某些绝对化的抽象表述与其具体的、相对的权利内容是一致的。

既然西方人权理论本身并没有将个人享有具体人权的内容绝对化，那么我们就必须在这个前提下解释其对人权观念的绝对化的抽象表述，否则就只能是曲解。从语言使用的角度看，当我们说某一个东西是"神圣"时，我

---

① 《世界人权宣言》正式官方文本将英文的"inalienable"翻译为"不移的"。

们就是在强调这个东西至关重要，不得任意亵渎；说某个东西是"天赋的"，那就说明这个东西是先验性的，不是由社会和制度所决定的。"天赋的、神圣的人权"说明，人权这样一个至关重要的东西的存在本身是先验的，是不容置疑的，它们的存在与否不以任何一个政府和法律制度为转移，无论一个政府和法律制度实际是否承认它们，都无法否认它们的存在。从这一点上说，西方的人权概念从一开始就是要在观念上确认人权存在的先验性和无可置疑性，其目的在于确立一种新的政治信仰，并且以这种信仰为基础对一切政治制度提出合法性要求和审查标准。

然而，人权存在的先验性和极端重要性并不等于它们绝对不能被剥夺。从西方人权的具体内容可以看出，人权所具有的"天赋性"和"神圣性"只是意味着它们"不可被任意剥夺"。人权观念的确立并不是因为在人类历史上，人的生命、自由和财产可以被社会或国家剥夺，而在于它们总是被任意剥夺，于是人们就把生命、自由和财产视为一种与生俱来的不可轻易予以否定的权利加以强调，并对剥夺这些权利的条件予以严格限制。因此，"天赋的、不可剥夺的和神圣的人权"更确切的表述是"天赋的、不可任意剥夺的和神圣的人权"。为了强调某个东西的至关重要性而用比较绝对化的语言表述，但实际又只是表示相对含义，这样的事例并不鲜见。法国《人权宣言》第 17 条就是一个很好的例子。该条宣布"私人财产权神圣不可侵犯"，这里的"神圣不可侵犯"尽管从逻辑上看同样可以理解为"在任何情况下私人财产都不可侵犯"，但从该条后面规定的剥夺私人财产权的条件看，它在语言上只是表达了"私人财产权神圣不可任意侵犯"的含义。这种人类语言使用中司空见惯的逻辑矛盾只是一种表面的现象，因为它一般并不会影响人们的理解。

就"不可剥夺的人权"这个问题而言，这种语言上存在的表面逻辑矛盾在某种意义上也是中文翻译导致的结果。翻译可能导致的语言问题是客观存在的，就像我们一直以来已经习惯将英文中的"natural rights"习惯翻译成"天赋权利"而不是"自然权利"一样。在汉语中，"天赋权利"显然要比"自然权利"更具有"神圣性"的味道。无论是法国《人权宣言》、美国《独立宣言》，还是《世界人权宣言》，它们在宣布人权是"不可剥夺"时，所使用或对应的英文词汇都是"unalienable"或者"inalienable"。这个单词在汉语中既可被翻译为"不可剥夺的"，也完全可以被翻译为"不可分割的"、"不可放弃的"或者"不可转让的"。如果用后面这些翻译，那么这种在语言上存在的表面矛盾就没有了，因为"不可分割的"、"不可放弃的"或者"不可转让的"都只是说明，人权是个人所固有的，与自己不可分割，自己也不可放弃或转让，而不是说外在主体对它们在任何情况下都不可剥夺。如果采用此种方式，语言上存在的表面逻辑矛盾自然就消失了。

由此可见，尽管西方"天赋人权"观念并非十全十美，但也不存在"预付人权论"所谓的"危险逻辑"或者包含什么"自毁逻辑"，因为西方人权观念从来就不存在那种逻辑，即使是两百多年前提出的最极端化的人权概念表述也是如此。

由于认定西方"天赋人权"观念存在危险逻辑和重大缺陷，"预付人权论"被这样提了出来，以替代"天赋人权"的理论：

> 人权就是每个人能够被公正对待的权利。预付人权理论认为，每个人生来就获得人类预付借贷给他的与任何他人相同的权利，人权虽然不劳而授，但绝非不劳而享，否则损害公正。一个人获得并接受了预付人权就意味着承诺了做人的责任，并且将以完成做人的责任来偿还所借贷的权利。如果拒绝了预付人权所要求的部分或全部义务，就视同自动放弃了部分或全部人权。预付人权保留了天赋人权理论的几乎所有优点，而消除了天赋人权理论反公正的危险因素，不仅具有理论的普遍有效性，而且具有允许因地制宜的实践弹性。

此种理论试图摆脱西方游戏规则，因此被提出者认为是一种新的普遍人权概念。然而，若对这个理论仔细推敲，这个替代性的人权概念实际上并没有多少创新之处。

既然"预付人权论"认为，每个人都享有人类"预付"的、"不劳而授"的、与任何他人相同的人权，那么人权本身实际上仍然是"天赋"的或先验的。既然是先验的，那么自然也不应以主权、制度和文化为转移。从这一点上说，"预付人权论"所攻击的西方"天赋人权"观念所拥有的"人权高于一切"的逻辑仍然是存在的。但在提出者看来，"预付人权论"对西方人权概念的修正之处在于，人权不再是"这些权利终身无条件拥有，在任何情况下都不可剥夺并且不可让渡"的，因为这样损害公正，因此他主张不能"不劳而享"，只有履行做人的责任，才能真正享有这些权利，否则就视为自动放弃部分或全部人权。

如果我们按照其本意"正确"理解这些表述的含义，我们就会发现，"预付人权论"实质上并没有对"天赋人权"观念作出任何修正。正如前面所论证的那样，至少从西方早期人权的具体内容看，"天赋人权"观从来就没有说人人都享有的生命、自由和财产在任何情况下都是不可剥夺或限制的；个人如果侵犯了他人的生命、自由和财产就可能带来自身权利的剥夺和限制。如果用"预付人权论"的话语讲，这就意味着个人只有尽到了这种做人最起码的责任，才能保证这些权利的享有。既然"天赋人权"观允许个人的生命、自由和财产在一定条件下被剥夺和限制，这说明它只是主张人权"不得任意剥夺和限制"，也即是"不得被不公正地剥夺和限制"，如果又用"预付人权论"的话语就是，要求"每个人能够被公正对待"。由此可见，"预付人权论"所说的"有偿人权"仍然没有超出"天赋人权"观念的范围。其对"天赋人权"的所谓"修正"最多只不过是把西方人权观认为理所当然因而觉得没有必然说出来的东西指出来而已。

"预付人权论"从"天赋人权"观念的某些语言表述（如"天赋的、不可剥夺的和神圣的人权"）中发现了西方人权的"危险逻辑"，但殊不知，如果人们不从其原意出发，而从其自己的语言表述出发同样可以发现很多"危险逻辑"。例如，他主张做人主义，如果不好好做人就不配享有人权；人权"绝非不劳而享"，"如果拒绝了预付人权所要求的部分或全部义务，就视同自动放弃了部分或全部人权"。对于这些表述，如果我们不能善意地像前段一样"正确"理解其含义，那么我们或许就可以推论出或许"预付人权论"的提出者自己也不愿接受的结论：一个杀人犯没有好好做人，没有履行做人的义务，因此不配享有人权，因此国家对他可以进行刑讯逼供、可以不经审判就处死。根据西方一直以来的人权观念，"不受任意逮捕"、"不受刑讯逼供"、"获得公正审判"都是不得任意剥夺或限制的人权，即便对罪大恶极、恶贯满盈的人也是如此，换言之，没有好好做人的人也享有很多不得任意剥夺的人权。

"预付人权论"主张，"一个具有普遍必然的人权制度只能以公正原则作为唯一最高原则去定义的人权体系，人权就是每个人能够被公正对待的权利"。这一点说得没有错，但问题在于，这并不是这一理论所独有的，其所攻击的"天赋人权"观念本身一开始就充分渗透着这一公正原则。只不过"天赋人权"观所主张的公正不再是一种"以牙还牙"、"以眼还眼"这种狭隘的公正，而是一种建立在人道主义基础上的新的制度公正。人权所体现的制度公正要求国家、法律在任何情况下都必须公正地对待每个人，无论这个人是法律的违反者、道德上的邪恶者还是政治上的反对者。这种公正并不是说，杀人者就不用受到任何处罚，而是说，对这种人的处罚本身必须是公正的，必须是受到法律正当程序保障的，必须只能处以法律规定的处罚而不是任何处罚。因此，这种制度的公正并没有忽视传统的建立在报复主义上的公正，它既包含这种狭隘的公正又超越这种公正，因此是一种更为博大的公正。西方人权概念相信只有建立这种制度公正，才能建立一个有道德但个人又不会被道德所扼杀，有维护社会秩序所必需的国家权力但个人又不会被这种国家权力所侵害的正义社会。这种制度公正既能够保证有史以来一直就存在的自然公正得以延续，又能防止国家和社会以伸张这种自然公正为名对个人造成新的不公正。由此可见，"预付人权论"对"天赋人权"包含"无偿人权"因而违反公正原则的指责是有失公正的，其所提出的"有偿人权"也只不过是指出"天赋人权"本身就包含的传统的狭隘公正观而已。如此说来，"预付人权论"所试图提出的"一种非西方的普遍人权理论"，最多只不过是西方人权理论的另一种说法而已。

第二节　理想与现实

在西方时常咄咄逼人的人权政治攻势面前，文化上处于守势的东方国家的政府和学者为了维护文化和民族尊严而奋起驳斥完全是可以理解的。但我们也不得不承认，在接受西方人权标准的前提下，要为人权状况与西方人权标准存在不少差距的国家进行理论辩护并不那么容易。对于这种理论挑战，有学者提出了"权利实现的客观规律论"（以下简称为"客观规律论"）。①

"客观规律论"从社会学和历史的角度对中西方某些人权的确立和实现过程进行了描绘，最后发现了权利实现的下述"客观规律"：无论西方还是中国，都存在一个权利实现的差序格局现象，即"第一，现实中的权利主体是逐步扩大的，即一部分人先享有法定权利，然后推而广之及于其他人；第二，现实中不同种类（政治、经济、文化、社会等）权利的法律化及其实现是循序渐进而非一蹴而就的"。从西方主要国家权利发展和实现的历史看，在权利主体上，先是男性公民享有政治权利，再扩及女性公民，然后扩及所有民族的公民；而在男性公民中，又是有一定财产数额的男性公民先享有政治权利，然后再推广到无财产的其他男性公民。在权利种类上，公民先实现的是人身、财产和政治权利，再到经济文化权利，然后到社会权利。从

---

① 郝铁川：《权利实现的差序格局》，载《中国社会科学》2002 年第 5 期。下面有关"客观规律论"的引述都来自该论文。

中国受教育权发展历史看，享有此项权利的公民人数是逐步增加的；中国与大部分欧美国家一样走的是"先经济、后教育"的道路。"客观规律论"得出的结论是，"权利实现中的差序格局，是受经济发展规律制约的，具有历史的必然性，任何国家都是无法超越的"，"解决应然权利与实然权利、法定权利与实然权利的冲突，根本依赖于经济的极大发展，而不是法学家的一场启蒙运动和立法者的一番变法。一部人权史告诉我们，每一次权利理论的重大冲突，每一次权利实现的质的飞跃，无一不是经济的巨大进步所致。我们渴望早日实现所有人的权利的平等，但这取决于经济的发展和综合国力的提高，而不仅仅是我们的良好愿望"。

从历史的发展角度看，"客观规律论"揭示的某些权利实现的过程确实是一种不可否认的历史事实，对于已经发生的历史，当然不会再以我们这个时代人的意志为转移，但是，不以我们这个时代人的意志为转移的事实本身并不一定就是不可逃避的"客观规律"。所谓"规律"就是不仅过去适用，而且现在和将来都要适用的客观法则。根据以往的经验教训，对于这种从历史中总结出来的社会"客观规律"，我们还是谨慎一些为好。如果仔细审查，"客观规律论"根据许多历史事实总结出来的所谓权利实现的"客观规律"是难以站住脚的。

"客观规律论"以托马斯·雅诺斯基在《公民与文明社会》一书中所揭示的西方主要国家某些权利的法定化历史过程为依据，得出好像适用于所有权利的客观规律："现实中的权利主体是逐步扩大的，即一部分人先享有法定权利，然后推而广之及于其他人。"殊不知，这个结论实际上只能适用于西方某些权利的发展，而不能完全涵盖所有权利。我们确实可以看到在西方财产权发展历史上存在一个从男子到包括已婚女子在内的所有性别的发展过程，也可以看到选举权主体有一个从有一定财产的白人男性，到没有财产、种族、肤色、性别限制的所有人平等享有的发展过程，但很多权利的发展并不存在这种现象。托马斯·雅诺斯基提出的表格中所列的言论自由和信仰自由并不存在一个明显的主体逐步扩大的过程，然而，"客观规律论"好像并没有"看到"这些权利的发展事实，也没有据此总结出"很多权利的法定化可以一步到位"的"客观规律"。

"客观规律论"又揭示，"现实中不同种类（政治、经济、文化、社会等）权利的法律化及其实现是循序渐进而非一蹴而就的"。如果只是笼统地说权利的法律化及其实现的过程是循序渐进的，那并没有错，因为历史发展总是有时间性的，任何事物的发展总是有一个过程。然而，如果将这个所谓的"规律"具体化为"在权利种类上，公民先实现的是人身、财产和政治权利，再到经济文化权利，然后到社会权利"，这个规律适用性就不太好了，因为即便在通常认为的以确立公民权利和政治权利为目标的资产阶级时期，也存在很多反例。法国大革命雅各宾派专政时期的 1793 年宪法第 21 条和第 22 条就确立了工作权、社会保障权和受教育权。① 第二次世界大战后成立的绝大多数国家的宪法，不管实行资本主义还是社会主义制度，也不管经济发展水平如何，都几乎同时确认了公民和政治权利与经济、社会和文化权利。即便从权利实现的实际情况看，这种先公民和政治权利，然后再经济、社会和文化权利的规律也很成问题。就新中国成立后到改革开放前的经验看，相对于言论、出版等公民权利和政治权利，受教育、医疗保健、住房保障等经济、社会和文化权利反而得到了更好的保障。

　　"客观规律论"还揭示了一个重要客观规律："权利实现中的差序格局，是受经济发展规律制约的，具有历史的必然性，任何国家都是无法超越的"，"解决应然权利与实然权利、法定权利与实然权利的冲突，根本依赖于经济的极大发展，而不是法学家的一场启蒙运动和立法者的一番变法"。这种经济决定论对所有熟悉马克思主义理论的中国人并不陌生，然而，以这种从整个社会发展历程来看或许正确的宏大叙述来说明某些权利实现的过程可能并不适用。

　　"客观规律论"认定，"公民权利实现的平等与否根本上取决于经济条件"。它通过引用很多的社会学研究证明这样一个结论，"富者在权利的实现方面具有优势，而穷者则处于劣势"。对于这个观点，自古以来就几乎没有人否认过。问题在于，它又认定，"这种现状是不合理的，但眼下人们不可能仅凭主观意志加以整体改变"。这一论断似乎没有注意到，我们建立社会主义制度，确认公民享有一系列平等的法律权利的目的就是要矫正人类的这种自然趋势，并将富人在权利实现方面所必然具有的某些优势限制在一定的范围之内。社会发展趋向于不平等，但人权规范就是要矫正这种不平等的自然趋势。人权法的反歧视条款，经济、社会和文化权利条款就是试图从形式上和实质上确保公民权利实现的平等；坚持和贯彻这种人权法，就是试图通过人的主观意志对这种现状加以整体改变。

---

　　① 1793 年法国宪法第 21 条规定，"公共救助是神圣的义务。社会对于不幸的公民负有维持其生活之责，或者对他们供给工作，或者对不能劳动的人供给生活资料"；第 22 条规定，"教育是各人所必需的。社会应尽其一切可能来赞助公共理智的发展，并使各个公民都得享受教育"。

　　"客观规律论"以受教育权为例来说明公民权利的实现的平等取决于经济条件。它举例说，国家教育行政部门根据各省、市、自治区义务教育发展的不同水平，将全国划分为一、二、三片地区，这正好跟经济发展的水平相一致。它由此认定，"这种格局几乎表明地区的富庶程度与受教育权的落实成正相关关系"。从人权法的角度而言，这种富庶程度与受教育权正相关关系非但不能表明这是一种"历史的必然性，任何国家都是无法超越"，而恰恰相反，它只能说明国家在保障受教育权的平等上未尽到自己的义务。2003年9月，联合国受教育权特别报告员卡特琳娜·托马舍夫斯基（Katarina Tomasevski）女士在应中国政府邀请考察了中国的教育状况后批评中国的义务教育并没有实现真正的免费，中国政府每年的教育经费投入占其 GDP 比例较低，离联合国建议的 6% 的目标相去甚远，① 甚至远赶不上经济发展水平要比中国差很多的许多非洲国家。中国政府自己也并没有认为这种现状是"必然"，也没有放弃校正这种不平等的努力。2005 年 12 月，为了全面实现义务教育，国务院发布了《国务院关于深化农村义务教育经费保障机制改革的通知》（国发〔2005〕43 号）。该文件规定，全部免除农村义务教育阶段学生学杂费，对贫困家庭学生免费提供教科书并补助寄宿生生活费。该文件还规定："免学杂费资金由中央和地方按比例分担，西部地区为 8∶2，中部地区为 6∶4；东部地区除直辖市外，按照财力状况分省确定。免费提供教科书资金，中西部地区由中央全额承担，东部地区由地方自行承担。"国家通过优先保障经济上处于弱势的农村地区（尤其是中西部的农村地区）的义务教育试图校正由于经济条件不同导致的不平等，从而实现了对经济条件的超越。这才是人权发展的逻辑。

　　如果说经济条件会对权利的实现构成一定的制约还具有一定真理性的话，那么将经济条件视为实现权利的决定因素就是容易误导的。我们还是可以"客观规律论"的社会学的比较方法进行说明。正如"客观规律论"所认为的那样，作为头号经济强国，美国对经济、社会和文化权利的保障并未足够重视，它们的人权地位在美国的法律中并没有得到承认，它们的保障水平也无法与欧洲相比。"客观规律论"也指出，与欧美和中国"先经济，后教育"的发展历程不同，日本走的是一条"先教育，后经济"的道路，在战后经济水平与当时贫穷的中国相差无几的情况下，就实现了免费的义务教

---

　　① "Right to education: China fails to make the grade", http: // www. hrdc. net/sahrdc/hrfeatures/ HRF85. htm.

育，并且在财政上确保贫困地区和富裕地区拥有相同的教育设施，而我国直到近些年，真正的免费义务教育才真正成为现实，矫正中西部教育差距的努力才得到加强。中国国内不同经济发展阶段的比较也可以说明，对于权利的平等保障而言，经济发展水平并不是一个决定性的因素。在改革开放前经济发展水平很低的计划经济时代，中国通过在农村实现医疗合作制度，使农民得到了基本的医疗保障，创造了得到公认的成绩；但到了经济发展水平得到极大提高的今天，农民的医疗保障在一些方面反不如从前，国家医疗资源在城乡投入的比例上也显得不公平。这个例子生动说明，权利能否平等实现，关键的因素并不是经济发展水平，而是国家是否采取公平的法律和政策，而人权的作用就在于为国家应采取的法律和政策设定最低的公平标准。在国际人权法中，衡量一个国家是否履行了《经济、社会和文化权利国际公约》的标准不在于国家的保障水平有多高，而在于国家是否在有限的资源范围之内尽了最大的努力，采取的保障措施是否公平。因此，即使是最贫困的发展中国家，只要在其拥有的资源范围内尽了最大的努力，并且将有限的资源优先用于保障社会上最弱势的群体，那么这个国家就已经履行了人权公约义务。从这个意义上说，如果按照国际人权标准去做，贫困的发展中国家的权利平等的实现完全可能超越富有的发达国家。

退一步讲，即使我们认定"客观规律论"所提出的经济决定论是正确的，它自己也没有对其这一立场贯彻到底。在国际人权法中，得到公认的一点是，经济、社会和文化权利总的来说比公民和政治权利的实现更受经济条件的制约。"客观规律论"并不否认这一点，它认为，"对公民的政治权利的实现，国家可以采取消极的态度，即不要去干预。但对公民的经济、社会和文化方面的权利的实现，国家则需要采取积极的态度，即主动给予救济。显然，救济范围的广狭和救济程度的强弱，不能不受制于国家的财力"。按照这种经济决定论的逻辑，目前我们的经济、社会和文化权利没有得到很好的保障应该是经济发展水平的限制所致，这也许可以说得通，但这又如何解释并不怎么受经济发展水平限制的公民权利和政治权利的保障现状呢？

"客观规律论"认定，"公民权利实现的平等与否根本上取决于经济条件"，但它在解释我国立法为什么没有确认城乡居民在选举权上享有平等的权利这个问题时，却又忘了这种经济决定论的逻辑。"客观规律论"以为，"在选举权问题上，如果城乡都按同等比例选代表，农民代表无疑多于工人代表，人民代表大会就可能变成农民占多数的代表大会，这就从根本上违反了中国宪法上规定的人民民主专政的国体"。如果按照这种说法，不要说现在城乡差别严重的时候不适宜实现城乡居民代表权平等，就是将来城乡经济发展水平完全一致了，让城乡居民按同等比例选代表也是违反我国国体的，因为农村经济再怎么发展，只要农村居民仍然是从事农业的农民，就仍不能与代表工人阶级的城市居民平等地参与人民代表大会代表的选举。事实上，党的十七大报告已经"建议逐步实行城乡按相同人口比例选举人大代表"，这一建议预计将通过修改《选举法》实现。

　　"客观规律论"把某些有限的、充满例外的权利发展事实当成一种对所有权利、对所有地区都普遍适用的客观规律，并且把权利实现受客观经济条件制约的这个众所周知的观点也绝对化为某种经济决定论。这很容易让人从权利历史发展的"客观规律"推论出我们现在对权利发展应持有的态度：既然权利种类扩张、权利平等的实现过程都存在逐步发展和受经济条件制约的客观规律，就应该承认和尊重现实中存在的权利实现的不充分、不平等现象，而不是提出超出经济发展水平的权利要求。用哲学术语来说，"凡是存在的都是合理的"。然而，令人遗憾的是，"客观规律论"揭示的事实并不是事实的全部，更不是具有普遍适用性的客观规律。在很多方面，我国的权利发展并没有按照"客观规律论"揭示的规律进行。西方只有在资本主义经济发展到一定阶段才确认了经济、社会和文化权利，而我国则在经济发展水平极低的1954年就在宪法中同时确认了公民的政治权利与经济、社会和文化权利；从西方的选举权主体的扩展过程揭示的所谓规律——"只是当社会富庶了，相对贫穷的人少了，政权巩固了，才会实行普选制"似乎对中国也并不适用，因为在相对贫穷的1954年，宪法就直接确认"中华人民共和国年满十八岁的公民，不分民族、种族、性别、职业、社会出身、宗教信仰、教育程度、财产状况、居住期限，都有选举权和被选举权"。为什么当时人们会在不具备西方那样的经济条件下就确认并实施这些权利呢，因为这些都是社会主义制度应该奉行、应该追求和实现的价值；无论经济条件如何，无论西方具有什么样的经验，我们都将努力在现有的条件下按我们认为适当的方式保障权利。

　　从事实推论不出价值，对过去的权利发展事实我们只能予以承认，但未来的权利事实却并不会全然按照过去的发展模式自然发展，而会按照我们现在奉行的价值进行塑造。尽管凡是存在的都有其合理的一面，这并不等于说存在的就是合理的，相反，我们总是要将我们认为合理的东西转化为现实的存在。"客观规律论"揭示或解释了权利实现过程的某些历史事实及其合理性，但正如马克思所说，"哲学家忙于解释世界，但关键在于改造世界"，我们这个时代的人也在时刻改造世界，并且在很大程度上是按照人权这种日益获得普遍认同的价值改造我们的社会。

第三节　普遍与特殊

"预付人权论"与"客观规律论"尽管角度不同，但有一个共同点。可以说，两者都是对西方人权压力所作出的反应，都试图从不同角度对西方人权观念或标准提出质疑，并且都试图建立中国自己的人权话语，只不过前者意在从哲学上批判源于西方的人权观念，而后者则试图从历史社会学的角度反对西方人权标准直接适用于中国现实，从而达到为中国某些人权发展现状辩护的目的。"预付人权论"质疑西方人权并试图提出非西方普遍人权概念的理由在于，人权成了全世界的新宗教，"在西方话语霸权的影响下，西方价值偏好所规定的人权概念成为目前流行的人权解释框架"，人权"变成西方用来攻击其他文化体系的一个政治理由"。"客观规律论"反对西方人权标准立即适用于中国的理由在于，"我们不能为了未来才能实现的权利普遍性、平等性价值目标，而牺牲现实的市场经济的特性"。这些观点事实上又回到了有关人权普遍性和特殊性的老问题。

1993 年的《维也纳宣言和行动纲领》第 1 条即宣布："所有国家庄严承诺依照《联合国宪章》、有关人权的其他国际文书和国际法履行其促进普遍尊重、遵守和保护所有人的一切人权和基本自由的义务。这些权利和自由的普遍性质不容置疑。"然而，在国内外的人权辩论过程中，这种人权观念和标准却又时常地被说成是西方的概念或对中国不具有直接现实性的标准，"预付人权论"与"客观规律论"反映了这种倾向。这一倾向给人的感觉好像在说，对于中国人来说，人权还仍然是一种外在的东西，不仅人权概念来源于西方，而且中国人也只是基于外在压力才被迫接受人权概念和国际标准的。然而，这显然不是事实，无论从历史还是现实看，人权都早就不再只是一种外在于中国人的西方东西了，并且已逐渐成为中国人政治信仰的一个有机组成部分。

从人权的发展历史看，中国人一直是将西方人权概念视为一种优秀的外国文化而加以接受的。早在 19 世纪和 20 世纪之交，尽管主张"民权之说，无一益而有百害"[①] 的人仍然大有人在，但权利和人权（当时通常称为"自

---

① 张之洞：《劝学篇·正权》。

主之权"或"民权")的概念仍然以其在批判和矫正中国传统文化方面所具有的独特魅力而对中国的仁人志士构成强人的吸引力。他们有感于中国传统的儒家仁政思想"只能论其当如是，而无术使之当如是"，也"不能禁二千年来暴君贼臣之继出踵起，鱼肉我民"，因而逐渐认识到，只有"人各有其权，权各有限"，才能使"欲行暴者，随时随事，皆有所牵制"，只有奉行西方民权才能使仁政理想不会产生"有名无实之忧"，不会"移时而熄"。①因此，中国人当时受到人权观念的吸引是因为通过它就能使数千年来中国人对维护人的尊严和价值的自觉和要求转换为对制度和程序的有效诉求，从而为"仁"的理想找到了一个可以"使之必如是"的法门。② 可以说，在那个对中国传统文化和制度大规模进行反思的时代，人权与民主、科学一样也被中国人当成是拯救中国的灵丹妙药之一。

从 20 世纪初开始，中国人很快就将这种权利观转化为自己对政府的要求，而各式政府也很快就顺应这种要求，普遍确认了公民的各种人权。1908年清政府颁布的中国历史上第一部宪法性文件《钦定宪法大纲》即确认，"臣民于法律范围以内，所有言论、著作、出版及集会、结社等事，均准其自由"、"臣民非按照法律所定，不加以逮捕、监禁、处罚"。1911 年的《中华民国临时约法》更是全面确认，人民享有平等权、人身自由、住宅自由和财产权；享有言论、著作、刊行及集会结社自由；享有书信秘密自由、居住迁徙之自由、信教自由；享有请愿于议会之权、陈诉于行政官署之权、诉讼于法院受其审判之权、应任官考试之权、选举及被选举之权以及将官吏违法损害权利之行为陈诉于平政院之权。进入 20 世纪之后，从晚清政府到中华人民共和国成立，不管政府如何更迭，不管政府的性质如何，也不管权利保障的实际状况如何，公民的基本权利几乎都成了宪法性文件必然予以确认的东西。因此，至少从法律的角度看，尽管人权概念源于西方，并且在内容和实现形式上中国与西方也存在差异，但 100 多年来，以公民基本权利为核心的人权观念成了中国人自身所共享的一种政治信仰这一点无论如何都是一个无法否认的事实。

当然，由于特殊的历史和社会环境，中国人在理解人权之时，确实经常会与西方理解的人权观念具有很大的差异。例如，在西方，人权是作为一种

---

① 梁启超：《论政府与人民之权限》，载《饮冰室合集》文集之十。

② 参见夏勇《论和女士及其与德、赛先生之关系》，载夏勇编《公法》第 1 卷，法律出版社1999 年版。

与国家相对的、体现个人主义和普遍主义价值而提出来的观念，它试图通过限制国家权力达到保障个人自由和尊严的目的。但这种西方人权观念的核心内容在中国却经常没有得到有效的坚持。其中一个重要原因在于，与西方人权观念产生时主要面对强大的压制性政府不同，中国人引进人权观念时面对的则是羸弱不堪、腐败无能的政府，而且还时常要遭受外敌的入侵。正是基于此，尽管中国人"也显然渴望个人权利和自由，但是将个人从压制性的国家中解放出来并不是他们关注的重点，民族的救亡图存才是他们关注的中心所在"①。这种特殊的历史背景和思想倾向使得个人主义的人权观念在集体主义的"国权"面前时常显得脆弱不堪，集体主义的"国权"经常能够压倒个人主义的"人权"。另一个重要原因在于，中国近代以来受到马克思主义的强烈影响。马克思主义的人权观所争取的主要是一种劳动阶级的人权，或者说是一种"最大多数人的人权"，而政治上的敌对阶级和敌对的"少数"是谈不上有人权的，因为"我们对于反动派和反动阶级的反动行为，决不施仁政。我们仅仅施仁政于人民内部，而不施于人民外部的反动派和反动阶级的反动行为"②。这种特殊主义理论显然是与西方人权的普遍主义有区别，在这种理论指导下，奉行普遍主义的"人权"经常无法抵挡奉行政治特殊主义的"人民权利"。

　　尽管在特殊的历史背景下曾经抵制过西方个人主义和普遍主义的人权观念，但历史的经验教训很快又促使中国人开始自觉拥抱这种西方的人权观念了。计划经济时代全权主义的政府对个人自由的限制，文化大革命时期以人民名义对个人权利肆无忌惮的侵犯，这些都让中国人又一次真正地从内心感到人权观念的可贵，从而开始了逐渐走向全面拥抱这种观念的历史进程。从20世纪80年代初开始，中国政府也逐渐开始了加入国际人权条约的进程，相继批准了《消除对妇女一切形式歧视公约》、《经济、社会和文化权利公约》等国际人权公约；同时，中国也开始了自觉按照国际人权公约的标准改革中国的法律进程。通过几次修改，中国的刑法、刑事诉讼法等法律已经越来越接近人权公约所确立的国际标准。1991年《中国的人权状况》白皮书还宣称"人权"是一个"伟大的名词"，并承认"享有充分的人权，是长

---

① Marina Svensson: *The Chinese Conception of Human Rights*, Lund: Lund University, 1996, p. 155.

② 毛泽东：《毛泽东选集》第 4 卷，人民出版社 1991 年版，第 1476 页。

期以来人类追求的理想"。① 2004 年的宪法修正案则又在文字上进一步明确了"国家尊重和保障人权"的原则。

从中国接受人权观念的历程可以看出，尽管经历了一些曲折，但总体而言，中国人也如同接受其他优秀外来文化一样接受了源于西方的人权观念。改革开放 30 年来，中国不仅在人权观念上，而且还在具体的人权标准和实践上越来越与西方相接近。由此，中国人已经以自己的言论和行动表明，人权也是中国人奉行的价值观念，我们与世界上大多数国家的人一样都共享一个基本相似的人权观念。

当然，正如"预付人权论"与"客观规律论"所表明的那样，人权具有普遍性以及中国人乐于接受受西方文化影响的国际人权标准，并不意味着中国人会立即接受西方提出的所有人权观念或人权标准，更不表明其任何时候都会乐于接受西方对中国提出的人权批评。在西方以人权具有普遍性为由而提出的咄咄逼人的人权批评面前，强调人权的特殊性也开始成为中国人权话语的一个必不可少的部分。

针对人权的"西方话语霸权"，人们惯常拿起的用以反驳的理论武器是"地方主义"。人权地方主义认定人权只是一种具有局部适用性的地方性知识，因此主张西方并没有资格对其他国家的人权状况提出批评。奉行人权地方主义就意味着主张东方与西方要么并不分享同样的人权概念，要么即便分享同样的人权概念，其具体的标准也并不相同。人权普遍主义主张不同群体分享同样的人权观念与标准，因而双方都具有以此价值观评论彼此行为的道德资格；人权地方主义则主张彼此在人权观念和标准方面的差异，从而认定对方并不具有进行人权批评的资格。

人权地方主义可以多种面目出现。"意识形态优越论"就是其中之一。在改革开放前后，中国理论家以传统的马克思主义理论建构自己的地方主义人权理论。根据这种理论，西方的人权是虚伪的，只有社会主义社会的人权才是真实的，社会主义的人权也要比资本主义的人权优越得多。这种观点实际上就是奉行"意识形态地方主义"。它以政治意识形态的区别在实行不同社会制度的中西方社会之间建立起了一堵厚厚的围墙，从而使任何东西方人权的辩论都无法进行下去，因为这个时候，仅有的人权对话也只是双方空洞的隔岸空喊和自说自话。在最极端的情况下，人权的意识形态地方主义甚至从根本上否认人权的观念和价值，将它视为彻头彻尾的资产阶级概念。在这

---

① 《中国的人权状况》，《人民日报》1991 年 11 月 2 日。

种情况下，任何来自西方的人权批评更是不值一提，因为人们根本不认为西方具有进行人权批评的道德资格。人权的意识形态地方主义是在中国隔绝与西方的人权对话的情况下实行的，并且基本上也只有在那种情况下才有可能有效，随着我国实行改革开放，这种建立在意识形态优越感基础上的人权地方主义也就逐渐失去了魅力。

"文化相对论"是另一种人权地方主义。如果说"意识形态优越论"是以意识形态的差异隔断奉行不同意识形态的社会在人权观念上的有效对话，"文化相对论"则是以文化上的差异作为不同人权观念的理由，以文化不可避免的地方性论证人权观念不可避免的特殊性。"文化相对论"最负盛名的表现形式是 1993 年伴随亚洲各政府共同发表的《曼谷宣言》而出现的"亚洲价值观"。人权的"亚洲价值观"认为，亚洲社会所奉行的儒家等文化传统决定了人们不太可能完全奉行西方建立在个人主义基础上的人权观；根据亚洲人的价值观念，秩序、集体利益、经济发展、社会责任都在一定程度上要高于个人权利。① 因此，亚洲国家为了实现这些价值和目标在一定程度上限制个人的权利是合理的，西方将这种限制视为对人权的侵犯并不正当。中国政府在 1993 年并未宣扬这种人权地方主义，然而，从 1991 年中国人权白皮书主张"生存权是中国人民长期争取的首要人权"观点来看，它实际上也在一定程度上支持这种观点。人权的"亚洲价值观"产生的背景是亚洲经济的快速发展以及由此建立起来的文化自信，然而，随着亚洲金融危机的爆发，这种"亚洲价值观"看上去也逐渐偃旗息鼓了。"文化相对论"的一个不足在于，它无法解释具有类似文化传统的国家和地区奉行的人权价值观念会如此不同。同样在儒家文化圈，日本的人权观念与西方差异不大，而中国却时常在人权观念上与西方出现不一致。同样的情形也发生在中国大陆、中国台湾地区以及新加坡这些同属中华文化的区域。

人权地方主义还有一种形式可以称之为"国情特殊论"。人权的"国情特殊论"是笼统地以一个国家的国情的特殊性作为主张人权特殊性的理由。1993 年，在世界人权大会上，中国代表这样谈到：

> 人权概念是历史发展的产物，同一定的社会政治、经济条件，同一个国家特定的历史、文化和观念密切相关。在不同的历史发展时期有不

---

① 有关亚洲价值观的内容，参见信春鹰《亚洲价值观与人权：一场没有结束的对话》，载夏勇编《公法》第 1 卷，法律出版社 1999 年版。

同的人权要求；处于不同发展阶段或具有不同历史传统和文化背景的国家，对人权的理解和实践也会有所差别。①

　　与"意识形态优越论"、"文化相对论"以单一因素的特殊性论证人权的特殊性不同，"国情特殊论"结合了特定社会、政治和经济条件以及特定历史、文化和价值观等构成一个国家国情的所有可能的因素。它意味着人权的观念不仅会因政治、经济和文化的发展阶段和状况而有所不同，而且还会因时、因地而有所差异。由于决定人权特殊性的因素极具多元性，因此，人权的"国情特殊论"也可被视为一种较强烈的人权地方主义。"客观规律论"所说的"权利实现的差序格局"也属这种"国情特殊论"范围，因为它实际上主张，不同的经济发展阶段具有不同的人权要求，人权的实现也应因时因地而异。

　　就人权理论而言，人权的普遍性本身并不排除人权的特殊性。被作为普遍人权规范基础的国际人权公约的规定本身就为具有不同观念和制度的国家根据各自的文化和国情提出解释奠定了基础。例如，《公民权利和政治权利国际公约》第6条有关生命权的条款规定，"在未废除死刑的国家，判处死刑只能是作为对最严重的罪行的惩罚"。对于什么构成"最严重的罪行"，它仅仅是指"暴力犯罪"，还是包括"经济犯罪"在内的所有犯罪类型，公约本身在一定程度上允许各国有自己的理解和解释。从这个意义上说，人权具有地方性或特殊性，具有不同国情和不同文化的国家对人权具有不同的理解和实践既是正当的，也是必然的。

　　然而，问题在于，人权的特殊性与特殊主义或者说地方性与地方主义之间并没有明显的界限，它在很大程度上要取决于评论者的观念和立场。例如，在有关死刑问题上，早就废除死刑的欧洲国家，无论是政府还是普通公众，对于保障生命权所需的死刑适用条件必然会倾向于严格解释。很多人可能很自然地会认为，在经济犯罪领域适用死刑、对死刑没有通过最高法院核准、一个国家存在大量的死刑执行行为本身就是侵犯人权，更有甚者，还会有人根据自己国家的人权观念提出超出国际人权公约要求的主张，即一个国家允许存在死刑制度以及死刑执行行为本身就是粗暴侵犯人权。然而，对于像中国这样国家而言，主张废除贪污、受贿这类犯罪的死刑不仅很难得到公

———————————

　　① 《中国代表团团长刘华秋副部长在世界人权大会上的讲话》，载《外交学院学报》1993年第3期。

众的支持，而且还可能会引起公愤，废除死刑之类的言论更像是奇谈怪论。在这场观念冲突中，中国政府大可以国情特殊性为自己的死刑制度辩护，并且也确实能够博得公众的很大支持，然而，在欧洲的许多政府和公众看来，中国政府所持的国情特殊论却是一种人权地方主义，甚至，中国政府试图以此为本国人权状况寻找借口。客观而论，对死刑持宽松理解的国家在保障生命权这个人权问题上可能会产生更多的问题，然而，这种理解本身是根据自己的文化和国情对于国际人权标准的合理解读，抑或是一种以文化和国情为由忽视乃至否定国际的普遍人权的行为，两者之间并不存在一个明显的界限。

　·这里就涉及由谁来判断某种人权观念或标准是普遍的还是特殊的，是一种合理的地方性还是偏执的地方主义的问题，这是解决人权普遍性或特殊性争论的关键所在。在国际人权斗争中，我们听到的更多声音不是来自西方政府或民众，就是来自中国政府，而中国公众的声音则经常受到不应有的忽视。而对中国人来说，无论是人权的普遍性还是特殊性，最合格、最权威的判断者都应该是中国的公众，因为他们才是享受作为辩论中心的人权的人和最大的利益相关者。人权之所以具有普遍性，原因并不在于西方世界甚至全世界其他地区都奉行这种观念，也不在于中国政府是否批准了国际人权公约，而在于人权确实是一个值得追求的价值，一种值得信仰的政治原则。没有中国人自己对人权的真心认同，从其他任何角度对人权普遍性的论证都可能是脆弱不堪的。同样，对中国人而言，人权特殊性之所以具有特殊性，原因并不在于特意显得要与西方世界有所不同，而在于中国人有权利按照自己目前所具有的观念和意愿进行生活，哪怕这种观念和意愿在西方看来都是不符合国际人权标准的。因此，对于人权普遍性和特殊性问题，光从外在的、客观的角度进行论证是远远不够的，只有从人权享有者自身内在的主观意愿出发，才能在有关人权普遍性和特殊性的辩论中避免出现一谈普遍性就是压制，一谈到特殊性就是逃避责任的局面。

第四节　内部与外部

　　人权既然是一种普适价值，那么从理论上说依据这种价值所进行的人权批评就应该是正当的，而受批评的国家很难完全以一种地方主义的态度对待这种批评。正是依据这种逻辑，西方国家展开了对中国等发展中国家的人权批评。然而，令他们经常感到困惑的是，在西方批评中国的人权状况时，不仅中国政府会奋起反击，而且普通的中国人也经常会觉得反感。在西方发动大规模人权批评之时，即使很多平时热情拥抱普遍人权价值的中国人，也可能会对这种人权批评感到愤愤不平。2008 年奥运火炬传递时西方政府和民众对中国人权进行的所谓抗议活动非但没有博得中国人的同情反而激起了国内外华人的普遍义愤就是一个很好的例子。让很多西方人纳闷的是，既然人权是一种大家都认可的普遍规范，并且他们是为中国人争取人权，中国人有什么理由不欢迎他们对其政府的批评？这种困惑表明，依据人权普遍性进行人权批评的正当性和有效性远比人们通常想象的要复杂得多。

正如前面已经揭示的那样，在政治、经济、文化和发展阶段等方面存在巨大差异的情况下，人权所具有普遍性经常只是一种"单薄"的普遍性，这种普遍性的存在可以保证彼此在使用比较宏大的人权话语进行对话时达成共识，然而，却并不能保证在人权具体的保障制度层面也能如此，即便大部分国家都加入了有关国际人权公约这个事实也无法改变这一点。因此，尽管人权的普遍性意味着所有国家的人都认为生命权不能任意侵犯，但却并不意味着大家对是否废除死刑以及对何种类型的犯罪适用死刑这个问题上能够达成一致。在死刑问题上存在分歧并不仅限于中国和西方，而且也存在于同属西方世界的欧洲和美国以及各国内部。西欧国家尽管普遍加入了有关废除死刑的国际人权公约，但美国则不仅保留了死刑，而且在 2005 年美国联邦最高法院以微弱多数废除未成年人死刑之前一直坚持对未成年人适用死刑。

人权的普遍性也不意味着西方总会关注中国人自己所关注的人权问题，相反它们总是会根据自己的需要和标准来表示自己对中国人权问题的"关心"。我们可以看到，西方会在各种场合热衷于批评中国的死刑问题、政治异议者的权利问题以及西藏人权问题。显然，像死刑和西藏人权问题并不是大多数中国人目前特别关注的人权问题，即使是政治异议者的权利问题，西方政府和媒体的反应也要远比中国人强烈得多。正因为如此，每每会出现西方的人权批评者气势汹汹、声势浩大地批评中国的人权状况，而在中国国内却应者寥寥的情形，在有些情况下，西方的某些人权批评会让中国人莫名惊诧，甚至义愤填膺。

人权的普遍性也不意味着西方的人权批评总会以一种可以让人接受的方式进行。与个人与个人之间的批评一样，在不同的国家之间，中肯温和的批评可能会受到受批评者的认同，至少能得到理解，但尖刻、发泄性和压制性的批评不管是否言之有理，都会激起受批评者的本能反感乃至反抗。不分场合和时间的人权批评和人权施压活动更是会让人觉得不可接受。在大多数中国人看来，2008 年在奥运圣火传递过程中，西方就是在一个错误的场合和错误的时间，就一个错误的问题以一种错误的方式对中国的人权提出批评。对于此种批评，中国人感受到的更多的是西方的无知、狂妄、虚伪和敌意，而几乎感受不到人权本身的力量。

人权的普遍性更不意味着西方人权批评必然会以一种纯粹的善意来行使这种批评的权利，因此在正当性上总是会存在疑问。一个众所周知的事实是，西方的人权外交名为一种价值外交，但实际却经常成为换取他国外交和经济利益的手段；而且这种价值外交也并没有坚定奉行始终如一的人权标准，对于自己的盟国和敌国，西方很明显奉行不同的人权政策。在人权外交和展开对他国的人权批判中西方政府和民众经常表达出来的高高在上的姿态也难免会让受批评者怀疑，西方是真的关心发展中国家的人权，还是想时刻表达自己的道德优越感。总之，西方人权批评中不可避免出现的工具主义倾向使得其真实的动机很难让人不产生怀疑。

在国际人权对话领域，还有一个不可否认的事实是，尽管人权是一种普适价值，凭借这种普适价值，世界各国人民之间都可以对他国的人权状况作出自己的评论，但有关人权的国际争论和斗争却主要发生在作为老牌殖民国家的西方发达国家与曾深受西方殖民和压迫之苦的发展中国家之间，鲜有发展中国家之间出现严重人权对抗的现象，尽管很多发展中国家也实行西方式的政治和经济制度。这种西方国家无法体会的历史伤痛无论如何都会使发展中国家的人民对西方的人权批评更加敏感。在中国的语境下，在面临西方外在压力的场合，"国权压倒人权"口号对大部分中国人而言仍然具有很大的吸引力。

上述这些事实并不是说，西方的人权批评就人权本身的问题而言一定没有道理，也不是说所有批评一定不能得到中国人的热烈响应。问题的关键在于，在中西人权交流这个问题上，目前西方惯常使用的通过抨击和施加外交压力对中国国内人权状况施加影响的方式经常是非常具有压制性的，历史、政治、经济和文化差异的存在很容易使得中国人感受到这种压制性的存在。在交流具有压制性的情况下，即使这种批评是真心出于改善中国人权状况的良好动机，也是不可接受的，因为这经常意味着是对个人和民族尊严的侵犯。人权是个好东西，人们愿意为之奋斗，但无论如何也不能迫使他人接受你认为对他有好处的东西，这就是其中的道理所在。在西方政府或民众并不能也不可能为中国人的生活承担主要责任的情况下，以盛气凌人的语气来对中国人讲人权的普遍性，普遍性就极容易蜕变成为一种压制性的工具，自以为是地代替中国人对人权普遍性作判断就是一种话语霸权，自作主张地为中国人伸张人权也很可能会变成一种伪善。对于中国人而言，西方的人权话语确实具有很大的影响力，但这种影响力只能在中国人自愿接受或认可的情况下发挥作用，一旦西方试图将这种影响力变成一种具有压制性的话语霸权，那也就很可能会导致影响力的停滞甚至终结。由此可见，尽管我们不能说西方的压制性的人权批评对于改善中国的人权状况一定没有作用，但毫无疑问，这种方式即使有作用，那也是以一种带来怨恨的方式起作用，并且很可能还以损害人权自身价值为代价。

当然，西方与中国人权交流的方式并不都是恶意的批评，其中还有善意的对话、建议和援助。近些年来，西方也在通过对话、建议、培训和物质援助的方式影响中国人的人权观念，并且帮助中国逐渐改善涉及人权保障的法律制度，这些方式尽管并非为人所瞩目，但却在一定程度上切实影响了中国人的人权观念和制度，并且对人权价值和西方形象并没有带来什么负面影响。从这个意义上说，中国政府主张在国际人权交流问题上应该用对话代替对抗这个观点并不只是一句托词，因为只有真诚的对话才是西方能够有效在中国发挥其人权影响力的方式。

来自西方的外在批评存在很大问题，但人权的实现不可能离开人权批评，这就提出了不同主体的人权批评问题。从主体看，人权批评可以分为来自社会共同体外部的批评和来自社会共同体内部的批评。如前所述，在现实的世界里，西方对中国提出的外部人权批评无论在其正当性、有效性和可接受性上都非常容易受到质疑，其所带来的对人权价值本身的负面作用也不容低估。例如，对于压制性的外部人权批评，中国政府提出的"国情特殊论"确实可以成为消解西方所谓普遍人权压力的极好工具，因为事实也确实证明，"在不同的历史发展时期有不同的人权要求；处于不同发展阶段或具有不同历史传统和文化背景的国家，对人权的理解和实践也会有所差别"。然而，正如西方批评者早就提出的那样，人权特殊论所带来的相对论不仅对坚持人权价值至关重要的普遍性带来致命的危险，而且很容易成为政府逃避人权责任的极好借口。在政府成为这种主张的倡导者的情况下，更是显得如此，毕竟政府本身也是公众提出人权主张的对象。

外部人权批评所具有的复杂性使得它经常很难正常履行人权批评所能起的健康功能，而来自一个社会共同体内部的人权批评却可以很好地发挥这一作用，并且还能避免前者的消极影响。人权的分歧和争论并不仅仅存在于不同的社会共同体之间，而且也通常广泛存在于社会共同体内部，对于受到外部世界强大影响的社会共同体来说尤其显得如此。而目前的中国也正是这样一个在人权问题上经常具有分歧的社会。在存在内部人权批评的情况下，政府通常以该社会历史发展阶段、历史传统和文化背景等因素为由而提出的人权地方主义，在对抗人权普遍性方面的效力就会受到很大削弱，因为存在内部人权批评者这一点表明，在本国的国情下，也同样存在很多人权要求，包括很多符合西方人权或国际人权标准的要求。在一个社会内部，有关的人权分歧仍然会存在，但这种人权分歧不再具有像国际人权分歧那样的复杂性，因而有关的人权批评也能比较单纯地发挥作用。例如，在社会共同体内部，可能也会有人对国际人权标准具有与西方批评者一样的理解，因此也会对政府在与国际人权标准不符的地方提出人权批评，政府可能仍然会提出内部批评者所持的观点是一种西方观念，并不适合本国的国情。然而，对于本国的批评者，政府无论如何无法否认其具有理解中国国情以及中国人人权观念的道德资格，也无法再以主权作为抵制人权批评的挡箭牌。

　　外部人权批评者也可能提出，如果一个国家内部的人权批评能够发生作用固然不错，但关键的问题是，在一个实行非民主体制的国家，个人并不能自由进行人权批评，因此外部人权批评和压力无论如何都是必要和正当的，有时候甚至是改善该国人权状况的一个主要方式。然而，在实践过程中，这种替天行道的良好愿望仍然很可能只是一相情愿，它并不见得能够得到外部批评者意欲保护的他国人民的认可。就像前面已经阐述的那样，原因在于，外部批评者与内部批评者之间很可能并不分享同样的人权观念和标准，或者两者所关注的人权问题存在很大的差异。进而言之，如果外部批评者与内部批评者分享同样的人权观念和标准，也关注同样的人权问题，外部批评者就一定能够得到内部批评者的认可吗？答案仍然是否定的，因为一个不实行西方式民主的国家的人民尽管很可能不能享有西方那样的批评自由，然而，这并不表示他们就不能对自己的政府提出人权批评，更不意味着不可以以各种方式进行维权斗争，在中国这样转型的国家内部更是具有丰富的内部批评。这种内部批评的存在大大降低了人们对外在干预的需求。而且，生活在不同社会环境下的个人对于政府可能的人权压制行为的容忍程度是不一样的。长期生活在西方民主社会的个人可能绝对无法忍受本国政府类似于外国政府的行为，然而，对于长期生活在非民主体制社会的个人而言，体验很可能并没有那么极端，尽管他们对本国政府在人权保护方面也不太满意，但却不一定会不满到无法容忍乃至于必须立即激烈抗争或揭竿而起的地步，因此他们不一定会完全赞成外部批评者提出的改善人权的药方。更为重要的是，尽管内部批评者在对本国政府进行人权批评时站在了本国政府的对立面，但是毕竟"疏不间亲"，因此，当本国政府面临外部人权批评时，内部批评者基于民族和社会共同体的立场很可能又会转而站在本国政府一边，并且一致对外。这样场景在中国已经不止一次地出现。

外部的人权批评并非全都不正当，也并非全然没有效果。在遭遇诸如政府大规模侵犯人权等场合，外部的人权批评很可能比内部批评更能对一国政府构成有效制约。在外部批评准确而适当的情况下，内部的人权批评者也很可能会热情拥抱来自外部的人权批评和人权压力。然而，无论如何，外部批评是否应当以及能否发挥作用都取决于一个国家内部人民的意愿。外部批评无论如何都不能也无法代替该国内部的人权批评，也无论如何不能代替该国内部的人民对人权状况作出的判断。无论人权观念多么美妙，也无论人权普遍性在理论上多么具有说服力，每个国家的人民都有权按照自己的愿望和节奏接受人权观念、发展人权制度和进行人权斗争。在这个世界还划分为众多主权国家的时代，在各国之间还存在复杂的利害关系和观念偏见的情况下，主张人权主要是一国内部的事务的观点确实绝非只是一句虚言。

在19世纪很长一段时间内，西方的"right"在中国都曾被翻译成"自主之权"，这个翻译确实很传神地表达了权利观所包含的主体性精神。权利的主体性精神意味着权利的实现要尊重权利者的意志，要依靠权利者的充分自觉以及为此而进行奋斗的精神。然而，在国际人权对话中，西方人权批评者在为中国人的人权而努力（假定他们是真诚的）时却经常忘记了这一点。不管人权具有什么样的普遍性，它都是一种"自主之权"，它的实现都要充分尊重权利主体的"自主"。在西方人权批评者为中国人的人权而努力时，如果无视中国人自己的意愿和想法，那么本身就是违背人权观念应该有的自主精神的。中国人人权的实现离不开世界各国人民的帮助和支持，但无论如何，都要依靠自己的力量根据自己的意愿和节奏实现这一点。人权是普遍之权，但也是"自主之权"，这是在国际人权对话中时刻应该记住的箴言。

第三章 民主政治下的为民之道

中国近一个半世纪以来政治和法律历程处在现代化的历史背景之中。时至今日,现代化仍是中国正待完成的事业。按照现行宪法的规定,当前"国家的根本任务是,沿着中国特色社会主义道路,集中力量进行社会主义现代化建设"。无论是政治和法律实践的进路,还是政治和法律理论的发展,只有沿着现代化的历史进程才更能够清楚地辨明方向。

在现代化进程中,一味强调传统方式必定为现代方式所取代,无疑是把传统与现代、民族性与现代性之间的关系过于简单化了。就古今政治或治理实践而言,在政治体制的一些极为关键的方面,诸如君主、君权等传统形式的确需要向民主、民权等现代形式转变,但这并不意味着政制之外的其他传统因素也因之完全消解或被取代。从历史上看,古代的政治或治理实践,有为民之"道",有干臣之"治",但在君主专制之"政"上表现出严重不足。弥补和克服君主"政"制这一传统不足是现代化努力寻求的方向,但为民之"道"、能人之"治"在此过程中并不因此变得毫无现实意义。

在传统方式与现代方式之间的关系处理上,更为合理的思路在于,在现代方式的主导下,容纳并发挥传统方式的长处;而不是在传统方式的主导下,容纳并发挥现代方式的长处。现代方式的主导在政治体制层面表现为民主,在价值理念层面表现为民权。以现代方式为主导,主要是以民主政治为主导,以尊重和保障人权为主导。与此相应,传统方式中要革除的关键在于政权为君主私有独掌的君主专制,要容纳并发挥的长处在于"民惟邦本"的为民治道。传统的为民治道在"邦"与"民"之间构筑了一层道德意义深厚的合作和关怀关系,这不同于简单外在的契约和交换关系。如果说,基于民主和民权而构筑起来的现代政治体制在国家与公民的关系上多表现为相持和对峙,那么,在民主政治体制中融入传统的为民治道,则可以在政治和治理实践中为国家与公民的关系注入必要的道德意蕴,也可以弥补现代治理中形式主义之不足。按照这样一种思路,在政治、行政及其关系上,民主政治下的为民之道、价值主导下的治理逻辑、程序机制下的服务意识,应当成为一种可取的发展方向。

基于这样一种认识，本章选取民主与合法性、价值与逻辑、实质与程序这三对范畴来分析现代社会中政治、行政及其关系。在现代化进程中正确妥善地处理民主与合法性、价值与逻辑、实质与程序这三对范畴中的任何一对关系，无论是对政党执政，还是对政府行政，都具有十分重要的现实意义。本章的基本看法是，民主政制是现代治理的基本政治前提，在民主政治的前提下，仍应通过在政治和行政过程中贯彻为民之道来不断维护和获得合法性；价值是逻辑的前提，注重现实社会事务的处理和现实社会问题解决的行政逻辑必须处在尊重和保障人权的行政价值主导下，尤其要克服和避免基于社会功利的行政逻辑吞噬人的价值、践踏人的尊严；此外，在实质和程序之间的关系上，也不能单纯地注重实质或者单纯地发展程序，在对行政权力的约束方面，应当充分发挥法律程序的作用，而在对社会大众的服务方面，则应当尽力朝实质正义方向努力，克服程序所致的行政无效。就主旨而言，本章选取民主与合法性、价值与逻辑、实质与程序这三对范畴展开讨论，大致也可以说是试图从政治、道德和法律这三个方面来对政治、行政及其关系作一种分析。

第一节　民主与合法性

无论是在古代，还是在现代，国家政治中都包含着两个基本的权力要素，一是政权，二是治权。① 政权是国家政治权力的形式渊源之所在，治权则是由政权派生出来并用以维护政权的权力。从政治意志的角度讲，政权可谓形成和表达政治意志的权力，治权则可谓贯彻和执行政治意志的权力。②

---

① 孙中山提到，国家政治包含政权和治权两大权力，人民掌握政权谓之民权或人民权，政府治理国务谓之治权或政府权，其中，民权亦是管理政府的权力。他说："政治两字的意思，浅而言之，政就是众人之事，治就是管理，管理众人的事便是政治。有管理众人之事的力量，便是政权。今以人民管理政事，便叫做民权。""政是众人之事，集合众人之事的大力量，便叫做政权；政权就可以说是民权。治是管理众人之事，集合管理众人之事的大力量，便叫做治权；治权就可以说是政府权。所以政治之中，包含两个力量：一个是政权，一个是治权。这两个力量，一个是管理政府的力量，一个是政府自身的力量。""政权，就是人民权……治权，就是政府权。人民要怎么样管理政府，就是实行选举权、罢免权、创制权和复决权；政府要怎么样替人民做工夫，就是实行行政权、立法权、司法权、考试权和监察权。有了这九个权，彼此保持平衡，民权问题才算是真解决，政治才算有轨道。"见孙中山《孙中山选集》，人民出版社 1981 年第 2 版，第 692—693、791—794、798—799 页。

② 参见〔美〕古德诺《政治与行政》，王元译，华夏出版社 1987 年版，第 15—16、21、41 页。

在中国几千年的历史上，政治的发展在具体形态上大致经历了封建贵族政治、君主专制政治和人民民主政治三个阶段。这三种具体的政治形态，都同时包含了政权要素和治权要素。在政权上，先秦的封建贵族政治由封建贵族辅助君王掌握政权，自秦开始的君主专制政治由皇帝独掌政权，人民民主政治则由人民掌握政权。在治权上，三种政治形态都有用以支持政权存续的行政体制、行政官僚和行政活动。

从历史上看，国家政治中的政权与治权，或者政治与行政这两个要素是休戚相关的。一般而言，政权与治权紧密结合在一起，治权从属于政权，治权的行使旨在维护和支持政权，它关系到政权的兴衰。① 在这一点上，古今政治是一致的。也就是说，无论是古代的封建贵族政治、君主专制政治，还是现代的民主政治，都存在一套通过治权来维护和巩固政权的方式、方法和途径。这样一套方式、方法和途径，可以通称为维护和巩固政权的合法性路径。

"合法性"（legitimacy/legitimation）是一个用以说明某种权力或统治秩序在政治上获得民众认同并由此被民众接受从而得以存续的那些基础的概念。② 韦伯（Max Weber）在他的政治社会学中专门讨论了这一概念。韦伯注意到，"任何权力，甚至任何生存利益，通常都有使自身正当化的明显需要"，"在技术意义上，任何统治的持续运行总是具有通过诉诸其合法性原则来使自身正当化的那种强烈无比的需要"。③ 有鉴于此，韦伯归纳和区分了历史上三种类型的统治合法性。在韦伯看来，发号施令的权力既可以"理性规则"为基础，也可以"个人权威"为基础。在前一场合，发号施令的权力的合法性建立在理性规则的基础上，权力通过理性规则体系而不是通

---

① 韦伯曾以统治（domination）和行政（administration）来说明两者的关系。他认为："任何统治，既通过行政来表现自己，也通过行政来发挥作用。另一方面，任何行政都需要统治，因为，某些发号施令的权力总是必须掌握在某个人手中。" Max Weber, *Max Weber on Law in Economy and Society*, Cambridge, MA: Harvard University Press, 1954, p. 330.

② "合法性指涉这样一个过程，即权力不仅被制度化，而且，更重要的是，权力被赋予道德基础。" Gordon Marshall（ed）, *A Dictionary of Sociology*, Oxford and New York: Oxford University Press, 1998, p. 363. 在哈贝马斯看来，合法性指的是某种政治秩序或政治制度赢得承认、受到尊重。他说："任何一种政治制度，如果它不抓住合法性，那么它就不可能永久地保持住群众（对它所持有的）忠诚心，这也就是说，就无法永久地保持住它的成员们紧紧地跟随它前进。"转见欧力同、张伟《法兰克福学派研究》，重庆出版社1990年版，第339—340页。

③ Max Weber, *Max Weber on Law in Economy and Society*, Cambridge, MA: Harvard University Press, 1954, pp. 335, 336.

过人而被合法化，只要其权力的行使与规范一致，它就具有合法性。在后一场合，发号施令的权力的合法性要么建立在传统的神圣性基础上，权力因为历来如此的习惯和传统而被合法化；要么建立在对魅力或卡理斯玛（charisma）的信仰的基础上，权力因为源于某位救世主、先知或英雄而被合法化。① 在韦伯所归纳和区分的这三种统治合法性中，存在着现代与前现代之分。质言之，包括民主政治在内的现代统治的合法性主要通过法制来获得，而前现代统治的合法性则主要通过传统或魅力来获得。

"合法性"概念的关键在于政治认同，或者更为精确地讲，在于民众对政治权力的心理认同。通常，获得民众心理认同的政治权力，是容易被民众接受为正统、正当并且容易被人们服从的权力，因而是合法性权力。反之，难以或者不能成为合法性权力而容易遭受反抗或推翻。民众对政治权力的心理认同，既与政治权力和统治建立之初的正统性相关，也与政治权力和统治在治理过程中所显现出的正当性紧密联系。起初具有正统性的政治权力和统治，如果在治理过程中表现出草菅民命、掠夺民财、违背民意的严重非正义性、非正当性，也会丧失合法性；起初不具有正统性的政治权力和统治，如果经过一段持续的治理能够显现出正义性、正当性从而获得民众认同，也会获得合法性。一般而言，如果多数民众在心理上不能接受或者不再认同政治权力的正当性或正统性，那么，政治权力或权力统治就会在政治上出现合法性危机，直至走向衰亡，正所谓"天下归之之谓王，天下去之之谓亡"。② 无论是在现代民主政治下，还是在非民主政治下，这一点都是有效的。它称得上古今政治的一个通则。

民众在心理上何以接受或认同政治权力，或者，如何让民众在心理上接受或认同政治权力，这是延续政治统治和权力治理首先要考虑的基本问题。可以说，统治或政治权力与民众心理之间的交流沟通渠道是古今政治中的一个十分关键的环节。从历史上看，其间的交流沟通过程并不只有一种因素起

---

① Max Weber, *Max Weber on Law in Economy and Society*, Cambridge, MA: Harvard University Press, 1954, p. 336. 韦伯提到的三种合法性可以分别用三种话语来说明。传统合法性的代表性话语是："我的父亲是国王（或恺撒、哈里发、可汗、土邦主或酋长）。因此，我现在就是国王，你们必须服从我。"魅力合法性的代表性话语是："上帝（或'历史'，或'民族精神'）的旨意让我成为你们的领袖，因此你们必须服从我。"法制合法性的代表性话语是："我是根据合法的、符合宪法的程序当选为总统的，因此，你们必须服从我（至少你们必须服从合法的、符合宪法的命令）。"见〔美〕希尔斯曼《美国是如何治理的》，曹大鹏译，商务印书馆1986年版，第13页。

② 《荀子·正论》。

作用。或者说，民众对统治或政治权力的心理接受或认同过程是一个多种因素起作用的综合过程。这一过程既涉及政治和治理的方法和手段问题，也涉及政治和治理的价值和理性问题。韦伯对三种统治合法性的区分，其实只是从"理性规则"和"个人权威"两个方面对统治或政治权力与民众心理之间的交流沟通渠道作了历史把握。在韦伯基于这两个方面而提到的传统、魅力和……法制之外，统治合法性还与其他很多因素联系在一起。例如，有学者指出：

> 　　王道政治的外王理想……以"天下归往的为民思想"来确立政治秩序合法性的民意基础、以"法天而王的天人思想"来确立政治秩序合法性的超越基础、以"大一统的尊王思想"来确立政治秩序合法性的文化基础。无论古今中外，凡政治秩序欲合法，必同时具有此三重合法性的基础，即必同时具有民意（世俗）、超越（神圣）、文化（传统）的合法性基础，缺一必不能合法。①

　　这是沿着中国古代政治的内在理路对统治合法性所作的一种不同于韦伯理论的归结，而且前现代的意味较为浓厚。应该说，无论是传统、魅力和法制，还是神圣、文化和民意，都把握住了统治合法性的某些重要方面，但尚不足以涵盖统治合法性的全部因素。

　　就政治权力的持久运行需要获得民众认同感而言，任何统治都必定存在着使政治权力合法化的方式和途径。这些方式和途径在历史的不同时期往往

---

　　① 蒋庆：《政治儒学：当代儒学的转向、特质与发展》，三联书店 2003 年版，第 210、202—209 页，着重号省略。蒋庆认为，公羊学家所谓"王道通三，参通天地人为王"，"以一贯三为王"是从天（超越神圣）、地（历史文化）、人（人心民意）三个方面讲治理国家的三重合法性。此外，《中庸》也涉及这"三重合法性"。《中庸》所谓"建诸天地而不悖，质诸鬼神而无疑"，指的是超越神圣的合法性；所谓"考诸三王而不谬，百世以俟圣人而不惑"，指的是历史文化的合法性；所谓"本诸身，征诸庶民"，指的是人心民意的合法性。在蒋庆看来，"合法性问题是要解决政治秩序的长期稳定和谐问题，用中国的话说，是要解决统治秩序的长治久安问题，而这种长治久安又必须是合情合理合法合道的长治久安，而不是建立暴力威慑下的长治久安"；"解决合法性问题并不是无条件地为现实政权或统治者辩护或服务，恰恰相反，而是以合法性为标准来要求或者说规范政治权力，使政治权力符合天道、民意与历史文化的要求，所以合法性实质上就是对政治权力进行最高的审视与评判，是批判政治权力的非常严厉的标准。当然，一个政权能符合'三重合法性'的标准，得到天心、民心、历史文化之心的认同，人们把服从政权看成自己应尽的义务，能够带来政治秩序的长治久安，所以说合法性为统治者服务也未尝不可"。参见蒋庆《王道政治的特质、历史与展望》，http：//www. xschina. org。

表现出不同的形式，并随着时代和社会的发展而发生变化。例如，周代通过立子立嫡之制、天子诸侯庙数之制、同姓不婚之制等纲纪天下而成大一统规模；① 秦代"一法度衡石丈尺，车同轨，书同文字"，"法令出一……别黑白而定一尊……史官非秦记者皆烧之"；② 汉代"罢黜百家，表章六经"，③ 其实都可谓维护统治合法性的方式和途径。在统治或政治权力与民众心理之间的交流沟通过程中，这些方式和方法虽然都以一定的政治和军事力量为后盾，但它们并不简单地诉诸暴力或镇压，而是巧妙、隐蔽地利用了一些政治方法，甚至融合智慧和道德于其间。概括而言，这些方式、方法和途径主要发生在政权和治权两个层面，都旨在维护和巩固政权。在政权层面，古代有所谓"受命于天"的观念，也有长期流传的世袭制度；现代则有所谓"主权在民"的观念，也有竞选执政的制度。无论是王位世袭，还是竞选执政，政权在形式上都得以平稳移转和延续。在治权层面，存在着包括道德、文化、经济、法律、技术等在内的多种维护和巩固政权的方式、方法和途径。道德、文化、经济、法律、技术等因素在治理活动中能够同时对统治或政治权力与民众心理发生作用。对民众表现出仁慈爱护、意识形态方面的教化和渗透、改善民众的物质生活条件、以统一的形式规则而不是任意的个人意志进行治理、通过科技对民众予以精微而难以察觉的管理，等等，都能够在增进民众生存和生活状况从而让民众接受或认同统治或政治权力的同时，维护和巩固政治统治，以此增强统治或政治权力的合法性。历史地看，在古代政治中，道德和文化对于维护和巩固政权起到了重要作用；在现代政治中，经济、法律、技术对于巩固和维护政权所起作用越来越强，也越来越重要。④

　　不过，由于合法性路径只着眼于政权的维护和巩固，而不考虑政权的性

---

　　① 王国维认为，周代"制度文物与其立制之本意，乃出于万世治安之大计"。在他看来，立子立嫡之制、天子诸侯庙数之制以及同姓不婚之制，是周代的"一统之策"、"安国家、定民人之大计"、"为政之精髓"、"治天下之精义大法"。见王国维《殷周制度论》，载《观堂集林》卷十。

　　② 《史记·秦始皇本纪》。

　　③ 《汉书·武帝纪》。

　　④ Cf. Michel Foucault, "Governmentality", in Graham Burchell, Colin Gordon and Peter Miller (eds), *The Foucault Effect：Studies in Governmental Rationality*, London：Harvester Wheatsheaf, 1991, pp. 87—104. 关于中国历史上的政治合法性观念，可参见张端穗《天与人归——中国思想史中政治权威合法性的观念》，载刘岱总主编《中国文化新论·思想篇·理想与现实》，三联书店1991年版，第97—155页。在该文中，作者指出，"政府寻求合法性是普遍的历史现象。合法性的观念在世界最古的文明中就已存在"；"千百年来，中国人民一直被认定是呵护教养的对象，而不是掌握权力的主人。在这种情况下，政治权威的来源自然不得不诉诸道德性的超自然了"。

质，这一路径可能在政治价值上表现出缺失或偏颇，在政治实践中表现出危及人民安定生活的弊病。价值缺失或偏颇主要表现在，虽然民众的生存和生活状况可以通过合法性路径得以改善，但增进民众生存和生活状况可能并非合法性路径的真实目的，而只是维护和巩固政治统治这一真实目的的一个附加条件或附带结果。例如，在《君主论》这部专门用以巩固君主权力的著作中，马基雅维里也劝谏君主要维护大多数人的财产和体面，认为"使人民获得满足，心情畅快……这是君主所必须做的最重要的事情之一"，但是，从字里行间，可以明显感觉到，君主要如此做的真实目的并不在于人民的福祉，而只在于君权的维护和巩固，所以，马基雅维里主张，"对人民应当爱抚，要不然就应当把他们消灭掉"，"损害行为应该一下子干完，以便人民少受一些损害，他们的积怨就少些；而恩惠应该是一点儿一点儿地赐予，以便人民能够更好地品尝恩惠的滋味"。① 这样一种以人民为手段来维护和巩固政权的方式有违基本的人类价值，其政治有效性不足以用来论证其价值正当性。此外，由于合法性路径在价值上的缺失或偏颇，它也可能被利用来把民众卷入到某些非理性的极端活动中去。例如，"纯洁血统和种族"理论就被希特勒利用来煽动群众情感发起战争，大肆屠杀其他种族。② 通常，合法性包含有正当的因素，但在既定的政治统治体制下，合法性路径中的正当因素可能因为其群体性或部分性而不具有普遍性和持久性，也可能在对民众的误导或意识形态渗透中被利用来麻痹民众的神经，削减民众的斗志，或者服务于不正当的、非理性的目的。

　　具体就中国而言，传统社会的"民本"政治③在价值上也存在不足。虽然历朝历代都不乏"民惟邦本"、"视民如伤"④、"以民为本"⑤、"治以亲民

---

　　① ［意］马基雅维里：《君主论》，潘汉典译，商务印书馆1985年版，第9、43—44、87、90页。

　　② 希特勒强调不能靠论证、证据和知识来赢得群众，只能靠感情和信仰，因此，他利用群众情感来鼓动战争。他说："我们进行战争的目的是崇高的、威力无比的，是人们能接受的，它是我们民族的自由和独立，我们未来的生活食品以及我们民族荣誉的保证。"参见［奥］赖希《法西斯主义群众心理学》，张峰译，重庆出版社1990年版，第67—74页。

　　③ 在一些学者看来，民本与民主是对立的，本章并不如此认为。本章以为，民主和民本是分别处在"政"和"治"两个层面的概念。就"政"这一层面而言，民主的对立面是君主；而就"治"的层面而言，无论是在民主政制下，还是在君主政制下，都可能存在民本政治，这是一种通过治理获取合法性以巩固政权的政治或行政活动。民主政制的建立和完善并不必定消解民本政治，而在现代条件下，民本政治也能为民主政制注入必要的道德意蕴。

　　④ 《左传·哀公元年》。

　　⑤ 《晏子春秋·内篇问下》。

为要"① 等主张，在政治实践中很大程度上也确实贯彻了为民之道，但就"天下为家"②、政权为君主私掌、为民实旨在于为君而言，传统的"民本"政治在价值上是不彻底、不完备的，而且，事实上反倒成为赋予君权统治以合法性的政治形式。一如梁启超所说：

> 既以国家为彼一姓之私产，于是凡百经营，凡百措置，皆为保护己之私产而设，此实中国数千年政术之总根源也!③

应该看到，中国传统"民本"政治中"民惟邦本"、"以民为本"的为民取向，无论是在政治价值还是在政治实践上都是不乏积极意义的，而且，这种传统的为民取向在现代政治和行政中也是不可或缺的，但是，由于政权只为君所私有，而不为民所公有，传统"民本"政治中的为民取向只作为"政术"存在，而且，最终也难以弥合君民在政权上的裂隙。换言之，虽然为民之道为君民提供了合力，但君民在政权上的分裂同时为君民带来了张力。因此，在中国历史上，当民族遭受外敌入侵、处于危亡之时，民众同仇敌忾者有之，趁外侵而起内乱者有之，既仇外敌又起内乱者亦有之；又当统治遭到政变、分裂、天灾等的冲击之时，人民暴动相应而起时而有之。可以说，只着意于政权的巩固和维护，而不着意于政权的性质，不着意于消除统治者与人民在政权上的裂隙，不着意于政权的民主性，这是中国传统的合法性路径的重要不足之所在。因为这一缺陷，传统"民本"政治未能上升到更为完备的"民主"、"民权"高度。一如学者所指出的：

> 民本是政治合法性的最高尺度，也是民众的权利主体资格和政治权利诉求的终极凭借。不过，总的来说，传统的民本学说里还缺乏明确的作为制度操作概念的民权，只有作为起义暴动之动力的非制度、非程序的民权。④

更为明显而严重的是，因为缺乏政权的民主性和公共性，政权以革命方

---

① 《学治臆说》卷上。《大学》开篇即称，"大学之道，在明明德，在亲民，在止于至善"。
② 《礼记·礼运》：　"大道之行也，天下为公。……是谓大同。……大道既隐，天下为家。……是谓小康。"
③ 梁启超：《中国积弱溯源论》，载《饮冰室合集》文集之五。
④ 夏勇：《中国民权哲学》，三联书店 2004 年版，第 18 页。引文着重号省略。

式发生更迭成了中国古代历史上一个经常出现的规律现象。虽然历代统治者总有人抱有"二世三世至于万世，传之无穷"①的愿望，而且，依靠一些才干之臣的治理也能够在一定时期内维护甚至是"无道"的政局，②但是，由于政权一直为一人一家所独掌私有，历朝历代的政权总是可以打、可以夺，政治和社会因此也一直在治乱循环、王朝兴替中绕来转去。古代先贤对于中国历史上的这样一种现象及其后果多有察觉。例如，孟子注意到：

> 天下之生，久矣一治一乱！当尧之时，水逆行，泛滥于中国，蛇龙居之，民无所定，下者为巢，上者为营窟。《书》曰："洚水警余。"洚水者，洪水也。使禹治之。禹掘地而注之海，驱蛇龙而放之菹，水由地中行，江淮河汉是也。险阻既远，鸟兽之害人者消，然后人得平土而居之。尧舜既没，圣人之道衰。暴君代作，坏宫室以为污池，民无所安息，弃田以为园囿，使民不得衣食；邪说暴行又作，园囿污池沛泽多而禽兽至。及纣之身，天下又大乱。周公相武王，诛纣伐奄，三年讨其君，驱飞廉于海隅而戮之，灭国者五十，驱虎豹犀象而远之，天下大悦。③

王夫之在《读通鉴论》中也更为明确地提到：

> 自成汤以征诛而有天下，而垂其绪于汉之灭秦；自曹丕伪为禅以篡天下，而垂及于宋之夺周。成汤秉大正而惧后世之口实，以其动之相仍不已也，而汉果起匹夫而为天子。若夫曹丕之篡，则王莽先之矣，莽速败而机动不止者六百余年，天下之势，一离一合，则三国之割裂始之，亦垂及于五代之瓜分而后止。金元之入窃也，沙陀及掾臬难先之也，不一再传之割据耳，乃亘五百余年而不息，愈趋愈下，又恶知其所终哉？

---

① 《史记·秦始皇本纪》。
② 《论语·宪问》上说："子言卫灵公之无道也。康子曰：'夫如是，奚而不丧？'孔子曰：'仲叔圉治宾客，祝鮀治宗庙，王孙贾治军旅。夫如是，奚其丧？'"这段话大致透露出，在中国古代政治或治理中，民主之"政"是缺乏的，君主之"道"是或有或无的，干臣之"治"则是相对比较普遍的。就"道"、"政"、"治"三者之间的关系而言，虽然干臣之"治"能够在一定程度上维护哪怕是"无道"的政局，但从长远看，由于缺乏民主之"政"，君主专制下的"道"和"治"尚不足以确保长久太平。
③ 《孟子·滕文公下》。

夫乘唐高之势，乘唐高之义，以行伐暴救民之事，唐高父子固有其心矣，而终莫能更弦改辙也，数未极也。非圣人之兴，则俟之天运之复。王莽、沙陀之区区者，乃以移数百年之气运而流不可止。自非圣人崛起，以至仁大义立千年之人极，何足以制其狂流哉？[①]

抛开自然生态恶化不论，就社会制度而言，孟子所谓的"一治一乱"和王夫之所谓的"一离一合"有一个共同的根源，即"私天下"：政权为一人、一家、一姓、一族所私有，而不为天下人所共有。因为这一历史原因，即使有统治者怀抱"伐暴救民"的志愿，也有统治者以履冰临渊的态度谨慎施行仁政，到最终也不免王朝翻覆"动之相仍"、"机动不止"的历史结局，无法做到万世太平。对于这样一种历史现象，王夫之虽然已经明显感到了"立千年之人极"使之终结的必要性，但其具体思路和解决方案并不明确，在当时的历史条件下还达不到民主的高度。

1945 年，黄炎培在延安与毛泽东的一次谈话中从另一方面再次提到了这一历史现象。黄炎培说：

> 我生六十多年，耳闻的不说，所亲眼看到的，真所谓"其兴也浡焉"，"其亡也忽焉"，一人，一家，一团体，一地方，乃至一国，不少单位都没有能跳出这周期率的支配力。大凡初时聚精会神，没有一事不用心，没有一人不卖力，也许那时艰难困苦，只有从万死中觅取一生。既而环境渐渐好转了，精神也就渐渐放下了。有的因为历时长久，自然地惰性发作，由少数演为多数，到风气养成，虽有大力，无法扭转，并且无法补救。也有为了区域一步步扩大了，它的扩大，有的出于自然发展，有的为功业欲所驱使，强求发展，到干部人才渐见竭蹶，艰于应付的时候，环境倒越加复杂起来了，控制力不免趋于薄弱了。一部历史，"政怠宦成"的也有，"人亡政息"的也有，"求荣取辱"的也有。总之没有能跳出这周期率。我是希望找出一条新路，来跳出这周期率的支配。[②]

黄炎培的这段话主要从当事人或治理者的内在方面揭示了历史上"一

---

① 王夫之：《读通鉴论》，中华书局 1975 年版，第 565 页。
② 黄炎培：《延安归来》，国讯书店 1945 年版，第 64—65 页。

人，一家，一团体，一地方，乃至一国"的兴亡"周期率"。其所涉及的历史问题在小的方面包含了"君子之泽，五世而斩；小人之泽，五世而斩"①的周期现象，在大的方面也包含了"其人存则其政举，其人亡则其政息"②的规律现象。从国家这一大的方面来看，中国古代历史似乎反复受到了一种宿命的支配作用，从而表现出治乱相循、离合相续、兴亡相仍的现象。愈往近代，摆脱这种历史宿命的使命感就愈是迫切，思路也愈是明确。据说，对于黄炎培所提到的问题，毛泽东是这样回应的：

> 我们已经找到新路，我们能跳出这个周期率。这条新路，就是民主。只有让人民来监督政府，政府才不敢松懈。只有人人起来负责，才不会人亡政息。③

毛泽东的回应无疑直接触及了"民主"对于政权持久稳固至为关键的积极意义。在民主政治下，"天下"和政权不再是属于一人、一家、一族、一团体的私物，因而在国家层面也就无所谓政权翻覆。有了民主，王夫之所谓的"立千年之人极……以制其狂流"也就有了可行的方向。

按照通常的说法，民主意味着人民当家做主。当家是当"政"的家，做主是做"权"的主，说到底，人民当家做主就是人民主掌政权。从历史经验看，民主首先是一个以理性方式处理政权、治权和人民三者之间关系，以保证人民主掌政权的概念。民主要求全体人民主掌政权，而由众多分散的个人所组成的人民持续主掌政权必须具备一定的理性形式。民主政治是理性政治，而不是无政府的政治，也不是抛开一切制度形式的政治。无政府的、抛开一切制度形式的非理性政治运行方式只会带来政治动荡和社会混乱，这不是民主政治所希望的景象。一般而言，实现民主的理性形式主要表现为一套能够充分体现人的主体精神和人民的主体地位，并依循人民的权益和意愿而运行的国家政制。这套政制能够按照人民的意愿形成和表达政治意志，也能够确保这些意志在执行中得到切实遵守。通过这样一套政制，现代民主政治保证政权掌握在全体人民的手中，从而在制度上解决中国传统社会长期不得解决的政权的民主性和公共性问题，使政治得以平稳持续展开。

---

① 《孟子·离娄下》。
② 《中庸》。
③ 黄炎培：《延安归来》，国讯书店 1945 年版，第 65 页。

相对传统社会的治理而言，民主政治是对"私天下"和君主专制政治的终结，它在政权的人民性和公共性上克服了中国传统"民本"政治的合法性路径之不足。比较来看，民主政治与传统社会化的君主专制政治有两点最根本的区别。第一，在性质上，民主政治与君主专制政治表现出"公天下"与"私天下"之别。君主专制政治是"天下为家"的政治，是"天下为客，君为主"的政治，民主政治则是"天下为公"的政治，是"天下为主，君为客"乃至没有君主的政治。① "天下为家"的君主政治以天下人来养护一人或一个家族，"天下为公"的民主政治则以天下人来养护天下人。第二，在政权上，与性质相联系，民主政治与君主专制政治表现出可夺与不可夺之别。在君主专制政治下，由于政权是为一人或一家族所独有的具体物件，小到布衣，大到王侯，都可以通过流血斗争夺取政权；而在民主政治下，政权成为天下人所共有、所赖以共同寄居的公共形式，由于它不再为具体个人或家族所独有，小到个人，大到团体，都不再通过流血斗争谋求政权，而是通过公共的制度形式或理性方式来参与政治，一起维护共同的政权。质言之，与君主专制政治相比，民主政治不是以君主、一家、一族为主体，而是以人民为主体的政治，其广泛而普遍的公众基础为政权的平稳固定提供了政治保证。可以说，政权的公共性或人民性是民主政治的精义所在，通过"公天下"或政权的公共性，民主政治使得政权成了非个人化的、非家族化的一般公共形式，政权由此可以长久稳固下去，国民由此也免除了不断革命、起义、流血斗争、社会混乱之苦。②

总起来看，合法性是古今政治中维护和巩固政权的基本路径，民主则是让政权为人民所共有并使政治得以平稳铺展的现代理性方式。就民主也能带来正统性和正当性而言，民主与合法性有相通之处，因此，一些学者倾向于把民主也视为一种合法性路径，或者视为合法性道路的一个要素。然而，在非民主的政制下，也存在合法性路径，即使在君主专制政治下，也有其行之有效的用以巩固和维护君权的方式和方法，就此而言，合法性政治并不必定就是民主政治。民主实际上决定着合法性道路的性质和方向，并不能简单地将其涵括到合法性道路之中。在现代政治背景下，合法性与民主应该紧密结合起来。就中国历史而言，合法性政治如果不在民主前提下展开，不仅会导

---

① 参见黄宗羲《明夷待访录·原君》。

② 参见牟宗三《政道与治道》，载《牟宗三先生全集》第10卷，台北联经出版事业公司2003年版。

致价值上的缺失或偏颇，也会在政治实践上带来治乱相循、不断革命的政治弊病。因此，就政治与行政之关系而言，现代政党为人民执掌政权，应该在民主政治的基本格局下，沿着不断在政治和行政实践中获得合法性的方向努力。具体而言，把民主与合法性结合起来，做到政党在人民当家做主的政治前提下为人民执政，政府按照"为民"的要求行政，依照法律管理和解决人民在生产和生活中的各种事务，这是正确处理好政党、执政、行政、人民之间关系的可取途径。

第二节　价值与逻辑

如果说，民主政治是对传统社会的合法性路径在"政"上不足的弥补，那么，在民主政制的建立和完善过程中，与之相应的"道"也必须作为政治和行政导向被树立起来。就此而言，现代化不仅包含一个民主政制的建构过程，也包含一个与之相应的新旧价值的转换或更替过程。如同民主政治并不必定消解合法性路径一样，新旧价值的转换或更替过程未必是传统价值的完全消解过程，而更可能、也更应该是在古今中外历史实践中具有时空穿透力的普遍价值的张扬过程。在民主政制的建构过程中树立和张扬价值，所要解决的既是政治和行政的道德基础问题，也是政治和行政的正义论问题。

价值，在一些法理学著作中并不是一个被清晰界定的概念。在论及"法的价值"时，很多法理学著作，包括一些专门研究"法的价值"的论著，通常把"秩序"、"效率"等如同"正义"、"自由"一样视为"法的价值"。实际上，"秩序"、"效率"等与"正义"、"自由"存在着重要区别。此种区别在罗尔斯的《正义论》中表现得尤为明显。在《正义论》的开篇，罗尔斯开门见山地提到：

> 正义是社会制度的首要价值，正像真理是思想体系的首要价值一样。……每个人都拥有一种基于正义的不可侵犯性，这种不可侵犯性即使以社会整体利益之名也不能逾越。因此，正义否认为了一些人分享更大利益而剥夺另一些人的自由是正当的，不承认许多人享有的较大利益能绰绰有余地补偿强加于少数人的牺牲。所以，在一个正义的社会里，平等的公民自由是确定不移的，由正义所保障的权利决不受制于政治的交易或社会利益的权衡。……作为人类活动的首要价值，真理和正义是

决不妥协的。①

　　从这样一段关于"正义"的态度坚决、语气强硬的话中，可以明显地感受到价值与"秩序"、"效率"之间的巨大张力，也可以察觉到道德价值与社会功利之间的紧张关系。按照罗尔斯提到的这种价值意味极其浓厚的"正义论"，"秩序"、"效率"很可能成为价值实现的障碍，而不是价值本身，因为对人的高压恐吓也可以形成秩序、对人的残酷压榨也可能带来效率。就此而言，秩序和效率在通常的情况下虽然对于社会的存续是有用的、重要的，但对秩序和效率的追求必须始终立足于价值或人本身，否则，脱离价值的秩序和效率很有可能导致重视整体而忽视个体、重视物而不重视人的后果。其实，一些法理学著作已经注意到自由与秩序、正义与效率之间的矛盾，并且时常将这种矛盾表述为"法的价值冲突"。在此表述中，道德价值与社会功利之间的重要不同仍然没有被辨别清楚。诸如自由与秩序之间的紧张关系，与其称之为价值冲突，不如更为精确地称之为道德价值与功利目标的冲突。虽然价值与功利都能给人带来用处和好处，但是，在一些情况下，功利的实现有可能违背乃至侵犯普遍价值，成为不利于普遍价值实现的障碍。价值与功利的不同在《正义论》开篇的那段话中表现为基于功利的考虑在保护一部分人的权益的同时侵犯另一部分人的权益，在理论上则集中表现为康德的道德哲学与边沁的功利主义的对立。所谓价值，在罗尔斯那里，是每个人基于正义所拥有的不可侵犯性。用康德的话说，价值所涉及的是任何时候都要把人当作目的而不是仅仅当作手段这样一条"绝对命令"。用马克思的话说，价值所要表明的是"人的根本就是人本身"这样一种基本立场。相对而言，价值是普遍的、彻底的，而功利则是部分的、不彻底的。因为功利的部分性和不彻底性，在很大程度上，能够为一部分人带来好处的功利时常也面临着由价值审视所带来的道德张力。这在古代主要表现为"义"与"利"的冲突，在现代主要表现为人权的普遍价值与社会的部分功利之间的矛盾。由于功利总是蕴涵着权衡比较的逻辑，价值与功利的紧张关系也可以说是价值与逻辑的紧张关系。

　　价值与逻辑可以被视为一对类似于目的与手段的对立范畴。作为对立范畴，价值与逻辑的主要区别在于人的主客体地位。就价值而言，人始终是主

---

　　① ［美］约翰·罗尔斯：《正义论》，何怀宏、何包钢、廖申白译，中国社会科学出版社 1988年版，第 1—2 页。

体，或者说，人始终是目的，价值仅仅对于作为主体存在的人才有意义，否则无所谓价值。价值所表达的语词意义是人无论何时何地都作为主体和目的存在。就逻辑而言，人通常作为对象或客体存在，或者说，人可以作为达到其他目标的手段使用。逻辑所表达的语词意义是一套行之有效的方法和过程。质言之，价值通常与善恶分明的道德情感紧密联系，它立足于人，重在待人；逻辑通常与无善无恶的自然过程紧密联系，它立足于事，重在理事。因为只注重社会事务的处理和社会问题的解决，而并不必定以人为目的，逻辑在事情的处理和问题的解决过程中容易出现价值缺失或偏颇。或者说，逻辑有容易忽视甚至侵犯人的一面。举例来说，如果因为人口太多而通过战争来屠杀人口，或者任由灾荒、疾病肆虐来减少人口，就是只注重逻辑而忽视价值。价值之所以成为价值，在于保全生命、维护人的平等尊严的普遍性和无条件性，它对于那些只保护部分人乃至少数人的生命和尊严而剥夺另外一些人的生命和尊严的哪怕十分有效的做法构成强烈的道德张力。又如，如果某一政府提出“要大炮，不要黄油”，而让一代乃至几代人被迫咬着牙过食不果腹的苦日子，那么，即使穷兵黩武的政府目标经过几代人后最终得以实现，其行政的逻辑也仍然因为没有把人、人的尊严、人的生存和发展放在足够重要的地位而表现出明显的价值缺失。价值与逻辑作为矛盾经常出现在政治学或行政学中，因为政治或行政过程中对待人与处理事会发生冲突，而这对人的生命和财产关系甚大。在价值与逻辑产生矛盾的情况下，如果价值处于主导地位，将价值置于逻辑之上，价值会过滤或排除掉一些处理事情的逻辑，从而使得即使有些措施有助于事情的处理和问题的解决，也不能被采用；如果逻辑处于主导地位，逻辑会淡化乃至忽略价值，从而使得采取的有些措施虽然有效地促成了事情的处理和问题的解决，但显得不近人情乃至残酷无情。价值是对处理事务的方式、方法和手段的尺度限制，它决定很多方式、方法和手段因为不合价值而不得使用，即使这些方式、方法和手段在逻辑上是有效的，而且有可能带来很大的功利。

价值与逻辑体现了政治或治理的两条思路。或者说，对价值和逻辑的侧重显示出两种不同的政治或治理风格。在价值与逻辑之间，究竟以谁为优先，由此不仅可以看出不同政治哲学的区别，也可以看出不同行政思路的差异。就中国古代的治理道路而言，儒家的仁政和法家的法治可以被分别看作侧重价值和逻辑的两种政治或治理思路。粗略而言，儒家的仁政，价值优先于逻辑；法家的法治，逻辑优先于价值。儒家把人作为道德主体对待，认为人天生具有恻隐之心，并主张在政治或治理中努力把人性善的方面发扬出来，所以，儒家在治理上表现出对人的仁慈一面，反对专任刑杀，注重对人的引导和教化，强调人自身的主体精神和主动作用，正所谓"道之以政，齐之以刑，民免而无耻；道之以德，齐之以礼，有耻且格"。① 法家把人作为有好恶本性的对象看待，认为人在本性上皆趋利避害，并主张在政治或治理中针对人的好恶本性实施赏罚，以强制规范人的外在行为，由此，法家在治理上每每表现出对人的刻薄一面，重刑杀，强调"以刑去刑"②、"以杀去杀"③，认为"能生不能杀，曰自攻之国，必削；能生能杀，曰攻敌之国，必强"。④ 由于侧重点不同，儒家和法家在治理道路上明显表现出王道与霸道之别。王道更为强调政治或治理的价值，注重人的道德生活和精神世界；霸道则更为强调政治或治理的逻辑，注重国家的法制秩序和富强程度。法家因好恶、重刑杀的治理逻辑，与法家把目标放在国家强盛有序上有着重要联系。从历史上看，注重治理逻辑的法家的确让秦国日渐强大，直至一统天下，这在很大程度上表明，政治或治理逻辑是富于实效的，有利于实现社会功利目标。不过，从价值的视角看，这一治理路径存在着明显的道德缺失，这集中表现在秦的速亡以及后世对暴秦的诸多批判上。另一方面，就儒学对中国社会几千年的持续影响而言，儒家对政治或治理过程中价值或"道"的维护和强调，显示出价值或"道"在政治或治理上对于人的生存，对于社会安宁的根本、久远乃至终极意义，尽管价值通常不像逻辑那样在某一时期的功利目标上显出立竿见影的实效。

治理或行政要及时处理事情和解决问题，显示其实效，通常必须依赖一定的逻辑，而且对逻辑的侧重往往显出明显的优先性乃至迫切性。就治理本身的性质而言，处理现实社会事务和解决现实社会问题构成行政的主要活动内容，尽管如此，治理或行政活动同时必须受到价值的指引和约束，甚至，行政法就是"关于实现宪法价值的技术法"。⑤ 也就是说，在注重逻辑的同时，行政不能忽视价值。从长远看，如果一味倚重行政的逻辑而忽视行政的价值，必定给政治威信和合法性带来深重危机。历史上，行政自古有之，行政的价值虽然随社会发展而发生着古今变化，但古今行政中都有价值主导则是一致的。大体而言，人类基本价值在古代主要表现为仁义，在近代以来则

---

① 《论语·为政》。

② 《商君书·去强》，《韩非子·饬令》。

③ 《商君书·画策》。

④ 《商君书·去强》。

⑤ ［日］盐野宏：《行政法》，杨建顺译，法律出版社1999年版，第49页。

主要表现为人权，尽管这些价值在古今治理或行政中所起作用的方式并不完全相同，但它们对政治和行政都起重要作用。在古代，仁义附着于政治权力之上，促使政治权力循着"仁民而爱物"①的方向运行。作为价值的仁义在经济领域主要表现为"薄税敛"②、"以佚道使民"③，在政治和法律领域主要表现为法律的简省、惩罚的审慎以及"行不忍人之政"④。由于缺乏民主政制的保障，相对于政治权力而言，作为价值的仁义在古代治理或行政中实际上只具有道德规劝意义。自近代以来，人权、权利、"自然权利"在理论上被认定为政治权力据以产生的基本政治和道德事实，因此，政治权力无论是就其产生还是就其运行，都被要求以保护人权和公民权利为原则。作为价值的人权在经济、政治、法律等领域主要表现为人和公民的生命、财产、人身等一系列权利和自由受到法律保障，政治权力不得非法干预或侵犯。在现代民主政治下，价值与逻辑的关系一如法律与行政、权利与秩序、自由与控制的关系。作为价值的人权在现代社会中是以法律形式置加于政治权力之上的强制性要求，它为政治权力的运行设置了边界，从而使得某些可能侵犯人权的行政强制措施、行政行为受到严格限制。这不仅表现为法律保留原则和权利救济原则，在更为极端的方面，也表现为，只要违背作为价值的人权，某些行政措施、手段或方法即使能够有效地处理现实事务和解决现实问题，也不能被采用。这是现代政治和行政中价值对逻辑的优先性。

　　作为政治或治理过程中的一对矛盾，价值时常面临着来自现实功利、理论逻辑、利益群体的挑战和威胁。尽管从道德和人文的维度看，十分有必要将价值置于逻辑之上，但价值与逻辑在实践中并不是很容易就能被统一在一起的。例如，虽然科学技术能够给人类的物质生活带来巨大福利，但科学技术也被广泛应用于制造武器乃至核武器这些对人的生命构成严重威胁的物件；虽然自由市场能够促进物品自由流动从而极大地满足人类的各种需要，但在一些人看来，放任自流的市场法则也可能变为"森林法则"，从而使人类社会变为弱肉强食的自然界；虽然某些社会功利的实现能够让一部分人生活更好，但它同时可能侵犯另外一部分人甚至很多人的尊严和权利。无论是科学逻辑、市场逻辑，还是功利逻辑，都蕴涵了一套能够有效达到目标的自

---

① 《孟子·尽心上》。
② 《孟子·梁惠王上》。
③ 《孟子·尽心上》。
④ 《孟子·公孙丑上》。

然方法和过程，虽然在很多情况下这样一些方法和过程对于社会的维护和发展是必要的，但它们也有可能严重威胁普遍价值的实现。这里，关键问题不在于逻辑的无效，而在于价值的缺失或偏颇。事实上，第二次世界大战中的种族屠杀是以逻辑性很强的种族理论作为支撑的。基于一定的标准将体质和智力优良的人种认定为优等种族，而将体质和智力相对较差的人种认定为劣等种族，并且出于改良人种的功利目的通过消灭或屠杀劣等种族来维护优良种族的纯粹血统和人类的优质发展，这样的种族理论在历史上对人的生命和尊严造成了无可挽回的深重灾难。在很大程度上，第二次世界大战后自然法学的重新崛起、《世界人权宣言》的诞生都明显体现出以价值主导逻辑的现代趋势。在现代社会，将道德价值、人文精神和社会正义融入社会功利、科学技术、自由市场的逻辑之中，以价值主导逻辑，成为一个不可回避的历史任务。这至少需要从外在制度和内在精神两个层面努力。外在制度层面的努力主要在于，在人权的价值主导下建立并完善用以约束、限制和规范政治权力的政治和法律制度，以便将作为价值的人权贯彻到政治和行政过程之中。内在精神层面的努力主要在于，在治理或行政过程中通过提高治理者的行政素养来贯彻一种"反身而诚"①、"为仁由己"② 的主体精神和"民胞物与"③ 的公共道德精神。无论是现代人权价值，还是传统道德精神，都凸显出作为主体的人的公共精神和主体精神，它们在现代化进程中应该得到进一步的提升和张扬。

　　从实践上看，人权入宪、一系列行政改革以及"社会主义核心价值体系"的提出等，表明中国在政治和行政过程中越来越重视价值的张扬，越来越重视治国之"道"的建构和维护。就价值与逻辑的关系而言，2003 年的孙志刚事件④可谓一起由过于注重行政的逻辑而忽视行政的价值导致的案

---

　　① 《孟子·尽心上》。

　　② 《论语·颜渊》。

　　③ "民吾同胞，物吾与也。"张载：《正蒙·乾称篇》。

　　④ 据有关报道，2003 年 3 月 17 日晚上 10 点左右，刚从外地到广州才 20 多天、尚未办理暂住证的广州某公司员工孙志刚，因未携带任何证件，在天河区黄村大街被执行统一清查任务的区公安分局黄村街派出所民警带回询问，随后被作为"三无"（无身份证、无暂住证、无务工证）人员送至天河区公安分局收容待遣所转送广州市收容遣送中转站。3 月 18 日晚，孙志刚因身体不适被送往广州市卫生部门负责的收容人员救治站诊治。3 月 20 日凌晨 1 点多，孙志刚遭到救治站同病房的 8 名被收治人员两度轮番殴打，当日上午 10 点 20 分，因大面积软组织损伤致创伤性休克死亡。孙志刚死亡时年仅 27 岁，从大学毕业尚不到两年。2003 年 6 月 9 日，涉及孙志刚案件的 18 名被告被判刑。

件，从这起案件引发的重大制度变革①可以明显看到治理或行政从重逻辑向重价值的转变。这种转变集中表现在案件发生前的《城市流浪乞讨人员收容遣送办法》（以下简称《收容遣送办法》）与案件发生后的《城市生活无着的流浪乞讨人员救助管理办法》（以下简称《救助管理办法》）的鲜明对照。《收容遣送办法》与《救助管理办法》是两个在名称、性质和价值取向等方面存在巨大反差的规章制度。从名称上看，《收容遣送办法》侧重于对流浪乞讨人员的行政管理和权力行使；《救助管理办法》则侧重于对流浪乞讨人员的救助职责和管理义务，"生活无着的"这一语词较为具体地显露出规定的救助性质，也更为严格地限定了行政对象和政府职责的范围。从性质和价值取向上看，《收容遣送办法》赋予行政机关的主动性更强，明显可以看出是一个侧重于行政权和行政管控的规定；而《救助管理办法》赋予行政对象的主动性更强，明显可以看出是一个侧重公民权利保护的规定。这一点在两个规定的第一条上体现的最为明显。《收容遣送办法》的第一条规定："为了救济、教育和安置城市流浪乞讨人员，以维护城市社会秩序和安定团结，特制定本办法"；《救助管理办法》的第一条则规定："为了对在城市生活无着的流浪、乞讨人员实行救助，保障其基本生活权益，完善社会救助制度，制定本办法。"很明显，《收容遣送办法》所承担的"教育和安置"、"维护城市社会秩序和安定团结"这些目标任务比社会救助要宽泛得多，它们表明行政机关在承担救助职责之外更担负着积极主动的社会控制任务。换言之，《收容遣送办法》是一个在给公民以社会救济的同时更基于公共秩序而管控公民的规定，在这一规定中，虽然不乏公民权利内容，但这一规定同时并列有社会控制内容，而且，社会控制在很大程度上会限制乃至危及公民权利。这集中表现在后来一些地方在重要时期、重要地区加强社会控制，甚至事实上以无暂住证为由对个人予以强行收容，也表现在某些收容救治站的权力恣肆和管理混乱。相比较而言，《救助管理办法》表现出更强的

---

① 2003年6月20日，国务院颁布《城市生活无着的流浪乞讨人员救助管理办法》，8月1日起施行，1982年5月12日国务院发布的《城市流浪乞讨人员收容遣送办法》同时废止，1982年10月15日发布的《城市流浪乞讨人员收容遣送办法实施细则》也相应失效。2003年7月21日，民政部颁布了《城市生活无着的流浪乞讨人员救助管理办法实施细则》，8月1日起施行。2003年8月1日，自2002年4月1日起开始施行的《广东省收容遣送管理规定》被废止。2003年8月26日，公安部颁布《公安机关办理行政案件程序规定》。2003年8月27日，《行政许可法》被通过，该法明确规定，"公民、法人或者其他组织合法权益因行政机关违法实施行政许可受到损害的，有权依法要求赔偿"。

公民权利保护倾向，它明显从《收容遣送办法》侧重社会管理或行政的逻辑转向了对行政的价值的高度重视。这集中表现在，《救助管理办法》的第一条不再规定"教育和安置"、"维护城市社会秩序和安定团结"这些用于管控的目标任务，而只规定"实行救助，保障其基本生活权益，完善社会救助制度"。从这一点看，孙志刚案件使得行政的价值从行政的逻辑的支配和笼罩中摆脱了出来，并由此把人的价值、人的尊严、人权和公民权利置加于单纯注重现实事务处理和现实问题解决的行政逻辑之上。

从长远看，在政治或行政过程中高度重视人文价值、维护人的尊严、保护人的权利和自由，不仅对于维护政治合法性和政府威信是重要的，而且对于维护社会长治久安、培育现代政治文明也是必要的。就价值与逻辑的关系而言，行政的逻辑与行政的价值在有些情况下是一致的，这特别表现在政府的公共服务职能方面；而且，在人权价值的主导下，政府会直接采取措施有效地保障和实现人权，此种情形中的逻辑是直接服务于保障人权这一价值目标的。不过，在另外一些情况，行政也有可能因为逻辑的需要而贬低乃至忽视价值。例如，为了加强社会管理而严格限制乃至侵犯公民的行动自由和人身权益，为了更多人的利益而贬低乃至忽视某些少数人的权益。在行政的价值与行政的逻辑之间，特别需要提防的是那些基于社会功利的行政逻辑，以及基于这些功利的逻辑而暂且轻视或忽视价值，暂时作出甚至长期坚持相应的权宜之举。以刑讯逼供为例，虽然在某些特殊的情况下，刑讯逼供可以为执法者更快地带来极为紧要的信息，从而避免或挽救公共损失，但是，更广更远地看，由刑讯逼供所致的这种社会功利并不足以为其提供道德或价值上的正当性。正如有学者所指出的：

> 即使酷刑对社会有利，也在道德上是不正当的。倘若因为社会功利的计较而允许酷刑存在或变相存在，为一时的、表面的社会功利而牺牲个人的尊严和自由，宽宥每个人对自己的同类在任何时候都应当承担的作为同类而相互尊重和保护的责任，无异于饮鸩止渴。该社会的道德和制度将因此蒙受长久的损害，乃至不治而亡。①

在政治和行政中张扬人的价值，一方面，要破除慈母无孝子、棍棒出良民，不打不说真话、不打不横不听话之类的功利逻辑，消除价值张扬道路上

---

① 夏勇：《中国民权哲学》，三联书店 2004 年版，第 304 页。引文着重号省略。

的逻辑障碍；另一方面，要强化以人为本、以民为本、尊重和保障人权的价值理念，将价值置于逻辑之上，以价值引导逻辑，防止一些苟且或权宜之举践踏人的尊严、漠视人的权利。总之，从政治行为的角度看，行政是政治权力通过管理和解决人民的生产和生活事务而不断获得合法性的一种活动，无论是政党执政，还是政府行政，要在政治和行政活动中更好地增进合法性，获得人民的肯定和支持，特别需要以道德价值、人文精神、社会正义主导政治和行政逻辑，克服和避免由纯粹依靠逻辑所导致的价值缺失或偏颇。

第三节　程序与实质

如果说，以上关于民主与合法性的分析重在解决现代化进程中"政"的问题，关于价值与逻辑的分析重在解决现代化进程中"道"的问题，那么，这一部分关于实质与程序的分析则重在解决现代化进程中"法"的问题。现代化进程中"法"的问题既与政制相互联系，也与价值密不可分，因此，有关实质与程序这对范畴的讨论可以看作上述有关民主与合法性、价值与逻辑范畴的讨论的进一步延伸。

通常，法律的实施过程包含着一套程序，具有一定的专门性和相对独立性。在个案中，依照一套程序实施法律所形成的结果，可能与客观事实相符，也可能与客观事实不符；可能看上去合情入理，也可能看上去不合情理；可能与一个社会的伦理秩序、长官意志、人民意愿等相一致，也可能与之相冲突。所谓"法治"，在一些人看来实际上就是在法律规则与客观事实、人情事理、伦理秩序、长官意志、大众情绪之间坚定地选择法律标准，依法办事。在现代社会，这种法治一般被视为"程序法治"或"形式法治"，其中的"法"通常指"形式的—合理的"现代法。① 显然，如同对逻辑的偏重或完全依赖可能带来对道德价值的忽视一样，对程序的偏重或完全依赖也可能带来对实质正义的忽视。从国家治理的角度看，对法律程序的偏重与对实质正义的偏重体现出两种治理方式的不同。就制度与实践、分析与综合等范畴而言，这两种治理方式可以分别表述为"法律的治理方式"和

---

① 按照韦伯的说法，"合理的"指按照一般规则行事；"形式的"指非本质地、逻辑地行事，其中，所谓"非本质地"是指"把意义归因于通过感官可以观察到的外在行为"，所谓"逻辑地"是指"通过使用由法律思想本身创造的以及被认为是完整体系的抽象概念来表述它的规则"。Max Weber, *Max Weber on Law in Economy and Society*, Cambridge, MA: Harvard University Press, 1954, p. xlii.

"社会的治理方式"。两种方式的重要区别在于，"社会的治理方式"主要以实践论为指导，注重社会发展、分配正义和为民治道，更加关注社会分配的实质内容，强调把包括法律在内的各种手段综合起来处理社会事务和解决现实问题；"法律的治理方式"则主要以制度论为指导，注重制度约束、官僚体制和法制建设，其形式化程度相对较高，强调主要通过法律形式来处理社会事务和解决现实问题。从新中国成立以来的历史看，以改革开放为分界线，大致可以看出我国在一定程度上正在经历从"社会的治理方式"向"法律的治理方式"的转变。不过，在此转变过程中，"形式法律"在国家治理中作用的加强并不必定意味着"社会的治理方式"完全为"法律的治理方式"所取代，事实上，高度重视实质正义的"社会的治理方式"仍然会存在下去，并且在一定程度上与"法律的治理方式"相互作用。①

对实质正义和客观真实的高度重视是中国传统社会中行政和法律实践的一个特点。在行政与司法尚未严格区分的古代社会，行政官员主动调取案件证据，为了纠错不惜对案件反复审理，甚至对囚犯严刑逼问，在一定程度上体现了这一特点。中国当代的诉讼程序经过两审终审后还可以通过申诉程序再次启动案件的审理，仍然体现出对实质正义和客观真实的高度重视。就原理而言，对实质正义的过度追求势必带来对程序的一定抑制乃至忽视，程序因此相对于实质正义只处于次要和附属地位，缺乏独立意义。在比较中国传统法律和欧洲近代法律的特点时，韦伯明显看到了传统中国的"实质的—合理的"法律与现代西方的"形式的—合理的"法律的不同。他说：

> 西方现代法律的理性化是两股同时起作用的力量的产物。一方面是资本主义的力量，它关心严格的形式法与司法程序，倾向于使法律在一种可计算的方式下运行，最好就像一台机器一样。另一方面是专制主义国家权力的官吏理性主义的力量，它所关心的是系统地制订法典和使法律趋于一致，并主张将法律交由一个力争公平、地方均等之升迁机会的、受过合理训练的官僚体系来执行。只要这两股力量缺少其中之一，便无法产生现代的法律体系。②

---

① 参见胡水君《法律与社会：权利实现的两条途径》，载《法治与和谐社会建设》（首届"中国法学博士后论坛"（2006）论文集），社会科学文献出版社 2006 年版，第 18 页。

② ［德］马克斯·韦伯：《儒教与道教》，洪天富译，江苏人民出版社 1995 年版，第 174 页

　　在韦伯看来，促使现代法律理性化的这两股力量在传统中国显然是缺乏的。

　　传统政治和法律文化中对实质正义的高度重视在自晚清以来的现代化进程中并没有完全得以改观。虽然很多现代的程序制度被建立起来，但对由程序烦琐可能带来的脱离民众的官僚习气和衙门作风的担心一直未被完全消除。民国时期，来中国担任司法行政顾问的美国法学家庞德仍然看到了一种他并不认同的程序简化主张：

> 　　程序的简化在任何地方都是一个循环呈现的问题。中国已经有了一种先进的现代程序，有些人强烈要求简化之。首先必须注意，在解决组织化的复杂社会之中，让当事人和法官来个简单的碰头会、临机应变地调节人与人之间的关系，这样一种外行人的理想是不可能实现的。过分简单从事是危险的。……为了保证决定的合理性，必须要求在认定事实的陈述和适用法律的主张之中系统阐明其理由，舍此没有更有效的方法。……废除或松弛关系到判断基础的程序要件势将利少而弊多。①

　　而且，在实践论和群众路线的指导下，中国共产党在革命过程中也形成了一套深入群众、程序简便的治理或行政方法。这套方法在重视实质正义、抵制程序烦琐方面表现得尤为明显。其中的一个典型是"马锡五审判方式"。尽管这被称为一种审判方式，但就其主动携卷下乡问案、就地调解审理纠纷的实际做法而言，未尝不可以视其为一种便捷的处理事务和解决问题的治理或行政方法。马锡五审判方式具有深入基层和群众中调研、机关办案与依靠群众相结合、程序简便不拘形式等特点。在此方式下，国家工作人员"移到人民那里去问案，只一个推事，一个书记员，带上笔墨案牍，走到任何一个乡村，就可以开庭"，"使受冤抑者随时随地可申雪"，不摆官架子，讯问和气，态度和蔼，不敷衍，不拖延。这样一种方式被认为"是真正、民间的，而不是'衙门'的，真正替人民服务，而不是替人民制造麻烦"，并得到了政府的推崇。1944 年，林伯渠在《边区政府一年工作总结》中曾

---

① 转见季卫东《法治秩序的建构》，中国政法大学出版社 1999 年版，第 56 页。

指出："诉讼手续必须力求简便，提倡马锡五同志的审判方式，以便教育群众。"① 这样一种方式对新中国成立后的行政和法律实践也产生了重要影响。1950 年制定的《中华人民共和国诉讼程序试行通则》中就有这样的规定："根除反动司法机关压迫人民的、繁琐迟缓的、形式主义的诉讼程序；实行便利人民的、简易迅速的、实事求是的诉讼程序。"

新中国成立后，我国在治理或行政上一直没有放松对实质正义的追求，同时对官僚主义仍然长期保持着高度警惕。这一点在现行宪法中有鲜明体现："一切国家机关实行精简的原则……不断提高工作质量和工作效率，反对官僚主义。一切国家机关和国家工作人员必须依靠人民的支持，经常保持同人民的密切联系，倾听人民的意见和建议，接受人民的监督，努力为人民服务。"新中国成立后的前 30 年，我国立法数量较少，这在很大程度上表现出我国在治理上对制度和程序重视不够。制度论受到实践论的抑制，社会治理也受到大大小小政治运动的冲击，制度和程序在当时远没有成为治理的基础性方式。改革开放后，特别是市场经济体制改革以来，随着商品经济和市场经济的快速发展，政府对制度的基础性作用的认识明显加强，程序和制度在国家治理中也越来越起到重要作用。这一时期，法律数量与日俱增，"依法行政"作为一个重要行政理念被树立起来，"依法治国，建设社会主义法治国家"也在市场经济体制改革之后被明确写入宪法。应该说，越来越重视发挥制度和程序的作用，是改革开放以来我国治理或行政的一个明显特点。这样一种变化与经济体制改革和经济发展进程是密不可分的。在以经济建设为中心的大政方针下，一方面，逐渐成长起来的经济力量要更加自由快速的发展，必定对政府权力提出规范运行的要求，另一方面，对经济的支持和扶植政策也使得政府权力更为自觉地接受来自于经济力量的规范化要求。因此，法律数量的增长及其作用的增强与国民经济的增长表现为一种正相关的关系。不过，在制度和程序变得日趋重要的同时，实质正义并未因此被忽视。也就是说，虽然制度和程序的作用在加强，但程序与实质在治理中实际上是并存的，这较多地体现在信访、调解、综合治理等具有中国特点的实践中。对实质正义的长期重视与人民民主、群众路线以及为人民服务的行

---

　　① 参见张希坡主编《革命根据地法制史》，法律出版社 1994 年版，第 548—552 页。按照韦伯的看法，"实质的"特点在于"按照个案的具体因素行事"、"按照某种意识形态体系的原则（伦理、宗教、权力、政治等）而不是法律本身行事"。就这一界定来看，马锡五审判方式带有较为明显的"实质的"特点。Max Weber, *Max Weber on Law in Economy and Society*, Cambridge, MA: Harvard University Press, 1954, p. xlii.

政倾向有着较为紧密的内在联系。

自古及今，中国对实质正义的重视从一个侧面凸显了政治权力在中国传统文化中的独特境遇。按照现代自由主义理论，国家被认为是一种不得已的、必须忍受的"恶"，政治权力也被认为总是让人不放心的、需要时刻提防的。一如潘恩所说："社会在各种情况下都是受人欢迎的，可是政府呢，即使在其最好的情况下，也不过是一件免不了的祸害；在其最坏的情况下，就成了不可容忍的祸害。"① 而在中国传统文化中，政治权力被赋予了一种既源于天，也源于社会的天然合法的存在理由。例如，墨子认为："天下之所以乱者，生于无政长，是故选择天下之贤可者，立以为天子。……察天下之所以治者何也？天子唯能一同天下之义，是以天下治也。"② 又如，荀子也认为："人之生，不能无群；群而无分则争，争则乱，乱则穷矣。故无分者，人之大害也；有分者，天下之本利也。而人君者，所以管分之枢要也。"③ 同时，政治权力无论是在其产生上，还是在其延续上，都被要求为人民谋福祉，而且还被认为当然具有为人民谋福祉的现实可能性。正所谓"君者，民之原也。源清则流清，源浊则流浊。故有社稷者而不能爱民、不能利民，而求民之亲爱己，不可得也"。④ 可以说，在中国传统文化中，"民本"是政治权力得以合法存续的关键要素，"亲民"是贯穿政治权力运行始终的基本原则。无论是政治权力的兴衰，还是社会的治乱，是否"以民为本"、是否"亲民"都是最基本的权衡。在这样一种文化背景下，政治权力必须以时刻不忘人民福祉并不断为人民谋福祉来获得持久存续，它是无须通过程序去寻求自身的合法性的。⑤ 因此，在传统的"民本"政治文化乃至群众路线中，程序并不像实质正义那样受到高度重视。更何况，在某些情况下，程序和制度可能妨碍政治权力迅速及时地为人民谋福祉，从而不合适地导致政治权力与人民福祉的割裂，这在传统政治文化中恰是治理或行政所要极力避免的。

---

① 〔美〕托马斯·潘恩：《潘恩选集》，马清槐等译，商务印书馆 1981 年版，第 3 页。引文着重号省略。

② 《墨子·尚同上》。

③ 《荀子·国富》。

④ 《荀子·君道》。

⑤ 斯宾格勒在历史考察中注意到，"在所有文化的早期政治中，统治权力都是预定的，是不被怀疑的。其整个的存在严格地保持着家长式的和象征式的形式"。见〔德〕斯宾格勒《西方的没落》第 2 卷，吴琼译，上海三联书店 2006 年版，第 419 页。

从历史上看，传统政治文化中政治权力这一当然合理的环节自近代以来受到了重新审视，程序的兴起因此成为现代化过程中的一股强大潮流。如果说，政治权力在传统文化中主要致力于通过为人民谋福祉获得道义上的合法性，那么，自近代以来，政治权力则逐渐转向通过法律和程序来获得政治上的合法性。程序在现代政治和行政中受到高度重视发端于对权力属性的深刻认识。可以说，对政治权力的不信任和高度警觉构成了现代政治和行政思想的一个出发点。① 因为认识到政治权力不仅可以为人民谋福祉，更可能背离、威胁乃至侵犯个人权利和人民利益，现代思想家大多强调，对政治权力的制约和规范是必须而且重要的。大体上，对政治权力的制约和规范经历了从道德规诫到权力制衡再到法律规范和程序规制的过程。从道德规诫到"分权"、"以权力制约权力"可谓制约政治权力的第一次转向，从权力控制到程序规制则可谓制约政治权力的第二次转向。对此，有学者指出："现代法治与传统法治的最重要的区别在于：传统法治主要着眼于控制授予政府权力的范围，而现代法治则更注重于规范政府权力的行使。如果说，法治的基本功能是控制政府权力的话，那么，就控权的方式而言，传统法治注重的是组织法控权，现代法治则更注重程序法控权；就控权的手段而言，传统法治强调的是以权力控制权力，现代法治则更强调以权利控制权力；就控权的时机而言，传统法治重视的是事前、事后控权，现代法治则更重视事中控权。"② 从对权力的实体和组织控制，到对权力的程序和规范控制，体现了对政治权力和行政权力从消极提防转向既提防又支持。如果说，道德规诫和劝导更多地着眼于政治权力和行政权力服务于民的积极功能，"分权"和"以权力制约权力"更多地着眼于政治权力和行政权力对于个人权利和人民利益的消极作用，那么，法律规范和程序规制则既着眼于政治权力和行政权力对于人民生活的消极作用，也着眼于政治权力和行政权力对于社会治理的积极意义。换言之，程序一方面包含着对政治权力和行政权力的限制和约束，另一方面也包含着对政治权力和行政权力的规范和支持。

---

① 例如，阿克顿认为，"权力导致腐败，绝对的权力绝对导致腐败"，转见张灏《幽暗意识与民主传统》，新星出版社 2006 年版，第 33 页；孟德斯鸠认为，"一切有权力的人都容易滥用权力，这是万古不易的一条经验。有权力的人们使用权力一直遇到界限的地方才休止"，见〔法〕孟德斯鸠《论法的精神》上册，张雁深译，商务印书馆 1961 年版，第 154 页；麦迪逊也认为，"权力具有一种侵犯性质，应该通过给它规定的限度在实际上加以限制"，见〔美〕汉密尔顿、杰伊、麦迪逊《联邦党人文集》，程逢如、在汉、舒逊译，商务印书馆 1980 年版，第 252 页。

② 姜明安主编：《行政程序研究》，北京大学出版社 2006 年版，第 1 页。注释省略。

　　程序在行政和法律活动中的积极意义受到了学者们的关注和肯定。例如，有学者把程序视为"一个具有独立价值的要素"、"制度化基石"，认为"程序通过促进意见疏通、加强理性思考、扩大选择范围、排除外部干扰来保证决定的成立和正确性"，有助于限制权力恣意、保证理性选择、在交涉过程的制度化过程中连接过去和未来，也有助于淡化道德论证、强化实用操作、增强强制可能，等等。① 又如，有学者把行政程序视为现代法治的控权机制，认为用行政程序规范行政权的行使可以避免传统实体控权机制的僵硬、死板，既可不过于束缚政府行为的手脚，又可防止政府实施行政行为的恣意、滥权；既有利于充分调动行政相对人参与国家管理，参与行政行为的积极性，避免传统法治"以权力制约权力"的局限性，又有利于改进政府内部运作机制，提高行政效率，还有利于事前、事中纠错，尽量避免给行政相对人和社会公众造成不可挽回的损失。② 不过，如同官僚制在现代社会中的处境一样，③ 程序在某些方面受到肯定和青睐的同时，它在其他一些方面的不足也是不容忽视的。如果说在传统政治文化中存在过于注重实质正义而在很大程度上抑制程序的问题，那么，在现代社会中，充分发挥程序的作用，也应辨明适合程序起作用的领域、程序起作用的具体方式以及程序作用的限度，而不应笼统地以程序来批判对实质正义的追求。

　　从理论上看，程序需要实质正义的指引乃至约束。就程序与实质正义或程序与结果的关系而言，一些程序并不必定在结果上带来实质正义。在《正义论》中，罗尔斯按照程序与结果之间的联系区分了三种理想化的程序正义。一是完善的程序正义。其典型事例是分蛋糕：假定公平的划分结果是每人平分，最好的办法就是让分蛋糕的人得到最后一份，这能保证他均分蛋

---

　　① 季卫东：《法治秩序的建构》，中国政法大学出版社 1999 年版，第 3、10—22、36—37 页。

　　② 姜明安主编：《行政程序研究》，北京大学出版社 2006 年版，第 5—8 页。

　　③ 人们对于官僚制的看法和态度存在较大分歧。一方面，官僚制被认为是一种行政管理的效率模式；另一方面，人们又认为，官僚制会降低效率，"遵循规则会演变为僵化和官样文章。非人格性会衍生出官僚式的冷漠和迟钝。等级制抑制了个人的责任心和创新精神。官僚作风一般会助长'多管闲事'、'官腔官调'以及类似病症"。见［英］戴维·毕瑟姆《官僚制》，韩志明、张毅译，吉林人民出版社 2005 年版，第 8—9 页。一方面，"对于'墨守成规'、'冷漠无情'、'不负责任'、'效率低下'、'相互扯皮'等衙门作风，不论在东方还是在西方，它被人们抨击已有数千年"，甚至，官僚主义被认为是"人类所面临的最后强敌"；另一方面，"在现代社会中，由于分工化和专业化的发展，社会的复杂程度日益提高。在这种状态下，社会对于国民的官僚组织的依赖程度也愈高"，"无法与官僚和官僚主义割断联系"。见［日］秦郁彦《日本官僚制研究》，梁鸿飞、王健译，三联书店 1991 年版，第 5—6、306 页。

糕。完善的程序正义的特征在于：对判定什么是正义结果有一个独立标准；同时有一种保证达到这一结果的程序。二是不完善的程序正义。其典型事例是刑事审判：只要被告犯有被控罪行，就应当被判有罪，但由于某些情况的偶然结合，即使严格按照程序执行法律，仍不能避免错误结果，实际无罪之人因此有可能被判有罪，实际犯罪之人因此也有可能被判无罪。不完善的程序正义的特征在于：有一个判断正确结果的独立标准；但没有可以保证达到这一结果的程序。三是纯粹的程序正义。其典型事例是赌博：经过一系列的公平赌博之后，参赌者拥有的全部现金的任何一种分配都是同样公平的。纯粹的程序正义的特征在于：不存在对正当结果的独立标准；但存在一种正确的或公平的程序，只要这种程序被恰当地遵守，无论产生什么样的结果，它都会是正确的或公平的。① 显然，从罗尔斯的分析中，可以看到并不是所有的程序都能带来实质正义。另外，诸如刑讯逼供等非法取证程序，即使十分有效，也有可能带来实质正义，但因为违背人类的基本价值和实践理性，它们不能被认为是正义的。就此而言，程序特别需要与实质正义结合起来予以综合考量。正如罗尔斯所指出的：

> 我们不能因为一种特殊结果是在遵循一种公平的程序中达到的就说它是正义的。这个口子开得太大，会导致荒唐的不公正的结果。②
>
> 程序的合法性（或正义）可以更少涉及实质性正义或在不管实质性正义的情况下独立存在，这一看法是一种很普通的疏忽，这是行不通的。③

从实践上看，程序虽然有助于约束和规范政治权力和行政权力的运行，但它也可能带来行政低效、行政不能和行政冷漠，不利于迅速及时地处理事务和解决问题。这可以农民工工伤事故的法律处理为例。按照 2004 年 1 月 1 日起施行的《工伤保险条例》的规定，"与用人单位存在劳动关系（包括

---

① 参见［美］约翰·罗尔斯《正义论》，何怀宏、何包钢、廖申白译，中国社会科学出版社 1988 年版，第 79—85 页；［美］约翰·罗尔斯：《政治自由主义》，万俊人译，译林出版社 2000 年版，第 77、448—461 页。

② ［美］约翰·罗尔斯：《正义论》，何怀宏、何包钢、廖申白译，中国社会科学出版社 1988 年版，第 82 页。

③ ［美］约翰·罗尔斯：《政治自由主义》，万俊人译，译林出版社 2000 年版，第 453 页。引文注释省略。

事实劳动关系）的各种用工形式、各种用工期限的劳动者"，只要因工作遭受事故伤害，无论是否已签订劳动合同，无论是否已办理工伤保险，也无论用工时间有多长，都可以按照规定获得实质性的医疗救治和经济补偿。就实质内容而言，这样的规定是很有利于农民工的权益保障的。而且，从一些相关规章上看，政府保障农民工合法权益的政策偏向也是较为明显的。但是，在现实操作程序上，最终实现因工作遭受事故伤害的农民工的合法权益，还要经历一个相当漫长的法律过程。工伤农民工要获得伤残补助金和伤残津贴，首先要申请工伤认定。按照《工伤保险条例》的规定，工伤职工或者其直系亲属、工会组织在事故伤害发生之日或被诊断之日起 1 年内，可以向劳动部门提出工伤认定申请；而且，"提出工伤认定申请应当提交下列材料：（一）工伤认定申请表；（二）与用人单位存在劳动关系（包括事实劳动关系）的证明材料；（三）医疗诊断证明或者职业病诊断证明书（或者职业病诊断鉴定书）"。仅就《工伤认定申请表》的填写而言，就有几个需要特别注意的细节，这对文化程度普遍不高的农民工来说通常是一件较为复杂、相当困难、望而生畏的事情。其一，未参加工伤保险的，需提交用人单位的营业执照或者工商行政管理部门出具的查询证明。完成这一取证至少要让农民工在陌生的城市跑上好几趟。其二，受伤害经过简述，应写清事故时间、地点，当时所从事的工作，受伤害的原因以及伤害部位和程度。这即使对于文化程度较高的人也需要好几个反复才能"写清"，对文化程度不高的农民工来说，其艰巨程度可想而知。其三，需提交与用人单位存在劳动关系（包括事实劳动关系）的证明材料。这对很多未签劳动合同的农民工来说有时也不是一件易事。填好《工伤认定申请表》后，从时限上看，后面还有一个需要耐心忍受的等待过程。以北京地区为例，按照《北京市实施〈工伤保险条例〉办法》，劳动部门受理工伤认定申请后，应在 15 日内审查是否受理；决定受理的，自受理之日起 60 日内作出认定结论；申请劳动能力鉴定的，劳动能力鉴定委员会自受理之日起 60 日内作出鉴定结论，特殊情况可以延长 30 日。此后，农民工才可以向劳动争议仲裁委员会申请仲裁。按照《企业劳动争议处理条例》，仲裁庭处理劳动争议，应自组成仲裁庭之日起 60 日内结束，案情复杂的可延长 30 日。农民工对于仲裁决定不服的，可以向人民法院起诉。虽然并不是每一个程序都会拖到最后时限完成，但这样一个法律过程对于身在外地受到工伤、忧心如焚而行动不便的农民工来说在程序上是较为复杂的，在时间上也是相对漫长的。即使有可能获得法律帮助甚至无偿的法律援助，但对那些只身在外的农民工来说，时间、体力和精力的消耗也是令人忧心的。对处理现代工业社会中的复杂关系而言，这样一些程序可能是需要的，但这并不排除它会给人带来诸多实际的不便。如果"容易接近和利用法律和司法"是现代法治的一项要求的话，那么现实中有些僵硬的法律程序实际上增加了人们接近和利用法律的难度。与现代的这种状况相比，那些程序简便、不拘形式、不拖延的传统方式可能反倒是一些弱势群体所期待的。

　　总起来看，程序在现代治理或行政中是重要的，在有些领域也是必需的；不过，也应避免一味地在治理或行政的各个领域都强化程序。实际上，现代行政活动有不同的类别，针对不同的行政活动，程序发挥作用的具体方式也应有所不同。大体而言，现代行政活动主要包括两大类，一是"警察活动"，二是"公务活动"。警察活动是行政机关为了维护公共安宁、公共安全、公共卫生和公共秩序而限制个人自由的活动；公务活动是行政机关在教育、卫生、交通、娱乐、社会保障、社会救济等方面向社会提供公共服务的活动。① 这两类活动的区分只具有相对意义，因为有些警察活动也是公共服务，而有些公务活动也涉及公民权利。不管怎样，从个人自由和公共服务这两个方面，可以区分出两类最基本的行政活动，一类更有可能干预、限制和侵犯个人自由和公民权利，另一类则主要是向社会公众提供公共服务。针对这两类行政活动，程序的作用方式也应作适当区别。对于更有可能干预、限制和侵犯个人自由和公民权利的行政活动，应当加强程序的作用程度，特别是充分发挥程序对行政权力的限制和规范作用。具体而言，针对这类行政活动，应特别坚持正当法律程序和行政法治原则、法律保留原则、自然正义原则、行政公开原则、行政比例原则、权利救济原则等。对于向社会公众提供公共服务的行政活动，则应当尽可能精简程序，以便社会公众能够从快速便捷有效的公共服务中及时受益。具体而言，针对这类行政活动，应特别坚持信赖保护原则、行政公正原则、行政公平原则乃至行政效率原则等。总之，在政治和行政过程中，既要在适当领域充分发挥程序的作用，又要高度重视传统治道中的民本原则、服务意识和实质正义，以防止程序在某些领域堵塞实质正义的有效实现，克服和避免行政形式主义、官僚主义和行政冷漠。就此而言，在现代化进程中，法治所期待的并不仅仅是基于人权价值和民主政制搭建起来的僵硬的制度框架，它更期待在此制度框架下展开的活泼生动的为民实践。

---

① 参见王名扬《法国行政法》，中国政法大学出版社 1988 年版，第 459—529 页。

第四章 政制与法制：分权的视角

本章围绕分权（separation of powers）理论来考察政制和法制。分权理论，特别是经典的三权分立理论，似乎已成政治制度建设和评价的不容置疑的标准。然而，是否真的如此？本章反思了传统分权理论，对三权分立的政体模式提出了一些批判分析，认为其不能为建立优良的政体提供帮助。批判分析主要集中于两点：分权理论误解了司法权的性质；没有注意到立法权和行政权一定程度上的融合是政府有效运转的条件。由此，本章提出了替代性的政制与法制并立的两制并立模式，指出统治权与审判权的分离和平衡才是政体的基础问题。在本章中，政制指的是统治权的安排，法制指的是审判权的安排。

政制与法制，乃是政治社会中两种不同类型的公共权力建制，其机构的组成、行使权力的方式和范围都是不同的，各自构成独立完整的机制。政制与法制的分离并立，是政体完善的基础，二者的关系，还不能用相互约束来概括，毋宁说，是各自因为对方的存在而使自身更加完善。

二元、重叠、均衡政体模式是笔者多年研究形成的政体分析框架。二元，指政制与法制或政府与法院的并立关系；重叠，指中央政府与地方政府的政制结构；均衡，指中央政府政治部门内部各部分的关系。在笔者的政体模式中，政制与法制两制并立不是其中的全部，却是其中的基础与核心。

法制能够成为独立的建制，判例法法院乃是其中的中心设置，没有判例法法院的存在，法制无从谈起。本章对判例法法制方式作了理论辩护，探讨了它与中国化马克思主义哲学气质的一致性。

第一节 政治哲学与分权

分权学说是关于政制（constitution-regime）的理论。这一理论声称提出了保障政治自由的制度结构，存在着许多不同的论述。无论有多少不同的论述，其基础总是立法和执行立法二者的抽象区分。关于司法权与立法、行政权的分立，法国和美国有完全相反的理解，然而，两种理解中的司法体制都获得了成功，发挥了相似的作用。也许，不得不说，两种关于分权的理解，就与司法权相关的部分而言，都是非常表面的，仅在对各自国家司法体制的正当性辩护中起了一种修辞的作用。

一、分权的界定及其歧义

分权早已成为现代宪政主义的一个中心概念。1789 年法国人权宣言第 16 条宣称："凡权利无保障和分权未确立的社会，就没有宪法。"著名政治学家弗里德里希说："分权乃是文明政府之基础、宪政主义之内涵"；"通过分权，宪政主义对政府行动提供了一套有效制衡的体制……它是一套保证公平运作的规则，从而迫使政府对人民'负责'"。[①]

我们可以确定，分权学说是关于政制的理论。在中国，人们喜欢说横向分权与纵向分权，这样，分权在汉语语境中也包括了中央政府或全国性政府与地方政府关系的内容。在本章中，我们排除分权的这一含义。分权，无论有多少含义，都不涉及联邦主义和地方自治方面的内容。这样处理，也与学说的历史脉络和西方学者的通常论述一致。

爱德华·考文教授在为美国宪法所撰写的官方国会评论中，给分权下过一个定义。其原理可总结为如下几点：（1）存在三种具有内在区别的政府职能：立法、行政、司法；（2）这些相互区别的职能应该分别由三个人员分立的政府部门行使；（3）这些部门在宪法上应该平等，而且相互独立；（4）……立法机关不能把权力授予其他部门。[②] 凯尔森在讲到国家分权时，也把权力理解为国家的职能，并将其划分为立法、行政、司法三种职能。[③]在《布莱克维尔政治学百科全书》中，关于"分权说"的条目是这样解释的：

> 政府的各种功能应予以分离的学说，是由包括约翰·洛克在内的许多著作家们断断续续创立的，不过，其中最著名的是孟德斯鸠，这一学说的现代形式则是由《联邦党人文集》的作者们创立的，他们在这一学说中加入了有关制衡的英国宪法观念的内容。权力分立学说的纯粹形

---

① Carl J. Friedrich, *Constitutional Government and Democracy*, Waltham: Blaisdel, 1968, pp. 5, 26.

② 转引自［英］杰弗里·马歇尔《宪法理论》，刘刚译，法律出版社 2006 年版，第 119 页。

③ ［奥］汉斯·凯尔森：《法与国家的一般理论》，沈宗灵译，中国大百科全书出版社 1996 年版，第 283 页。

式基本上在美国得到了实现，就此形式来看，这一学说的内容在于：
（1）行政、立法和司法权由宪法授予不同的人们和团体。（2）政府的
各部门看作是同等和自主的，其中没有一个部门服从于或支配其他任何
部门（比如，立法部门不能撤销行政部门，行政部门同样不能撤销立
法部门）。（3）从原则上讲，没有一个政府部门可以使用宪法授予其他
部门的权力（比如，立法部门不能把它的权力全部委托给行政部门，
或授予一种不确定的创制权；而如果不是政府司法部门，就不能运用司
法权）。（4）司法部门的活动独立于政治影响之外，并具有职位保障，
它有权宣布某项立法因违宪而无效（虽然除美国之外，这项权力并不
普及，可是它仍然被分权学说看成是必需的）。①

　　我们仍然需要界定分权学说基本的含义，界定的过程不可避免是一
个模式化或理想型化的过程，突出其特质，排除其他有关理论的复杂因
素。维尔为了理论分析的便利，定义了分权的"纯粹学说"：

　　　　为了政治自由的建立和维护，关键是将政府划分为立法、行政
　　和司法三部门或三部分。三个部门中的每个部门都有相应的、可确
　　定的政府职能。政府的每个部门都一定要限于行使自己的职能，不
　　允许侵蚀其他部门的职能。进而，组成这三个政府机构的人员一定
　　要保持分离和不同，不允许任何个人同时是一个以上部门的成员。
　　这样一来，每个部门将对其他部门都是一个制约，没有任何一群人
　　将能够控制国家的全部机器。②

　　也正如维尔所说，很少有人持这样一种极端形式的分权学说，也更少被
付诸实践，但它确实代表着一个"基准"或"理想型"，使我们能够以这个
稳定的"纯粹分权学说"为准来观察这一历史学说的变化发展，并考虑到
它的一切衍生型和修饰型。这里，分权学说有四个要素：第一是主张政府机
构可以区分为立法机关、行政机关、司法机关三个范畴。第二是认为政府有
三种具体的职能，这是一个社会学的真理或规律。同具体列举政府具有保持

---

　　① ［英］戴维·米勒、韦农·波格丹诺编：《布莱克维尔政治学百科全书》，邓正来等译，中
国政法大学出版社1992年版，第695页，"分权说"条目，该条目为杰弗里·马歇尔撰写。
　　② ［英］维尔：《宪政与分权》，苏力译，三联书店1997年版，第12—13页。

秩序、修建道路、提供国防、赈济灾荒相比，这种三分法的观点极端抽象。第三是人员分离，政府的三个部门应当由相当分离和不同的人们组成，而且成员身份没有重叠。第四是如果遵循关于机构、职能、人员分离的建议，那么政府的权力就受到制约。①"纯粹分权学说"的要点是政府的职能可以而且应当在一对一的基础上为特定机构所专有，这一点是否可能，下文还会进一步分析。

然而，分权理论并不具有普遍认可的阐述，分权在各个国家的制度形式也不一样。在政治与宪政思想的词汇中，"权力分立"这一短语，也许最令人困惑。历史学家和政治学家使用这一短语时，一直赋予它变动不居的含义。②正如维尔所说：

> "分权学说"绝不是一套简单易识、毫不含糊的概念。相反，它代表的是政治思想的一个领域，在这个领域内一直有异乎寻常的定义上的和术语使用上的混乱。③

英国当代宪法学家杰弗里·马歇尔说：

> 在"权力分立"这一看似简单的短语中，却包含一系列互相重叠的观念（例如，"分配"、"区分"、"隔绝"和"对抗"）。这些观念并非全部同义，而且，有些观念的含义还互不协调。至少，可以区分出这样几种含义：
>
> 1. "立法"、"行政"和"司法"诸概念之间的区分。2. 政府一部门成员与他部门成员的职务在法律上互不相容，至于人员之间是否做到任职分立，则在所不问。与其他部门成员。3. 政府一部门与他部门隔绝、豁免或独立，不受其他部门行为或干预的影响。4. 政府一部门受其他部门行为的制约或平衡。政府一部门与他部门地位平等，而且，互不承担责任。论及权力分立时，可能是指上述观念中的任何一种，或任几种的结合。④

---

① ［英］维尔：《宪政与分权》，苏力译，三联书店1997年版，第14—17页。
② ［英］杰弗里·马歇尔：《宪法理论》，刘刚译，法律出版社2006年版，第115页。
③ ［英］维尔：《宪政与分权》，苏力译，三联书店1997年版，第2页。
④ ［英］杰弗里·马歇尔：《宪法理论》，刘刚译，法律出版社2006年版，第118页。

布鲁斯·阿克曼教授的著作《新分权》，在考察了德国、意大利、日本、印度、加拿大、南非等许多国家的宪政实践之后，对美国式的三权分立体制提出了批评，主张实行"有限议会制"（constrained parliamentarianism）模式，具体包括一个半议会制（两院制议会但一个院权力更大）、议会内阁制和一个宪法法院，并且认为这一模式能够更好地服务于三大基本原则——民主、专业化、保护基本权利。[①] 阿克曼批评的对象是美国的政治体制和孟德斯鸠、麦迪逊的理论，而却将自己主张的政制模式称为"新分权"，可见分权这一术语的使用，已经脱离了其基本含义而更加宽泛，分权由此成了与政制结构同义的一个相当一般的术语。

美国和法国被认为是实行分权原则的典型国家，但两个国家对权力分立原理的运用很不相同。就司法权与立法权、行政权的关系而言，"分权"在美国被用来支持司法机关废止或撤销立法或行政行为，在法国则被用来反驳司法机关的这些做法。法国对分权原则的解释是司法机关不能干预行政事务。1790 年制宪会议制定的《司法组织法》第 13 条规定：司法职能和行政职能不同，现在和将来永远分立。法官不得以任何方式干预行政机关的活动。分权原则对法国政府组织所产生的结果，是在行政部门内部建立行政审判制度，排除普通法院受理行政诉讼。汉斯·凯尔森在《法与国家的一般理论》一书中也认为，司法机关审查立法，是在侵犯权力分立原则。在美国，法院对立法进行司法审查，则被认为属于权力分立的应有之义。按照美国的分权观，政府各部门"分立"之后，就可以合法地相互制约或影响，而且，事实上，它们精妙地分立，就是为了能够实现这种相互制约。[②]

二、分权的历史和理论渊源

（一）对政府职能区分的认识

对政府不同的职能进行区分在亚里士多德《政治学》一书中就可见到。亚里士多德提出了议事（审议）、行政、审判三种职能的区分：

> 一切政体都有三个要素，作为构成的基础，一个优良的立法家在创制时必须考虑到每一要素，怎样才能适合于其所构成的政体。倘使三个

---

① Bruce Ackerman, "The New Separation of Powers", *Harvard Law Review*, Volume 113, January 2000.

② ［英］杰弗里·马歇尔：《宪法理论》，刘刚译，法律出版社 2006 年版，第 117—118 页。

要素（部分）都有良好的组织，整个政体也将是一个健全的机构。各要素的组织如不相同，则由以合成的政体也不相同。三者之一为有关城邦一般公务的议事机能（部分）：其二为行政机能部分——行政机能有哪些职司，所主管的是哪些事，以及他们怎样选任，这些问题都须一一论及；其三为审判（司法）机能。①

亚里士多德认为城邦政体的最高要素即议事机能，议事机能具有最高权力。但是，亚里士多德区分职能的观点并不意味着不同的职能应该委托给不同的人，相反，他并不主张人员分离，古希腊雅典政制的指导原则是一切公民直接参与政府的一切职能的原则，是与权力分立原则直接对立的。② 古代政制理论家的主要关注是在社会各阶级之间获得一种平衡，并因此强调政府各机构反映群体的不同利益同样应当在审议、行政和审判的职能行使上各自扮演一定角色。古希腊罗马的这种独具特色的理论因此是一种混合政体的理论，而不是权力分立的理论。③

关于政府的职能，早期的理论家们仅仅认识到政府的两种职能，即制定法律和实施法律的职能。政府具有制定法律和实施法律两种功能的思想首先由帕多阿的马西略于 14 世纪初所阐明，并在那些发展并捍卫了威尼斯共和国制度的人士的著作中得到清楚的表述。然而，尽管马西略和其他中世纪的著作家们都曾论及立法和行政的功能，但对行政功能的构想与现代行政权力大相径庭。中世纪的著作家们将行政权解释为通过法院、通过法官，在英格兰则是通过本土最高法官，即议会高级法院的最高权力来实施法律。17 世纪末，洛克仍然坚持基本上对政府功能作两种划分，尽管他承认联合的权力，即与外交事务有关的行政作用。通过一种行政机构而不是司法的程序来实施法律，是关于行政功能的现代观点，它直到 18 世纪孟德斯鸠和布莱克斯通提出政府职能的三分法——立法、行政和司法职能时，才完全形成。④

值得注意的是，在分权学说发展过程中，分权学说的政府职能划分是极

① ［古希腊］亚里士多德：《政治学》，吴寿彭译，商务印书馆 1965 年版，第 214 页。译注认为，亚里士多德的政体"三个要素"同近代国家的立法、行政、司法三权并不相同，读者需凭古希腊的典章制度和政法情况来理解书中的政体研究。

② ［英］维尔：《宪政与分权》，苏力译，三联书店 1997 年版，第 21 页。

③ 同上书，第 22 页。关于混合政体与分权的区别，后文另有论述。

④ ［英］戴维·米勒、韦农·波格丹诺编：《布莱克维尔政治学百科全书》，邓正来等译，中国政法大学出版社 1992 年版，第 696 页。

端抽象的。关于"政府权力"的唯一一贯的、抽象的表述还是马西利乌斯提出的关于立法—执行的基本区分。比起后来在洛克和孟德斯鸠的影响下最终获胜的关于政府职能的更为抽象的范畴来说，博丹、罗利、霍布斯和普芬道夫以及其他人提出的这一清单也许更为现实和可行；但是在分权学说发展中，很明显，关键的一步是使"政府的诸多权力"合并成为少数几个范畴，而不是构成一个包括了我们会称之为政府"任务"的长长清单。① 卢梭对立法权和执行权进行了精细的、抽象的定义："一切自由的行为，都是由两种原因的结合而产生的：一种是精神的原因，亦即决定这种行动的意志；另一种是物理的原因，亦即执行这种行动的力量。……政治体也有同样的动力，我们在这里同样地可以区别力量与意志；后者叫做立法权力，前者叫做行政权力。没有这两者的结合，便不会或者不应该作出任何事情来。"② 卢梭要求两种权力分立，立法权力属于人民，而且只能属于人民。政权力并不能具有像立法者或主权者那样的普遍性，因为这一权力只包括个别的行动，这些个别行动根本不属于法律的能力，从而也就不属于主权者的能力，而主权者的一切行为都只能是法律。将政府和主权者混淆是错误的，政府只不过是主权者的执行人。③ 在卢梭那里，立法权只能属于人民，但是法国大革命后一段时间里，在法国，卢梭所坚持的立法权力机构（人民的机构）和执行权力机构或政府的分立被运用到一般的立法机构和执行机构的活动上来了，这些部门之间没有任何联系，其各自职能都是明确的和精细的：一个表达意志，一个作出行动。这是一种以职能为基础的政府部门间的完全、彻底的分立，这是一种最纯粹和最无法运行的权力分立学说。④

（二）分权说的现代主权观和法律观背景

政府立法、行政和司法职能概念的出现与法律和主权的现代理论之间有非常紧密的联系。自主的"立法权"这种观念取决于这样一个思想的出现，即法律可以由人（human agency）来制定，并有一个真正的权力来制定法律，来立法。在中世纪早期存在着这样的法律观，即法律是确定不变的神启的习惯模式，它可以由人来适用和解释，但不能由人来改变。就"立法"的人来说，他们实际上是在宣布法律，而不是在创造法律。因此，政府可能

① ［英］维尔：《宪政与分权》，苏力译，三联书店1997年版，第21页。
② ［法］卢梭：《社会契约论》，何兆武译，商务印书馆1980年版，第75页。
③ 同上。
④ ［英］维尔：《宪政与分权》，苏力译，三联书店1997年版，第169页。

只有一种"职能"，即司法的职能；政府的一切活动都以某种方式被正当化为法律适用和解释的一个方面。[①] 促使"立法权"的出现是法律的命令理论（command theory of law）的发展，这种理论认为，从根本上看，法律是一种秩序或禁止的表现，而不是一种不变的习惯模式。由于现代主权观念的出现，主权被认为是发布最后命令的权力之藏所，这种法律观得到了加强。[②] 14 世纪帕多瓦的马西利乌斯的著作显示了立法职能和执行职能概念的出现与中世纪不同的现代法律观、主权观的联系。马西利乌斯明确将立法权置于人民手中，并拒绝那种实在法必须符合更高法律的观点。因此，立法权变成一种真正的制定法律的权力，法律被视为立法权威的命令。根据人民的意志，法律必须被增减、改变、解释或停止。[③] 这种现代的主权观和法律观与人民主权论结合在一起而被人们广泛接受。

（三）英国内战时期的政治理论与实践

无论是洛克还是孟德斯鸠，都不能说是分权学说的创始人。权力分立学说诞生并发展于英国内战和共和政体的特殊情况下。[④] 在英国内战时期，国会的支持者倡导国王仅限于行使执行职能，不和国会分享立法权，这接近于纯粹分权学说；保王党人坚持旧有的混合政体，国王是立法机构的组成部分，但同时国王是行政权的唯一来源，这是职能和人员部分分立的分权理论。议会军打败国王后，军队首领克伦威尔又驱散了议会，1653 年英国诞生了历史上第一部也是目前为止最后一部成文宪法《政府规章》（Instrument of Goverment）。《政府规章》建立了一个立法机关和行政部门，相互具有一定的独立性并各有自身的职能，立法职能归国会掌握，护国公掌握行政权，在立法中护国公的角色仅限于 20 天的暂停性否决权。在为《政府规章》辩护的一本著作《克伦威尔共和国实况》中，作者声称：把立法和行政权置于同样一些人手中是腐败和暴政的重大入门口；自由的奥秘是保持两者分离；国会的工作是制定法律，不应当插手行政和司法领域。[⑤] 这位作者的观点接近于理想型的纯粹分权学说。

（四）洛克和孟德斯鸠的经典论述

在分权理论历史上，洛克和孟德斯鸠的论述是公认的经典。

---

① ［英］维尔：《宪政与分权》，苏力译，三联书店 1997 年版，第 23 页。
② 同上书，第 24 页。
③ 同上书，第 25 页。
④ 同上书，第 49 页。
⑤ 同上书，第 45—46 页。

　　洛克主张把政府权力分为立法、行政和对外三种权力，其中立法权是每一个国家中的最高权力。洛克强调立法机关应当关注普遍性规则的制定，并且不应该持续开会，执行权一定要分立：

　　　　立法权是指享有权利来指导如何运用国家的力量以保障这个社会及其成员的权力。由于那些必须经常加以执行和它们的效力总是持续不断的法律，可以在短期间内制定，因此，立法机关既不是经常有工作可做，就没有必要经常存在。并且如果同一批人同时拥有制定和执行法律的权力，这就会给人们的弱点以绝大诱惑，使他们动辄要攫取权力，借以使他们自己免于服从他们所制定的法律，并且在制定和执行法律时，使法律适合于他们自己的私人利益，因而他们就与社会的其余成员有不相同的利益，违反了社会和政府的目的。①

　　洛克声称"在一切有节制的君主国家和组织良好的政府中"，立法权和执行权都掌握在不同的人手里。②

　　　　立法或最高权力机关不能揽有权力，以临时的专断命令来进行统治，而是必须以颁布过的经常有效的法律并由有资格的著名法官来执行司法和判断臣民的权利。③

　　洛克没有区分行政职能和司法职能，没有提出一个与立法和执行并驾齐驱的、分立的司法权。确实，关于司法权与行政权的区别，为什么把政府权力划分为三个而不是两个范畴，在整个分权理论中都是含混不清的，分权理论无论有多少不同的论述，其基础总是立法和执行立法二者的抽象区分。④无论是孟德斯鸠还是洛克，没有可能脱离这一思考框架，尽管他们都强调独立的法院的重要性。

　　洛克在政府职能概念方面的独特之处在于提出了"对外权"，区分了政府的对外权力和对内权力的不同性质。国家的对外权，"可以称之为自然的

---

　　① ［英］洛克：《政府论》下篇，叶启芳等译，商务印书馆1983年版，第80页。
　　② 同上书，第98页。
　　③ 同上书，第84页。
　　④ 英美关于司法权的安排，主要出于普通法发展的实践和普通法对法律性质的认识，这明显是另外一套理论，与分权理论无关。

权力，因为它与加入社会以前人人基于自然享有的权力相当"，[①] 对外权包括，"战争与和平、联合与结盟以及同国外的一切人士和社会进行一切事务的权力"。[②] 洛克认为，对外权和执行权本身虽然有所区别，但很难分开和同时由不同的人掌握，最好由同一力量掌握。[③]

洛克还论述了执行权的特权（prerogative）。立法者不能预见并以法律规定一切有利于社会的事情，有许多事情非法律所能规定，也许会发生偶然事情，这时恪守法律反而有害，因此，执行权的掌握者拥有"并无法律规定，有时甚至违反法律而依照自由裁处来为公众谋福利的行动的权力"，这就是特权。[④] 洛克主张由执行权来审慎地决定立法机关的召集、解散和开会地点，决定选区的重新划分，并且认为这些权力并不使执行机关高于立法机关。[⑤] 洛克谈到在有些情况下，掌握执行权的人也参与立法，这个执行者就是免于从属的，他所服从的只是他认为适当的，[⑥] 换言之，这个执行权是和立法权对等的权力。洛克所说的情形，正是日后美国宪法对总统权力的规定和当时英国国王拥有的权力，既作为行政首脑，同时拥有立法否决权，在这种情况下，出现了立法与行政权的部分混合和部分分立。看来，洛克的政府理论，绝不是纯粹分权学说，在一定程度上倒是当时英国均衡政制的辩护。维尔认为，这种部分分割就是确立美国总统和美国国会之间关系的理论基础，在一定程度上，洛克也许可以被称为"美国宪法之父"。[⑦]

在分权理论家中，孟德斯鸠是最著名、影响最大的。孟德斯鸠的分权思想主要在《论法的精神》第十一章《规定政治自由的法律和政制的关系》第六节《英格兰政制》得到阐述。孟德斯鸠下面这些话，已被各种著作反复引用，但本章仍需要引用，因为它们确实经典。

每一个国家都有三种权力：（一）立法权力；（二）对有关国际法事项的行政权力；（三）有关对民政法规有关事项的行政权力。

依据第一种权力，国王或执政官制定临时的或长久的法律，并且修

---

① ［英］洛克：《政府论》下篇，叶启芳等译，商务印书馆1983年版，第90页。
② 同上。
③ 同上书，第90—91页。
④ 同上书，第十四章。
⑤ 同上书，第94—98页。
⑥ 同上书，第92—93页。
⑦ ［英］维尔：《宪政与分权》，苏力译，三联书店1997年版，第61页。

正或废止已制定的法律。依据第二种权力，他们媾和或宣战，派遣或接受使节，维护公共安全，防御侵略。依据第三种权力，他们惩罚犯罪或裁决私人争讼。我们将称后者为司法权力，而第二种权力则简称为国家的行政权力。

一个公民的政治自由是一种心境的平安状态。这种心境的平安是从人人都认为他本身是安全的这个看法产生的。要享有这种自由，就必须建立一种政府，在它的统治下一个公民不惧怕另一个公民。

当立法权和行政权集中在同一个人或同一个机关之手，自由便不复存在了；因为人们将要害怕这个国王或议会制定暴虐的法律，并暴虐地执行这些法律。

如果司法权不同立法权和行政权分立，自由也就不存在了。如果司法权同立法权合而为一，则将对公民的生命和自由施行专断的权力，因为法官就是立法者。如果司法权同行政权合而为一，法官便将握有压迫者的力量。

如果同一个人或是由重要人物、贵族或平民组成的同一个机关行使这三种权力，即制定法律权、执行公共决议权和裁判私人犯罪或争讼权，则一切便都完了。①

孟德斯鸠开始对政府职能的划分与洛克相似，只是没有使用"对外权"这个术语代替有关对外事务的执行权，他还是采用了 17 世纪以及以前人们所熟悉的两重职能划分，即立法和执行。但是，孟德斯鸠接着就以现代惯常的方式使用这些术语，这三种权力是"制定法律权、执行公共决议权和裁判私人犯罪或争讼权"，立法权"不过是国家的一般意志"，行政权"不过是这种意志的执行而已"，二者的行使都不以私人为对象。② 在孟德斯鸠这里，执行部门的内政行为与司法部门的行为之间的区别终于清晰了，在孟德斯鸠有关政府职能的论述中，最重要的方面是他完成了从"执行权"的旧用法向一种新的"裁判权"的转变。③ 孟德斯鸠相当强调司法权的独立，立法和行政两权可以赋予一些官吏或永久性的团体，"人人畏惧的司法权"，

---

① ［法］孟德斯鸠：《论法的精神》，张雁深译，商务印书馆 1961 年版，第 155—156 页。
② 同上书，第 157 页。
③ ［英］维尔：《宪政与分权》，苏力译，三联书店 1997 年版，第 81 页。

不应当为某一特定阶级或某一特定职业所专有，就仿佛看不见、不存在了。① 因此，司法部门将完全独立于国家中的各种利益冲突。

孟德斯鸠描述的是当时的英国政制，但他不同于同时代的英国人，以混合政体或均衡政制的方式进行描述，他以三权分立这样一种方式系统地阐述了英国政制的要素。英国政制中固有的制约与平衡的要素，被孟德斯鸠纳入到分权的理论框架中来了，所以他当然不是我们上文所说的纯粹分权论者，也可以被称为美国宪法之父。在他描述的行政部门与立法部门的关系中，行政权应当通过否决立法而分享立法权，而不能参加立法事项的辩论，它甚至无须提案。行政权应当拥有根据情况召集立法机构并确定会议期限的权力。这样，行政部门就将能够防止立法部门对其权力的侵蚀，保证立法部门将不会成为专制的部门。在一个自由的国家中，立法机关不应拥有阻止行政部门的权力，它应当拥有审查它所制定的法律实施情况的权力。无论审查的结果是什么，立法机关都不应当有对行政者本人或他的行为加以审讯的权力。对于国王的大臣，立法机关行使弹劾权，由下院控诉，上院审理。② 孟德斯鸠说："这就是英格兰的基本政制：立法机关由两部分组成，它们通过相互的反对权彼此牵制，二者全都受行政权的约束，行政权又受立法权的约束。"③

三、混合政体、均衡政制与分权

要理解上述特别是孟德斯鸠的分权学说以及美国三权分立体制的特征，必须回顾混合政体学说。在西方政治思想史上，混合政体和分权大概是最有影响的两种政治理论，但混合政体理论要古老得多。

自亚里士多德开始，政体一般划分为君主、贵族、民主三类，如果某个政体同时含有上述两类或三类成分，则称为混合政体。混合政体的主题出现在西方历代政治理论大家的著作中，从修昔底德、柏拉图、亚里士多德、波利比乌斯、西塞罗到托马斯·阿奎那乃至美国的约翰·亚当斯。

亚里士多德《政治学》中讨论了混合政体："的确有些思想家认为理想的政体应该是混合了各种政体的政体"，④ "凡能包含较多要素的总是较完善的政体；所以那些混合多种政体的思想应该是比较切合于事理"。⑤ 他称混

---

① ［法］孟德斯鸠：《论法的精神》，张雁深译，商务印书馆1961年版，第157页。
② 同上书，第155—166页。
③ 同上书，第163—164页。
④ ［古希腊］亚里士多德：《政治学》，吴寿彭译，商务印书馆1965年版，第66页。
⑤ 同上。

合政体为共和政体并讨论了共和政体的各种构成方式："我们业已阐明寡头和平民政体的性能，共和政体的性能也约略地可以认识了。'波里德亚'的通义就是混合这两种政体的制度；但在习用时，大家对混合政体的倾向平民主义者则称为'共和政体'，混合政体的偏重寡头主义者则不称'共和政体'而称贵族政体。"① 亚里士多德论及梭伦的改革时说，梭伦建立了"平民政体的祖制"，在他所创立的政体中，各个因素都被融合起来而各得其所——"亚留巴古布利"（元老院）保全了寡头作用（尚富政治），"执政人员的选举规程"着重才德标准（尚贤政治），而"公审法庭"则代表大众的意志（民主政治）。② 亚里士多德论及斯巴达具体的混合政体，究竟哪一个构成部分代表了君主、贵族、民主的因素，各家有不同看法："这些思想家都把斯巴达政体看作君主政体（一长制）、寡头（少数制）和民主（多数制）政体三者的混合组织〔但他们对于三者的解释却又各不相同〕。有些人认为斯巴达的二王代表君主政体，其长老会议则代表寡头政体，至于埃伏尔（监察）既由民间选任，则监察会议便代表民主政体。可是，另一些人又认为监察会议实际表现为僭主政治；只在斯巴达式的日常生活习惯以及会餐制度中，才显见他们的政体具有民主精神。"③

古希腊、罗马共和的政治实践和西方古典政治学留下的是混合政体的各种理论。混合政体被认为是在现实中可能有的最优良的政体。罗马共和国尤其是混合政体中的典范，波利比乌斯和西塞罗是当时共和国体系的理论阐释者。波利比乌斯注意到罗马"国家的每一个部分的权力不是牵制其他的部门就是与它们相互合作"，他总结道：

　　　　所有三种政府因素都可以在罗马共和国中找到。实际上，不论在政治体系的结构中，还是在日常实践的作用方式中，三者都是平等、和谐、平衡的。即便是当地人也不能确切地肯定国家在政体上究竟是贵族制、民主制还是君主制。④

西塞罗也反复说最好的政体是由王政的、贵族的和人民的三种政体适当

① 〔古希腊〕亚里士多德：《政治学》，吴寿彭译，商务印书馆1965年版，第198—202页。
② 同上书，第103页。
③ 同上书，第66页。
④ 转引自〔美〕斯科特·戈登《控制国家——西方宪政的历史》，应奇等译，江苏人民出版社2001年版，第109—110页。

地混合而成：

> 在相当大程度上，较为可取的是"混合"政体，即同时将三种传统政体加以混杂和平衡化。只是在由先人传袭下来的罗马共和国制度中，希比策翁（scipioue），亦即西塞罗，将这种政体形式加以确定化和具体化，把以罗马执政官为代表的君主制、以元老院议会为代表的贵族制和由民众大会及平民保民官为代表的民主制绝妙地混合起来。①

混合政体的具体形式是什么样的，似乎并没有很确定的形式。可以宽泛地把混合政体理解为在一个政体中，权力为两个以上的来源不同的群体所分享或两种以上简单政府形式的联合，分享和联合可以通过机构来体现，也可以通过程序来体现，这样政体具体形式就有多种变化。②

古典混合政体的组成成分根据身份相对固定的阶级（君主、贵族和平民，少数富人和多数穷人）产生的机构共享权力，并且没有代表制，如罗马的元老院和公民大会的构成；古典混合政体的程序是比较粗糙的，往往表现为一种相互的否决权，即除非各个部分一致，否则政府无法行动，这种安排使得政治事务的争论凸显于表面，古典混合政体易陷于僵局当中而比较脆弱，高度依赖于公民美德。

关于混合政体与分权的区别，美国政治学家马丁·戴尔蒙德认为混合政体每个构成部分都拥有统治权力的全部，功能性分权在原则上不存在。戴尔蒙德属于列奥·施特劳斯学派，他认为传统的混合政体和美国的权力分立存在着深刻的区别。③ 维尔也对二者作了比较：

> 混合政体理论的基础是这样一种确信，即必须让社会中的主要利益团体联合参与政府职能，以此来防止任何一个利益团体可能将自身的意志强加于其他利益团体；而纯粹形式的分权理论将政府职能分配给政府各个部分并限制任何部分只能行使其恰当的职能。再者，分权学说中明

---

① 参见［古罗马］西塞罗《论共和国 论法律》，王焕生译，中国政法大学出版社 1997 年版，卢伊杰·拉布鲁纳"译本引言"。

② Cf. James M. Blythe, *Ideal Government and the Mixed Constitution in the Middle Ages*, New Jersey: Princeton University Press, 1992, p. 11.

③ Cf. Martin Diamond, *As Far as Republican Principles will Admit*, ed. by William A. Schambra, Washington, DC: The AEI Press, 1992, pp. 58—67.

显没有混合政体理论的那种阶级基础。①

如果定义纯粹的或理想型的混合政体，那就是以阶级或集团为基础的各个机构共享（每一个都有否决权）所有的政府权力，这和分权的思路恰成对比。混合政体与分权的共同点在于二者都关心在政府内建立内在制约来限制权力。

波利比阿在对罗马共和国的分析中提出的混合政体理论，修改了这一理论以包容罗马选举出来的执政官，把执政官当作"君主制"因素，他提供了将混合政体理论转化为制约平衡理论的模式；据此，政府的机构也许并不全部各自代表了某个不同的"阶级"，而是机构自身就在政府结构内提供了一种制度性的制约。② 这样，混合政体，就可以由社会诸阶级或集团的权力共享，变化到不同机构的权力共享；如果再走一步，对权力进行划分，实现权力的部分共享、部分分立，那么就是英国 18 世纪的均衡政制。在英国 18 世纪上半叶的政治争论中，权力分立学说的思想被运用于混合政府的理论，结果产生了与早先的混合政府理论非常不同的制衡原则；因为在混合政府理论中所设想的是政府各个部门分享其职能行使。在新学说中，的确，每个部门将分享最高立法权，但各自又有独特的、使它具有独立性的基础职能，并且同时将给予它正面修改政府其他部门的态度的权力。③

博林布鲁克论 18 世纪英国政制是非常经典的：

　　大不列颠国王是最高的管理者，他在立法上有否决权。赋予他的有执行权以及其他几种权力和特权，我们称之为君主专有权的权力是附属于这种授权的。国会的两院拥有它们的权利和特权，其中有些两院均拥有；其他权力则为各自所特有。它们准备法案、通过法案或者拒绝按提交的原样通过法案。它们发言、提议、建议和抗辩。最高的司法权位于贵族院。平民院是这个国家的大陪审团；由他们来决断民族的费用并据此提供补给。④

---

① ［英］维尔：《宪政与分权》，苏力译，三联书店 1997 年版，第 31 页。
② 同上书，第 33 页。
③ 同上书，第 66—67 页。
④ 同上书，第 68 页。

英国均衡政制是国王、贵族院、平民院分享立法权，同时每个机构都有几种特殊的权力，以防止其他部门的侵犯。均衡政制理论是从混合政体思想中演化来的，混合政体是基础性的框架，但融合了权力分立理论，分权在其中起了一个从属但关键的作用。由于在混合政体理论中没有法院的位置，所以均衡政制强调贵族院的最高司法职能，但根据英国的实际情况，这是一个拟制的说法，是最高法院被拟制为贵族院的一个部分，而不是贵族院真的成了最高法院。1787年美国宪法的设计的三权分立与制衡，则是用均衡政制理论来修正权力分立，分权是基础性的框架，但融合了均衡政制理论，后者在其中起了一个从属但关键的作用。在英国，国王是立法机关的一个部分，但拥有行政和其他专有特权；在美国，总统掌握行政权，但在立法机关之外，总统拥有立法否决权。二者的区别在于强调的重点不一样，英国国王的立法否决权是固有的，行政权是附加的；美国总统的行政权是附加的，立法否决权是固有的。也许，二者不过是形式上的区别。"在当时的英国，权力分立是一个三阶级相互制约平衡制度所必不可少的、但又是从属性的一个因素；在美国，制约平衡变成了一个职能划分的政府部门得以维护其相互独立的制度所必不可少的、但又是从属性因素。"①

有人如美国学者保尔·艾德伯格现在还用混合政体的概念来理解美国政府的结构，认为其中含有贵族制的成分，为非世袭的、基于才德的优秀人士在政治上提供了更大的发言权。② 确实，美国1787年宪法建立的参议院，参议员由各州议会选举，长任期、选后各州议会不得招回、保持独立性，参议院与其说代表各州，不如说是全国性政府的元老院。《联邦党人文集》作者曾以长篇篇幅辩护在共和国中元老院的必要性，并引用古代罗马、斯巴达的例子。③ 在笔者看来，如果排除法院与政治部门的关系问题，④ 确实可以用均衡政制而不是分权概念来理解美国政府国会两院与总统的关系，这样甚至更好。美国立宪者所建立的政体的特征，用当代美国宪法学名家劳伦斯·

---

① ［英］维尔：《宪政与分权》，苏力译，三联书店1997年版，第142页。

② Cf. Will Morrisey, "Paul Eidelberg: The Mixed Regime and the American Regime", in *Leo Strauss, the Straussians, and the American Regime*, ed. by Kenneth L. Deuth and John A. Murley, Lanham: Rowman and Littefield Publisers, 1999.

③ ［美］汉密尔顿、杰伊、麦迪逊：《联邦党人文集》，程逢如、在汉、舒逊译，商务印书馆1980年版，第62—66篇。

④ 通常所说的三权分立中的司法权，其性质是特殊的，其权力是被动性的，被认为在政府之外起调节和独立的判断作用。区分立法权和行政权，并不同于区分司法权与另外两种权力。

却伯著名的书中的话说，无论联邦主义还是三权分立，是机构间的相互依赖而不是功能的各自独立，最好地概括了通过分裂权力来保护自由的美国观念。[①]

在英国，当国王和贵族院原有的权力大部分丧失后，出现了议会制政府，内阁由下院产生，对下院负责。均衡政制的思想仍然被用来分析议会制政府，这时平衡是议会与政府（内阁）之间的平衡，内阁和议会是一种相互控制的关系，在职能上远不是立法和行政权的纯粹分立所能解释，甚至美国式的分权与制衡概念也不行。内阁继承了国王的专有权，特别是解散议会提前大选的权力，内阁保持自主的立场对议会起平衡作用；内阁不仅掌握执行权，同时掌握提议和创制立法的权力，并且在事实上通过党派纪律保证议案在议会的通过，因此内阁融合了立法和行政两种权力。议会和内阁是相互依赖、各自独立、相互合作的两个机关，一个并没有吸收另外一个。内阁和议会仍有的职能区分，可以称之为统治和控制政府，而非执行和立法，因此对于必须避免所有权力集中在同一些人或机关而言分权仍然重要，但脱离了一般意义上分权（立法和执行）的概念。有人认为，正是内阁和议会之间存在均衡才使英国政府制度同法国的第三和第四共和国得以区分。[②]

四、分权在美国与法国

英国，尽管是孟德斯鸠著名理论的范本，但在英国，除了克伦威尔共和国这段时间外，分权不是政制理论的主流。就法国和美国来说，18 世纪都发生了革命并重新建设它们的政体，于是分权理论都登上了两国的政治实践舞台，但是法国人和美国人在运用分权理论时的思考方式不同，两国的制度发展也走上了非常不同的道路。在法国，孟德斯鸠学说中以混合均衡政制为基础提出的一些主张被拒绝，而他强调的权力分立却成为法国人政制思想的核心内容。在美国，尽管革命初期，在一些州内，以 1776 年宾夕法尼亚州宪法为代表，摒弃了混合与均衡政制的内容，采纳了纯粹分权的学说，但是，很快，这种倾向就得以纠正，以 1787 年宪法为代表，美国人建立了没有君主和贵族制度的均衡政制，并且将其置于三权分立的总体框架和论述当中——这样也就和时代的精神氛围并不冲突。对此，维尔有很精当的总结：

---

① Laurence H. Tribe, *American Constitutional Law*, 2rd edition, New York: Foundation Press, p. 20.

② ［英］维尔：《宪政与分权》，苏力译，三联书店 1997 年版，第 215 页。

权力分立在法国所扮演的角色与其在美国所扮演的角色是不同的。在法国，纯粹分权学说是作为一种明确的意识形态立场而被激烈坚持，而在美国这一学说更多是一个革命情境的逻辑问题而不是关于必要性的确信——必须有统管各个事件的纯粹学说。当时，在美国，政治情境使比较古老的思想得以重新崛起，这些思想很快又转而修改了极端的权力分立学说。而在法国，纯粹权力分立学说强烈地并长期地占据了人们的头脑。[①]

在美国，直到独立战争爆发前不久，占统治地位的政制理论和英国类似，一直都是混合均衡政府的思想，只有一些适应于殖民地政府条件的修正。美国革命爆发后，像在 17 世纪 40 年代英国的情况一样，旧的政府理论变得不合时宜了，纯粹权力分立的学说在美国出现了，不同程度上各州政府的制度结构也吸收了这个学说。1776 年，弗吉尼亚州的宪法宣称："立法、执行和司法部门应当分立和区别，因此谁也不能行使只属于其他部门的权力：除了县法院的法官可以成为议会任何一院的成员外，将没有任何个人同时行使一种以上的权力。"[②]

1776 年宾夕法尼亚州宪法采纳了纯粹分权，完全摒弃了均衡政制。该宪法建立了一个单院制立法机构，一个由人民直接选举的 12 人组成的行政机构，即最高执行委员会。议会的任何成员都不能选进执行委员会，州长和副州长由议会和执行委员会以投票方式从执行委员会中选举产生。它没有把司法权提升到与"最高"立法权和"最高"执行权同等的地位，也没有给它同样的独立性。这反映了一种观念：本质上政府只有两种权力，制定法律和执行所制定法律的权力，司法权只是执行权的一部分。在 1784 年 4 月 28 日的《宾夕法尼亚报》上，一个笔名"A. B"的人对该宪法原则提出了极为精确的表述：

在像我们这样的政府中，由广大自由人授予的权威是分配并落实在三个不同的部门中的，即立法、最高行政和司法，它们各自标记清楚，独具特色。属于第一个部门的权利是制定和修改社会一般规则，即法律。赋予第二个部门的权利是执行一般规则，由它自身以及主要是由这

---

① ［英］维尔：《宪政与分权》，苏力译，三联书店 1997 年版，第 165 页。
② 同上书，第 112 页。

一机构所提名的该州的下级官员执行。第三个部门严格说来是第二个部门的再划分，属于它的权利是，在受庄严、确定的程序规则制约的常任法庭里解释法律并将之适用于争议案件……这种划分是自由和平等政府的关键，据此，我们推断认为，除非有明确的相反规定，每个部门、每个权利都将只行使这个社会移交给它的、恰当地属于它的一切权力。而且，在任何情况下，如果宪法没有将天然属于某部门的管辖分配给某个部门，对这种权力错置应作严格解释，含义不得超出语词，同时要与常识相符。①

摘引上述这段话的理由在于：中国许多热心政治改革的人士的政治哲学也是类似的，他们心中理想并加以鼓吹在中国实行的政制也正是这样的，殊不知他们误解了美国宪法，不明了西方政制思想的精华。这样一种极端、教条的分权，或无法运转或产生各种弊端。麦迪逊在《联邦党人文集》第48篇，抨击了靠在宪法中准确地标出立法、行政、司法三部门的界限，靠一部书面文件就能防止权力侵犯的思路，而上述弗吉尼亚州和宾夕法尼亚州可作为反面的例子。麦迪逊指出，宾夕法尼亚州立法机关对宪法明目张胆的违反大部分可以认为是组织不善的政府的自然产物。②

在美国制宪会议召开的时候，权力分立在美国人那里已经成为"一个平常的原则"或政治正确，但此前各州的实践使得制约平衡观点重新被接受了，人们认识到单靠规定立法权的范围不能保障立法机构不进行权力侵犯。《联邦党人文集》特别是麦迪逊为宪法所作的辩护，使我们看到在美国两种政制理论是如何融合的，或者更准确地说，如何在分权的形式下实现均衡政制。

麦迪逊认为，简单的分权观点——认为我们可以清楚地划分出立法、司法、行政权力，并且由三个机构分别行使不相混淆，是不适当的。

经验教导我们，在政治学中还没有什么技巧能充分确定地辨别和定义政府的三大分支——立法、行政和司法，甚至不同立法部门的特权和权力。在实践中每天发生一些问题，这就证明含混不清存在于上述主题

---

① ［英］维尔：《宪政与分权》，苏力译，三联书店1997年版，第130页。
② ［美］汉密尔顿、杰伊、麦迪逊：《联邦党人文集》，程逢如、在汉、舒逊译，商务印书馆1980年版，第252—256页。

中，并且使最伟大的政治学家深感为难。①

　　在实践中无法找到适当的规定，以便保持理论上所述的权力分立。孟德斯鸠的著名政治格言依据的是英国政制，但是"最粗略地看看英国宪法，我们必然看出立法、行政和司法部门决不是彼此完全分立的"。② 美国各州已有的实践证明，"尽管这个原理使用的是强调的、有时甚至是绝对的字句，但是这几个权力部门却没有一个绝对分立的实例"。③ 因此，权力分立原理并不要求立法、行政和司法完全互不相关，不同权力的相互混合是必然的和必要的，孟德斯鸠的意思"只能是在一个部门的全部权力由掌握另一部门的全部权力的同一些人行使的地方，自由宪法的基本原则就会遭到破坏"。④

　　那么，依靠宪法在书面上划分各部门的法定范围，是否足以防止政府所有权力集中在同一些人手中呢？麦迪逊用美国大多数州宪法的情况特别是弗吉尼亚州和宾夕法尼亚州说明这是不可能的。⑤ 在笔者看来，分权理论设想了一个必然是最高地位的立法权，立法权的逻辑本身就使得立法部门扩充其活动范围，把所有权力纳入其掌握中。因此，麦迪逊指出："除非这些部门的联合和混合使各部门对其他部门都有法定的监督，该原理所要求的、对一个自由政府来说是不可或缺的那种分立程度，在实践上永远不能得到正式的维持。"⑥

　　为了保持宪法所规定的各部门之间的权力的必要划分，麦迪逊的解决办法是："这样来设计政府的内部结构，使其某些组成部分可以由于相互关系成为各守本分的手段"；"防止把某些权力逐渐集中于同一部门的最可靠办法，就是给予各部门的主管人抵制其他部门侵犯的必要法定手段和个人的主动。在这方面，如同其他各方面一样，防御规定必须与攻击的危险相称。野心必须用野心来对抗"。⑦ 也就是说在组织一个政府时，使政府能控制自身，

---

　　① 　［美］汉密尔顿、杰伊、麦迪逊：《联邦党人文集》，程逢如、在汉、舒逊译，商务印书馆1980年版，第37页。

　　② 　同上书，第247页。

　　③ 　同上书，第248页。

　　④ 　同上书，第247页。

　　⑤ 　同上书，第48篇。

　　⑥ 　同上书，第252页。

　　⑦ 　同上书，第51篇。

需要在政府内部建立用相反和敌对的关心来补足较好动机的缺陷。

美国宪法并没有严格地对"分权"进行设计，更准确地说，它设计出了"分享权力的分立机构"（separate institutions sharing powers）。三权之间的界限并不是完全清晰的，宪法也不可能一次性地将所有权力划分得一清二楚，权力的界限是在后来的实践中慢慢清晰化的。三权即使在宪法的明确规定中也是部分重合和分享的，例如，总统通过行使否决权而事实上分享了部分立法权，而参议院对总统的众多任命享有批准权而事实上分享了行政权，权力的部分混合与给予各部门抵制其他部门侵犯的必要法定手段，就形成了权力的制衡（checks and balances）。

法国大革命后至 1814 年，主流的理论和其间出现的几部宪法，坚持的都是纯粹分权。法国人顽固地确信卢梭的抽象的职能划分——一些人只能表达意愿，另一些人只能行为，并将之变成宪法。他们也热爱自由，力图避免专制，但是他们建立的体制结局却是以专制告终，不是变成大会制政府，就是为个人独裁的帝国开辟道路。1848 年，同样的故事又重演了一遍。

法国人的分权概念也促成独特的法国行政法院的产生。每个权力机关在自己的权力范围内行使职权，对其权限范围内的所有行为有管辖权。这样一切涉及行政文件的事务，包括这些文件的制定、执行、评价等都属于行政权的管辖范围。这种观念体现在 1790 年制宪会议制定的《司法组织法》中。该法第 10 条禁止普通法院行使立法权力，第 13 条禁止法官干预行政活动："司法职能和行政职能不同，现在和将来永远分立。法官不得以任何方式干预行政机关的活动，也不能因其职务上原因传唤行政官员到庭。"① 分权原则对法国政府组织所产生的结果，是在行政部门内部建立了专门的审判组织，排除普通法院受理行政诉讼。最初，行政部门自己进行审判。以后逐渐由行政部门中的一些机构专门负责进行审判。创建了行政司法机构：最高行政法院、审计法院、省级行政法院。第二共和国时期认可了最高行政法院具有司法特征，1872 年的法律授予最高行政法院委托审判权。法国行政法的发展，很像早期罗马法和英国普通法的历史，乃是行政法院法官在受理行政诉讼时创造的，行政法的一般原理几乎都来自判例，而非立法者所为。先例在法国其他法律中只有次要作用，在行政法中却占重要地位，在行政法上，法国非常接近英美的遵守先例原则。必须

---

① 王名扬：《比较行政法》，北京大学出版社 2006 年版，第 53 页。

说，法国行政法体系对公民权利的保护是强有力的，对此，戴雪曾有著名的误解。今天，在法国，普通法院无权审判行政机构，不是因为担心它僭越行政机构的职能，而是人们愿意诉讼裁决建立在行政法规的基础上。更了解行政行为必要性的行政法庭通常比普通法院更多地考虑个人利益。当同一事件，存在两种诉讼，一种置于行政法官面前，一种置于普通法官面前，置于行政法官面前的诉讼通常对个人更有利。[①]

关于司法权与立法、行政权的分立，法国和美国有完全相反的理解，这两种理解不可能同时正确；然而，两种理解中的司法体制都获得了成功，发挥了相似的作用，法国行政法院的运转方式实际上更类似于英、美的法院，法国行政法与美国宪法、行政法发展的历程是类似的。也许，不得不说，两种关于分权的理解，就和司法权相关的部分而言，都是非常表面的，仅在对各自国家司法体制的正当性辩护中起了一种修辞的作用。

第二节　分权理论中的司法权

分权理论有不少批评者。我们已经阐述了"分权的歧义"问题，因此，对分权的批评也是有歧义的，各种批评针对的很可能并不是同一个对象。这里我们能得到的可能不过是表面的或形式的归类，即对分权的批评就是那些在负面的意义上使用"分权"这个术语或对之不以为然。麦迪逊在笔者看来是分权论者或分权理论家，但是，一个人完全可以和他的主张实质类似，却由于术语使用的原因而成为分权的批评家。我们仍然需要叙述一些人的学说，这些学说会给我们启发，而最需注意的是这些学说针对的具体对象是什么。

在分权理论的批评中，关于"立法权和行政权一定程度上的融合是政府有效运转的条件"比较容易理解，实践会告诉我们这一点。但这不是本章的重点，这个批评会产生修正性模式而不会导致替代性模式的产生。麦基文对于治理权与审判权的区分是最有启发性的，这颠覆了分权理论的基础。本章认为，分权理论其实误解了司法权的性质，判例法院的意义不在其视野中，分权理论存在的问题需要替代性的模式。

---

① ［法］古斯塔夫·佩泽尔：《法国行政法》，廖坤明等译，国家行政学院出版社 2002 年版，第 237 页。

一、分权的批评家

（一）维尔

维尔批评的对象是他定义的纯粹分权学说，这是其《宪政与分权》的重要内容。英国、法国、美国的实践证明纯粹分权是不可运转的体制。维尔认为，实践中不可能做到纯粹分权：

> 纯粹权力分立学说隐含着的是，可以在政府的各部门之间对政府职能作独到的划分，做到任何部门都不需要行使其他部门的职能。在实践上，这种职能划分从来没有实现过，即使可能，事实上也不可欲，因为它将涉及政府活动的中断，而这是无法容忍的。但对政府职能三分概念的批评可以大大深入一些，而不仅仅指出它从来也没有在实践中完全实现。人们可以提出，政治结构的"多重职能"可以甚至必须达到这一点，即任何职能划分的努力都是不可能的。①

但是，维尔不反对甚至赞美吸收了分权要素的英国均衡政制和加入了制约平衡要素的美国式分权。

（二）詹宁斯

詹宁斯心目中的分权学说还是以洛克、孟德斯鸠著作为核心的。② 詹宁斯对分权的批评集中于"立法"、"行政"、"司法"三种职能的划分上：

> 那种认为可以通过分析来区别"立法"、"行政"以及"司法"三种权力的想法更是不能成立的。孟德斯鸠并没有作出很好的区别，他的后继者也没有一个人成功地描述过它们。许多专家认为，这三种权力是不可能严格区分的。例如，不同类别的职能某些具有某些特征，因而它们应由例如一批独立的法官来行使；但是，任何单独一项特征或一组特征都不能使立法机构立即决定某一特定职能应当赋予某一批法官，换言之，任何单独一项特征或一组特征都不能区分出"司法"类职能。同样，有时人们认为，"普遍性"法律应该由立法机构制定；人们还认为，有些个别决定，应由立法机构而非别的机构作出。至少应有三类机

---

① ［英］维尔：《宪政与分权》，苏力译，三联书店 1997 年版，第 303 页。
② ［英］詹宁斯：《法和宪法》，龚祥瑞、侯健译，三联书店 1997 年版，第 15—18 页。

构，但他们的区分不是根据它们职能的特征，而是根据它们的组成以及行使职能的方法。①

詹宁斯的见解带有强烈的反本质主义特征。在他看来，我们不能拥有什么标准区分"立法"、"行政"、"司法"三种职能，可以区分的是议会、内阁、法院的职能，因为我们能够区分三个不同的机构。他主张的是职能的形式划分：若主张权力之划分，是因为国家职能具有分为三种的内在特征，则权力分立的概念是实质的，否则便是形式的。② 理论家因此把形式的（formal）分权学说与实质的（material）分权学说区别开来。根据前一种学说，因为职能由法官行使，所以该职能应该是"司法的"；根据后一种学说，因为职能属于"司法的"，所以该职能应有法官行使。③ 实际上，我们也可以清楚地看到，不仅不可能根据职能的实质或本质的特征作出区别，而且甚至在程序上也不容易作出形式的区别。④

政府职能的配置乃是根据机构的组成与运行方式，将各种不同的具体职能分别分配到不同的机构那里。对分权的意见分歧并不在于是否要维护这种划分，而在于它是否符合政府各种职能在性质上的差别，或者它是否不仅是一种在职能的形式或程序上的差别，而且是一种与由不同原因而产生的不同职能相一致的差别，这些原因与三种机构的人员及运作方式有关。⑤

詹宁斯认为分权原则无助于职能的分配。作为一种分析工具，分权学说并不能帮助得出一个清晰的区别，在任何情况下也都不能有助于决定什么职能应由议会行使，什么职能应由行政机构行使。⑥

（三）马歇尔

英国宪法学家杰弗里·马歇尔与詹宁斯一道被认为是分权的著名攻击者。⑦

在杰弗里·马歇尔那里，分权学说是说不清、道不明的事物，无法对于

---

①　［英］詹宁斯：《法和宪法》，龚祥瑞、侯健译，三联书店 1997 年版，第 18—19 页。

②　同上书，第 194 页。

③　同上书，第 243 页。

④　同上书，第 210 页。

⑤　同上书，第 194 页。

⑥　同上书，第 204 页。

⑦　Eric Barendt, "Separation of Powers and Constitutional Governmnent", in *The rule of Law and the Separation of Powers*, ed. by Richard Bellamy, Aldershot：Ashgate/Dartmouth, 2005.

政府体制有实际指导的作用。马歇尔自己并没有定义一种分权观点然后加以批判，他是对实际中人们对"分权原理"的使用、援引进行描述和总结。马歇尔发现，公认的权力分立观点同历史上的其他政治理论分开并不是容易的事。在不少情况下，两种相反的结论，对立的双方都会宣称遵照的是分权原理。人们对权力分立原理的运用一直就不统一，既用它支持司法机关废止或撤销立法或行政行为，也用它反驳司法机关的这些做法。当前，这两种不同的场景均有实例。在盎格鲁—美利坚运用该原理的过程中，产生了这样的观念，那就是，政府各部门"分立"之后，就可以合法地相互制约或影响，而且，事实上，它们精妙地分立，就是为了能够实现这种相互制约。因此（除其他例证外），对立法进行司法审查，就属于典型美利坚意义上的权力分立。与此相反，在法兰西，人们认为，分立后的权力，不应干涉对方的运转。因此，由司法机关审查立法或行政行为，就被认为无法容忍。在这里，人们也认为，政府的各种权力是分立，但意思却是，彼此隔开或相互隔绝。汉斯·凯尔森在《法与国家的一般理论》一书中，似乎就持类似观点。在该书中，他认为，"司法机关审查立法，显然是在侵犯权力分立原则"。① 人们既用分权反对司法审查，也用分权赞成司法审查。在美国，关于司法审查应该回避的政治问题也是一样，一个案子是否涉及政治问题，对立双方都援引分权来证明自己的观点。关于司法权的分立，实际包含两种观念：司法职位的安全与法官免受不当影响；禁止司法、立法和行政权能的合并或混合，这导致混乱。关于立法委托与立法、行政权分立在当代的弱化问题，从分权出发的观点也莫衷一是。最后，马歇尔总结了分权概念的不足之处：

　　　　第一，很难明确说，是否存在这样一种分立，如果存在，是什么意义上的分立。有观点认为，宪法已经宣布，立法、行政和司法权已被授予特定的人或机关，但这种观点并非毫无争议。

　　　　第二，即使存在权力分立，仍难以搞清，分立的到底是什么，因为，"立法"、"裁决"和"行政"诸观念，尚未表明可以有精确的定义。

　　　　第三，人们一直用"分立"概念涵括这样一些观念，人员的任职分离，角色或职位在法律上互不相容，职能的区分，机关间的隔绝或豁免，以及相互制约、监督或一机关对其他机关的监控。

---

① ［英］杰弗里·马歇尔：《宪法理论》，刘刚译，法律出版社 2006 年版，第 117—118 页

第四，当考察政府权能的混合时，人们对区分立法职能和行政权能的方式，一直就不同于对待司法职能和另外两种职能的区分。权力分立原理并未告诉我们，这种区别对待是否恰当或必要，或者政府部门之间自愿转移职能或者部分委任职能是否合法。

总之，这一原则已沾染太多不精确与不一致，结果，它只应被看作一大堆杂乱的政策观点，从另外角度看，这些观点或许值得赞同，或许值得否定。①

马歇尔的观点，有两点需要注意。他认为分权可能只是个术语使用的问题，并不存在一个无论对错的完整的分权概念，有的只是打着分权名号的各种不同的各种关于政法体制安排的见解，辨别这些见解的对错，是另外一回事，需要另外的理论。在笔者看来，"分权"的遭遇，在政治论辩中是常见的事，有些概念，如果是具有强烈的规范性、引起人们感情归属的，那么很难被放弃使用，各种主张都会附会在这些概念上。如果分权被认为是良好政制的特征，那么对立的主张都会宣称自己才是真正的分权，这样一来，分权概念就会变得高贵神圣而空洞了。马歇尔的另一个发现更加值得注意，那就是，"人们对区分立法职能和行政权能的方式，一直就不同于对待司法职能和另外两种职能的区分"，为什么会如此呢？这可能意味着传统分权理论有很大的缺陷。我们还是认为，分权理论有可以大致辨别的内容，即主要围绕洛克、孟德斯鸠著作的那些内容，而不像马歇尔所讲的那样虚无。

（四）白芝浩（Walter Bagehot）

1867年，白芝浩将他陆续发表于一家期刊上的论及英国政制中内阁、君主、贵族院、平民院以及英国宪法历史的系列文章结集出版，形成了《英国宪法》一书。

就我们关心的问题而言，白芝浩认定"英国宪法的有效秘密可以说是在于行政权和立法权之间的紧密联合，一种几乎完全的融合（total fusion）"②，而不是立法权和行政权的彻底分离。英国宪法中这两种权力的奇妙融合的连接点是"内阁"。"内阁是一个混合的委员会——一个起连接作用的'连字号'，一个起紧扣作用的'扣子'，而被连接和紧扣的是国家的立法和行政部分。从它的起源上讲，它属于这一部分；而从其所起作用上

---

① ［英］杰弗里·马歇尔：《宪法理论》，刘刚译，法律出版社2006年版，第145页。

② ［英］沃尔特·白芝浩：《英国宪法》，夏彦才译，商务印书馆2005年版，第62页。

讲，它又属于另一部分。"①

内阁虽然是议会的一个委员会，但按照英国宪法的惯例，它又有解散议会的权力。内阁的解散权使它成了奇特的东西："它是一个被创造物，但是它有权毁掉它的创造者。它既是一个由立法机构任命的行政体，又是一个可以消灭立法机构的行政体。它是被造的，但它可以破坏；从起源上讲它是派生的，但在行动中它却具有毁灭性。"② 白芝浩将英国内阁的这种解散权称为对平民院单一主权的"调制器"（the modulator），认为这个"调制器"是英国宪法得以成功运行的两个部件之一。③ 因此，英国体制不是指立法机构对行政机构的吸收，而是意味着二者的融合。④

白芝浩还通过对比英国体制与美国体制来解释英国内阁制的典型特征——立法权和行政权融合——所具有的重要性。他的观点是，在一个主要的方面，英国的制度远胜于美国。在英国，"由议会选举产生并由这个立法性机构中占多数席位的党派撤换的英国首相肯定依凭于这个议会。如果他想让立法机关支持他的政策，他就能够得到这种支持，并进而推行他的政策"。⑤ 但是，如果行政机构和立法机构是分隔的，"那些不得不履行这些职责的人同时不是不得不进行立法的人，那么两班人马之间必定会发生争吵。行政机构因得不到它所需要的立法而瘫痪，而立法机构则因无须对自己的行为担负责任而在道义上被破坏；行政机构由于不能它已决定的事项而名不副实，立法机构则因自行其是、作出让他人（而不是它自身）承担责任的决定而变得缺乏道义感"。⑥

（五）阿克曼

上文已经说明，分权以及分权与制衡都不是关于司法权安排的理论。权力分立与制衡只适用于治理权的安排，或者说是排除了法院的政府结构安排。在立法与行政权结构与关系这个问题上，也有人对标准的权力分立与制衡——美国政制提出批评，而认为议会内阁制是更好的选择。

---

① ［英］沃尔特·白芝浩：《英国宪法》，夏彦才译，商务印书馆 2005 年版，第 42 页。

② 同上书，第 66 页。

③ 另一个部件是"安全阀"，即内阁首相对贵族院议员的册封权。随着贵族院在英国一系列的宪政改革进程中地位的下降以及最终这种册封权的取消，"安全阀"在当代英国政制中的意义已经不大。

④ ［英］沃尔特·白芝浩：《英国宪法》，夏彦才译，商务印书馆 2005 年版，第 66 页。

⑤ 同上书，第 42 页。

⑥ 同上书，第 67 页。

　　在《新分权》①中，阿克曼教授探讨了美国式三权分立是否适合作为其他国家的宪政模式，宣称要批评孟德斯鸠和麦迪逊的传统智慧。阿克曼在考察了德国、意大利、日本、印度、加拿大、南非等许多国家的实践之后，反对把在众、参两院和总统之间进行分权的美国模式出口到其他国家。他认为尽管该体制在美国运作得很好，但它已证明在国外带来的只是灾难。他建议采纳"有限议会制"（constrained parliamentarianism），根据该模式，宪法并不设立独立选举产生的总统来制衡普选的国会，而是实行责任内阁制，政府向民选的议会下院负责，但同时，内阁和下院的权力也将受到其他许多独立机构的制约，其中包括宪法法院。阿克曼教授认为，该模式提供了一条比美国模式更具前途的宪法发展之路，能够更好地服务于现代分权的三大基本原则——民主、专业化、保护基本权利。

　　阿克曼看来，只要议会和总统分别独立选举产生，就必将产生僵局期和全权期，并且各自有着相应的弊病。温和地说，分权政府看起来并不很吸引人，不仅由于它被（不必要的）统治力危机所损害，而且即使在行使全权时期也充满了危险：象征优先于实质，长期法条主义（long-run legalism）优先于中期效果。更糟的是，虽然比例选举制更具民主合法性基础，但在三权分立体制中却不宜推行。取而代之的是，分权制使得公民把他们的热情投到了单一领导的人格方面，而非一个应当统治我们所有人的原则上。②

　　当议会和总统被不同党派（或同一党派的不同派别）控制时，出现的是僵局（impasse）。在僵局情况下，两者之间的相互关系存在三种可能性。第一种是彼此妥协，他们将采取说服和协商的方式打交道，这可能导致一个吸引人的结果，这是麦迪逊他们希望的结果。但是，第二种可能性却是宪法崩溃，这一情景可称之为"林茨噩梦"。胡安·林茨（Juan Linz）是比较政体最著名的学者之一，他认为三权分立是美国最危险的出口品，而对拉丁美洲国家来说，尤其如此："这些国家一代又一代的自由主义者都以孟德斯鸠的理论和美国的实践作为立宪的指导，将立法权在分别选举的总统和议会之间进行分配。但这些宪政体制往往被不得志的总统们所摧毁，他们解散不妥协的议会，借助军队和非宪法性的全民总投票的方式将自己任命为元首。从比较的观点来看，这些结果是十分令人震惊的。大约三十个国家采纳了美国

---

　　①　［美］布鲁斯·阿克曼：《新分权》，杜钢建、彭亚楠译，载《宪政论丛》第3卷，法律出版社2003年版，第600—704页。

　　②　Bruce Ackerman, "The New Separation of Powers", *Harvard Law Review*, Volume 113, 2000.

式的总统制，其中大多数在拉丁美洲，而所有的国家都曾反复地陷入林茨噩梦之中。当然，尽管每一次危机的发生原因是复杂的，但正如萨托利所说的那样，这一晦暗的记录'促使我们想知道它们的政治问题是否源于总统制本身'。"①

当然，除了麦迪逊希望和林茨噩梦之外，还有第三种可能。阿克曼说："总统和国会之间可能不爆发全面战争，而只是进行无休无止的相互诽谤、攻击、派系斗争。也许更糟糕的是，双方可能都利用宪法赋予它们的权力而互相掣肘，使对方的行动举步维艰：国会将给政府制造麻烦，而总统则将不放过任何机会采取单方行动。我将这种情况称为'统治力危机'（crisis in governability）。"②

阿克曼对分权体制的其他批评，如对专业公共行政一致性的破坏，本章不再介绍。无论如何，分权政府的一个突出问题在于政府治理中决策与执行的协调。这个体制，在美国运转还算良好，但美国对分权体制的相对良性的经验，恰恰是个例外。在其他地方，19 世纪拉丁美洲引进北美模式所招致的是苦难。在 20 世纪 80 年代和 20 世纪 90 年代，所有新的拉丁美洲和亚洲新兴民主国家，如韩国和菲律宾选择了纯粹的总统制，历史会重演吗？

二、麦基文论治理权与审判权

美国政治科学家麦基文著有《宪政古今》③ 一书。在该书中，他认为，宪政的实质，是治理权（gubernaculum-government）与审判权（jurisdictio-jurisdiction）的区分与平衡。麦基文的立论，同无论怎么解说的分权理论都大有区别，对分权学说简直是颠覆性的。

麦基文通过重新叙述和分析英国中世纪法学家布拉克顿和福蒂斯丘等人的著作，论证中世纪宪政的特征是治理权和审判权的分离。王权有治理权与审判权两个不同的领域，在治理权领域，国王是至高无上的，他的权力是绝对的；但在审判权领域，存在对国王权力的界限，而且是由实在的和有强制力的法律确立的界限，国王权力超出此权力者即为越权。在审判权领域，"国王的意志就是法律"这句话根本不成立，国王必须依法行事。麦基文认为：

---

① Bruce Ackerman, "The New Separation of Powers", *Harvard Law Review*, Volume 113, 2000.
② Ibid.
③ ［美］麦基文：《宪政古今》，翟小波译，贵州人民出版社 2004 年版。

　　布拉克顿宪政主义的一个本质的特征是，他明确地区分了治理权和审判权，从而，国王独裁的不负责任的权力只能存于治理权范围内，永远不能超越它。这也是中世纪宪法的一个重要特征。不幸的是，它被现代的政治发展严重地遮蔽了。①

　　中世纪宪法之区别于现代，因其有两个显著特征，一是治理权和审判权的分离，二是管理命令和权利确定之法律效力上的差异。②

　　麦基文认为，与古代一样，审判权和治理权的区分目前仍是宪政的基础问题。他说："我对审判权和治理权的古老区分，对分析今日的问题，仍有价值。或许有人觉得我牵强附会。然而，我敢说，我面临的仍是审判权和治理权。谋求二者的中道，仍是我们最严重的实践难题，它跟 17 世纪英格兰的情形一样；而且，我认为，我们同样有必要保证两种政制互不侵犯，任何有助于强化它们的制度，我们都应维持；任何有可能使一方摧毁另一方的兆头，我们都应该坚决抵制。"③

　　如果国王是治理权的中心，那么尽管审判权名义上也属于国王，但实际上掌握在独立的法官手中，法官虽然由国王任命，但受自己誓言的约束，依据法律而非其他来对臣民的权利作出裁判。"如果审判权是自由的核心，且审判权属于法律事务，那么就必须维护法律，反对专断意志。最能捍卫法律的机构，从前是而且仍然是，一个诚实、能干、博学和独立的法院。"④ 麦基文的两权分立与分权学说的区别在于：分权学说三权划分中的司法权必须依照国家制定法，立法的存在是司法审判的前提，司法和行政一样，都属于立法的执行范畴；而就麦基文所说的审判权而言，法律不必始于一部成文法规，即使有成文法也是对已经存在的法律的宣示而非创造法律，审判权不是对国王命令的执行，反而是对治理权的法律约束。关于治理权受到审判权的法律限制，用布拉克顿的话说，"国王应当不受制于任何人，但应受制于上帝和法律"；⑤ 用著名的英国大法官柯克的话说，"国王，不论依自己声明还

①　[美] 麦基文：《宪政古今》，翟小波译，贵州人民出版社 2004 年版，第 64 页。
②　同上书，第 70 页。
③　同上书，第 117 页。
④　同上书，第 118 页。
⑤　参见 [美] 斯托纳《普通法与自由主义理论》，姚中秋译，北京大学出版社 2005 年版，第 48—49 页；[美] 考文：《美国宪法的"高级法"背景》，强世功译，三联书店 1996 年版，第 34—35 页。

是其他方式，都不能改变普通法、制定法和王国习惯的任何部分"。① 对分权学说，基本的区分是意志与行动，而在麦基文那里，基本的区分是法律与意志："在政府的政治事务中，人民现在已经取代了国王；但即使在民主国家——我们相信美国是这样的民主国家——里，法律和意志的问题仍是所有实践问题中最重要的问题。"②

麦基文对治理权和审判权的区分根植于英国普通法传统当中。由于历史原因，英国普通法院发展成为独立于以国王为代表的治理权或政府的公共权力建制，普通法本身也是法官在解决争议过程中逐渐发展的。只有在普通法背景下，才能够理解麦基文的两分法，才能理解戴雪的法治含义。

哈耶克作出了一种和麦基文有些相似的权力划分：制定正当行为规则的权力和指导政府为实现具体目的采取行动的权力。③ 在哈耶克提议的宪法模式中，两种权力被授予两个不同的代议机构，制定正当行为规则的真正意义上的立法机构权力行使方式，同解决具体争议的法院权力行使方式不同，它公布抽象的条文。不过，哈耶克对英国普通法的如下评论可以和麦基文的见解相参照：

> 因此，令 18 世纪其他欧洲国家的人民羡慕不已的英国人所享有的那种自由，并不像英国人自己最先相信并在后来由孟德斯鸠告诉全世界的那样，原本是立法机关与行政机关进行分权的产物，而毋宁是这样一个事实的结果，即支配法院审判的法律乃是普通法，亦即一种独立于任何个人意志、而且既约束独立的法院又为这些法院所发展的法律；对于普通法，议会很少会加以干预，即使作出了干预，其目的也主要是为了澄清某一法律系统内的疑点。人们甚至可以这样认为，权力分立制度之所以在英国得到确立，并不是因为仅有"立法机关"立法，而恰恰是因为它并不立法：这是因为在英国，法律是由那些独立于指导和支配政府的权力——亦即那个被错误地称之为"立法机关"的机构所具有的权力——的法院决定的。④

---

① ［美］麦基文：《宪政古今》，翟小波译，贵州人民出版社 2004 年版，第 71 页。

② 同上书，第 122 页。

③ ［英］哈耶克：《法律、立法与自由》，第 2、3 卷，邓正来等译，中国大百科全书出版社 2000 年版，第 17 章。

④ ［英］哈耶克：《法律、立法与自由》，第 1 卷，邓正来等译，中国大百科全书出版社 2000 年版，第 131 页。

麦基文主张治理权与审判权的分立，主张审判权对治理权的约束，但他并不主张审判权至高无上，审判权范围也是有限的。他强调二者的并立：17世纪，保王党人只引用治理权的专制主义先例，并将其不加限定地适用纯粹审判权；然而，议会党人鉴于中世纪审判权的局限，同样不适当地把适用于权利确定的规则推广到治理行为。①

麦基文最令人震惊和深思的主张在于对法律约束和政治制衡的区分。他认为，司法权的安排问题或法院独立问题，与权力分立理论或制约平衡理论没有关系，制约平衡仅仅关系治理权的安排，是对治理权的政治控制，但制约平衡的滥用造成政府的虚弱和责任的逃避：

> 我们主张，必须对政府权力作法律限制，并由独立法院作保障，但这并非要削弱政府能力。在所有混淆宪法史真正教义的现代谬误中，为害最大的莫过于极端的权力分立学说，和对"制约与平衡"术语不加区别地滥用。权力分立学说并无法真正适用于审判事务。但这和法官独立是两回事，千万别把它们给混淆了。然而，当前的混淆不止此。我们对法律制约和政治平衡缺乏基本的分别。整个宪法史都坚决地表明法律制约是根本的、必不可少的。但政治平衡却缺乏历史的支持，它至多只是18世纪学究们和其追随者的狂想。政治平衡缺乏制度背景，只是书斋哲学家孟德斯鸠的想象。②

关于分权和制约平衡学说并非司法权安排的适当理论基础，这并非孤立的见解。杰弗里·马歇尔就曾提到，"当考察政府权能的混合时，人们对区分立法职能和行政权能的方式，一直就不同于对待司法职能和另外两种职能的区分"。约翰·罗素也曾评论，在他的时代，英国政府体制的和谐，是通过内阁责任制，以及国王和议会相互实施的制约来实现的，而在回答这一制度如何与权力分立学说相协调时，他的答案是：司法权是例外——事实上，这三种权力从来没有，而且从来不可能完全分立，只有司法权是例外，而司法的职能只是将一般规则适用于具体的案件。至于其他两种权力，最好称之为深思决断权和执行权，在每一个政制中都是持续地相互影响和相互作

---

① ［美］麦基文：《宪政古今》，翟小波译，贵州人民出版社2004年版，第70页。
② 同上书，第118页。

用的。①

　　通常的观点认为，美国法院可以宣布议会的法案违宪而无效，也属于上述权力分立与制衡的结构之一，也属于"野心必须用野心对抗"的整体设计之一，但这不是没有疑问的。斯托纳的《普通法与自由主义理论》一书专门讨论了这个问题。斯托纳发现，我们在读《联邦党人文集》中涉及司法机构的那些文章——从第78篇到第83篇——的时候，不可能不觉得，这些文章与全书不大和谐。戴维·艾普斯坦评论说，普布利乌斯对司法机构的处理与"该书其他部分多少有点偏离，就仿佛司法多少有点偏离政治一样"。②《联邦党人文集》第51篇是有关权力分立的经典论述，而司法在制约与平衡架构中的地位未被谈及。唯一一次提及是在讨论每个分支在任命其人员时应当独立于其他机构，而且应直接源于"权力之源泉，人民"的语境中；而司法机构当然不在这一规定之列，"对其成员来说，特殊的资格是最重要的"，但法官对别的分支的依赖，马上又被其终身任职而缓解了。其实，麦迪逊倒真把司法机构视为与立法和行政部门类似的一种权力，要给予它从制度上进行自卫的手段。这个设计是麦迪逊在制宪会议上确曾提议过的，设立一个复决委员会，由固定数量的全国性司法机构的成员和总统组成，在议会立法通过之后生效之前进行否决。③但是，在后来的辩论中，设立这一委员会的建议被拒绝了，理由是不能让法官掺和到政治和政党中。

　　斯托纳认为，美国司法机构的力量及其独特性质，必须放在该机构的普通法背景下才能予以理解。④美国宪政有两个不同的思想来源，英国普通法的传统与早期自由主义的政治哲学，后者体现在分权与制衡理论中。但是，前一个传统更加根本，"在美国法律的形成过程中，在作为普通法的美国宪法之确立过程中，说自由主义的洞见被吸收到某种普通法背景中，要比相反的说法更为准确"。⑤

　　本来，在混合政体理论中，就没有法院的位置，现在根据上面所论，在

---

① ［美］麦基文：《宪政古今》，翟小波译，贵州人民出版社2004年版，第291页。

② ［美］斯托纳：《普通法与自由主义理论》，姚中秋译，北京大学出版社2005年版，第299页。

③ ［美］麦迪逊：《辩论：美国制宪会议记录》（上），尹宣译，辽宁教育出版社2003年版，第17—18，54—55页。

④ ［美］斯托纳：《普通法与自由主义理论》，姚中秋译，北京大学出版社2005年版，第310页。

⑤ 同上书，第268页。

分权学说中，在均衡政制中，在权力分立与制衡中，也不应该有法院的位置。关于法官的独立、司法审查、司法的界限，这其中的问题，也和分权无关，需要由另外的理论作出合适的回答。

三、分权理论的问题

如果说政制理论有什么政治哲学前提的话，那么首先不是什么意志与行动、决策与执行的区分和等级关系，而且这种区分在实践中远不像在理论上那么容易；首要的区分是行动与反思、意志与法律、意志与客观正义。要实现正义和公共利益，我们需要探讨怎样的制度安排能有助于实现这样的目的，其中有些什么样的一般原理。在笔者看来，分权理论，过于依赖于前一种区分，这是它的最大问题。而且，思考政制问题要避免根据抽象原理进行推演，而要将政制安排视为需要审慎权衡的实践理性问题，就此而言，分权理论显得有些粗糙和教条，我们不必太迷信孟德斯鸠。

分权理论的问题主要在于：

（一）司法权的安排可以说与分权理论无关，笔者同时认为，联邦主义也不是关于司法权的理论。

分权理论不是为司法独立有效辩护的理论，更不可能为建立正确的司法体制提供帮助。分权理论主张司法权的独立，但分权理论对于司法独立没有提供什么有效的论证，分权理论本身的预设倒可以主张法官对立法机关的依附，没有区分行政执法和司法，但是行政执法既执行政令也执行司法判决，尽管主要是执行政令。分权理论在实际的政治法律运作中，寻求实质的根本，设想了一个立法权，没有区分两类性质不同的法律：统治机关制定的政令和独立于人类意志可以说是永恒存在的法律。

司法权的建立基于一种阐发客观正义之实在性的政治哲学，所以，以前是"国王高于一切人，但在法律和上帝之下"，今天则是"人民（具体说是选民中的多数）至高无上，但在法律和上帝（天道）之下"；也基于人类规范判断性质的反思以及对实践理性的要求，所以，对法治的要求，首要的不是成文法的特征，而是法院的组织和行事方式，这必然要求判例法法院——英国普通法、美国宪法法、法国行政法、德国宪法法和欧洲联盟法发展的历史经验。由此，我们可以提出的框架是：

1. 统治权与审判权的区分，对应于政制与法制，政府与法院的安排；

2. 政制与法制各自独立进行安排，统治权与审判权是山高不碍水长的关系。

政体建设的基础问题是统治权与审判权的分离和平衡。统治权的安排涉及政制，审判权的安排涉及法制。政制与法制，乃是政治社会两种不同类型的公共权力建制，各自都是独立完整的机制，各自机构的组成、行使权力的方式和范围都不同。

上述政体模式，同司法审查、三权分立理论的阐述不同。政制与法制的分离并立，是政体完善的基础。二者的关系，还不能用相互约束来概括，毋宁说，是各自因为对方的存在而使自身更加完善。政制与法制或具体说政府与法院的关系，唯有世间男女的结合可以大致譬喻。英俊的小伙与美丽的姑娘结合，形成了新的更美好的事物，并且每一方都更加完善了。政制和法制可能有多种不同的组合，甚至威权政制也可以有良好的法制。法制能够成为独立的建制，参照英美的历史实践，判例法法院乃是其中心设置。没有判例法法院的存在，法制无从谈起。

（二）分权理论只能适用于治理权或统治权的安排，但没有注意到立法权和行政权一定程度上的融合是政府有效运转的条件。

纯粹分权在英国内战、法国大革命、美国革命后一段时间的历史已无须多说，这是完全不可运转的体制。那么，美国式的总统和议会两院中间的分权与制衡怎么样？实际上，除美国以外的世界其他地方的经验并不美妙。如果在历史和现实中寻找一种体制，保证政治部门对行政部门的有力控制、决策和执行的协调和决策的审议性，那么英国的议会内阁体制也许更胜一筹。英国体制是议会中产生一个小规模的委员会——内阁，相对独立于议会，既领导议会立法，同时其成员作为关键行政部门的首长督促立法的执行。英国内阁说到底乃是中央政府的政治部门，不是行政部门，内阁和议会之间，乃是政治部门内部的分权。内阁的强大，乃是得到议会的支持或对议会的有力控制，不是得到了部门或地方的支持。这种体制在必要的时候可以高度集权而不发展为独裁，在权力制衡条件下实现决策和执行的协调。这种体制甚至可以说同民主集中制的原则并不冲突。也许，议会、内阁和首相可以被阐释为古老混合政体的民主、贵族、君主因素的现代体现，三者之间保持着一种均衡关系。

第三节　判例法法制

我们需要进行规范判断性质的哲学反思。这是前人已做过的工作，本章只作简单的总结。实践规范判断不是通过推理获得一个确定性的结论，而是在了解具体的事实和真实的关系之后，做审慎的判断。实践规范判断不能通过有实质性含义的若干个抽象正义原则或绝对命令获得，它是在非常特殊的、具体的事实条件下形成的一种判断，其逻辑的根据无法追究。在实践推理领域，例证推理具有一般性的意义。上述辩护并不充分，还需要理性重构判例法法制下的规则秩序模式，理解其中生成的规则的一般性特征。

一、实践理性与判例法方法

（一）实践科学与理论科学

进行规范判断性质的哲学反思，必须坚持道德普遍主义、价值绝对主义立场，也就是说，至少承认存在绝对正确的、纯粹形式的伦理法则，否则会导致谬误。但实践规范判断的基点不能是绝对正确的纯粹形式的伦理法则，因为它没有经验的含义，无法在实际中加以运用。如何让制度变得良好一些，如何让判决变得更好一些，这里就涉及什么是"好"或者什么是"正确"。"好"、"正确"，作为一般的概念不能加以实质化。价值绝对主义和道德普遍主义，因此不成为独断的教条，虚无主义和教条主义倒是一枚银币的两面。这个问题与制度建设是相关的，具体的经验性政治和法律规定本来就不是从某些前提中直接推导出来。价值观念和具体的制度和具体法律之间，不存在逻辑推理的链条，它是启发性的。

政治法律科学论述基本的逻辑结构，这决定了它是实践科学而非理论科学，而社会学、经济学则是理论社会科学。政治法律科学家有时也创立理论社会科学成果，并且，由于下文将要提到的，要探究不现实但真实的关系，其论述是极度理论化。不过，这些极度理论化的论述，只是它的次级逻辑结构，不是基本的。

实践智慧本身，可能是缺乏自觉性的。一个具有实践智慧的人可能缺乏一贯性，迷信理论，丧失审慎，所以，需要反思。一些著名哲学家、政治思想家，如大卫·休谟、后期维特根斯坦、迈克尔·博兰尼、列奥·施特劳斯、哈耶克、迈克尔·奥克肖特、伽达默尔等的论述，有助于我们作这种反思。我们也关注政治法律家，如霍姆斯、卡多佐著作当中那些近于哲学的论述。这种理论性的反思，并不是说要建立政治法律科学的理论基础，其意义是哲学治疗性质的，可以使人们摆脱由于错误的理论看法而陷入的失语或无能的状态。实践科学的辩护只能是理论性的，正如列奥·斯特劳斯所说，对审慎的辩护只能是理论性的，但认为辩护性理论是审慎的基础却是误解。

理论智慧（sophia）与实践智慧（phronesis）的对立，首先是由亚里士多德提出的。实践智慧，是另外一种知识。它首先表示：它是针对具体情况的，因此它必须把握"情况"的无限多的变化。亚里士多德举例说，青年人可以通晓几何、算术，在这方面较为智慧的，却没有人说变得明智。其原因在于，明智是对诸多特殊事物而言的，这须通过经验才能熟悉，青年人所缺少的正是经验，而取得经验则须较长时间。前者的对象是抽象的，后者的本原则来自经验。实践科学是关乎人事的，人的行为自有其独立的原理，不是从理论科学推理出来的。实践科学是针对具体事物的，只有个别事物才是可行的，只有具体的才是可判断的。实践智慧的取得依赖于经验。实践的美德是审慎而不是逻辑的完美。理论科学（theoretical science）和实践科学（practical science），不同于理论科学（theoretical science）和应用科学（applied science）的区别。实践科学（政治、法律科学属于实践科学）有其独立的原理，不依赖于理论科学，也不从中推导而来；应用科学依赖于理论科学，在顺序上是后于理论科学的。

欧克肖特区分了两种不同的政治论说，说服性的与证明性的。① 这大致对应于实践科学与理论科学的区分。他也提出了说服性政治论说的逻辑设计："这里是有某种逻辑设计的政治论说：它是去说服但不能证明的论证。它从给予信念（该信念构成其言谈词汇）的逻辑地位——基本原理的地位或基本原理的组成部分的地位：一般认为是真的信念和一般认为是重要的价值——中得到这个设计。这也许是在政治论说中找到的最普通的逻辑设计。它是从古代世界传到我们的一切政治演讲的那种设计；它是最近 500 年多数国会言论的那种设计；它是一切国家文件的设计。"② 对于另外一种政治论说，证明性论证，在欧克肖特看来，"简而言之，人们相信，证明性政治论说要么可以从一种其组成信念被赋予公理的逻辑地位的'意识形态'中产生，要么可从一种其组成信念被赋予关于人和事物进程的绝对知识陈述的逻

① ［英］迈克尔·欧克肖特：《政治中的理性主义》，张汝伦译，上海译文出版社 2003 年版。
② 同上书，第 71 页。

辑地位的‘意识形态’中产生"。① 欧克肖特批评了证明性政治论证："同样重要的是，这种对证明性政治论证的渴望可能使我们不满日常的政治论说，因为它不是证明性的，我们可能被诱使认为它是一种非理性。这将是一个灾难性的错误。它是一个错误，因为处理猜测与可能性，权衡形势利弊的论说是推理，它是唯一一种适于实践事物的推理。在这个问题上，亚里士多德和伊索克拉底是比柏拉图和马克思更好的指导。"②

实践理性的思维方式是：不寻求一个原点作为获得确定结论的源泉，而是在由众多的相互联系和影响的具体事物或事件所组成的网状世界中，通过对一系列具体的片段的省察获得可以令人满意的结论。而且，采取这种思维方式的人明确知道，对个别的认识，与其他个别相比较和在与其他个别的关系中才是可能的。

从实践科学推理的性质，我们知道，它获得的结论是或然的，不是必然的，但也不是偶然的，只能说是应该合乎自然的。政治法律科学中的结论是似真性的，其论式是"既然……，那么……"，不是"因为……，所以……"，因此是说服性的，而不是证明性的。

（二）例证推理

实践科学的结论仍然有推理的过程，但实践科学的基本论证结构不是证明性的。实践推理是实验性、直觉性的推理过程，似乎缺乏合法的严密性与精确度。实践科学需要运用理论科学的成果，理论科学并不直接就是实践科学，不能从中直接推导出实践结论来。对确定性的渴望可能使我们不满日常的实践推理，因为它不是证明性的。

实践科学的逻辑设计和理论领域探讨概念之间关系的推理是不一样的。讨论政治法律科学中的论证结构或逻辑设计，在古代，这是修辞学和论题学（Topica）中的内容。亚里士多德的《修辞学》，已经把实践科学中论证结论的形式描绘出来了：例证推理和修辞式推论。

在现代，在法律推理或法律解释概论的著作中，我们可以描述出这些论证结构的类型：例证推理、修辞式三段论（政治法律科学中演绎推理也只能划归于修辞式三段论）、法律拟制；文义解释、历史解释、目的解释等法律解释方法。例证推理是普通法法律推理常用的方法，普通法对制定法律解

---

① ［英］迈克尔·欧克肖特：《政治中的理性主义》，张汝伦译，上海译文出版社2003年版，第72页。

② 同上书，第84页。

释或者对通常人们认为正确的信念、观念的解释，也主要不是逻辑演绎的过程，重要的还是判断重要性的问题。

在实践推理领域，例证推理具有一般性的意义。例证推理，就是从个案到个案的推理，既不同于从部分到整体的推理，也不同于从整体到部分的推理，而实际上是在两个具体情况（both particulars）都从属于同一个项（term）并且其中一个具体情况已知的情况下从部分到部分的推理，它不同于归纳法也不同于演绎法。例子与它要证明的事的关系，不是部分与全体的关系，不是全体与部分的关系，也不是全体与全体的关系，而是部分与部分的关系、同类与同类的关系，其中一个比另一个更为著名。这一推理过程运用的是所谓"先例原则"，也就是说，将一项由先例提炼出的诊断视同一项法则，并将之适用于后一个类似的情境之中。具体而言，这一过程分为三步：首先要提炼出个案之间的相似之处，然后总结出先例中蕴涵的相关法则，最后再将此相关法则运用于当下的个案之中。

事实，具体的事实，对获得政治法律结论是极为重要的。事实约束了什么样的结论可以获得。但是，却不是从事实推出价值。这里边有一个逻辑的跳跃。

对于法律判断的起点问题，笔者曾提出如下尝试性的见解。法律中的公理不能是绝对正确的纯粹形式的伦理法则，因为它没有经验的含义，无法在实际中加以运用。与有实质性含义的若干个正义原则或绝对命令相反，笔者认为，接近于法律公理的，是在非常特殊的、具体的事实条件下形成的一种判断。为了得到判断，需要对事实本身进行剪裁，不断地附加如果这样如果那样等条件，一直到能得到确信无疑的判断时为止。例如，为了说明什么是错误的行为，说一个卖东西的人，在一个本村的、失明的、贫穷的人来买东西的时候，多收了他的钱并交给他一件次品，因此这个行为是错误的，至少要恢复原状乃至这个卖东西的人要受其他惩罚。设立条件是为了排除怀疑，达到确信：本村（也许外乡人可以骗）；失明（眼睛看得见的人自己有适当注意的义务）；贫穷（也许地主老财可以骗）。在这个事例中，即使我们达到了完满的确信，判断也仍然是不完备的，仍不能摆脱哥德尔定理，将推理的前提彻底阐明。这里试图要说明的是，人们对于一个个案进行判断比获得一个普遍适用的抽象原则更容易些，在个案的判断中，人们自觉或不自觉地用到了他们所有继承下来的价值体系来进行判断，此种判断不能被化约为一个纯粹的逻辑推理过程。另外，判断总是从最有可能判断的事物开始的。但是，不要误解笔者认为可以实现个案的绝对公正，最有可能判断的事物不是实际发生了的事物，组成个案的事实必然经过了剪裁。因此，先例大概总要比形成先例的判决本身更公正。各个判断之间要实现内在一致性，是要将绝对正确的法律适用于个案，但是，只有法律不在我们手中的时候，我们才有可能接近于它，每一次判断都是重新发现法律的过程。从个案到个案的例证推理乃是在人的世界实现实证规则体系内在一致性的更好方法。得到确实无疑的判断的案例往往不是真实存在的，是假设的，判断是真实的，事实是虚构的。这正如亚里士多德所说，只有具体的事物才是可判断的。如果彻底追问人们为什么能得出这些判断，最终是不能回答的。一个民族的神话传说甚至民间说唱艺术，在上述意义上可说是建构起来的判例法，它们不是在历史学意义上的真实，而是在实践伦理学意义上的真实。通过个案和个案的比较，在新的案件中也许可以放松一些假定，这样导致一个新的确定的判断产生。

在法律的发展中，英美普通法就是从众多个案裁决中累积形成的，正如美国著名法官卡多佐所说："普通法并非是从众多预先设定的真理和一成不变的有效性中得出源于对其演绎的结论。其方法是归纳性的，是从特殊到一般。"在管理科学中，研究案例可以被用于阐释如何作出适当的、典型的或者值得效仿的决策。美国立宪者们制定宪法时，从《联邦党人文集》可知，参考了众多的西方历史上制度兴衰成败的经验。

"例证推理"不会在没有充分了解事实、辨析关键事实之前，轻易断言解决方案。这样的方案只可能来自于抽象理论，而理论的有效，对应的是一些具体的事实性条件。"例证推理"是以问题为导向，在具体的情境中寻求创造性突破困局的方法；是在充分了解事实的基础上，参考一切可能参考的先例和理论，创造性地给出实践中的结论。"例证推理"不是先阐明理论，然后将案例作为理论的注脚，相反，通则或理论本身是从案例中提取的，通则的有效附着于具体的情况。

（三）中国化马克思主义的"实事求是"

在方法论的层面，中国化马克思主义有着鲜明的特征，我们有必要总结和描述。需要注意，方法论上的总结和描述，只能对马克思主义中国化的政治法律科学研究过程予以形式的界定，所以根本无法说明其实质层面中无法形式化的创造活动，我们不能由此认为获得了实质的指导实践问题的方法。中国化马克思主义是实践科学的典范，它是具体的、历史的、实践的科学，不是抽象的、先验的、一成不变的教条。它不根据一般理论来决定实践中的具体结论，马克思主义中国化的政治法律原理，不在现成的本本里，不能通过概念的演绎推理出来。

　　"实事求是"是一种实践哲学立场，是面对实践问题时一种谦虚态度。"实事求是"根本不意味着在价值论和知识论上的虚无主义，承认客观正义和客观真理的存在并努力追求之，这种追求的意向构成了"实事求是"不可分割的另外一面。虚无主义乃是一种独断的哲学。谦虚态度不是在实践问题上没有立场和是非判断，"实事求是"反对那种寻找一个原点然后演绎推理获得实践结论的硬性思维，反对依据成型理论，简单地推理出一些实践上的结论。"实事求是"哲学认为，实践问题不是通过推理获得一个确定性的结论，问题在理论上解决了，可能仅仅意味着进行了正确的形式逻辑操练，并不意味着在实践上就得到了解决。实践问题是要了解具体的事实和真实的关系后，然后作审慎的判断。

　　"实事求是"、"具体问题具体分析"，是中国化马克思主义的灵魂。毛泽东思想的基本点和精髓就是实事求是，就是把马列主义的普遍原理同中国革命的具体实践相结合。毛泽东曾细读苏联西洛可夫、爱森堡等六人合写的著作《辩证法唯物论教程》这本书，作了许多批注。毛泽东特别联系中国实际写了许多批评"中国的主观主义者"、"中国的教条主义者"、"延安的形式主义者"的话，批评他们：脱离个别（脱离实际）；不能指出矛盾的指导方面（决定方面）；带有形式主义性质；不注意具体特点；把主观构成的东西当作特点（抽象的特点、没有客观实在性的特点）；脱离实践地提倡社会科学理论之重要性，等等。① 毛泽东还一向重视从历史中寻找智慧。据载，毛泽东对中国史书读得最多，4000万字左右的二十四史，他不仅通读了，有些部分还读了好几遍，作了不少批语。他还通读了《资治通鉴》、《续资治通鉴》、《纲鉴易知录》、《各朝纪事本末》等史书。毛泽东1954年与吴晗谈到《资治通鉴》时说："《资治通鉴》这部书写得好，尽管立场观点是封建统治阶级的，但叙事有法，历代兴衰治乱本末毕具，我们可以批判地读这部书，借以熟悉历史事件，从中吸取经验教训。"邓小平也认为自己是"实事求是派"。陈云曾强调："所有正确的政策，都是根据对实际情况的科学分析而来的"，"我们应该用百分之九十以上的时间去弄清情况，用不到百分之十的时间来决定政策"。在延安时，陈云通过研究毛泽东决策的一个个完整的事迹，理解了实事求是的精髓。他说："在延安的时候，我曾

---

　　①　参见龚育之《关于毛泽东读哲学书的几封信》，载龚育之、石晓光《毛泽东的读书生活》，三联书店1997年增订版。

经仔细研究过毛主席起草的文件、电报。当我全部读了毛主席起草的文件、电报之后，感到里面贯穿着一个基本指导思想，就是实事求是。那么，怎样才能做到实事求是？当时我的体会就是十五个字：不唯上、不唯书、只唯实，交换、比较、反复。这十五个字，前九个字是唯物论，后六个字是辩证法，总起来就是唯物辩证法。"①

对马克思主义中国化的政治法律科学来说，非常重要的方法是"例证推理"方法。具体来说，就是通过历史先例，来阐释中国政治法律制度中的一些重大原则，来寻找我们面临的一些政治法律问题的解决线索。在这个过程中，历史故事的叙述、正统原则的阐释、新规则的创制是一个统一的、无法区分的过程。理论和实践结合，理论是建构起来加以适用的，政治法律实践则因为受到理论的洗礼而提升。新的理论被引进实践，但事实又来纠正和限定理论。马克思主义中国化的政治法律科学是理论和实践真正结合的论述。它是历史的充满真实故事的论述，是中国的实践故事，是例证推理的论述。它不是一个人或几个人的作品，而是许多人和几个时代的作品，体现了岁月累积的理性。

二、重构判例法规则秩序模式

政治法律科学，不能满足于一种对既有复杂社会现象的描述和解释理论，它经常需要描述非现实的关系，假设性的但极有可能存在的关系，这样才能发展出应对复杂社会现实的制度建构。它要探讨真正可能的关系，即使这些关系并不实际。这就需要进行思想试验，将某种现实中并不存在的制度，在可靠的复杂现象理论中，分析出它造成的结果是什么。选择或发明何种制度进行思想试验，这将受到思想者价值观的影响。思想试验的进行，可能是由于价值观的变化，也可能是由于在现有价值观不变的情况下，既定的制度不能有效地解决问题了。在美国立宪中，联邦主义秩序是相当抽象的理性重构，它可能无法在直观的层面进行。有时候，所描述的不是现实中存在的关系，而是现实中不存在但相当可能的关系，它并不建立在一种人类可能比自身能做得更好或更公正这一理想或愿望之上。

在现有的社会科学中，我们借助何种工具才能实现我们的任务？描述性的社会学、人类学、历史学的研究方法，告诉了我们一些很有益的确切知识，但不能够告诉我们整体秩序的性质，因为对整体的穷尽的描述是不可能

---

① 参见陈云《陈云文选》第 3 卷，人民出版社 1995 年第 2 版，第 372 页。

的。这些方法对于完成我们的任务并不能提供多少帮助。"这个题域中，唯一能够宣称自己具有科学地位的理论，乃是那种有关整体秩序的理论（the theory of the order as a whole）；再者，这样一种理论（尽管它亦须接受事实的检验）也绝不可能经由观察而以归纳的方式建构起来，而只能够通过构造一些心智模式的方式加以建构；当然，这些心智模式是以那些可观察到的要素作为其内容的。"① 同人们一般理解的不同，在制度下的秩序模式中，可以分离出一些很难通过经验观察发现，但却实际存在的模式，而关于这些模式的理解，对规范解释与制度选择来说却是至关重要的。对政治科学重要的是理性重构现实中不存在但却极为可能的关系模式，而不是对实然事物进行解释。②

一些理论的论式是"因为……，所以……"，而笔者在这里提倡的理论社会科学的论式是"如果……，就……"。也就是说，理论社会科学要对公民和决策者提供帮助而不是仅仅满足于解释已经出现的社会现象。最重要的也不是作出预测，实际上，大规模的准确预测往往是不可能的。在卡尔·魏特夫的《东方专制主义》中，因为某些特殊的地理和气候因素，所以一些国家出现了专制制度，这甚至是不可避免的；而我们则是在某些特殊的气候地理社会等因素之下，设想如联邦主义和普通法的司法制度，这些社会的特殊问题如何得到了解决。两种方法论的预设前提是完全不同的，前者似乎假设自己能够对历史作出全知全能的解释，后者不过是人们思考和解决问题的理论工具，其正确取决于先验假设的内在一致，以及对经验因素把握的可靠性（永远不可能完全可靠，因此是可证伪的）。后者是更理论化的，但因此知道自己不是真理本身，也是更具实践性的，对人类的实践具有实际意义的。

这里说的理论社会科学，主要指经济学，其中一些主要的与政体科学相关的理性重构模式有阿罗一般不可能性定理、孔多塞陪审团定理、布坎南的民主财政决策模型、图伯特地区开支模型等。现代经济学的发展，使我们认

---

① ［英］哈耶克：《法律、立法与自由》第1卷，邓正来等译，中国大百科全书出版社2000年版，第99页。

② 哈耶克指出，"所有科学的首要价值都在于告诉我们：如果一些条件在某些方面与现在的条件不尽相同的话，那么会导致什么样的后果"；认为科学所关注的只是实然事物的错误看法，"也许在政治科学中导致了最为严重的后果，因为在政治科学中，这种错误观点成了人们严肃考虑真正重要的问题的绊脚石"。参见［英］哈耶克《法律、立法与自由》第1卷，邓正来等译，中国大百科全书出版社2000年版，第14—15页。

识规则的工作性质问题有了更精确的工具。奥地利派经济学乃是更抽象的理性重构方法。我们还可以通过预设一系列条件，重构一种司法过程即普通法（判例法）司法过程，理解此种司法过程所产生的规则体系的一般特点，这是不同于新古典微观经济学和奥地利经济学的第三种模式建构方法。这需要重构一种规则秩序，即在隐含的元程序条件下，阐明司法过程中形成的判决和规则体系的一般特征。这一重构，同理论经济学类似，是建立在秩序中的个体行动者如法律人的内在视角基础上的，不过，在个体行动者的自我理解中，他并不是一个目的追求者，即工具理性意义上的理性人，而是一个规则的遵循者和探究者，是价值理性意义上的理性人。哈耶克运用他卓越的抽象模式建构能力，勾勒了从司法过程中生成的法律必然具有的那些属性，迈克尔·博兰尼在《自由的逻辑》中也谈到了这个问题。

对于这样一个问题，我们是否可以概括出什么是普通法（判例法）司法制度，或者说，对本来就重视程序的普通法具有元程序意义的制度，从而在宪法层次上进行深思熟虑的司法制度安排呢？如果能，它是什么？这是令人困惑的。普通法是在英国由各种偶然历史因素而形成的制度，普通法具体规则本身是长期演进的结果，它出于无数人之手，犹如自然长成的一样。笔者接触到的普通法著作，要么是法律史的叙述（如梅因、密尔松的著作）；要么是在普通法法官视角下提出的如何审判案件的理论与原则（如霍姆斯、卡多佐、丹宁勋爵、波斯纳的著作）；要么是具体的普通法判例（浩如烟海，且每一判例都有具体的背景）。要回答上述问题，需要一种一般理论。只有一般理论才有希望回答普通法司法过程和通过判例累积形成实在的规则体系，如果具有某些特别良好的特性，其原因何在，其能发挥良好作用的一般条件是什么，这样才能做到通过有意识的宪法安排设定这些条件，甚至能够改进现存的普通法司法之基础制度条件的不足。但是，这一问题具有高度的复杂性，它牵涉到一种社会理论，这需要重构规则秩序，即在隐含的元程序条件下，阐明司法过程中形成的判决和规则体系的一般特征。这一重构，同理论经济学类似。因此，这种社会理论，不是作为经济学的一个分支的法学，而是经济学作为法学的一个部分的法学。个体行动所形成的秩序，也不是我们通常在经济学中所讲的市场秩序，而是一种规则秩序，不是用商品的价格变化对其进行例证的说明，而是用规则的变化对其说明。这种社会理论，较之经济学，具有更强的抽象性。当然，它也不是寻找规则的社会因素的所谓的法律社会学。一种适当的社会秩序，不仅仅是一个经济学或伦理学的问题，如哈耶克所说的，这是一个唯有当成一个整体加以研究才能够成功得到认识的问题。①

　　哈耶克大概是 20 世纪最适于回答上述问题的人。哈耶克一开始就是在法律学习的背景下研究经济学的，后来他强烈反对经济学和法学的分离，并抱怨为没有法律背景的学生讲授经济学的困难。在笔者看来，对我们上面提到的问题的回答，哈耶克作出了卓绝的努力，并且不同于历史学者和普通法法官的零散的和直觉性的洞见，哈耶克给出了系统的理论答案。在哈耶克的基础上，发展一种真正的法的社会理论，在立宪主义的司法制度之上突破传统三权分立理论的视野，这可能是我们形成一种宪政理论由此消化英美经验而不是模仿其表面制度的一个途径。

　　值得注意的是，哈耶克的法治观在他一生中有从法典法到普通法法治观的重大转换。在《通向奴役的道路》中，哈耶克说："法治的意思就是指政府在一切行动中都受到事前规定并宣布的规章的约束——这种规章使得一个人有可能十分肯定地预见到当局在某一情况中会怎样使用它的强制权力，和根据这种了解计划他自己的个人事物。"② 一项行动是否属于专断，取决于该项行动是否符合既以存在的一般性法律原则。已存在的法律如果没有规定，就不能进行惩罚。宪法是根本大法，必须规定一般性原则，调整和支配立法机构通过的法规法令，而宪法与常规法律间的根本区别，类似于一般性法律与法院将它们适用于某个具体案件之间的区别。③ 这种法治观，是今天中国许多学者具有的。

　　在《法律、立法与自由》中，哈耶克发展了一种法的社会理论，并运用其卓越的抽象模式建构能力，勾勒了从司法过程中生成的法律必然具有的那些属性，这是笔者见到的对普通法司法制度最杰出的理论辩护。哈耶克说，笛卡儿式观点或几何式的法律观，认为所有的法律规则都是从明确的前提中推导出来的，但即使从这种法律观所宣称的要使司法判决更具预测性这个直接的目标来看，它也是注定要失败的。他认同伟大的普通法法官从司法

---

　　① 哈耶克指出，"所有科学的首要价值都在于告诉我们：如果一些条件在某些方面与现在的条件不尽相同的话，那么会导致什么样的后果"；认为科学所关注的只是实然事物的错误看法，"也许在政治科学中导致了最为严重的后果，因为在政治科学中，这种错误观点成了人们严肃考虑真正重要的问题的绊脚石"。参见 [英] 哈耶克《法律、立法与自由》第 1 卷，邓正来等译，中国大百科全书出版社 2000 年版，第 7 页。

　　② [英] 哈耶克：《通向奴役的道路》，藤维藻、朱宗风译，商务印书馆 1962 年版，第 71 页。

　　③ [英] 哈耶克：《自由秩序原理》，邓正来译，三联书店 1997 年版，第 12 章。

过程中产生的洞见，一如霍姆斯所言："法律的生命向来不是逻辑，而是经验。"① 霍姆斯的另一句话，"一般性法律命题并不裁定具体案件"，与这句话讲的是同一个意思，但在《自由秩序原理》中却受到哈耶克的负面评价。哈耶克认为，"法无明文不为罪"，未必就是法治的一部分，只要该论式中的"法"所指的只是立法者所颁布的成文规则，而不是意指那些一经形诸于文字其约束力便会即刻得到普遍认可的规则。具有典型意义的是，英国的普通法，从未在法律只是立法者所颁布的成文规则的意义上，接受过"法无明文不为罪"这一原则，而始终是在法律是那些一经形诸于文字便会得到普遍认可的规则的意义上，接受这一原则的。② 对宪法，哈耶克认为是一种上层构架，目的在于用组织的手段实施先行存在的法律系统，是纯粹形式意义的法律，不能视作其他法律的渊源。③

　　哈耶克还告诉我们，"令 18 世纪其他欧洲国家的人民羡慕不已的英国人所享有的那种自由，并不像英国人自己最先相信并在后来由孟德斯鸠告诉全世界的那样，原本是立法机关与行政机关进行分权的产物，而毋宁是这样一个事实的结果，即支配法院审判的法律乃是普通法，亦即一种独立于任何个人意志、而且既约束独立的法院又为这些法院所发展的法律……在英国，法律是由那些独立于指导和支配政府的权力——亦即那个被错误地称之为'立法机关'的机构所具有的权力——的法院决定的"。④ 不过，从实践科学的特征，我们不可误会哈耶克本人也是一位普通法的法律人，他工作的性质并非如此，他是理论社会科学家。

　　理性重构普通法（判例法）的规则演进模式问题，我们从迈克尔·博兰尼《自由的逻辑》中的一段话是可以大致理解的：

　　　　自发秩序体系也构成了社会智识生活的一个部分。对此，我首先要提出的是法律、特别是普通法的例子。

　　　　请考虑一位法官坐在法庭上，要判定一件疑难案件。在考虑判决的时候，他会有意识地参考十多个判例，无意识地参考的还要更多。在他以前，也有无数旁的法官坐下来，依据法规、判例、公平、合宜性来作出判决，正如他如今所要判决的那样；纵然他要分析案件的各个方面，他的心却是跟那些法官的心不断接触。他会超越纯粹的法律参考，意识到当代舆论的趋向，意识到作为整体的社会媒介。只要他还不曾建立案件当中的全部意义，并且按照自己的职业良心予以回应，他的判决就不会获得确信的力量，他也就不会准备宣示这些。

一俟这一时刻来临，法官宣读自己的判决，便开始出现一股回流。刚刚作出的判决，或许为法律添加了许多东西，也或许仅仅添加得很少；无论如何，它都体现了对此前存在的法律的解释，在某些方面强化或者修正了该法律的体系。它使之呈现了与从前不同的新视角。同样，公共舆论也在受到新的回应以及新的刺激。法庭上的每一个新判决，都会指导未来的所有法官，对尚未想象到的案件作出他们的判决。

这样，普通法的运作，便构成了一系列法官之间相续的调整，这一调整，受到法官与一般公众之间平行出现的相互作用的指导。其结果，是习惯法得以有秩序地成长，不断重新适用及解释着同一个基本规则，并将其扩展为范围日益增加且趋于一致的体系。该体系在任一时间里具有的这种连贯与适合，直接体现着一种智慧，由此，每一后续的司法判决，都要受到此前作出的所有判决的调整，受到公共舆论的一切正当变化的调整。

因此，判例法司法体系的运作便是社会当中自发秩序的一个范例。然而我们看到，它截然不同于生产或消费的体系，因为这样一个事实，即它所成就的绝不仅仅是暂时的利益。自发秩序的经济体系对个人的行为进行相互配合，这样的体系只是服务于其参与者一时的物质利益；与此相反，有序的司法过程却存在于有效且持久的法律思想体系当中。①

我们上面对哈耶克普通法法治模式的理解，是以法律人和当事者的自我理解为基础，通过预设一系列条件，重构出一种司法过程即普通法司法过程，理解此种司法过程所产生的规则体系的一般特点。这些构成了我们在一种宪法模式下对特定司法制度安排进行选择的论证。由此，我们可以设想如何在政体层面深思熟虑地安排司法权，并且，我们还可以在宪法体制中安排对这种自发生成的法律的校正机制。这样我们就获得了普通法司法的宪法程序含义。这一宪法程序在宪法规则中甚至要比混合政体、联邦主义更为基

---

① ［英］迈克尔·博兰尼：《自由的逻辑》，秋风译，吉林人民出版社 2004 年版，第 175 页。

础。它是人类社会权利体系的生成性程序，并使得我们在不必（也根本不可能）回答什么是正义的情况，事实上拥有逐渐逼近正义的法律。但是，需要注意的是，我们并没有对制度选择的判断基础进行理性的证明，预设条件和特定司法过程之间的关系服从因果律，是标准的理论社会科学研究的对象，作出何种制度选择本身没有理性可以清晰说明的原因，它不从属于因果律。哈耶克本人并未对其理论作出如此清晰的说明，但这样哈耶克创建一种宪法模式本身便是自然而然的事情了，尽管对其具体的设计当然可以进行批评。然而，宪法模式的选择，必定是在具体情势中审慎判断的事业，这不是理性重构的工作可以代替的，后者只能在其中起从属作用。

哈耶克提出了人类社会秩序的两种类型：命令式秩序与自发秩序。人为设计的秩序类型，是通过人的意志作用强行制定的，是为了某一目的而设计和创造出来的，它又可以称为命令式秩序。军队这种组织是一个命令式秩序最好的例子，在这个秩序中，个体要素应该如何行动及占据什么位置、整个秩序的目标和结果，都是由一个统领的命令所造成的。与此相反，另一种秩序类型是在人们使自己的行为互相适应的过程中产生出来的，这种秩序并没有特定的目的。市场则是自发秩序的一个最好的范型，其参与者按照自己的意图而行动，却促成了他完全没有意识到的目标，用亚当·斯密的理论来说，像有一只看不见的手在指挥一样。哈耶克论证，唯有在自发秩序下，个人自由才是可能的，因为自由意味着个人的所作所为，不依赖于任何个人或权威机构的批准，只为平等适用的抽象规则所限制。在市场这个秩序中，每个人可以追求自身的目的，由于每个人都有选择的权利，人们可以预防或抗拒被别人当作工具。不过，规则的产生是否也是出于一个自生自发的过程？这是令人困惑的。

实际上，还存在第三种人类秩序的模式：公共论坛或公共审议的秩序。在这个秩序中，人们有共同的目的，寻找人同此心、心同此理的"理"，寻求正义，不是为了自身的偏好而行动，但人们也不是根据什么人的命令而行动。政治和法律秩序不能被归结为自发秩序，更不能被化约为命令秩序甚至是人对物利用的模式，政治法律秩序是公共审议的秩序。什么样的制度安排有助于实现本来意义上政治的目的呢？答案是促进审议的、使正义得以实现的各种制度设计。本章试图指出，在政体的制度构成上，我们还要高度重视判例法司法制度。判例法司法制度，是持续性的审议，而其中的自发性也促进了审议。判例法司法制度兼具审议秩序与自发秩序的优点，是具有审议性质的自发秩序，也可以说是具有自发性质的审议秩序。

第五章　法治国家

　　本章以"法家"为切入点，结合中国古代法家的历史命运，着重从国家层面来分析和思考法治国家理论。在古今中外的历史上，用"法家"一词来指称一个学派、一个治国共同体，惟有先秦法家共同体。[①]先秦法家之所以形成一家之言，乃是因为其理论是关于治国的法治规则理论，这有别于治家的伦理规则理论和治天下的道德规则理论。倘若把治家的伦理规则称为家法，把治天下的道德规则称为天下的法，那么，在春秋战国这一具有"哲学的突破"（Philosophic breakthrough）[②]特征的大变革时期，先秦法家率先系统地摒弃了家法而选择了国法，以国家为视角来展开理论命题和社会试验，即以国为国，依法治国。本章无意开启对先秦法家的平反工作，但首先表达本章的观点和理论假设则是必要的。在笔者看来，如果承认人的社会行为受多重规范的制约（规范竞合理论），而人的社会行为在不同的实践场域才可以体认和观察（场域重叠理论），那么，多重规范大致可以被简化为三重规范，即习俗规范、国家规范和道德规范。与此相适应，人的行为也被置于私人领域、国家领域和天下领域三个交叉重叠的实践场域。我们的任务是，把重叠的这三个场域中的行为规范从理论上分解出来，达到这样的一种理论认识，即以礼治家、以法治国、以德治天下，而重点是论述国家领域中

---

　　① "法家"在英语世界有时被译为"Legalism"、"legalists"。例如，Han Fei Tzu，*The Complete Works of Han Fei Tzu：A Classic of Chinese Legalism*，trans. by W. K. Liao，London：Probsthain，1939。而"Legalism"或"Legalists"至少包含三层含义：合法主义或守法主义；法治主义；法律专家。但这两个词同时也包含了太多的歧义。在施克莱的一本名为"Legalism"的书中，"Legalism"甚至被解释为包含了自然法意思，参见〔美〕施克莱《守法主义——法、道德和政治审判》，彭亚楠译，中国政法大学出版社 2005 年版。把"法家"译为"legalists"遭到了一些人的质疑，因为学界通常并不认为法家学说具有现代西方法治思想，在此方面，昂格尔的《现代社会中的法律》具有代表性。为谨慎起见，一些人直接以汉语拼音"FA‑CHIA"来表达"法家"。例如，Herlee Creel，"The Fa‑Chia：'Legalists' or 'Administrators'？"in Herlee Creel，*What is Taoism? And Other Studies in Chinese Cultural History*，Chicago：University of Chicago Press，1970，pp. 92—120。

　　② 所谓"哲学的突破"，按照帕森思的说法，是指对构成人类处境之宇宙的本质发生了一种理性认识，而这种认识所达到的层次之高，是从未有过的；与这种认识随之而来的是对人类处境本身及其基本意义有了新的解释。

的国家规则，即以法治国。正因为如此，本章所采用的研究方法，主要不是史学的方法，而是规范的法学理论研究方法。这一方法，主要包含两层意思。一是将人的行为规则类型划分为三种形式：习俗的、法律的和道德的，它们分别对应于人的私域、公域和共域，即从不同的实践场域认识不同规则的功能，尤其是法律的特性在国家领域中的作用；二是借用实证主义法学派的观点和方法。实证主义法学派因其主张一种独特的社会组织方式和规范类型而有别于其他源于西方的其他法学流派，特别与自然法学派形成鲜明的对比。以上两层意思均指涉法的科学性命题，因此，对法家的研究也可以概括为法律共同体依照实在法治理国家的科学理论，在这个意义上，依法治国也被称为科学治国。①

第一节　法律与治乱

通常，一个时代有一个时代的特定词汇，这些词汇的出现和退出都与特定社会的大趋势和大方向有关。词汇中的关键词则代表了逐渐定型的社会意识和社会趋同。② 在方法上，这些关键词要么改造原有的词汇，使之具有新义；要么创造新的词汇，以体现新人、新事和新气象。此外，也有一种可能，某些词汇本身就存在，时代需要把它们提升到关键词的圈子中来，在提升的过程中赋予新义。③ 春秋战国时期，法作为时代的关键词开始频频出现在社会、政治、经济生活当中。从时间顺序上看，我们今天称之为古代法的，在三代是刑，在春秋战国是法，秦汉以后则主要是律。④ 如果这个判断大体成立，那么，由此可以说明先秦法家开始用"法"来替代"刑"，或者，赋予"刑"概念以新的含义和使命。不过，以"法"代"刑"的词汇转向，并没有否认原来意义上的刑继续存在，更不能否认在此之前法作为词

---

① 卡西尔指出："科学概念的表述方法，既是分析的也是综合的。只有通过把一个貌似简单的事件分解为它的各个因素，并从这些因素中重建这一事件，我们才能理解它。"见［德］卡西尔《启蒙哲学》，顾伟铭译，山东人民出版社2007年版，第8页。

② 正如考文指出的："这一时代的思考总是借助于一种特定的语汇，通过这种语汇，这个时代的人才被人们理解。而这个时代的人也必须采用这些语汇，然后使其适用于它们各自的目的。"见［美］考文《美国宪法的"高级法"背景》，强世功译，三联书店1996年版，第59页。

③ 在古代文献中，法、律、刑往往可以互训，如《尔雅·释诂》："刑，法也"；《说文》："法，刑也"；《唐律疏议·名例》："法，亦律也。"

④ 梁治平：《法辨——中国法的过去、现在与未来》，中国政法大学出版社2002年版，第66页。

汇的存在。不论在法的名称上如何表达，在表达上如何混乱，逐渐浮出水面的则是这些"名"所要求解的"实"。在词与物的关系当中，词被赋予了本体论意义上的实。变化中的社会需要"正名"，以体现、巩固和强化变化的结果。总之，时代的需求不仅使法的字义发生了变化，而且使法字成为时代词汇中的关键词，这种变化所产生的效果无法低估。①

一、法律作为历史事件中的关键词

我们无法详细统计法作为关键词在春期战国时期出现的频率，但是，有一个现象颇能引起注意，这就是，法、律、刑等词语开始与礼并列而且呈现出取代礼的趋势。正如上文所提示的，在不同的法家代表人那里，对法律的用法极其混乱，不过，这并没有阻止他们用这些词语替代在此之前通行于世的礼的概念。"替代"仍是从法律在救国治国的重要性和有效性角度说的，完全替代先前的流行概念并且使其消亡则是不易的。在这个意义上，在法和礼的关系问题上持有类似"两手抓，两手都要硬"观点的人也可以列入法家行列。把法提高到与礼同样重要的地步，至少在强化法的地位方面向前迈出了一步，法因此享有了在此之前只有礼方能享有的礼遇。

管仲是孔子倍加称赞的人。孔子说："微管仲，吾其被髪左衽矣。"② 意思是说，如果没有管仲这个人，我们恐怕就要披散着头发，衣襟要从左开了。孔子何以对管仲有如此高的评价呢？这仍可见诸于孔子的概括："管仲相桓公，霸诸侯，一匡天下，民到于今受其赐。"③ 在中国历史上，管仲是提出"以法治国"④ 概念的第一人，但正是这位被孔子欣赏的人，开启了以

---

① 贝克尔在论述 18 世纪的启蒙思想时，提到西方不同时代词汇的变化："在 13 世纪，关键性的词汇无疑地应该是'上帝'、罪恶、神恩、得救、天国等等；在 19 世纪是物质、实施、实际、演化、进步；在 20 世纪是相对性、过程、调节、功能、情结。而在 18 世纪，这些词汇——没有它们，就没有一个启蒙了的人能够达到一种可以安心的结论——则是自然、自然律、最初因、理性、情操、人道、完美性（最后这三组词汇或许只对于灵心善感的人才是必需的）。"见 ［美］卡尔·贝克尔《启蒙时代哲学家的天城》，何兆武译，江苏教育出版社 2005 年版，第 41 页。

② 《论语·宪问》。

③ 同上。

④ 这一概念直到今天仍是汉语世界的流行语言。管子说："是故先王之治国也，不淫意于法之外，不为惠于法之内也。动无非法者，所以禁过而外私也；威不两错，政无二门；以法治国，则举错而已。是故有法度之制者，不可巧以诈伪。……是故先王之治国也，使法择人，不自举也；使法量功，不自度也。"见《管子·明法》。

法治国理论的先河，而这一理论在此后最终延伸发展为与儒家相抗衡的学说，这恐怕是孔子起初始料未及的。可以看到，管仲在提出"以法治国"概念的同时，也使用了"动无非法"的词语。①"动无非法"与儒家的一句被人经常引用的话几乎完全对立，即"非礼勿视，非礼勿听，非礼勿言，非礼勿动"。② 十分明显，在"动无非法"和"非礼勿动"之间，存在着巨大的差异。除非人们在法和礼之间发现可以置换的内涵，否则人们在行动时不可以同时既循礼向左，又遵法向右。管仲从来没有否认过礼的作用，在某些场合他依然把礼作为头等需要维护的大事，但是，他在提升法的作用时无疑已经不自觉地降低了礼的功能。管仲所说的法就是指由国家颁布的成文法，而不是自然法，也不是习惯法，当然也不是礼法。在下面的论述中，我们将会看到管子治理学说所运用的一个独特的方法，这种方法区分了人的行动领域所分别适应的规范体系，本章认为这恰恰是法家之所以为法家的重要原因。③

提高法律在治理规则体系中的地位，有时也采取了颇为隐晦的方法，即改造礼的内涵，使礼的内涵尽量朝法的方向上靠拢。这种方法通常被那些锐意革新的儒家学者所采用。荀子是战国后期最后一个儒学大师，他在巩固儒家学术地位的同时，也在悄悄改变和发展儒家。一个显而易见的事实是，他大范围地逆转了儒家轻视法律的态势，④ 提高了法律在儒家学说中的地位。荀子有一段话意味深长：

> 国无礼则不正，礼之所以正国也，譬之犹衡之于轻重也，犹绳墨之于曲直也，犹规矩之于方圆也，既错之而人莫知能诬也。⑤

---

① 商鞅有同样的观点："故明主慎法制，言不中法者不听也，行不中法者不高也，事不中法者不为也。"见《商君书·君臣》。

② 《论语·颜渊》。

③ 吴经熊提到，在法家看来，"法律惟有国家能制定，不是国家所制定的即为非法。所以否认自然法、习惯法的存在。这种法律思想到秦始皇统一天下后，达到全盛的状态"。吴经熊：《法律哲学研究》，清华大学出版社 2005 年版，第 67—68 页。

④ 即使孔子和孟子也不否认法律的作用，并未发现他们取消法律、否定法律的言论，这与三代之时，甚至尧舜时代也未取消法律的事实是一致的。由此看来，发挥礼与法的作用从来都是儒家的基本主张。但是，正如下文所要分析的，礼与法是不同行为领域的行为规范，用法推行礼必然会出现实际上否定法律的情形，这恐怕早已超出了儒家的想象力。

⑤ 《荀子·王霸》。

人们很难想象，这一段话是在论述礼的功能。如果把这段话中的礼改为法，也许会让人想起管子论法的那惊人相似的内容来。① 管子说：

> 尺寸也，墨绳也，规矩也，衡石也，斗斛也，角量也，谓之法。②

很难判断荀子是否为了强化礼的规范性质故意混淆了礼与法的关联，但他在努力开创治国之道的原理和方针时，确实拔高了法律的地位。如果说，其他儒家大师在对待法的问题上大多采取无法回避、不得不处置的态度，那么，荀子则要给法律找一个可以安身立命的恰当位置。

对于一个以儒学作为学术志业的学者而言，如果不能像法家那样降低礼义在治理国家中的地位，那么，调和礼与法的关系就成了必然的选择。然而，这种调和在逻辑上显示出悖论。一方面，荀子在行文中说"有法者以法行，无法者以类举，听之尽也"，③ "法者，治之端也；君子者，法之原也"；④ 但另一方面，他又说："天地者，生之始也；礼仪者，治之始也；君子者，礼义之始也"，⑤ "有治人，无治法。……故法不能独立，类不能自行，得其人则存，失其人则亡"⑥。这种看上去有些矛盾的调和论，最终让荀子说出了"治之经，礼与刑"、⑦ "隆礼尊贤而王，重法爱民而霸"⑧ 的"隆礼重法"思想。就重法思想而言，它不仅强调法在治国理政中的重要性，而且一反孟子所强调的"仁政"思想，驳斥"治古无肉刑，而有象刑"的主张，提出了"治则刑重，乱则刑轻"⑨ 的重刑思想。从这个意义上，李

---

① 侯外庐也注意到这一历史事实。他说："一般说来，荀子的礼的思想，源于儒家的孔子，然而他的天道观和所处的时代不同于孔子，因而他的礼论，也就变成了由礼到法的桥梁。……这一段话所说的虽是礼的起源，但他所重视的却是法——'物'的'度量分界'。如果把引文中的'礼'字换成'法'字，不就成为法的起源论了吗？"见侯外庐等《中国思想通史》第1卷，人民出版社1957年版，第15章，第575页。
② 《管子·七法》。
③ 《荀子·王制》。
④ 《荀子·君道》。
⑤ 《荀子·王制》。
⑥ 《荀子·君道》。
⑦ 《荀子·成相》。
⑧ 《荀子·强国》。
⑨ 《荀子·正论》。

斯从师言而为之不为错，而苏轼对荀子的指责也并非全无道理。①

在法律地位不断攀升的过程中，需要通过社会事件引领全社会成员的行为并且需要固化这种行为，由此，制定和颁布成文法就成了重要的历史事件。在历史事件与社会观念的关系问题上，并非所有的历史事件都可以影响、制约和决定人们的观念。研究表明，只有那些被人意识到并且进入到观念史图像的事件才能为社会观念的产生提供原动力。② 在制定成文法方面，魏国的李悝因著《法经》六篇而位列显赫的位置。③ 李悝把法作为"经"来念的主导思想确立了成文法作为中国法律体系主体结构的走向，为秦朝乃至1912年共和国体制以前的几乎所有古代王朝奠定了国家的制度性框架，中国成文法的传统因此得以确立——虽然这一成文法的体系以刑名和罪罚为特色。

不过，制定成文法虽然意义深远，但比之此前颁布成文法的历史事件却要逊色得多。颁布成文法的前提是有制定的成文法，而已经制定的法律未必要颁行，因为"刑不可知"确实可以带来"威不可测"的效果。在中国法制史上，颁布成文法是一个重大历史事件，由此也引发了激烈的争议。这一争论因为孔子的介入而更加引人注目。仔细阅读和体味辩论双方的观点，人们就会发现一个极为有趣的现象，主张公布法律的一方说，铸刑鼎是为了

---

① 苏轼曾说："荀卿明王道，述礼乐，而李斯以其学乱天下"，参见《荀卿论》。清人姚鼐就此指出，"秦之乱天下之法，无待于李斯，斯亦未尝以其学事秦"，相反，"行其学而害秦者，商鞅也；舍其学而害秦者，李斯也"，参见《李斯论》。荀子虽然也崇尚儒术，提倡以礼治国，坚守了儒家的基本主张，但是，以人性恶为其学术出发点，从根本上使荀子偏离了先秦儒家的正统之道，使他很难进入大儒行列。韩东育也说："荀子，以其'礼法兼治'、'王霸并用'和'义利兼顾'学说，历来被视为儒法间的过渡人物。即使是过渡，其理论指归亦明显偏重于法家——这既可以从荀学和思孟学派迥然异趣、与孔孟正宗捍格不入上得以窥见，亦可从宋明新儒家和当代新儒家在道统问题上对荀子的极力排斥中得到反证。"见韩东育《迟来而未晚——也读余英时〈现代儒学论〉兼论日本"徂徕学"》，《读书》2000年第10期。

② 有学者指出："观念史图像中的事件是指事件与观念之间的互动，即观念的改变通常会影响人的社会行动，而新的社会行动又会变成观念图像中的事件，它进一步影响到刚形成的观念系统。对于某一特定的观念系统（它的产生和衰亡）而言，必定存在着一组观念史图像中的事件。"见金观涛、刘青峰《五四新青年群体为何放弃"自由主义"？——重大事件与观念变迁互动之研究》，《二十一世纪》2004年4月号。

③ 《晋书·刑法志》详细记载了《法经》的篇目："秦汉旧律，其文起自魏文侯师李悝，悝撰次诸国法著《法经》。以为王者之政莫急于盗贼，故其律始于《盗》、《贼》。盗贼须劾捕，故著《囚》、《捕》二篇。其轻狡、越城、博戏、借假，不廉、淫侈、踰制以为《杂律》一篇。又以《具律》具其加减。"另据《唐律疏议》记载，李悝"造《法经》六篇，即一盗法、二贼法、三囚法、四捕法、五杂法、六具法"。

"救世"，反对的一方却也宣称，一旦铸刑鼎就预示着国将亡。历史的诡秘在于，首先铸刑鼎的郑国、晋国的确亡国了，而吞并它们的却又是大力推行以法治国的秦国。

从今天的角度看，以铸刑鼎的方式公布法律成本极高，它的价值肯定也极高。不论是竹简、布帛还是纸张，有什么能比铁或青铜铸成的鼎更不可磨灭呢？然而，它同时不也是要保持法律的稳定性和权威性的表现吗？鼎作为权威和权力的象征，不也是法律作为权威和权力的象征吗？因此，不论是把法作为鼎来膜拜的象征意义，还是将法作为"经"来念的隐喻，都呈现出那个时代新的局面，即将法作为国家行动中头等重大的事项来对待。法律的地位的确在国家生活中已经上升到首位，它需要被众人来念，它也需要众人来顶礼膜拜。法律虽然不能取代礼的功用，但是法律显然已经取代了礼所占据的位置。法成为第一位的、首要的和最重要的事物，礼虽然还存在，但已是屈从于法律的事物，这可以说是春秋战国时期的大格局、大局面或者说大气候。这种大格局、大局面、大气候并不是一朝一夕忽然形成的。

据说，商鞅入秦时携带了一部李悝制定的《法经》。照此说，商鞅很有可能将《法经》或其内容敬献给了正在发誓振兴秦国的秦孝公。但事实上，秦孝公两次召见商鞅后颇感失望，以致对举荐人埋怨道："子之客妄人耳，安足用邪！"到了第三次召见时，商鞅的一番话令孝公"不自知膝之前于席也。语数日不厌"。前后反差为什么如此之大？商鞅自己道出了其中的缘由，他说："吾说君以帝王之道比三代，而君说：'久远，吾不能待。且贤君者，各及其身显名天下，安能邑邑待数十百年以成帝王乎？'故吾以强国之术说君，君大悦之耳。然亦难以比德于殷、周矣。"[①] 显然，用三代之法、殷商之德已无法说服孝公，而这套说辞其实恰是儒家的说君之理、治国之道。想一想当年孟子与梁惠王初次见面时的对话，可以推测商鞅前两次的游说之词在孝公看来是多么的无力。孔子的境况也没有好到哪去。孔子向往"郁郁乎东周"，那是圣人之治的理想社会，然而，这套说辞对于孝公已不再能引发兴趣。实际上，早在秦缪公时代，由余使秦的故事就已凸显出周文疲弊问题，由此也拉开了秦国以法治国的序幕。

　　　戎王使由余出于秦。……（秦缪公）问曰："中国以诗书礼乐法度为政，然尚时乱，今戎夷无此，何以为治，不亦难乎？"由余笑曰：此

---

① 《史记·商君列传》。

乃中国所以乱也。夫自上圣皇帝作礼乐法度，身以先之，仅以小治。及
其后世，日以骄淫。阻法度之威，以责督于下，下罢极则以仁义怨望于
上，上下交争怨而相篡弑，至于灭宗，皆以此类也。夫戎夷不然。上含
淳德以遇其下，下怀忠信以事其上，一国之政犹一身之治，不知所以
治，此真圣人之治也。①

　　关于这段记载，论者多以不同民族及其文化的"对话"作解，以为
是吸收异族治理文化长处的典范。② 这是一种理解，也是一种误解。秦缪
公从"诗书礼乐法度"问起，由余以"淳德忠信"结束，所描述的是中
国有诗书礼乐法度之形，而无淳德忠信之实，戎夷则反之，恰也表明了戎
夷的治国之道。由余是晋国的后人，能言晋语，与秦缪公的对话，实际是
两个"中国人"之间对圣人之治的儒家对话。但缪公的疑问确是先知先
觉的典范，他看到了国家即使存有诗书和礼乐，仍不足以避免"上下交争
怨而相篡弑，至于灭宗"的天下大乱局面。倘若秦孝公果真是孝子，他当
熟悉自家发生的典故，而商鞅若果真有才并且熟知历史，他也当知道秦缪
公的疑惑，而不首先从"帝道"或"王道"入手，从而差一点与历史失
之交臂。
　　商鞅说他向孝公阐述变法强国之术，因此令"君大悦"，但这并不能使
孝公完全释怀。秦孝公担心，他启用商鞅变法十有八九会遭到非议。果然，
甘龙和杜挚分别代表秦国的常人和学人与商鞅展开了一场是否需要"法古"
的辩论。在辩论中，商鞅批驳了"常人安于故俗，学者溺于所闻"的现状，
举出了"三代不同礼，五伯不同法而霸"的历史事实，得出了"治世不一
道，便国不法古"的主张，并且断言："反古者不可非，而循礼者不足
多。"③ 需要注意的是，商鞅的"强国之术"，强的是国家，更具体地讲，是
秦国这个国家，而不是支离破碎的周天下。在商鞅入秦的时候，秦国面临着
"国家内忧，未遑外事，三晋攻夺我先君河西地，诸侯卑秦，丑莫大焉"的
窘况。④ 换句话说，收复失地、威立诸侯乃是孝公变法的首要目标。根据秦
国的现状、立足于秦国，以实现秦国的这一首要目标为指向，是商鞅强国之

---

① 《史记·秦本纪》。
② 参见赵汀阳《天下体系——世界制度哲学导论》，江苏教育出版社 2005 年版，第 54—55
页。
③ 《史记·商君列传》。
④ 同上。

术发挥作用的前提。

与商鞅一样，新型的法家学派也没有谴责礼的不是，他们最多只说礼过时了，即礼不能"趋时"。不直接否定礼的价值，而是用法来代替礼，虽然在效果上也否定了礼，但与直接指责礼的弊端直至否定礼的价值还是有区别的。礼法的去存本体之争不同于礼法的从属之争。正如儒家从未否定法的作用，法家也没有直接否定过礼的价值。儒家反复强调的是法应如何从属于、配合于礼，而反对的是法的主导地位。然而，在论辩中，法家为什么没有针锋相对，反其道而行之，提出诸如法主礼辅的观点；如果这样做了，岂不是既推行了自己的主张，也保持了好的名声吗？事实上，法家在对待礼的问题上小心翼翼，避免了对礼的直接抨击，而只是以隐晦的、间接的方式指出礼过时了。① 不仅如此，法家还以这样或那样的形式尊重礼、提倡礼，这从《吕氏春秋》中可以知道。

礼法去存的本体之争在理论上是一个历史假命题，在儒法两家的争锋中，他们从来就没有引起实质性的争论。汉昭帝时代，贤良文学与御史大夫关于礼法作用的争论，被史家认为是儒法两家最后一次公开争论。同样令人惊奇的是，在整个论辩过程，法家的代表只是从正面阐释了法律的作用和功能，却很少指责礼的价值。相反，文学士们既指明了礼的正面价值，也在任何合适的地方无情地责难法律。如果从辩论技巧上讲，这注定了大夫们失败的结局。因为，法家只是立论，而不攻击，儒家则不仅立论，而且攻击。换句话说，法家在整个辩论过程中始终处于防御的地位。的确，从儒家的角度看待法与从法家的角度看待礼具有不同的结果。儒家得出了礼法共治的结论，这使得儒家的学说看上去很美，但对于法家而言，礼法共治则是一场噩梦。礼法共治，就治理国家的层面言，其实质乃是确立以礼或道德作为治国的方略，这既否定了法的内在之德，也消解了法的自治性功能。

春秋战国时期是学术和思想上的黄金时代，也是在政治、社会、经济、文化格局上变革、变法的时代，总之是改革的时代。在长达五个半世纪的时间里，改革的步伐从来就没有停止过。秦朝以后的所有王朝的存续时间都没有这一时代长。这是一个漫长的令人心急的改革过程。它无疑令人想起了年

---

① 例如，《吕氏春秋·察今》有言："上胡不法先王之法？非不贤也，为其不可得而法。先王之法经乎上世而来者也。人或益之，人或损之。"

鉴学派的长时段理论。[①] 受长时段理论直接或间接影响——这种影响或出于知识考古学的癖好，或出于东方学的法学思维的潜意识，法治理论先是被作为资产阶级革命的产物对待的。在时间表上，它最远位列在 18 世纪启蒙运动时期。不过，这一结论在学界并非始终靠得住。在《法律与革命》中，伯尔曼一下子就把法治理论的起源拉长了近 500 年，拉回到中世纪，拉回到上帝的国度中。即使从 12 世纪教皇改革开始起算，它到 18 世纪启蒙运动也不过 600 年时间，而春秋战国时间也差不多就 500 年，这的确是一个长时段。

二、治乱与自然状态：士的使命

先秦法家的兴起首先是一股社会思潮，一种气候，[②] 一旦涌起，就不可阻挡，以致迅速成为一家之言。[③] 法家的主张首先是"治乱说"。在天下大乱的历史事实面前，圣人治理天下的理念在现实面前已经毫无说服力。在前文，我们已提及商鞅在初次觐见秦孝公时所面临的尴尬局面，而法家的另一个杰出代表韩非则用"守株待兔"的寓言批驳了那些盼望杰出领导人来治理国家的荒谬性。他说：

> 且夫尧、舜、桀、纣，千世而一出……中者，上不及尧、舜，而下亦不为桀、纣。抱法……则治，背法……则乱。……背法而待尧、舜，尧舜至乃治，是千世乱而一治也；抱法……而待桀纣，桀纣至乃乱，是千世治而一乱也。[④]

---

① 长时段理论不仅否定了资本主义与工业革命之间的必然关系，而且把资本主义的历史起源回溯到人类社会的初期，尽管这一过程作为结构性时间不会遵从线形的、平稳的发展模式。布罗代尔指出，"早在人类历史的初期，一种'潜在的'资本主义便逐渐形成，千百年来不断发展，一直延续至今。……可见资本主义是一种长时段的结构，但这不等于说是一种绝对静止不动的实在。所谓长时段，就是一系列的反复运动，其中包括变异、回归、衰变、整治和停滞，或用社会学的术语来说，构成、解构、重构……"见［法］费尔南·布罗代尔《15 至 18 世纪的物质文明、经济和资本主义》第 3 卷，施康强等译，三联书店 2002 年版，第 722 页。

② 美国历史学家卡尔·贝克尔在讨论欧洲启蒙时代"理性"这一术语时，仿效并且启用了在此之前由英国数学家、哲学家怀特海所偏爱的一个词：舆论的气候。他说："论据左右着人们同意与否取决于表达它们的逻辑如何，远不如要取决于在维持着它们的那种舆论气候如何。"见［美］贝克尔《启蒙时代哲学家的天城》，何兆武译，江苏教育出版社 2005 年版，第 5 页。

③ 杨鸿烈指出，"支配春秋、战国以至秦统一时法律内容全体的根本原理是法家的学说"。见杨鸿烈《中国法律思想史》，中国政法大学出版社 2004 年版，第 87 页。

④ 《韩非子·难势篇》。

在韩非子看来，世间治理者"中人"居多，"中人"既非尧舜，也非桀纣，由"中人"治理国家乃治理的常态，而等待圣人治理国家不过是"千世乱而一治也"。不过，由"圣人"治国与用"圣法"治国乃是两个不同的概念，除非"圣人"治国的依据是"圣法"。对此，《尹文子》作了精到论述：

> 田子读《书》，曰："尧时太平。"宋子曰："圣人之治以致此乎?"彭蒙在侧，越次而答曰："圣法之治以致此，非圣人之治也。"宋子曰："圣人与圣法何以异?"彭蒙曰："子之乱名甚矣。圣人者自己出也，圣法者自理出也。理出于己，己非理也。己能出理，理非己出。故圣人之治，独治者也。圣法之治，则无不治矣。"①

那么，为什么"圣法之治，则无不治"呢?《尹文子》提到：

> 若使遭贤则治，遭愚则乱，是治乱系于贤愚，不系于礼乐，是圣人之术，与圣主而俱殁。治世之法，逮易世而莫用，则乱多而寡治。②

《尹文子》所论"圣法"，虽也包含礼乐、理，而不是法家意义上的法，但排除圣人之治、贤人之治的思路却是清楚的。这与同样倡导礼乐、道、理的儒家"内圣外王"治国之术判若两别，也与号召选举"巨子"（最仁贤的人）的墨家主张拉开了距离。正如儒家不排斥法律的作用，法家也不拒绝礼义的功能。法家的真精神正在于前文提到的"救世"观。《淮南子》说得更为直白："所谓亡国，非无君也，无法也。"③ 对于法家而言，舍弃以礼治国仍是迫不得已的举动。正如梁启超所评论的，"我希望把先秦法家真精神着实提倡，庶几子产所谓'吾以救世'了"。④

其实，诸子百家的学说总体而言都是治乱的学说，不唯法家如此。司马谈说："夫阴阳、儒、墨、名、法、道德，此务为治也，直所从言之异路，有省不省耳。"⑤ 刘向在论名家时指出，"论坚白异同，以为可以治天

---

① 《尹文子·大道下》。
② 《尹文子·大道上》。
③ 《淮南子·主术训》。
④ 梁启超：《先秦政治思想史》，浙江人民出版社1998年版，第230页。
⑤ 《史记·太史公自序》。

下"，① 也可以用来证实司马谈的说法。面对乱世局面，围绕治乱主题，诸子百家各自从不同角度阐发了其学说和原理。因此，百家之争也可以说就是关于治乱学说、理论和方法的争论。如果把春秋战国时期看作一个持续不断的战争状态，那么，走出战争状态，的确成了诸子百家的使命。百家之兴起既描述、演绎和规范着中国传统文化的各种可能性，也提醒人们注意百家背后的诸子——无论从哪个方面都堪称天才般的人物。

黄金时期的诸子百家犹如璀璨的群星，悬挂于历史的天空，即使在两千年以后我们也能感觉到他们的思想所奠定的中国文化框架和脉络。他们或著书立说，钩玄提要，成一家之言，或聚徒设坛，照本宣科，扬自家之名，更为重要的是，他们行走于天下，屡屡登场于政治舞台上，向不同地方的统治者阐释、宣扬或推销他们心中早已养成或学成的学识和见解。游学的风气既打破了士大夫坐而论道的传统，显示了作为有为的"子"或"士"的品质，也是他们在面对面的交流中确认、巩固或提升自己的思想体系的有效方法。生成于心间的观念和思想，在反复的争辩交锋中渐渐呈现出其框架和原形，无疑赋予了思想的创造者和解释者无上的动力和活生生的力量。时至 21 世纪，当学者们敲打着计算机的键盘，阅览古今中外的资料时，他们或许很难想象在两千多年前，这些先秦诸子们乘着简陋的交通工具往返于千百里的游学之地的情形，也难以想象在昏暗的油灯之下他们刻简的场景。

游学的实践不仅在于确立君子的品质，验证自家的学术质量，它也指向超出抽象概念和思想范畴领域的另一个场域——游说。就游说的核心意思来看，它是指以语言的力量要求言说的对象接收言说者的主张、观点和见解。游说可以不同的形式出现在不同的场景当中。以文本形式向不特定的读者言说是一种形式。这种形式虽然面对大众却缺乏直接的、面对面的裁决后果；即使有裁决的后果，也往往是在另一时空中迟到的裁决。换句话说，游说的主体和对象之间缺乏的是语境所要求问题的同一性，而问题的同一性是由言说者和被言说者共同生产的对象。以非文本的方式向特定对象言说也是一种形式，这是对话的主要形式。先秦诸子在游说当中相互的思想交锋，无疑共同产生出了场域的同一性对象。但这种形式更多地体现了游学的功能，即学和思的统一，这与百家诸子在各自的文本中旗帜鲜明地主张自己的观点、反驳其他人的观点有所不同。但政治游说则更具特色，虽然政治游说的对象主

---

① 刘向：《别录》，转见《汉书·艺文志》颜师古注。

要或全部地局限于一个个君主，但通过君主和借助于君主的权力推行各自的治理之术，则有将自己的学问和学术观点转化为经世致用的普遍性效果。当然，如果没有各国君主礼贤下士、广听言路的政治风气和需求，这种学以致用的推行政治思维的做法就成为一厢情愿的事情。余英时评论说，在公元前4世纪中叶到前3世纪中叶这100年之内，知识界的领导人物受到了战国诸侯的特殊礼遇："他们既不用向王侯臣服，也无需为生活担忧。不但如此，他们的议政自由还受到制度化的保障。事实上，他们的主要职责便是'议政事'。在这种情况下，古代士的功能实已发挥到最大可能的限度。"① 这样一来，作为口舌之功的游说就有了明确的指向和动因，这就是关于治理的事业。在春秋战国这一特殊的历史时期，这一关于治理的事业，就士而言，当然不在于"治产业，力工商"的所谓的"周人之俗"，② 而是我们在前面反复提到的治乱事业。

　　然而，这里的问题是，为什么只有法家可以有效治乱，并且可以在百家争鸣中成为佼佼者？这当然不是三言两语就能阐释清楚的。不过，先秦法家在与其他各家共同承载士的品质的同时，在"即知即行"关系上更注重行，而在"即动即静"关系上则偏重于动。先秦法家，首先是精通"刑名法术"的诸子，但在身份上，他们往往具有多重属性，可以说，他们同时也是"士"、"参谋"、"新政治专家"。③ 就士而言，他们是法家思想的创造者、解释者和传播者；就参谋而言，他们是各个国家励精图治的君主们的谋士、策划者；就新政治专家而言，他们拜相封侯，接受和运用权力推行他们的主张和观点。为此，关于法学家的职业生涯和法律学派的关系，不可不察。④

---

① 余英时：《士与中国文化》，上海人民出版社2003年版，第41页。

② 苏秦的家人在讥笑他时从反面道出了士的本职工作："周人之俗，治产业，力工商，逐什二以为务。今子释本而事口舌，困不亦宜乎！"见《史记·苏秦列传》。

③ 冯友兰指出，"法家者流，出于法术之士。在战国之时，国家之范围，日益扩大。社会之组织，日益复杂。昔日管理政治之方法，已不适用。于是有人创为管理政治之新方法，以辅当时君主整理国政而为其谋策。此等新政治专家，即所谓法术之士"，见冯友兰《原名法阴阳道德》，《清华学报》第11卷第2期。

④ 庞德曾指出法学家的职业特征与学派发展方向的内在关联。他说，"萨维尼乃是一位放弃了普鲁士大臣职务而重执教鞭的法学教授。普赫塔是一位教授。梅因的巨著完成于他在牛津大学任教的期间，而且他的行政经历在他的一生中也极为短暂。美国的艾姆斯、塞耶和比奇洛，都是几乎只有学术经历的教授。与他们相比，格老修斯的全部职业生涯都是政治与外交；孟德斯鸠一生都是从事政治工作的；瓦泰尔从事的所有活动都是政治与外交的活动；普兰马克的教学经历只是其政治生涯中的偶然事件；布莱克斯通在牛津大学开设讲座的经历，只不过是他作为一名律师和法官经历中的一段小插曲；美国的肯特和斯托雷则把一生的精力几乎都花费在了法院办公室里面……"见[美]庞德《法律史解释》，邓正来译，中国法制出版社2002年版，第24—25页。

关于先秦法家，我们可以列出一长串名单：管仲（？—公元前 645 年）、子产（？—公元前 522 年）、李悝（约公元前 455—前 395 年）、吴起（？—公元前 381 年）、商鞅（约公元前 390—前 338 年）、慎到（约公元前 390—前 315 年）、申不害（约公元前 395—前 337 年）、韩非（约公元前 280—前 233 年）、李斯（？—公元前 208 年）。法家的这些代表人物，[1] 除韩非外，几乎都曾是不同国家中处于"相"位的政治家。这与先秦儒家代表人物大多为学究式学者形成鲜明对比。那些不得志的儒士们虽有立德之言，却无立功之遇。相比之下，法家的许多代表人物既是著书立说的"立言者"，也是身体力行的"立功者"，他们提出了治国主张并且践行着这些主张。换句话说，他们既是以法治国理论的提倡者，也是这一理论的实践者。法家在事业上取得了前所未有的功绩。春秋 200 年间简直是管仲曾经治理过的齐国的天下，而由商鞅奠基的秦国最终完成了一统天下的事业。

关于乱世的描述，可以分为现实和理论两个方面。从现实方面看，乱世主要以西周的社会制度为参照对象。在此之前，西周的社会制度经上千年的演变而最终形成了以礼治为核心的规范体系，它确认和巩固了西周的基本的政治、经济和文化秩序。周公制礼使礼治社会达到了前所未有的鼎盛状态。但从东周开始，西周所确立的宗法制度、分封制度、井田制度等基本的封建制度开始式微，呈现出周文疲弊乃至最终崩溃的局面。[2] 所谓"周文疲弊"，指西周 300 年间日臻完备而隆盛一时的礼乐之"文"到了春秋时代徒然流为装饰，不再有先前那样的生命力。用牟宗三的话说，即是"贵族生命腐败堕落，不能承担这一套礼乐"，"周文"因此"挂空就成了形式，成了所谓的形式主义，成了空文、虚文"。[3] 前面提到的由余使秦的典故，深刻揭示了周文挂空之后的社会现实，其总体局面就是前文提到的"上下交争怨而相篡弑"。这一局面确已表达了已有的社会规范体系总体失效的特征。乱世表现在各个方面，不仅作为个体的人乱（不知廉耻）、家乱（子弑父）、国乱（下僭上），而且天下乱（礼崩乐坏）。《史记》说："春秋之中，弑君三十六，亡国五十二，诸侯奔走不得保其社稷者不可胜数。"[4] 在社会方面，

---

① 当然，对于其中有些人是不是法家也存在争议。

② 这一终结的过程乃是逐渐完成的，"春秋时代已呈现崩溃的现象，但一直到秦统一天下才全盘地将封建制度推翻。其间经过阶级的破坏，兼并的盛行，商业经济的兴起，及土地制度的改革"。见瞿同祖《中国封建社会》，上海人民出版社 2003 年版，第 260 页。

③ 牟宗三：《中国哲学十九讲》，上海古籍出版社 1997 年版，第 58—59 页。

④ 《史记·太史公自序》。

抢盗杀戮频频发生，史书多有记载。例如，"鲁多盗"；① 晋国"寇盗充斥"；② 郑国"多盗，聚人于萑苻之泽"；③ "季康子患盗"；④ "民之为淫暴寇乱盗贼，以兵刃、毒药、水火、退无罪人乎道路率径，夺人车马衣裘以自利者，并作由此始，是以天下乱"。⑤ 贼盗的代表人物是春秋战国之交的盗跖，在古籍中多有记载。

　　乱世是自然状态。自然状态不仅是一个事实状态，而且也是一种理论形态。以是否有国家和政府为标志，有国家和政府的为社会状态，无国家和政府的为自然状态。无政府状态，乃是指在有国家和政府的前提下所呈现出来的自然状态形式。总体而言，自然状态主要指缺乏公共规则或公共规则处于名存实亡的状态。就缺乏公共规则而言，按照列奥·施特劳斯的分析研究，西方古典自然法学派的自然状态应该是一个健康的公民社会中的生活，而不是公民社会之先的生活，与此相对立的是习俗主义者的观点，后者把自然状态视为合乎自然而生活的状态。在霍布斯的政治哲学产生之前，"自然状态"这个术语还曾为基督教神学所有并与蒙恩状态（the state of grace）相区别。霍布斯抛弃了这一区别，以公民社会状态取代了蒙恩状态，其重要性在于，为了弥补自然状态的缺陷或不便，需要的不是神的恩宠，而是正当的人类政府。⑥ 上述四种关于自然状态的定义和描述，规定了不同的哲学命题和价值趋向。中国传统文化对自然状态并不陌生，只是很少用自然状态这一术语描述事物。道家的学说基本上是以习俗主义为特征的，合道或自然地生活构成了这一观念的实质。而在法家的言论中，对政治社会之前的描述具有唯物论的性质，那种状态如同霍布斯的理解，是缺少安全、危险十足的状态，这既是法家关于法律起源的描述，也是法家的自然状态理论。管子说："古者未有君臣上下之别，未有夫妇妃匹之合，兽处群居，以力相征。于是智者诈愚，强者凌弱，老幼孤独，不得其所。"⑦ 商鞅也有类似的言论："天地社民而民生之，当此之时也，民知其母而不知其父，其道亲亲而爱私。亲亲则别，爱私则险，民众而以别险为务，则民乱。当此之时也，民务胜而力征，

① 《左传·襄公二十一年》。
② 《左传·襄公三十一年》。
③ 《左传·昭公二十年》。
④ 《论语·颜渊》。
⑤ 《墨子·明鬼下》。
⑥ ［美］列奥·施特劳斯：《自然权利与历史》，彭刚译，三联书店2003年版，第188页。
⑦ 《管子·君臣》。

务胜则争，力征则讼，讼而无正，则莫得其性也。"① 如果从公共规则处于名存实亡的角度理解自然状态，那么，自然状态就不是西方自然法学派虚拟、人造的非现实世界，而是存在于人类社会的各个历史阶段，因而具有历史的普遍性和无法摆脱的现实性。

第二节　法家与实质理性

关于法家，太史公评论说："法家严而少恩；然其正君臣上下之分，不可改矣"；"法家不别亲疏、不殊贵贱，一断于法，则亲亲尊尊之恩绝矣。可以行一时之计，而不可长用也，故曰严而少恩。若尊主卑臣，明分职不得相逾越，虽百家弗能改也"。对阴阳、儒、墨、名、道德等各家，太史公同样也有一分为二的评判。其中，对儒家的评判及其解释是："儒者博而寡要，劳而少功，是以其事难尽从；然其序君臣父子之礼，列夫妇长幼之别，不可易也。……夫儒者以六艺为法，六艺传经以千万数，累世不能通其学，当年不能究其礼，故曰'博而寡要，劳而少功'。若夫列君臣父子之礼，序夫妇长幼之别，虽百家弗能易也。"② 从太史公对两家的优劣对比看，儒家和法家都是为了维护差别性原则，只不过儒家以六艺为法，法家以法为法。然而，历史最终选择了以"博而寡要，劳而少功"的儒家之法，而抛弃了"一断以法"的法家之法。太史公从法家的"一断以法"直接推导出法家"严而少恩"，一语成谶，至此之后，几千年来大多数评论家不能改其实质。这样的例子很多。董仲舒说："至秦则不然。师申商之法，行韩非之说，憎帝王之道，以贪狼为俗，非有文德以教训于天下也。"③ 班固这样谈论法家："及刻者为之，则无教化，去仁爱，专任刑法而欲以致治，至于残害至亲，伤恩薄厚。"④ 到了宋代，苏轼指出："韩非著书，言治天下无若刑名之贤，及秦用之，终于胜广之乱，教化不足而法有余。秦以不祀，而天下被其毒。……然秦韩之治行于一时，而其害见于久远，使韩非不幸获用于世，其害将有不可胜言者矣。"⑤ 类似的话语到清代仍绵延不绝。历史学家对法家的一系列评价，似乎并不足以解释没有实施以法治国的宋朝和明朝为何最终

---

① 《商君书·开塞》。
② 《史记·太史公自序》。
③ 《汉书·董仲舒传》。
④ 《汉书·艺文志》。
⑤ 苏东坡：《韩非论》。

也被外族所灭。自唐以降，治国"一准于礼"，历史彻底完成了以礼治国的治国方略。宋明承袭以礼治国的传统，但最终未能保家卫国。如果我们以同样的思维逻辑质疑宋明何以亡国，可否得出以礼治国的倡导者、推动者——儒家也要负有不可推卸的责任的结论？当然，这是大而化之的评判，用来说明亡国原因尚缺乏扎实的论证，而且它也超出了本章的主题。不过，在此需要提及的是，太史公所总结的法家缺点如"严而少恩"、"一断于法"，恰恰是现代社会法治不可或缺的特征。在国家治理领域，而不是家法和天下法的范围内，这些"缺点"彰显了法律的重要性和有效性。如今的人们当然会产生疑问，一部强调恩情的法律还是法律吗？在主权者之下，倘若不能做到"一断于法"，至少从形式要件看，法律还是法律吗？

一、先秦法家的敌人：古代的或现代的

的确，唯以法作为立国根本、强国富民之策，并形成以"法"命名的法学派，在中外历史上，除去先秦法家之外，再也找不到第二例。然而，正是这样一个法学派，虽然以其鲜明主张帮助完成了统一国家的大业，形成了中国历史上第一个中央集权国家，其后的命运却几乎是在历史少有的持续批评声中度过的。这与尊重、发扬和光大传统的西方文化形成鲜明对比，而与确立儒家正统地位、复兴儒学的呼声相比，法家也更显出它的窘迫和狼狈。正如人们所看到的，构成中国文化重要组成部分的传统文化，并没有支持近代以来人们所理解的那种法治及其法治国家理想；相反，受儒学支配的传统文化消解了法治的内在工具性价值，仅把法律视为实现这样或那样正义观的工具，由此在手段和目的之间形成了无法调和的矛盾。一如梁启超在评论荀子时所指出的："荀卿有治人无治法一言，误尽天下，遂使吾中华数千年，国为无法之国，民为无法之民。"①

近现代以来，法家仍旧是靶子，然而，它已不再仅仅是儒家的靶子。儒家尽管反复要求复兴，但其自身的衰亡趋势不可阻挡。这一次，法家成了自由主义法学的靶子——来自西方法治理论的靶子。法治和法治国家的概念或理念被归于西方特定法律文化的产物，它源自西方，立足于西方，并以西方为中心向世界其他国家传播。在某种意义上，法治传统特指西方法律传统，伯尔曼对其特征曾作出概括性总结。试图对西方法治传统提出批判的昂格尔，也是从这一视角看待先秦法家的。昂格尔同样认为，法治是欧洲文化的

---

① 范忠信选编：《梁启超法学文集》，中国政法大学出版社 2000 年版，第 11 页。

产儿，法治只能在这样一些社会条件下产生："某种集团的多元论"从"社会等级间固定等级关系的崩溃"中涌现出来，并且存在"一种超越的世界观，一种常常伴有精心设计系统的神法体系的世界观"。依照这样的衡量标准，中国社会只存在所谓的"官僚政治法"而并没有在昂格尔看来与现代法治含义一致的法律秩序。由此，人们很容易认为中国社会无法治，无法治国家，当然无法治传统。

后世学者通常把中国古代法家分为前期法家和后期法家。前期法家多指管仲、李悝、子产、商鞅等人，后期法家多指申不害、韩非、李斯等人。如此分类当然首先是为了尊重法家人物在历史舞台上出场的先后顺序。不过，在另一方面，这种分类也有着评价法家功绩的工具性需要。为了"一分为二"地评价法家而作出这样的分类，就人为地将作为一个整体的法家分裂开来，割裂了法家作为一个法律共同体的历史事实。① 如果不是仅从不同法家代表人物的言论，而是也从作为一个整体的法家角度理解、阐释和判断法家，对法家人为的、机械的二分法就应当被打破。之所以把法家代表人物归属于法家共同体，不是因为他们在所有问题上的看法都趋于一致，也不是因为他们在思想上有前后一致的传承关系，而是因为他们在天下大乱的历史背景下，首先提倡和看重法律在救国和治国中的地位和价值，并且积极投身于社会实践的那种"士"的精神。换句话说，作为一个整体，法家是那些不沉溺于救国治国理想，而是充分运用法律手段把救国治国理想付诸于实践的法律实践家、改革家和理论家群体。② 在中国制度史上，先秦法家具有显赫位置，但在中国思想史和文化史中，他们却缺乏应有的地位和尊重。在某种程度上，法家在历史上的响亮名声，也源于各个时期对法家的批评，甚至于说法家"遗臭万年"似乎也不过分，法家因此被作为宣扬其他思想和制度优越性的反面教材而一再被提到。在近代中国之前，法家是儒家的靶子。儒家学说除了证明自己理论的合理性外，常常把法家作为需要受到谴责并已被"历史证明"的靶子树立起来。所谓被"历史证明"，指的是秦帝国短命的历史事实。在新的历史材料和认识尚未被利用之前，法家对秦帝国灭亡所负有的责任与它对秦

---

① 例如，牟宗三就持有此种立场，他说："令后人起反感的是后期法家，关键在于申不害与韩非。前期法家并不坏，他们尽了时代的使命，完成春秋战国的转型，而下开秦汉大一统的君主专制。"见牟宗三《中国哲学十九讲》，上海古籍出版社1997年版。

② 刘郡在《人物志·业流篇》中说："建法立制，富国强人（兵），是谓法家。"章太炎在《检论·原法》中也说："著书定律为法家。"

王国的强大所作出的贡献一样令人瞩目。不过，秦帝国出于国家的需要所做的简单化和一致性的国家工作机制，却几乎原封不动地保留了下来，这就是之后的一统格局。一统格局所要追求的，是一个完美的、无缺陷的社会组合形式，而这只有在简单化和一致性的原则下才能实现。18世纪，在法国大革命前夜，来自第三等级的成员，为了实现平等的理想而提出的具体请愿要求，几乎就是要建立一个法国版的秦帝国："平民阶层是善良和谨慎的，到目前为止他们还没有将他们的怨言呈递到国王脚下。现在我们请求国王建立公正，我们表达我们最强烈的愿望，希望一个国王、一个法律、一个重量以及一个度量制度。"① 秦帝国以及之后的历代王朝，不也是一个皇帝、一个法律、一个重量以及度量制度吗？

　　秦国用武力而不是德行统一了国家。在严刑与宽厚之间，秦国选择了严刑；在霸道与王道之间，秦国选择了霸道；在残暴与仁慈之间，秦国选择了残暴。这一切难道不是马基雅维利梦寐以求的国家吗？在秦建国的大约1700年后，马基雅维里写出了著名的《君主论》。把马基雅维里在《君主论》中似乎不成体系的只言片语汇总起来，不难发现马基雅维里过于明显的企图：向君主呈送无善恶之分的治国策略。马基雅维里告诉君主："为了要使他的子民统一和效忠，一个君王不应该顾虑到残暴的谴责；因为以严刑峻法来对付少数几个人，比那些君主由于过分优柔之故，让扰乱发生，结果因而造成了流血与抢劫，却是更为仁慈的；……在所有的君主中，尤其是那种新登大宝者不可能逃避残暴的名声，新成立的国家总是充满了危险的。……究竟一个为君的人，让别人对他爱多于惧好呢，还是惧多于爱好些？问题的答案是：他应该既为人所爱，又为人所惧，但因二者难以得兼，所以如果二者必须缺一的话，那么与其为人所爱，总不如为人所惧更加安全。"② 这段话是马基雅维里在16世纪的意大利说的，那时的意大利已经置身于文艺复兴的历史背景下，人文主义思潮弥漫在意大利乃至欧洲的上空。在人的解放和国家的统一关系上，马基雅维里首先把重点放在了后者。为了国家统一，马基雅维里苦心设计出来的以君主为中心的治国手段确实惊世骇俗。为此，莎士比亚称之为"凶残的马基雅维里"，列奥·施特劳斯说马基雅维里是"一位罪恶的导师"。令人惊奇的

---

① 转引自［美］斯科特《国家的视角》，王晓毅译，社会科学文献出版社2004年版，第35页。

② ［意］马基雅维里：《君主论》，惠泉译，海南出版社2001年版，第94—95页。

是，西方政治哲学几乎没有什么太大的争议就把"现代政治科学之父"的美誉给了马基雅维里，即使对霍布斯哲学偏爱有加的列奥·施特劳斯也不得不修改他的观点，转而承认马基雅维里应当享有这一称号。① 文艺复兴时代未曾出现过有分量的理论哲学家，能够被后世牢记的却是这位"现代政治科学之父"。昆廷·斯金那说："同任何其他政治理论家相比，对马基雅维里及其一生哲学作一个总结和评定，具有大得多的不可抗拒的诱惑力。"② 这种诱惑力，有时被作为谜而出现在读者和研究者的视野里，一如阿尔都塞所指出的，"几乎所有的评论家都有一个共识，那就是，我们在马基雅维利那里发现了跟那些尚未解决的难题有所不同的东西——一个谜——而且恐怕是一个解不开的谜"。③ 但可以肯定的是，有一件事，在马基雅维里那里不是需要人们费力去猜想的，那就是他传授君主们以治国之术。

除上面所引用的外，《君主论》中充斥着类似的直白话语。为了研究的需要，这里再引用其中一段涉及君主德性的话："你一定知道，与人争雄，世间有两种方法：一种用法律，另一种凭暴力；第一种是人的方法，第二种是兽的方法；不过第一种方法会时常觉得不足的，必须凭借第二种。因此，为君的人一定要懂得如何善自利用兽，又善自利用人。……既然君主不得不懂得如何行若野兽，那他就得效法狐狸与狮子。因为狮子难保它不落入陷阱，而狐狸则不能抵敌豺狼。"④ 对这样的话，罗素认为，不少人只要摆脱假仁假义，都会这么思想的。罗素甚至谴责那些批评马基雅维利的人是伪善者："附丽在他这个名字上面的习见的丑诋，大多乃由于伪善者们的愤怒——这些人是最恨将坏事坦白认作坏事的。诚然，在他的思想中，确有许多真正需要批判之处；可是这些地方，不过是他那个时代的表现罢了。将政治上的不诚实，能如此诚实地在心智上加以思考，这在其他时代与其他国家中几乎不可能。除了马基雅维利所生息的时、地之外，能够做到这个地步

① 列奥·施特劳斯坦言："我曾经认为，霍布斯是近代政治哲学的创始人。这是一个错误：这个殊荣，应该归于马基雅维里，而不是霍布斯。"见［美］列奥·施特劳斯《霍布斯的政治哲学》，申彤译，译林出版社 2001 年版，第 9 页。

② ［英］昆廷·斯金那：《马基雅维里》，王锐生、张阳译，海南出版社 2001 年版，第 299 页。

③ ［法］阿尔都塞：《马基雅维里的孤独》，附录见［意］安东尼奥·葛兰西《现代君主论》，陈越译，上海人民出版社 2006 年版。

④ ［意］马基雅维里：《君主论》，惠泉译，海南出版社 2001 年版，第 100—101 页。

的，也许只有在希腊，只有在那些从诡辩学派那里受到了理论教育，并且在
小国战争中受到了实践训练的人们之间吧——这种进行于诸小国之间的战
争，在古典时代的希腊，正犹之乎在文艺复兴时代的意大利一样，乃是个别
的天才活动的政治伴奏。"① 罗素并没有像有些人那样"一分为二"地看待
和评价马基雅维里，他简直在盛赞马基雅维里，不仅如此，他顺道地也赞扬
了古希腊罗马的思想家。与许多西方哲学大师一样，罗素把西方思想的起源
尽量向公元前的古希腊城邦靠拢，以此使自己的思想或评论的思想呈现出长
时段的特征，这一切本也无可厚非。不过，对事物进行观念和理论上的阐
释，如果依据的是同一标准和事实，那么，罗素所说的产生天才活动的时代
不唯古希腊和文艺复兴时代的意大利。

　　从公元前 770 年到公元前 221 年，在长达约 550 年的时间里，中国社会
进入了空前的国与国战争的纷争状态，在它的中后期，人们直接用"战国"
来命名时代了。瞿同祖说："在春秋时代，二百四十二年中，诸侯间的战伐
侵袭的频繁已经到了可惊的数目——二百九十七次。春秋而后一直到秦并六
国止，其风更积。"② 周初分封国的数目已不可精确考证，而据有关史料记
载，可以推出春秋时代依然存在着 132 个分封国，其中同姓诸侯 54 个，异
姓诸侯 45 个，姓不祥者 34 个。③ 不过，可以肯定的是，到了战国时代，分
封国只剩下了 7 个。这也诚如罗素所言，受过战争训练的春秋战国时期的人
们，在非和平的社会历史背景下，创造并奠定了中国的传统文化。从家天下
走向国家也就是从伦理走向政治，但伦理并没有消失，重要的乃是伦理和政
治分家了。政治需要自己的法则，它不能含情脉脉地在礼法大家庭中证明自
己的存在。马基雅维里直率地指出了这一点，马克思因此说他"用人的眼
光来观察国家……从理性和经验中而不是从神学中引出国家的自然规律"。④

---

　　① 〔英〕罗素：《西方哲学史》，何兆武等译，商务印书馆 1988 年版，第三章"马基雅维利
论"。
　　② 瞿同祖：《中国封建社会》，上海人民出版社 2003 年版，第 239 页。
　　③ 据《荀子·儒效篇》："周兼制天下立七十一国，姬姓独居五十三人。"《史记·年表第五》：
"武王、成、康所封数百，而同姓五十五，地上不过百里，下三十里。"瞿同祖对此有考证，参见瞿
同祖《中国封建社会》，上海人民出版社 2003 年版，第 25—39 页。不过，《汉书·地理志》的说法
略有不同："周爵五等，而土三等：公、侯百里，伯七十里，子、男五十里。不满为附庸，盖千八
百。而太昊、皇帝之后，唐、虞侯伯犹存，帝王图籍相踵而可知。周室既衰，礼乐征伐自诸侯
出，转相吞灭，数百年间，列国耗尽。至春秋时，尚有数十国，五伯迭兴，总其盟会。陵夷至于战
国，天下分为七，合从连衡，经数十年。"
　　④《马克思恩格斯全集》第 1 卷，人民出版社 1956 年版，第 128 页。

二、法治国家双层理论批判

　　除文化传统因素外，以实质正义为衡量标准的法治国家理论是当代法治国家理论的基本线索。当然，这两个方面有时也相互论证，纠缠在一起。简单地说，如果一个国家的法律体系不以民主为基础，并且该法律体系不以保障和实现人权为目标，这样的国家尽管是国家，但仍不能称得上法治国家。在这里，作为修饰国家的前缀词"法治"限定了国家的类型和外延，它内在地包括了特定的价值标准，而这一价值标准与非法治国家形成了鲜明对照。不难看出，这是一种具有目的论的方法论，它以实现预先设定的目的作为衡量事物正当与否的准则，以实质正义作为衡量国家的法治化程度。如果这个观点得以成立，当人们需要探讨什么是法治国家的时候，就需要首先探讨什么是民主、什么是人权，这样一来，对法治问题的探讨就进入到政治哲学或道德哲学的领域当中。关于政治哲学或道德哲学与法律之间关系的讨论，总体上属于哲学与科学的关系这一主题。哲学回答的是"应当"，而科学回答的是"是"。凯尔森对此曾指出，只有把法的理论与正义哲学乃至社会学分开，才有可能建立一门特定的法律科学。他批驳了许多传统法学所具有的一种将实在法理论与政治意识形态相混淆的倾向，这些政治意识形态或伪装成关于正义的形而上学，或呈现为自然法学说。此种学说把有关法律实质的问题，即法律实际上是什么的问题，同它应当是什么的问题混淆起来。在此基础上，凯尔森认为，法律科学"是以人类经验为基础的一种特定的社会技术，……从对实际法律思想的逻辑分析所确立的基本规范中去寻找法律的基础，即它的效力的理由"。① 凯尔森的这种完全与任何形式的正义观或自然法划清界限的理论被称为"纯粹法理论"。在这种理论指导下，法律作为科学的意识在增强，国家的范围也开始扩大，以致弗里德曼讲到：

　　　　法治仅仅意味着"公共秩序之存在"。它意味着有组织的政府借助各种合法支配的工具和渠道来运作。从这个意义上说，所有的现代社会都生存在法治之下，不论它是法西斯国家、社会主义国家还是自由国家。②

---

① ［奥］凯尔森：《法与国家的一般理论》，沈宗灵译，中国大百科全书出版社 1996 年版，作者序。

② 转引自［美］富勒《法律的道德性》，郑戈译，商务印书馆 2005 年版，第 126 页。

20 世纪 90 年代，美国学者皮文睿为非西方尤其是缺乏西方法治传统的国家提出了一个关于法治的双层理论框架。按照这种框架，法治国家分为"实质的、深度的"和"形式的、浅度的"两个层次，前者与民主、人权相联系，是高级层次；后者是低层次的，用客观的、普遍的法律规则限制政治权力的恣意行使和官员的裁量权，法律的操作有一定的可预见性，人民可以预见其行为的法律后果，并在此预期的基础上规划生活。① 这一观点着实让有法律但民主尚未实现、人权尚未得到保障的国家松了一口气，也影响了很多中国学者。② 按照此种划分，形式法治可以走向实质法治，浅度法治也可以提升为深度法治。很难说，皮文睿的这个双重理论只是为非西方国家量身定做的理论。法西斯国家通常被认为是形式法治国家，在战后它被否定为实质性法治国家。此种划分也显示出理论上的普遍解释力，并且合乎一般人对法律与法治关系的见解。为此，人们很愿意在"法治"与"法制"、"依法治国"和"以法治国"等词语方面作出明确的划分，以此宣示一种主义或确立一种立场。

双层理论是一种进化论的思想，但更为重要的是，它仍然是一种糅合了自然法和分析法学的综合观点。如果实质的、深度的法治以人权和民主为准则，那么形式的、浅度的法治就需要向实质的、深度的法治看齐，但最终要向人权和民主看齐。因此，双层理论仍然属于自然法学的观点，只不过是不彻底的自然法观点。彻底的、纯粹的自然法观点，始终否认不合终极价值标准的法律为法律，当然也不会承认实施这样的法律的国家为法治国家。

就法律科学与政治哲学的区别而言，法律科学主要是回答法律是什么的学说和思想。它是可分析的——以具体国家的法律体系为对象；它是逻辑的——以具体的法律体系的同一性为目的；它是可试验的——为了追求同一性的法律体系的逻辑自洽性，而在实践中不断采取试错的原则。在这个意义上，法律作为一门科学确立了自己的思维、语言、逻辑和方法。然而，这一

---

① Randall Peerenboom: "Ruling the country in Accordance with law: Reflections on the rule and role of Law in Contemporary China", 11 *Cultural Dynamics* 315—351 (1999).

② 关于法治双层理论的讨论，参见王人博、程燎原《法治论》，山东人民出版社 1989 年版；苏力：《法治及其本土资源》，中国政法大学出版社 1996 年版；高鸿钧：《清华法治论衡》，清华大学出版社 2000 年版；梁治平：《法治：社会转型时期的制度建构》，《当代中国研究》2000 年第 2 期；刘星：《法律是什么》，中国政法大学出版社 1998 年版；季卫东：《法治秩序的建构》，中国政法大学出版社 1999 年版；吴玉章：《法治的层次》，清华大学出版社 2002 年版；张恒山：《法理要论》，北京大学出版社 2000 年版；夏勇：《法治是什么：渊源、规诫与价值》，《中国社会科学》1998 年第 4 期；陈弘毅：《法理学的世界》，中国政法大学出版社 2003 年版等。

切都服从于法的有效性这一直接目的。判断法律是否科学的标准，应当以法律是否有效为主要标准。也就是说，一个业已存在的法律体系，只因其自身的缘故而不能使法律达到其事先确定的目标，就是一个失败的法律体系，也就是不科学的法律体系。按照凯尔森的观点，国家是法律体系的人格化，国家与法律系统具有同一性，法律体系是否有效也就意味着国家治理是否有效，因此，国家治理的有效性是国家治理是否科学的标志。以科学的方法治理国家，就是要建立健全与国家同构的法律体系，并且使该法律体系保持它的内部同一性。

拉兹指出，法治是法律的一种内在优点，而不是一种道德优点，即使所谓的形式法治也具有一种内在优点，而这一优点不以是否同时具备了道德优点为前提。在《法治及其价值》一文中，拉兹论证了法治价值的道德中立性，这一论点使他成为捍卫法律科学性的守卫者。拉兹鲜明地指出了法律作为工具价值的内在优点："它是人们手中的工具，这个工具用途广泛并有能力服务于各种目的，……刀子只有能切东西才是刀子。法律只有有能力指导人们的行为才能称其为法律，而无论它是多么无效率。"[1] 遵守法制也会使法律服务于坏的目的，但这并不是说遵守法制不是一个优点，就如同一把尖刀被用于谋害，并非说明锋利不是刀子的良好品质。这样一来，刀子锋利，就成为刀子之所以是刀子，也有资格和能力成为刀子的理由。这对法治的品质也是适用的。由此，说恶法不是法，就如同说刀子用于谋害就不是刀子一样。拉兹指出：

> 如果法治是良法之治，那么解释其本质就是要提出一种完整的社会哲学。但是，如果这样，这一术语就缺少了任何有价值的功能。我们没必要皈依法治，因为我们发现：信仰法治就等于相信正义必胜。法治是一种政治理念，一种法律体系可能或多或少地缺乏或拥有这种政治理念。……不能将它与民主、平等（法律或其他面前的平等）、人权（尊重人或尊重人的尊严等）等价值相混淆。一种根植于否定人权、普遍贫穷、种族隔离、性别歧视以及宗教迫害的非民主性法律体系，在总体上可能比任何更为开明的西方的民主法治体系更符合法治的要求。这并不意味着它将优越于西方的民主制度。它可能是非常糟糕的法律体系，

---

① ［英］拉兹：《法律的权威——法律与道德论文集》，朱峰译，法律出版社 2005 年版，第196 页。

但是在某一方面它却表现出了优越性：它符合法治的要求。①

在某种程度上，这一经常被人引用的话是惊世骇俗的：它明确地将法治与任何被认为普适的价值，特别是民主和人权的价值区分开来。不过，这并不意味着拉兹不相信人权和民主价值观，拉兹也没有暗示在实现法治的价值过程中可以忽视有意的价值目标。在拉兹看来，即使法治要实现这些价值目标，也应当拥有一种作为重要优点的连贯性主张、资格和能力。

以实证正义作为衡量国家法制化的标准，也是一种良法之治的观点，这就如同把人分为好人和坏人一样。只有良法才是法，恶法非法，就如同好人才是人，坏人非人一样。法治国家二分法也建立在源远流长的良法理论基础上。良法理论与法律无奖赏说形成了鲜明的对比。正是在国家领域，法律不仅不奖赏守法之人，而且通过对违法之人强制实施制裁来显示其优点。法律是强制性的行为规范，对不服从这一行为规范的人实施惩罚性的暴力制裁。这一特征使法律有别于习俗、道德等行为规范，后者虽然也可以使违法者招致痛苦性后果，也是一种外在于行为人的强制力，但这种痛苦性后果与外在强制力如果不伴有行为者的内在转换机制，其效果就微乎其微。同样是对行为的制裁，法律制裁体现了合法暴力下的制裁，这种制裁对人所产生的后果不具有补偿性、安慰性和行为人的内在转换性。法律的这一特性也决定了法律是禁恶的，而不是劝善的。法律不会因为对它的服而给与奖励，相反，法律正因为服从才不致惩罚。下列这些情况看上去是荒谬的：一个国家的国民或公民因遵守法律、没有违法或犯罪行为，而受到这样或那样的物质或精神奖励；国家给守法者颁布诸如"守法模范"或"守法公民"的奖状。在一定意义上，人们遵守法律就是不违反法律。没有违法或犯罪，不是因为人们作出了某种贡献，而是并且仅因为人们履行了服从法律的义务。如果一定要谈到奖赏，法律对服从法律义务的国民或公民的最大的奖赏就是，不施以合法的暴力惩罚。

法律对守法行为不予奖励，也不会因为服从法的理由而改变。换句话说，法律不因为国民或公民基于畏法的理由，或者自愿服从法律的理由，而改变它的这一立场。人们可以因畏惧法律的暴力惩罚而不去违反法律，也可以心甘情愿服法而不去触犯法律，前者是被迫守法，后者是主动自愿守法，

---

① ［英］拉兹：《法律的权威——法律与道德论文集》，朱峰译，法律出版社 2005 年版，第184 页。

但法律不会因为守法最初动机的差异而改变它的性质，更何况对守法动机的判断从来就没有一个客观的衡量标准。守法动机的不确定性源于个体人的差异性和对法律的认知程度，总体上属于人的心理和情感范畴，或者说属于人的主观判断和意志的范畴。

良法之治的法治观点增强了人们应当守法的道德理由，其逻辑并不复杂：因为是良法，而良法对人们都有好处，所以服从它。对良法的判断，尤以洛克的社会契约说和康德的自由命令说为著名。这些观点归结为一点就是，服从法律就是服从自己。就此而言，它们看上去与功利主义殊途同归。功利主义假定人都是理性的、富于算计的人。理性的人既有愿望、也有能力在苦与乐之间作出判断和选择。当人们预计到违法之苦要大于违法之乐时，守法就是必要的。在基督教文化中，教民之所以应当服从人定法，乃是因为人定法符合上帝法；当上帝被尼采宣布死亡后，自然法成了衡量人定法的标准；而当自然法不可靠时，人的理性就成了人定法的唯一认定标准，其结果就回到了人是自己的立法者和执行者这一与洛克的理论颇为相似的命题上来。洛克曾指出：

> 虽然加入了政治社会而成为任何国家成员的人因此放弃了他为执行他的私人判决而处罚违反自然法的行为的权力，然而由于他已经把他能够向官长申诉的一切案件的犯罪判决交给立法机关，他也就给了国家一种权利，即在国家对他有此需要时，使用他的力量去执行国家的判决；这些其实就是他自己的判决，是由他自己或他的代表所作出的判决。①

这段话清楚地表达了人服从政府、服从国家即服从法律的唯一理由就是服从自己。在洛克看来，法律虽然具有公共产品的性质，但它实际上是人自己的法则，其间蕴涵着从自然状态到社会状态的过渡中所必需的形式转化。

当然，在西方历史上，从服从上帝到服从自己经历了漫长的过程。在逻辑上，它形成了这样一个链条，即上帝法—自然法—人定法—理性法。在阿奎那看来，万法之中最高的而又包容了所有其他法律的乃是永恒法，它是上帝全部的心灵。人能够知道上帝心灵中的某些部分而不是全部：其中有些是由《圣经》所启示或者是可以由教会传达的（亦即实在的神法）；有些是人类的理性可以发现的自然法；在法律的等级上最低级的是人为法，亦即各个

---

① ［英］洛克：《政府论》下篇，叶启芳、瞿菊农译，商务印书馆 1964 年版，第 54 页。

国家的实在法。① 如果关于阿奎那的这一法律体系的解释成立，那么，对永恒法的张扬其实并没有掩饰人的理性的功用，它至少暗示人的理性在某种程度上是与永恒法、神法或自然法相通的。从严格意义上说，上述法律体系链条应当是永恒法（上帝法）—神法—自然法—人定法—理性法。神法因教皇制度的存在而被单列出来，以致附着于上帝法之后得到加强。因为教皇是上帝在人间的代表和代言人，所以只有通过教皇统治的教会及其布道者才可以与上帝沟通。而加尔文的贡献就在于把教会这个"中介机构"打破了，臣民自身也可能和国王或教皇一样与上帝发生密切联系，由此就使得"神法"在这一链条中的地位丧失了。

显然，这一链条在17、18世纪之前构成了效力上的等级秩序，它更多地是用超人的力量制约国家法或人定法，而不是用个体人的力量制约国家法或人定法，后者在17世纪启蒙运动之后开始兴起，人权是其标志。鉴于人权关注的是每一个个人，所谓理性法也可以被称为人权法。因此，即使是启蒙思想家也没有忘却上述服从法律的历史链条，但落脚点不同。在此之前，这一落脚点要说明的是上帝之法的合理性和权威性；在此之后，这一落脚点是要说明人的理性的合理性和权威性。到18世纪，卡尔·贝克尔总结说：

> 世间事物有着一种"自然的秩序"，是由上帝智慧而巧妙地设计来指导人类的。自然秩序的"法则"是人类的理性可以发现的。如此这般发现的法则就为检验人类的思想、行为和制度提供了确定不疑的标志——这就是18世纪时不仅在美洲，而且在英国和法国绝大多数人所公认的思想前提和先入之见。②

17、18世纪的启蒙思想家在加尔文的基础上则将这一链条作了伤筋动骨式的大手术——用自然的概念代替上帝的概念，或用理性的概念代替自然的概念。法的体系因此就变得更为单纯和简单：法就是理性法。衡量法的合目的性的唯一理由就只剩下人的理性。凡是不合乎理性的法律，就是恶法；反之，就是良法。人们服从法律的统治，是因为法律是良法；服从良法，就是服从自己。

---

① 转引自［美］卡尔·贝克尔《论〈独立宣言〉——政治思想史研究》，彭刚译，江苏教育出版社2005年版，第23页。
② 同上书，第16页。

如果人们应当守法的最大理由是为了服从自己，那么，人如何才能知道有一种法律制度是为了自己而不是为别的目的而设立的呢？更进一步的追问是，人为什么要服从自己？就现代性的困惑而言——这种困惑来源于人的自我分裂和自我异化，服从自我的法则本身充满着悖论和内在缺陷。用这样一个不可靠的命题作为人们守法的理由，只是众多的"应当守法"理由中的一种，它源于文艺复兴运动的人性论，源于启蒙运动的人权论，也源于自由主义政治哲学的自由论。从另外一个角度，人们应当守法的观点，其实引申出法律的目的。如果人们守法的理由是服从自己，那么，法律的目的就是要捍卫人的这种为了自己的目的性。

第三节 三重规则与法治国家

社会科学的研究对象主要是人的行为。社会科学将人的行为分为许多方面，用不同的方法给予研究。① 中国传统哲学在处理人与人的关系时，明显把人的行为分置于不同的领域，而最为基本的领域就是家、国和天下。② 人，只有在不同的活动领域中才能显示出具体的人的特征。从社会关系结构的角度看，家人、国人和天下人是有区别的。衡量它们的不同标准决定了它们行动的性质和边界。为此，区分人的三个领域是必要的：一是私人领域，在这一领域中，纯粹的私人利益和私人关系发挥着重要作用；二是国家领域，即在主权国家概念下，由一个特定政治区域的最高权力机关根据既定的法律排他性地管辖的领域；三是公共领域，这是私人领域和国家领域之外的相对独立的领域。的确，人们都在一定的实践领域中生活和生产，有所不同的是，人们不是在这一实践领域中、就是在那一个实践领域中生活和生产，但并非所有的人在所有的实践领域同时生活和生产。当然，人的活动领域具有复杂性、多样性和重叠性，大部分人都在两个以上活动领域生活和生产。人在其一生中可以同时活动于这些领域当中，而人生阶段确立了其在这些活动领域中的不同侧重点。

———————

① 韦伯把社会行为分为四种方式，它们分别是"目的—理性行为"、"价值—理性行为"、"在感情支配下实施的行为"、"依据传统行事的行为"。韦伯对社会行为的划分及其阐释奠定了他对理性类型学的基础，参见 ［德］韦伯《论经济和社会中的法律》，张乃根译，中国大百科全书出版社1998年版，第1页。

② 当然，也有用五分法的，例如，《道德经》："以身观身，以家观家，以乡观乡，以邦观邦，以天下观天下。"

　　人的不同活动领域正是社会学家所说的"场域"。如果我们不囿于理论上的繁复解释而作简单化处理，场域概念就是由人的角色身份决定的。不同的角色确定了不同的场域，而每一个具体场域皆有其活动规则。在家的场域，活动主体是具有血缘关系的亲属，这也包括具有拟制血缘关系的亲属。家规、家法属于该场域的规则。家的类型有大有小、有紧有松，在总体上，家可以分为核心家庭和扩大家庭两大类。前者是指一对夫妇及其未婚子女组成的家庭；后者指任何通过血统、婚姻或收养关系等建立起来的比核心家庭范围更为宽广的群体。① 家的规则因伦理身份而发挥作用，在性质上它是自然养成的，并由伦理规则调整不同身份的家庭成员之间的权利义务关系。乡的概念既可以指比邻而居的村落，或相近的几个村落的集合体，也可以指非地缘关系形成的非政府组织。党的概念即从乡的概念中引申和发展而来，所谓的乡党、乡规民约都指向团体主义的行动领域。但是，适用于乡的规则仍然遵循着伦理法则，只不过这种意义上的伦理法则更多地以团体成员的约定为起始，颇具有造法的意味。家和乡的领域均可产生对其成员的强制性制裁，但其适用范围只包括特定人群，而不包括同一时代的所有的社会成员。天下的领域当然也是以人的身份为起点的，在笔者看来，所不同的是，天下的人主要指向自然意义上的人，即卸去了诸多社会属性的人，体现了真正意义上的人与人之间的权利义务关系。天、地、宇宙、大自然等均是与"天下人"相对应的事物。天下的规则是人的规则，也是自然的规则，更是道的规则。道的规则落实到天下人的行为中，就是道德。因此，天下的领域是所有自然人的领域，这一领域既不属于家，不属于乡，也不属于国。天下的规则就是道德的规则。法律的领域只属于国家的领域，受其支配的是臣民或公民，而不是家庭成员、乡党或自然人。由此，我们就可以将不同的规则分配给不同的人的身份及其治理领域。概括地说，习俗属于家的领域，法律属于国家的领域，道德属于天下的领域，治家以礼俗，治国以法，治天下以德。

　　不同的规则有着不同的渊源、适用对象和适用范围。这三个方面大致上可以确定一个规则的性质和存在。换句话说，家法是因为习俗的存在才成为家法，国家法是因为法律的存在才成为国家法，而天下法是因为公共规则（道德）的存在才成为天下法。从规则的渊源看，家法来源于自然而然的习

① ［英］艾略特：《家庭：变革还是继续？》，何世念等译，中国人民大学出版社1992年版，第7页。

俗，它基于人的特性、自然性或生物性，这一切都可以归结为人的本能。国家法则或者来源于主权者直接或间接的制定（奥斯丁）；或者来源于法律体系中的基本规范的授权（凯尔森）；或者来源于法律体系中的承认规则的承认（哈特）。总之，国家法来源于国家的制定、认可或承认。天下法则来源于具有向善功能的道德规范，它既不表达一种本能意义上的习俗，也不表达意志意义上的法律，而只是作为一种道德规范存在。从规则的适用对象看，这意味着不同的规则所调整的行为主体存在差异。家法适用于家庭成员或拟制的家庭成员。个体的人、自然人和一切非政府组织，都具有私人的特性，它们共同构成了人的私人领域，因此，家族法、乡规民约、公司章程等都属于家法的范围。

　　人的行为由习俗、法律和道德规则所共治，但这不排除分治的事实。所谓以礼治家、以法治国、以德治天下，既共治人的行为，也分治人的行为。共治和分治的关系是辩证的，唯有分治有其效果，共治才有可能。共治是分治合力的结果，但不是代替分治形成新的规范。这是一种观点，也是一种理论方法。这种理论方法将家、国和天下看作平行的、共存的领域而予平等对待，但不是彼此取代、相互包办，从而形成规范和谐。规范和谐，有两重含义。其一，不同活动领域的规范是自治的；其二，这些规范之间是相互支援和配合的。规范和谐也就是制度和谐，制度和谐是所有和谐命题的一个基础。最早明确提出规则分治理论的人是管子。管子说：

　　　　以家为乡，乡不可为也；以乡为国，国不可为也；以国为天下，天下不可为也。以家为家，以乡为乡，以国为国，以天下为天下。①

　　管子反对以家为乡，以乡为国，以国为天下，就是反对用习俗规则代替乡的规则来治理乡，用乡的规则代替国法来治理国家，用国法代替天下的道德来治理天下。规则的越位所导致的后果可能是家不家、乡不乡、国不国、天下非天下。当然，规则的越位还有可能表现在相反的路线上，即用天下规则治理国家，用国家规则治理乡和家。正确的路线乃是使不同的规则各司其职，各守其分，即以家为家，以乡为乡，以国为国，以天下为天下，相互之间不僭越，以共同实现对人的治理的事业。这提示我们，法律是治国的工具，而不是治家的工具，也不是治理天下的工具。

――――――――――

　　① 《管子·牧民》。

如果我们不能有效区分人的行为活动的具体领域和范围，就无法正确处理规则共治和分治的关系。在中国传统社会，既不缺乏家法家规和乡规民约，也不缺乏国法，更不缺乏天下的规则，但不同的治理规则之间却发生了越位、僭越和包容。其一，用家法治理国家，走修齐治平的路线。这导致了梁启超所说的"反国家主义"或"超国家主义"的文化意识和思维定式。梁启超说：

> 中国人则有文化以来，始终未尝认国家为人类最高团体。其政治论常以全人类为其对象，故目的在平天下，而国家不过与家族同为组成"天下"之一阶段。政治之为物，绝不认为专为全人类中某一区域某一部分人之利益而存在。其向外对抗之观念甚微薄，故向内之特别团结，亦不甚感其必要。就此点论，谓中国人不好组织国家也可，谓其不能组织国家也亦可。无论为不好或不能，要之国家主义与吾人夙不相习，则甚章章也。①

无论是"反国家主义"还是"超国家主义"，都产生了轻视乃至蔑视国家的局面，从而也导致了人们轻视、蔑视法律和法治的态势。其二，用天下的规则治理国家，刻画圣人治国的道德形象。

当我们说法家将自己的研究和活动范围限制在国家领域时，并不意味着法家就忽视了另外的用以规范人的行为的规范体系。其中，私人领域正是与国家领域相对抗的领域。国家的建立，既要维护又要干预私人领域，这构成了国家存在的悖论。排除意识形态之争，即使马克思主义国家学说也赞成国家的社会功能，即维持社会秩序的功能。但是，维持社会秩序如果不是首先被理解为防止和规范私人活动之间的冲突，由国家建立的社会秩序就是不可想象的。私人领域本质上是自治的，它天生就要保证自己的独立性，只有在自身无法保证独立性时，它才求助于国家法或其他规范类型。私人领域的主体是具体的人、特殊关系的人以及由具体和特殊关系的人构成的具体团体或任何集合体。在私人领域中，最典型的人还不是那些单个的自私自利的人，而是有着不同的特殊团体成员属性的人，例如家庭成员、职业人等。一旦这些具有特定属性的具体的人被抽象为大写的人就超出了私人领域的范围。纯粹的大写的人是不存在的，当人们谈论所谓的大写的人时，必定是以某一时

---

① 梁启超：《先秦政治思想史》，浙江人民出版社1998年版，第5页。

代、某一民族的具体的人为参照系，或者以人们所见到的具体的人为理解背景。当然，这并不意味着就没有抽象的人。抽象的人，在国家领域是臣民或公民，在天下领域是道德人。之所以是抽象的，是因为凡作为臣民、公民或道德人的人都具有形式上的同质性，适用同一标准，而没有差别。而在这些抽象的人中间产生差别就会回到私人领域，不再被称为抽象的人。显然，按照抽象的人的提法，臣民或公民的行为受制于法律，法律面向所有的臣民或公民。相应地，作为规范，道德约束的是所有道德的人。

　　上述关于行为的三重规则理论，首先突破了规则的二分法。在现代法律科学中，公法和私法的划分是认识和理解法律的重要基石。① 一般地说，公法是调整公权力运行机制的法律体系，宪法、刑法、行政法、政府组织法及其相关程序法都被归结为公法的范围。私法调整的是平等民事主体之间的法律体系，民法、商法、婚姻家庭法及其相关程序法都被归结为私法的范围。尽管公法和私法的调整领域也存在交叉重叠的地方，但大体上，私法被认为是有关调整私人利益的法律，公法则是有关政府或国家利益以及公共秩序的法律。哈耶克就是在这个意义上理解私法和公法的功能的："事实毋宁是，作为政府组织之法律的公法要求它所适用的那些人以刻意的方式为公共利益服务，而私法则允许去追求他们各自的目的，并只是通过限定个人行动的方式而使他们最终都有助于普遍的利益。"② 后来，哈耶克实际改造了传统意义上的公私法划分含义，以便服务于自生自发秩序理论的需要，但作为自由主义哲学的代表，哈耶克关于内在规则和外在规则的两分法以及后者因服务于前者所获致的正当性却是一脉相承的。内在规则决定着私人利益即人权的正当性，以及外在规则存在的有限意义，但是，在笔者看来，自由主义哲学在私人领域与国家领域二分法的前提下讨论自由与秩序的关系，实际掩盖在私人领域和国家领域之外还存在一个有关全体社会成员利益的公共领域这一事实。三个领域既有区别又有联系，但过去大量的研究往往集中于私人领域与国家领域之间的和谐或冲突关系，而且在特定哲学思维的指导下抹杀了公

---

　　① 基于不同的标准，关于法律还有其他分类，如成文法与不成文法、国际法与国内法、实体法与程序法等。不过，公法和私法的划分是民法法系中的最为基本的分类法，对民法法系的形成具有重要意义，有关内容可参见［美］艾伦·沃森《民法法系的演变及形成》，李静冰等译，中国法制出版社 2005 年版。

　　② ［英］哈耶克：《法律、立法与自由》第 1 卷，邓正来等译，中国大百科全书出版社 2000 年版，第 210 页。自由主义宪政理论建立在公法与私法分离的基础之上，带有明显的政治功能，这也是法治国家法结构的必然逻辑。

共领域的独立存在——当然不是无视或否认公共领域的存在，而是要么用私人领域要么用国家领域替代了公共领域。① 源于西方历史和文化的法治概念，正是建立在公法与私法的二分法基础之上，而对公法与私法之关系的妥当性处理使公共领域的独立存在被忽视，公共领域因此沦为公法和私法共同争夺的殖民地。与此相反，中国社会虽然逐渐接受了公法和私法的概念，也建立了成效显著的公共领域，但长期以来，公共领域更像是一片荒地，容易受到侵扰。

自由主义哲学从个体角度看到了私性的合理性以及由此不断张扬的诉求，② 并且赋予私性以正当性所要求的那些品质。换句话说，那种要求国家公权力从私性的空间中让出领地的强烈愿望，再现了私性的本质要求。从文艺复兴开始，在人文主义的旗帜下，仅从人性的原则中抽象出私性正当性话语成了新时代的显著标志，而理性概念的使用和传播也为人性的张扬提供了科学依据。不过，具有正当属性的私性所获得的独立地位，确实是在与国家的公共性相冲突和抗衡的过程中形成的。与以往任何历史时期相比，私性取得了前所未有的胜利，这也被认为是私性不断收复失地或复原其本来面貌的大捷。然而，自由主义虽然为私性赢得了正当化的名声，却忘记了私性的来源和基础。这个来源和基础就是使个体得以存在的群体。像家一样的群体不仅保留了私性的体温，而且也制造、传遍和发展了私性。只注意到私性的成果和形式是不够的，因为，忽视私性的来源和基础会产生一个严重后果，这就是，私性有可能或事实上借助正当性话语过度地表达其真实存在，并且逾越其本来界限而开始侵蚀国家领域和公共领域。在把握私性的界限方面，自由主义提出了"最低限度"概念。这一概念强化了法律之下的自由所应当具有的品质。仔细审查法律与自由之间的关系，我们会发现，自由主义一方面用私性反抗法律，另一方面又不断需要法律来保持其形态，这是借助于他者来约束自己的强制理论，是意志哲学的必然结果。与自由主义表达私性的

---

① 哈贝马斯在交往行动的理论框架下倾向于把公共领域定义为能够形成诸如公共意见的场域，参见［德］哈贝马斯《公共领域的结构转型》，曹卫东等译，学林出版社1999年版。阿伦特所说的公共领域大体指由人的行动和实践所开创的政治生活的共同世界，参见［美］汉娜·阿伦特《人的条件》，竺乾威等译，上海人民出版社1999年版。

② 对于确立私性的真诚性和正面意义，明清之际的思想家也着墨颇多。例如，顾炎武指出，"天下之人各怀其家，各私其子，其常情也。为天子为百姓之心，必不如其自为，此在三代以上已然矣。圣人者因而用之，用天下之私，已成一人之公而天下治。……故天下之私，天子之公也"，见顾炎武《亭林文集·郡县论五》。但中国传统社会在总体性上对私性保持着压制态势，更不用说对私性的张扬了。

界限不同，儒家要求以克己的内在力量把握私性的品质，"修身"和"齐家"都表达了这一含义。这种品质所包含的内敛策略是一种进入国家领域和公共领域的前期准备、姿态或前提，它在效果上不仅要保持住私性的界限，而且要最终服务于公共领域，这就是天下理论指导下的天下行动。

私性关系并不当然产生公共领域，公共领域只有在具体场域的复合关系中产生，这就是行动与结构的关系。公共领域是在私性领域和国家领域之外存在的相对独立的第三领域。现代民法在阐述所有权概念时，明确揭示了物的不同占用形式，即在对物的独占、公有和共同共有的区分中所确立的现代产权制度。而现代社会组织理论也在企业、政府组织之外发现了非政府组织作为第三组织存在的客观性和价值。然而，把由私性关系决定的市民社会简单地视为公共领域，并且不加分析地让市民社会发挥公共领域的职能，不仅遏制了公共领域的发展，也为私性行为侵犯公共领域提供了方便。同样，把国家领域等同于公共领域也是值得怀疑的。上述两种认识，不论其价值趋向如何，都带来了大致相同的结果，这就是私与公的二元对立，或者说，市民社会与国家的对立。为此，公共领域为了维护自己的范围，不仅需要与国家领域斗争，也要与私人领域斗争。因此，在理论根源上，我们需要一种对二元论世界观必要的清理和批判。

二元论世界观是西方社会较为普遍的思维方式。在西方历史上，这种二元世界观有众多的表现形式，其中，主观与客观、感性与理性、信仰与知识、宗教与世俗等构成了哲学中的基本论题。二元论世界观是一种内在要素相互对立的世界观，如何既肯定二元的合理存在，又揭示各自的局限成了哲学的基本任务。近现代以来，在这种二元论世界观支配下，个体与国家之间的关系，逐渐演变成为市民社会与国家之间的关系，后者所表达的基本问题仍然是私人领域与国家领域的冲突和整合。虽然公共领域的发现具有重大历史意义，而且这一发现也强调了公共利益异于国家利益的特性，但它没有正确区分私人领域与公共领域之间的界限。一如有学者所指出的，"自由主义对生活的理解是不全面的，非常可能忽视了个人利益和权利之外还存在着的公共利益，尤其是那些与个人利益并非总是吻合的公共利益"。[①] 的确，公共领域，与私人领域和国家领域具有并存且相互制约的性质，而其历史也与私人和国家领域的存在历史一样久远。在相当长的历史时期，公共领域被遮蔽了，隐藏于私人领域当中，或者，被国家领域强制代理了。近代以来，公

_____

① 赵汀阳：《天下体系——世界制度哲学导论》，江苏教育出版社 2005 年版，第 59 页。

共领域被重现发现，而且，在全球一体化的世界性历史进程中，赋予其应有地位、彰显其价值无疑具有重要历史意义。

西方社会的二元论价值观不具有普世的意义，至少在面对中国问题时需要作为一个例外来处理。有学者指出：

> 国家与社会的二元对立是从那种并不适合于中国的近现代西方经验里抽象出来的一种理想构造。我们需要转向采用一种三分的观念，即在国家与社会之间存在着一个第三空间，而国家与社会又都参与其中。①

"第三空间"是社会和国家互动的结果，属于那种流动的空间，缺乏社会和国家那样的边界，尚难以作为一个独立的领域与其他两个领域形成对照。但是，"第三空间"这一概念打破了"私人—国家"或"私域—公域"的二分法，具有开创性和启发意义。针对福利国家的出现，哈贝马斯也曾对二分法提出质疑。他说：

> 随着资本集中和国家干预，从国家社会化和社会国家化这一互动过程中，产生出一个新的领域。从这个意义上来说，公共利益的公共因素与契约的私法因素糅和在了一起。这个领域之所以意义重大，因为这既不是一个纯粹的私人领域，也不是一个真正的公共领域；因为这个领域既不能完全归于私法领域，也不能完全算作公法领域。②

虽然哈贝马斯意识到公共领域是一个越来越有别于"社会"和"国家"的第三领域，是"国家和社会之间充满张力的区域"，但由于他一直强调"资产阶级公共领域"，并把这一领域视为与国家对立的领域、在本质上仍然属于私人领域，他其实并未开发出新的独立领域。

从中国文化的历史和特性看，中国传统社会并没有走向同样的二元论。历史记载虽不完整，但大体显示了三代以及更早的历史是家的历史，这意味着国家的历史并没有像后来那样占据主导地位。从春秋战国开始，家的领域

---

① 黄宗智：《中国的"公共领域"与"市民社会"——国家与社会间的第三领域》，载邓正来主编《国家与市民社会：一种社会理论的研究路径》，上海人民出版社2006年版。

② ［德］哈贝马斯：《公共领域的结构转型》，曹卫东等译，学林出版社1999年版，第179页。

逐渐让位于国家的领域。在试图建立强大、有力和完整的国家领域方面，历史进入到新的时代。在此过程中，企图恢复天下的领域（即后来逐渐明晰起来的公共领域）与渐渐强大的国家领域之间的理论争辩和实践争夺，成了时代的主旋律，并最终以秦帝国建立而告一段落。追寻失去的天下，恢复周礼，是孔子及其儒者的理想。①而礼的性质决定了它不可能在国家领域发挥功用，刑与法却是国家领域调整权力关系的特有工具。从那时起到中国社会迎来全球一体化时代，国家领域一直都在历史领域中扮演重要角色。不过，从中国的历史实践看，国家领域并没有取代公共领域，也没有泯灭私人领域，国家领域、公共领域和私人领域这些大的历史领域结构依然存在，这不是西方的二元思维能够解释清楚的。

　　如果说，私人领域是由自私自利的人构成的领域，那么，国家领域则是由同质的臣民和公民构成的领域。私人领域，注重的是习惯和惯例，即一种长期积淀、自发形成的秩序。而在国家领域，由最高统治者制定的法律确立了一种刚性秩序，服从或不服从这种秩序取决于它的品质。自生自发的秩序和法律秩序都具有相对的独立标志，它们之间虽然可以在一定条件下相互转化，但不能相互替代。道德，既不属于私人领域，也不属于国家领域，而是属于公共领域。在习俗和法律的道德性方面，道德概念容易被轻率地当成习俗和法律各自的本质要素，由此既模糊了私人领域、国家领域和公共领域的各自界限，也为制造理论混乱开了方便之门。②具有道德性的习俗仍然是习俗，正如具有道德性的法律依然是法律一样，何况在众多的情况下，习俗和法律只是被人为地披上道德的外衣。此外，在解释人定法的正当性时，受西方社会固有的二元思维方式指引，自然法概念被用来作为衡量人定法的准则，由此，符合自然法的人定法就是良法、善法，反之则是恶法。人定法不能证明自己的合法性，也无权证明自己的合法性。然而，由于自然法总体上属于形而上意义上的"天上的法"，而不是具有实践理性的"天下的法"，它不能担当公共领域所需要的实践法则。

　　在福利国家和风险社会作为新的历史事件出现的时代背景下，私人利益

---

　　①　春秋时代的游士大多抱有超地域、超家族甚至超国家的天下观念或世界观念，他们并不承认贵族特权，忘不了从封建制度开始的天下，只有一个共主、一个最高中心的历史观念，参见钱穆《国史新论》，三联书店 2001 年版。

　　②　富勒把道德视为良法的组成之善，参见［美］富勒《法律的道德性》，郑戈译，商务印书馆 2005 年版。梁启超在《论公德》一文把道德分为"私德"和"公德"，认为"人人独善其身谓之私德，人人相善其群谓之公德"。载梁启超《新民说·论公德》，《饮冰室合集》专集之四。

与国家利益的冲突不是依靠"权利国家化"或"国家权利化"的方案就能够化解的。新的国家观似乎把国家的划分类型又朝前推进了一步，出现了所谓法治国家、福利国家、安全保障国家等。[①] 这些国家类型的划分分别建立在自由资本主义社会、福利社会、风险社会等基础之上。如果依旧局限在个人权利与国家权力的二元框架内思考是权利多一点好，还是权力大一点好，我们也许不会有新的突破。

综上所述，法治是治国的主要或唯一的工具。法治与正义有关，但不等同于正义；法治与道德有关，但不等同于道德；法治也与人权、平等、自由和博爱有关，但也不能等同于人权、平等、自由和博爱。我们越是走向现代社会，就越是相信法治是实现道德、人权、平等、自由和博爱等现代价值的工具。这并没有错。不过，这样的法治其实是"良好的法治"，而"良好的法治"并不能完全脱离法律的一些形式方面。富勒曾把法称为使人类行为服从规则之治的事业，由此，法也可以被理解为治理人的行为的事业。法与人的行为之间的关系理论主要涉及两个方面。一是法对人的行为的共治理论，即主要从习俗规范、国家规范和道德规范等多重规范治理人的行为；二是法对人的行为的分治理论，即从习俗、国家或道德的一个维度治理人的行为。共治与分治是辩证统一的。本章的分析建立在分治的基础上，并以分治理论为主要线索。法的共治事业无疑是重要的，它不仅不会使人的行为更缺少自由度，而且使人的行为更加合理和完美，只是，所有这一切都应当首先建立在对各个相对存在的规范独立性基础上。

迄今，人的自治和国家治理的关系问题依然是要继续处理的问题，而保障人权并防止国家权力对人权的侵犯构成了这些理论的核心命题。在否定无政府主义的前提下，对国家权力的"爱与憎"始终是个悖论。在国家权力与个人权利的紧张关系中，根据力量对比和情形所显示出的效果，总是不能摆脱"防御"、"相持"或"反攻"的循环局面。随着法治国家理论的兴起，规则的品性成了人们关注的热点。在法律科学中，无论对法律的道德性的论述，还是对法律正当性的不懈表达，都进一步推动了人的自治与国家治理的关系。此外，市民社会理论也从自主的非制度意义上的规划活动领域，

---

① 哈贝马斯指出："根据这种分期，政府必须相继地专门完成这样一些任务：起初是古典的维持秩序任务，然后是对社会补偿的公正分配，最后是应付集体性的危险情况。制约绝对主义的国家权力，克服资本主义产生的贫困，预防由科学技术引起的风险，这些任务提供了各个时代的议题和目标：法律确定性、社会福利和风险预防。"见〔德〕哈贝马斯《在事实与规范之间——关于法律和民主法治国的商谈理论》，童世骏译，三联书店 2003 年版，第 537 页。

解说着与其对立面——国家的关系。应当看到，不论法治国理论，还是市民社会理论，都建立在规则的二元观基础上。国家权力与个人权利之间的关系，实质上是如何划分人的活动领域的问题，而规则的二元论在理想上厘定了个人规则的正当性以及国家规则的价值目标，适应了资本主义经济的理性思维和现代民主的内在要求。然而，个人规则与国家规则，也就是说，权力与权利的运行和发展侵蚀、占领乃至遮蔽了公共规则相对独立的存在，在笔者看来，这是造成人权与国家之间关系紧张的隐蔽而重要的因素。

第六章　法律变迁

　　法理学在关注法律演进时，总是试图追寻法律史延续的方向，达致"从……到……"的公式。① 这种强烈的偏好在下述意义上具有重要的理论和实践价值，即，通过划分阶段或采用"制度类型学"的方法，不同的研究者从不同侧面描述法律发展的宏观趋势，这不仅可以让我们获得关于法律制度演进阶段及其现实目标的知识，而且可以教导我们如何为推进目标实现而作出合适的努力。

　　不过，这种偏好的积极意义是有限的。由于"人类观察者不得不从他本人所在的空间某一点和时间某一刻上选择一个方向"，"即使是发达的文明人，仍然——像原始人一样——是他自己时代和地域的囚犯"，② 法理学者在试图确立阶段或类型划分的标准时，总是难以避免受某种特定价值观念的支配，从而以自己时代和地域的制度和价值观念为中心来评价整个法律历史。也就是说，由于起支配作用的价值观念以及观察视角并不是普适的，他们的理论总是或多或少地表现出"自我中心主义"或"种族中心主义"的一些特征。对此，楚贝克就曾指出，正统的"法律与发展"思想的基础是源于西方的"种族中心论和进化论"。③ 这样，当我们根据法理学者们关于法律演进趋势的知识，遵从他们关于法律演进方向的教导，努力实践他们为我们设计的通往理想法律图景之路的时候，我们有可能确实在走向光辉的前

---

　　① 例如，"从身份到契约"（［英］梅因：《古代法》，沈景一译，商务印书馆1959年版，第97页）；"从传统法制到现代法制"（法制现代化理论）；"奴隶制法—封建制法—资本主义法—社会主义法"（法的历史类型理论）；"习惯法—官僚法—法律秩序"（［美］昂格尔：《现代社会中的法律》，吴玉章、周汉华译，中国政法大学出版社1994年版，第43—46页）；"压制型法—自治型法—回应型法"（［美］诺内特、塞尔兹尼克：《转变中的法律与社会》，张志铭译，中国政法大学出版社1994年版）；"刑法阶段—民法阶段—宪政阶段"（蔡定剑：《历史与变革》，中国政法大学出版社1999年版，第353页）；等等。

　　② ［英］阿诺德·汤因比：《一个历史学家的宗教观》，晏可佳、张龙华译，四川人民出版社1990年版，第11、16页。

　　③ 参见［日］千叶正士《法律多元》，强世功等译，中国政法大学出版社1997年版，第19页。

程，但也可能恰恰相反，等待我们的是危机和灾难。

克服上述知识偏好的局限需要另一种知识。其主旨不在于确定法律演进的方向性，但它可以为寻求法律演进的方向提供基础；它不教导我们作出何种努力以改变法律演进的方向，但有志于法制变革的人们可以从中获得启发。它是关于法律变迁的法哲学，主要探究法律变迁的内在机理，回答"法律为什么会变迁以及法律怎样发生变迁"之类的问题。与法律发展"从……到……"的描述性、归纳性知识相比，它是"知其然"之后的"知其所以然"。

本章拟尝试着探求关于法律变迁的这种"所以然"知识。在文中，"变迁"意指变化、更迭、衍生，"法律变迁"意指法律创立、变更以及随着时间变化而被打破或得到发展。本章分为三部分。第一部分主要讨论法律变迁研究的方法论基础，并且根据需要给出本章讨论法律变迁的分析框架。第二部分指出影响法律变迁的各种变量，并在分析框架中初步描述这些变量之间的关联。第三部分将着力探讨各种变量如何在变迁过程中发挥作用，即法律变迁是如何发生的。

第一节 方法论基础

在最广泛的意义上，任何一部法律史著作都必然包含着对法律变迁的研究。而就法哲学来说，中国早在先秦时期，法家集大成者韩非就已提出著名的"历史进化"观点；在西方，公元前 5 世纪的智者学派也开始认为法律完全是一种人为的创造物，因而不可能是恒定不变的。近代关于法律变迁的知识，主要由 18 世纪后期在德国和英国兴起的历史法学和进化论法学思潮——如萨维尼、梅因、斯宾塞的法学——所提供，而孟德斯鸠对"法的精神"的探讨，也为关于法律变迁的法哲学的发展增添了重要知识。到当代，在并不多见的相关主题研究中，有关法律的社会学理论为法律变迁研究作出了贡献。

本章不打算追根溯源地梳理法律变迁知识发展史，也不打算评论既有法律变迁知识成果的偏颇得失。这里，我们将首先讨论本章关注法律变迁的方法论基础。鉴于我国法理学界流传甚广的关于法律发展的社会形态理论——方向性偏好的一个典型——来源于马克思的唯物史观，我们将通过对唯物史观的简要解读，提示唯物史观对法律变迁研究的深远意义。

一、唯物史观：经济决定论与实践决定论

在我国法学界，关于法律变迁的理论一直被认为是来源于唯物史观或至少是受唯物史观指导的。这种理论认为，依据法律所赖以存在的经济基础及其所体现的国家意志的性质的不同，可以对历史上的法律制度进行分类。在人类社会文明史中，法律制度被认为沿着"奴隶制法—封建制法—资本主义法—社会主义法"这样一个由低级到高级的确定路线不断演进。其中，任何一个历史类型的法之所以出现或消失，都是社会基本矛盾运动的结果。当生产关系被生产力的发展所否定时，原有历史类型的法将随着社会革命——主要表现为"阶级斗争"——的到来而被新历史类型的法所取代。我们的问题是，这种关于法律发展的社会形态演进理论，会不会是我们对马克思唯物史观的机械运用？在唯物史观创始人那里，究竟有哪些因素具有对法律变迁的解释潜力？这些因素之间有何关联？马克思寻求历史发展规律的思想逻辑是什么？唯物史观的本质是什么？

在《政治经济学批判·序言》中，马克思有这样一段关于唯物史观相对集中的表述：

> 人们在自己生活的社会生产中发生一定的、必然的、不以他们的意志为转移的关系，即同他们的物质生产力的一定发展阶段相适合的生产关系。这些生产关系的总和构成社会的经济结构，即有法律的和政治的上层建筑竖立其上并有一定的社会意识形式与之相适应的现实基础。物质生活的生产方式制约着整个社会生活、政治生活和精神生活的过程。不是人们的意识决定人们的存在，相反，是人们的社会存在决定人们的意识。社会的物质生产力发展到一定阶段，便同它们一直在其中活动的现存生产关系或财产关系（这只是生产关系的法律用语）发生矛盾。于是这些关系便由生产力的发展形式变成生产力的桎梏。那时社会革命的时代就到来了。随着经济基础的变更，全部庞大的上层建筑也或慢或快地发展变革。在考察这些变革时，必须时刻把下面两者区别开来：一种是生产的经济条件方面所发生的物质的、可以用自然科学的精确性指明的变革，一种是人们借以意识到这个冲突并力求把它克服的那些法律的、政治的、宗教的、艺术的或哲学的，简言之，意识形态的形式。我们判断一个人不能以他对自己的看法为根据，同样，我们判断这样一个变革时代也不能以它的意识为根据；相反，这个意识必须从物质生活的

矛盾中，从社会生产力和生产关系之间的现存冲突中去解释。无论哪一
个社会形态，在它们所能容纳的全部生产力发挥出来以前，是决不会灭
亡的；而新的更高的生产关系，在它存在的物质条件在旧社会的胎胞里
成熟以前，是决不会出现的。所以人类始终只提出自己能够解决的任
务，因为只要仔细考察就可以发现，任务本身，只有在解释它的物质条
件已经存在或者至少是在形成过程中的时候，才会发生。①

　　在这里，马克思从复杂的社会现象中抽象出社会的基本结构要素：生产
力、生产关系、经济基础、上层建筑，其中，法律属于上层建筑的成分。

　　根据这段话，生产力的发展阶段决定着生产关系的类型，经济基础的性
质决定着上层建筑的形式，也就是说，法律上层建筑首先是经济基础（生
产关系）决定的，但最终决定于生产力的发展阶段。那么，这是否就是马
克思最终的答案呢？只要再稍微细心分析，我们就会发现：在社会基本结构
要素内在关联的论述中，马克思尽管强调生产关系必须同生产力发展的一定
阶段相适合，但并没有肯定，在生产力发展的每一个具体阶段上与之相适合
的生产关系都只能有唯一的类型；尽管强调经济基础对上层建筑的制约，但
同样不曾暗示一定的经济基础之上只能有唯一形式的上层建
筑。马克思指
出，经济基础的变更必然会带动上层建筑或迟或早地发生变革，但他并没有
说上层建筑的一切变化都是由经济基础的变更引起的，而且，他用"或慢
或快"这一文字表述形式默认了上层建筑保持自身相对独立的可能性，从
而为在一定经济基础和生产力发展阶段约束范围内的上层建筑的变化留下了
别种解释的广阔余地。② 因此，就马克思的这段表述而言，至少在逻辑上存
在下列可能性：生产力发展的某个阶段上，生产关系发生一些在适合生产力
前提下的变化，甚至是类型的更替；在一定经济基础之上的政治、法律等上
层建筑发生一些不改变生产关系性质的变迁。难怪恩格斯晚年说："根据唯

---

　　① 《马克思恩格斯全集》第 13 卷，人民出版社 1962 年版，第 8—9 页。

　　② 恩格斯在 1893 年 7 月 14 日致弗·梅林的信中写道：有一点"在马克思和我的著作中通常
也强调得不够，在这方面我们两人都有同样的过错。这就是说，我们最初是把重点放在作为基础的
经济事实中摸索出政治观念、法权观念和其他思想观念以及由这些观念所制约的行动，而当时是应
当这样做的"。见《马克思恩格斯选集》第 4 卷，人民出版社 1972 年版，第 500 页。英国分析哲学
家柯亨也注意到这种情况：马克思在他的著作中反复强调的是生产力对生产关系的单向影响，但他
又的确意识到"生产关系决定生产力的许多方式"。参见［英］柯亨《卡尔·马克思的理论——一
个辩护》，岳长龄译，重庆出版社 1989 年版，第 149、174—179 页。

物史观，历史过程中的决定性因素归根到底是现实生活的生产和再生产。无论马克思或我都从来没有肯定过比这更多的东西。如果有人在这里加以歪曲，说经济因素是唯一决定性的因素，那么他就是把这个命题变成毫无内容的、抽象的、荒诞无稽的空话。"① 恩格斯还补充说："政治、法律、哲学、宗教、文学、艺术等的发展是以经济发展为基础的。但是，它们又都互相影响并对经济基础发生影响。并不是只有经济状况才是原因，才是积极的，而其余一切都不过消极的后果。这是在归根到底不断为自己开辟道路的经济必然性基础上的互相作用。"②

因此，至少我们可以认为，生产力、生产关系以及上层建筑的其他成分都会成为影响法律的因素。那么，这些因素之间是怎样发生联系的呢？让我们回过头来思考这样的问题：马克思借以把具体的社会现实抽象为这些社会基本结构要素的根据是什么？或者换个角度，这些社会基本结构要素如何统一于一个整体？构成这些社会基本结构要素内在关联的基础是什么？

大致说来，生产力是指人们征服自然、改造自然的能力，即生产实践能力；生产关系是在生产实践过程中所结成的人与人之间的关系，它渗透于"生产—交换—分配—消费—再生产"的整个链条中；这些关系的总和是社会的经济基础；而以此为现实基础的各种制度的总和就是社会的上层建筑。由此，就概念而言，生产力、生产关系、经济基础、上层建筑分别反映着人类生产实践的水平、形式和由生产实践决定的其他社会生活形式，即分别反映着人类实践活动的某一方面。这也就是说，实践是四个概念彼此发生关联的逻辑纽带，在理论意义上，是社会诸结构要素彼此联系的桥梁。

为什么生产力能够决定生产关系、经济基础能够决定上层建筑呢？《德意志意识形态》这样写道，在历史过程中，"我们首先应当确定一切人类生存的第一个前提也就是一切历史的第一个前提，这个前提就是：人们为了能够'创造历史'，必须能够生活。但是为了生活，首先就需要衣、食、住以及其他东西"。③ "在任何情况下，个人总是'从自己出发的'，但由于从他们彼此不需要发生任何联系这个意义上来说他们不是唯一的，由于他们的需要即他们的本性，以及他们求得满足的方式，把他们联系起来（两性关系、

---

① 《马克思恩格斯选集》第 4 卷，人民出版社 1972 年版，第 477 页。
② 同上书，第 506 页。
③ 《马克思恩格斯全集》第 3 卷，人民出版社 1960 年版，第 514 页。

交换、分工），所以他们必然要发生相互联系。"① 这就是说，人的生物性生存产生了对物的需要，这种需要驱使人进行生产实践，生产实践又拓展了"需要"的种类，从而产生其他社会实践；而正是以生产实践为基础的整个实践活动导致了人的社会性本质。在这个过程中，生产实践的水平通过"需要"以及"求得（需要）满足的方式"决定人们在生产实践中的关系，而由此产生的新的"需要"则又成为导致其他社会关系的诱因。

　　然而，在理论和事实上，需要都并不直接驱动人的实践，它必须为人的意识所反映并转化为一定的心理欲望、行为动机和目的才能发挥作用。马克思和恩格斯在作具体的历史分析时十分注意这一点。恩格斯在分析私有制的生产关系时说："卑劣的贪欲是文明时代从它存在的第一日起直至今日的动力；财富，财富，第三还是财富，——不是社会的财富，而是这个微不足道的单个的个人的财富，这就是文明时代唯一的、具有决定意义的目的。"② 马克思在论述资产主义生产时也曾这样写道："他（资本家）狂热地追求价值的增殖，肆无忌惮地迫使人类去为生产而生产，从而去发展社会生产力，去创造生产的物质条件；而只有这样的条件，才能为一个更高级的、以每个人的全面而自由的发展为基本原则的社会形式创造现实基础。"③

　　同样，欲望仍然不能独立地发挥作用，它必须与人对事物的认知相配合。再次回到《政治经济学批判·序言》，我们可以看到马克思自己的态度："社会的物质生产力发展到一定阶段，便同它们一直在其中活动的现存生产关系或财产关系（这只是生产关系的法律用语）发生矛盾。于是这些关系便由生产力的发展形式变成生产力的桎梏。那时社会革命的时代就到来了。随着经济基础的变更，全部庞大的上层建筑也或慢或快地发生变革。"就是说，生产力和生产关系的现存冲突、经济基础和上层建筑的现实矛盾的最终解决，都是以生产力摆脱阻碍其发展的桎梏的结果表现出来的。在这里，马克思暗示，生产力总是有不断发展的要求，并且这一要求通常总能最终实现。④ 那么，为什么生产力总要求发展，并总是最终能够取得发展呢？唯一可能的解释是，历史中的现实的人总是追求着自己需要的满足，而且，

---

① 《马克思恩格斯全集》第 3 卷，人民出版社 1960 年版，第 7 页。
② 《马克思恩格斯选集》第 4 卷，人民出版社 1972 年版，第 173 页。
③ 《马克思恩格斯全集》第 23 卷，人民出版社 1972 年版，第 649 页。
④ 在《德意志意识形态》中，马克思和恩格斯谈到例外情况："一些纯粹偶然的事件，例如蛮族的入侵，甚至是通常的战争，都足以使一个具有发达生产力的和有高度需求的国家处于一切都必须从头开始的境地。"见《马克思恩格斯选集》第 1 卷，人民出版社 1972 年版，第 60—61 页。

人的理性总是可以让他们正确地意识到如何满足自己的需要。马克思接着说:"……我们判断这样一个变革时代也不能以它的意识为根据;相反,这个意识必须从物质生活的矛盾中,从社会生产力和生产关系之间的现存冲突中去解释。……人类始终只提出自己能够解决的任务,因为只要仔细考察就可以发现,任务本身,只有在解决它的物质条件已经存在或者至少是在形成过程中的时候,才会发生。"马克思似乎是说,人们的欲望只有当人们对已经出现的满足它们的途径有了理性认知之后才开始驱动实践,而且,人们的意识也必然能够正确地反映那些"已经存在或者至少是在形成过程中"的"物质条件"。在其他地方,马克思以一个观察者的口吻指出:"由于最重要的是不使文明的果实——已经获得的生产力被剥夺,所以必须粉碎生产力在其中产生的那些传统形式";[①]"……为了不致丧失已经取得的成果,为了不致失掉文明的果实,人们在他们的交往方式不再适合于既得的生产力时,就不得不改变他们继承下来的一切社会形式";[②]"人们如果想把这些果实赖以成熟起来的那些形式保存下去,他们就会失去这一切果实"。[③] 由此可以看出,在马克思的唯物史观里,人对环境(这里主要是生产力、生产关系、上层建筑以及它们之间的关联)的理性认知是一个必要的预设前提。

至此,我们可以认为,生产力、生产关系、经济基础、上层建筑都是在人类实践活动的过程中形成的,都是实践活动的产物;同时,生产力与生产关系、经济基础与上层建筑的决定作用和反作用都依赖实践活动去完成;而实践首先基于人生存的需要,受欲望的推动,接受理性的指导。换句话说,不仅实践,还包括实践的主体——现实的、活生生的、有着欲望、动机和目的的人,构成社会结构要素彼此关联的基础,促成社会矛盾辩证运动的实现。用唯物史观创始人自己的话说:"历史什么事情也没有做,它'并不拥有无穷尽的丰富性',它并没有在任何战斗中作战! 创造这一切、拥有这一切并为这一切而斗争的,不是'历史',而正是人,现实的、活生生的人。历史并不是把人当作达到自己目的的工具来利用的某种特殊的人格。历史不过是追求着自己目的的人的活动而已。"[④] 经济条件对历史发展的制约"并不像某些人为着简便起见而设想的那样是经济状况自动发生作用,而是人们

---

① 《马克思恩格斯全集》第1卷,人民出版社1972年版,第152页。
② 《马克思恩格斯选集》第4卷,人民出版社1972年版,第321页。
③ 同上书,第322页。
④ 《马克思恩格斯全集》第2卷,人民出版社1957年版,第118—119页。

自己创造着自己的历史"。① 因此，世界的内在联系是以它的主体和主体的实践为中介的，不是抽象的"物质决定"，而是社会实践的具体性，才是唯物史观的真正对象和基础。简单地把唯物史观理解为"经济决定论"，仅仅看到了经济因素在历史发展中的制约性而没有注意到经济因素发挥作用的基础和前提，是一种抽去历史的现实性内容而在幻想的"纯粹性"中理解历史规律的做法。正如有学者所指出的："马克思的哲学世界观具有两个基本点：一方面是把实践引进了本体论，强调也要从主观方面去理解事物，即把事物当作人的感性活动，当作实践去理解，强调人类连续不断的感性活动，是现存世界的深刻基础；另一方面，则是始终坚持外部自然界的优先地位，始终坚持劳动实践在多种层次上所受的自然制约性。"② 唯物史观至少也应该被理解为是以"实践决定论"为基石的"经济决定论"。

因此，依据唯物史观创始人的思想逻辑和文字表述，关于法律变迁的分析变项应该包括人类实践（尤其是生产实践），经济条件，政治因素，以及表明人们的需要、欲望、理性认知的哲学、宗教、文学、艺术等意识形态诸要素，其中，经济条件是最根本的决定因素，人类实践是最直接的原因。我们认为，唯物史观所蕴涵的以实践为逻辑基础的方法论，是马克思和恩格斯在法律变迁问题上的最重要贡献，因为它为这一研究提供了基石。

二、本章的分析框架

从唯物史观出发，法律变迁在本质上是社会变迁，是人类法律生活的变迁，因而，对法律变迁的思考，需要一种立足于社会、立足于人以及人的行动的理论。在方法上，法律变迁研究不适宜单纯采用那种"以法律解释法律"的"内部观察"方法，而必须同时更加注重采用"从外部观察法律"的视角，对法律予以社会学的解释；并且，在进行"外部观察"的社会学分析时，努力找到关于社会和社会过程的最基本分析单位——在马克思那里，是"现实的、活生生的人"和"单个的个人的实践"——即，采用一种将那些表现为社会因素的事物分解成最基本的结构因子，以揭示社会和社会过程的内在构成的方法，透视法律变迁现象。据此，本章拟基于"个人主义方法论"对法律变迁现象提出一种社会学的解释，它的中心是人和人

---

① 《马克思恩格斯选集》第4卷，人民出版社1972年版，第506页。

② 徐崇温：《在研究当代思潮中发展马克思主义》，载［英］柯亨《卡尔·马克思的理论——一个辩护》，岳长龄译，重庆出版社1989年版，"国外马克思主义和社会主义研究丛书"总序。

的行动。

　　分析历史和现实时必须以人为中心，似乎已经是一种共识。在理解历史时，"只要你们把人们当成他们本身历史的剧中人物和剧作者，你们就是迂回曲折地回到真正的出发点"。① 而就现代法律理论而言，总的来说，也是"从人开始，以人结束"，"哲学家可能用超人类概念来判断法律但并不以此解释法律本身。占主导地位的意见认为法律现在是，而且一直是人制定的"。② 但是，这里的"人"不是抽象的人，而是有着各种现实的需要和心理的欲望——作为一个完整的利益主体的人，是具有感知和思维能力、能够对客观世界作出主动反映的人，是能够采取具有意向的行为的人。质言之，是通常所称的"个人"。"个人"是人类有机体的最基本单位，"集体"、"国家"、"民族"、"社会"等是个人的各种社会存在形式，尽管这些概念也具有分析意义，但它们本身必须从"个人"概念那里才能得到理解。

　　人与法律的现实关联是通过人的行动实现的。以行动为中心，需要首先对行动作出界定。"个人赋予其主观意义的人类的一切行为都是'行动'。在这个意义上行动……既可是在某种情境下的积极的作为，亦可是在特定情况下对这种介入的有意回避或被动默许。社会行动是指行动的个人赋予其行为以主观意义，行为考虑到他人的行为，并且在其行动过程中也是以他人的行为为目标的行动。"③ 就是说，作为社会分析工具的行动概念，在内涵上是指被赋予主观意义的行为，在外延上，它仅仅指示个人的行动。我们认为，只有个人才能成为行动的载体，所谓"集体行动"，最多只指谓集体的成员在相同或相近的目标指引下而采取的个人行动的聚合，在一个贯彻民主原则的集体中，"集体行动"正是如此，而在一个以独裁为显要特征的集体中，"集体行动"本身只是名义上的，其本质是个人行动即独裁者的行动。总而言之，就如经济学家米塞斯指出的那样，任何行为都是由一些个人做出来的，一个集体之有所作为，总是经由一个人或多个人做些有关这个集体的行动而表现出来的；一个行动的性质，决定于行动的个人和受该行动影响的各个个人对于这一行动所赋予的意义。④

---

　　① 《马克思恩格斯全集》第 4 卷，人民出版社 1958 年第 1 版，第 149 页。

　　② ［美］弗里德曼：《法律制度》，李琼英、林欣译，中国政法大学出版社 1994 年版，第 160—161 页。

　　③ 于海：《西方社会思想史》，复旦大学出版社 1993 年版，第 312 页。

　　④ 转引自张宇燕《经济发展与制度选择——对制度的经济分析》，中国人民大学出版社 1992 年版，第 34 页。

以行动为中心，必然要从行动的主客观基础方面进行展开。行动者之所以作出行动，是由于他有一定的需要和欲望。抽象意义上的需要和欲望都是与生俱来的，然而，驱使行动的并不是这种抽象意义上的东西，而是基于具体的环境而产生的具体需要和具体欲望。在心理过程中，人通过认知赋予客观世界以主观意义。认知是对外部世界的一种"符号化"表达的过程，它不是那种物理学的"镜式反映"，而是一种生物学的"情境反映"。因此，就人的主观心理来说，它具有丰富性、复杂性，一方面，需要和欲望是多方面、多层次的，另一方面，认知所获取的知识本身也既包括正确和全面的，又包括错误和片面的，甚至从某种意义上说，只有差异而无所谓对错。从而，表现在人们创造历史的活动上，理性的选择常与随意性同在，而理性选择本身也不必然产生"发展"的结果。

人永远只能成为自己，无法同时成为他人。作为自然存在物，人与人之间具有值得注意的差异性，在主观与客观彼此作用的意义上，每个个人都是独特而不可替代的。但是同时，人也是社会存在物，生存环境的相关性将每个独特的个人组织起来，将每个个人行动互联起来，在个人行动的复杂网络中形成社会、国家、民族、集体。在这种社会性图景中，个人与个人之间、行动与行动之间相互交织也相互影响，它们作为环境的一部分，既成为个人的意识的对象，又直接作用于个人行动所产生的结果。

总之，以人和人的行动为中心的分析框架，要求我们在分析社会历史时，着力于个人和个人行动所依赖的各种环境、所具有的心理基础；它在方法论上采用"个人主义"，并不是假定脱离社会的、孤立的、个人的存在，它所说的个人不是那种"鲁滨孙式"幻想中的"个人"，相反，它以人的社会性联系为前提，以人的社会性的理解为目标，反对那种认为对社会的理解可以直接以社会整体为对象，把社会看作自成一体的存在即独立于构成它们的个人之外的存在的观点；① 这种"个人主义"不是政治立场上的"个人主义"，它仅仅表明一种研究方法，即强调对集体行动的理解只有以考察组成这个集体的个人的行动为基础。

按照这个分析框架，法律变迁是个人行动的创造物，影响个人行动作出

---

① 哈耶克曾称那种把个人主义当成"当然以孤立的或自足的个人的存在为先决条件"的认识是"最愚蠢的一般误解"，他认为应该"从人们的全部性质和特征都是由其在社会中的存在所决定的这样一种思想观念出发"。哈耶克说："我们在理解社会现象时没有任何其他方法，只有通过对那些作用在其他人并且由其预期行为所引导的个人活动的理解来理解社会现象。"参见［英］哈耶克《个人主义与经济秩序》，贾湛等译，北京经济学院出版社 1989 年版，第 6 页。

和个人行动结果的一切因素都同时是法律变迁的影响因素，构成法律变迁的变量，而个人行动之间在社会性空间里的互动网络构成法律变迁的过程结构，正是在这个结构中，各个单个的个人行动引起了法律变迁。在下一节中，我们将讨论依据这个分析框架所可能发现的各个变量，然后在第三节分析这些变量如何导致法律变迁。

第二节　原因系统分析

任何事物或现象都有其发生的根据，世界没有无原因的结果。根据唯物辩证法，对事物或现象的理解不可能建立在对该事物或现象现存状态的认识之上，而必须寻找其发生的根源。因此，法律变迁的理论首先要回答：这种现象发生的原因是什么？或者相反地，为什么法律总可以保持其相对的稳定性？再进一步，由于世界是普遍联系的，作为结果出现的事物或现象就一般并不基于某种单一的原因事实。在导致结果发生的诸原因事实中，有的发挥直接作用，有的则是间接的；有的居主导地位，有的则是次要和辅助的；有的是在根本意义上的，有的则是从根本原因中派生出来的。这些或直接或间接、或主要或次要、或根本或派生的众多原因事实形成一个复杂的原因系统，共同导致某一结果的发生。法律变迁现象也必然有其自己的原因系统。探寻这一系统的结构要素及要素间的关联，是法律变迁研究的重要任务之一。

一、作为直接原因的行动

在可感知的现实生活中，法律的原则和规则以及其"符号化"的表达方式，莫不与现实、具体的人的行动息息相关。以人和人的行动为中心的分析框架首先认定，法律的原则和规则是保持现状还是变更为或衍生出其他的原则和规则，都由人的行动决定。行动创造了法律，也改变着法律。

然而，最终对法律变迁与否起作用的行动并非就是法律行为。人们从河流引水灌溉田地的行为最初可能与法律没有任何关系，但是当大家都采取类似行为而致河流干涸危及生态环境或者引起纠纷时，一项新的法律就可能诞生。这一事例表明，本来与法律无关的行动由于其对法律变迁发挥了作用可能会转化为法律行为。但情况并不必然如此。一国公民普遍养成饮茶的习惯，可能会引致政府产生一项关于茶业生产或茶业进出口的法令，却不能因此说"饮茶"本身变成了法律行为。总言之，我们所说的作为直接原因的行动，是指一切被行动者赋予了主观意义的行为。

行动是"情境反映"的结果，由此，它必须具备主观和客观两方面的前提或基础。

从主观方面来看，一定的心理状况对行动必不可少。首先，任何一种行动之成为可能都须有某种欲望的推动。这一命题在诸如饮、食、住、穿等日常生活中通常是比较容易得到验证的，但有两种情况可能会被用作证据对其进行反驳。第一种情况是习惯性行动。人们的许多行动都有习惯性特征，当习惯性行动作出时，一般很难看出它是基于某种欲望。不过，任何习惯都是经多次的重复才得以养成。就重复中的每一次行动来看，欲望的驱使如果被承认，习惯性行动就可以用驱使这类行动的欲望凝结、沉淀到"潜意识"中对其发挥作用来解释。另外，心理学家弗洛伊德从更深层次上对习惯的分析也可以作为我们的一种论证。他认为，生物体都有一种重复早期经验的先入为主倾向，就人类而言，"恢复早期事态"的强烈欲望在人的一生中是始终存在的。他说："按照这种欲望，人们要求创制一种永恒不变的秩序，即无论在何地、何时，还是以某种方式做某事时，都可以采取相同方式为之，而毋需犹疑。"① 这就是说，习惯性行动不但在作出时有欲望的基础，而且它的存在就是一种欲望的产物。第二种情况是突发性行动。例如，一个正在工作的职员突然朝他要好的同事来上一拳，似乎根本就看不出它与欲望有什么联系。然而据心理学家对此的研究，这同样是"潜意识"的结果，当人的欲望被压抑，人具有另谋途径释放欲望的本能，② 而这个本能也是一种欲望，即满足欲望的欲望。

其次，任何行动都必须基于人对外部世界的一定认知。人总是生活于特定环境之中，但环境不能对人的行动直接地加以支配。天气由热变冷会使人们寻找暖身的东西，然而，它的前提是人们现实地感觉到"冷"。认知通常可以分成感知、表象、思维。感知是客观世界主观化的桥梁和纽带，通过感知人们形成关于自己栖身其中的环境的主观影像。表象是人脑贮存信息机能的一种表现，它的作用在于能将由感知所获得的主观影像在时间经过以后大致地再现出来。思维的低级形式是想象，即把由感知获取的信息相互联系起

---

① 转引自［美］博登海默《法理学——法哲学及其方法》，邓正来译，中国政法大学出版社1999年版，第245页。
② 这个心理学成果最初得益于"精神分析"的研究，以弗洛伊德和他的学生荣格贡献最大。第三次心理学思潮的代表人物马斯洛后来将这一成果引入"健康心理学分析"，使之成为其"需要层次理论"的重要组成部分。

来，形成一个新的或存在或不存在的主观"事物"。思维的高级形式是抽象思维或者说逻辑思维。这种思维通常采取概念、判断、推理等手段。概念的意义在于它使各种主观影像"符号化"，从而也确定化。从概念到判断、推理，导致了人的认识的系统性。感知、表象和思维构成认知活动的有机整体，共同指导行动的作出。但是，第一，认知活动不仅仅包括对外在世界的认知，还包括人们对自身的认知，即通常所说的"自我意识"；① 第二，无论感知、表象还是思维，都不必然是对其对象的完全正确、全面地反映，从对行动的指导意义来说，那些歪曲、虚幻的反映形式同正确、客观的反映形式同样具有重要意义。

欲望和认知所形成的观念、意识构成行动的主观基础。然而，欲望和认知不是彼此分离的，一方面，正是欲望促使人去从事某些认知，另一方面，认知又使人的欲望有了具体指向，认知的成果不断地扩大、改变着具体欲望的种类和范围。

从客观方面来看，行动必须有自然的和社会的环境基础。自然环境是指那些未经人的实践活动加工的原本就存在于自然界的东西，包括气候、土壤、森林、河流、矿产、野生动物，等等。社会环境又称人为环境，它由"经济的、社会的、法律的和政治的关系，习惯，风俗，风尚和道德观点，常识和社会舆论，宗教，文学，艺术，哲学，科学，生产方式和交换方式等以及生活于其中的人们所组成"，② 简言之，相对于自然环境是人作为自然存在物所面临的客观外界来说，社会环境是人作为社会存在物的环境。自然环境各组成要素之间、社会环境各组成要素之间以及自然环境和社会环境之间都紧密地联系在一起，只要其中一部分发生变化，其他部分也会或早或迟地发生变化。③

环境对行动的作用首先在于为行动提供空间或者说场所。任何行动总是在特定的自然的、社会的环境中作出，没有脱离环境的抽象"行动"存在。其次，环境构成感知和思维的对象，与欲望相连接，从而构

① "自我意识"的发生至少有两条线索：一条是"自我"作为意识的外界事物被意识以与反映其他外界事物一样的方式认知；另一条，实践活动及其成果作为意识的对象，因其在满足欲望方面的意义，在人们满足欲望的欲望作用下，出现了人对行为方式的主观选择，使人转而去认识自我。自我观念的产生和发展扩大了人类意识活动的范围。关于"自我意识"发生的心理学讨论，参见［苏］伊·谢·科恩《自我论》，佟景韩等译，三联书店1987年版。
② ［法］保尔·拉法格：《思想起源论》，王子野译，三联书店1963年版，第31页。
③ 同上书，第27—37页。

成"有意义"的世界。再次，行动必然有其作用的对象以及作用于对象的工具，这些对象或工具都是由环境提供的。最后，环境通过行动的中介还可以使人自身发生变化，从而影响新一轮的行动。有人曾这样写道，环境"直接影响着正在工作的器官，例如在钢琴家和挖土工人的场合是手，或者在官吏和书斋学者的例子上是脑的一部分，或者在良家妇女和妓女的场合是道德感……"①

总之，行动是主观心理和客观环境共同作用的产物。就行动的现实性而言，主观心理和客观环境都不可缺少。

二、法律变迁的主观因素

主观心理支配着人的行动——是否行动和如何行动，人的行动又决定着法制的变迁。由此，探讨法律变迁的原因就不能忽略人的主观心理因素。一般来说，主观心理的内容包括欲望和认知。

（一）欲望对法律变迁的影响

欲望是人所固有的本能，它直接地来自人的生存——自然生存和社会生存——这一事实。作为自然存在物，人有衣、食、住等方面的欲望；作为社会存在物，人对交往、合作、荣誉、尊重等有着欲求。欲望在现实中总是具体的，然而理论上可以对其加以抽象化的概括。② 各种具体的欲望也是有层次的，马斯洛所著的《动机与人格》一书将人的欲望由低到高作了排列。本章从理论上把欲望概括为两类：关于自身的——自由欲望，关于异己的——爱的欲望。

自由欲望是人对达到完全摆脱外界束缚状态的欲求。尽管这种欲求并不一定为主体所意识，但它的确是现实地存在着。马克思曾说："没有人反对自由，如果有的话，最多只是反对别人的自由。"③ 自由欲望可以在理论上演绎出许多其他欲望，如：对自由之主体的关注——生命、健康欲望；比过去更自由——发展、效率欲望；保护现有的自由——安全、秩序欲望；与他人一样自由——平等、受尊重欲望；比他人更自由——侵略、控制欲望；实

---

① ［法］保尔·拉法格：《思想起源论》，王子野译，三联书店 1963 年版，第 27 页。
② 美国心理学者史蒂文·赖斯和苏珊·哈弗坎普在一份报告中，把支配人类行为的基本欲望归结为 15 种类型。参见《参考消息》1998 年 6 月 24 日。
③ 《马克思恩格斯全集》第 1 卷，人民出版社 1956 年版，第 63 页。

现自由欲求——合作欲望。自由欲望还可以根据人类生活的不同领域被划分为：物质欲望和精神欲望；经济生活的欲望，政治生活的欲望，文化生活的欲望；私生活的欲望和公共生活的欲望，等等。按照马斯洛的"层次性相对优势"理论，这些较具体的欲望也有相对的层次性优势。大体地说，生命、健康欲望优先于诸如平等、安全、发展等欲望，物质方面的欲望优先于精神方面的欲望，经济生活领域的欲望优先于政治、文化生活领域的欲望，私生活的欲望优先于公共生活的欲望。

爱的欲望是体现人类情感的一种本能，它可能表现为同情、关心、爱慕、喜好、审美等，也可能与相反倾向的憎恨、厌恶、反感、蔑视、漠然等相联系。爱的欲望可能与自由欲望交织在一起，强化某些欲望，使之在满足上占据优先地位，偏好某些满足欲望的工具或途径，从而在非理性方面直接影响行动及其方式的选择。爱的欲望也可能在自由欲望之外独自构成行动的心理动力，比如关怀他人、动物、植物等。

由于自由欲望本身的悖论——绝对的自由欲求和生存现实的限制——注定了它永远不可能彻底地得到满足，也由于生存的现实提供了相对自由致使人不会完全地绝望，人才能永远保持着对自由的希冀和梦想，在征服自然改造社会的漫漫路途中勇往直前、永不停歇。也就是在这个意义上，自由欲望构成了法律产生、发展、变更的永恒动力——法律及其变迁都是人们用以满足自由欲望的一种工具，满足自由欲望的行动之产品。从人类几千年的法制文明史来看，正是这种对物质的或精神的、经济的或政治的等方面的自由的向往，使人们穿透自然的奴役、政治的压榨、经济的剥削之浓雾，从黑暗走向光明。可以毫不夸张地说，法律史的延续就是人在自由欲望驱使下积极行动的结果。

自由欲望的"层次性优势"也对法律制度的变迁有重大影响。一般来说，当低层次的欲望获得一定程度的满足后，高层次的欲望就会自动地成为驱使行动的核心；但如果某类欲望的满足由于自然环境或社会环境的原因而受挫，则这种"层次性优势"会被打乱，强化那些可以较容易地满足的欲望。在法律史上，社会环境不那么强烈压抑欲望的社会中，财产制度一般都相对发达，反之，如果一个社会占据统治地位的意识形态强烈反对人们追逐物质生活的满足，物质欲望可能就会转化为或表现为其他欲望，如权力欲、声望欲等，在这样的社会中，实际运行的法律在关于权力或声望等方面就会相当系统、完善。

爱的欲望对法律变迁的影响要相对小得多，这不仅因为马克思所说的

"个人总是并且不可能不是从自己本身出发的",① 也因为这种欲望在驱使人征服自然改造社会方面不如自由欲望那么强烈和有效。爱的欲望构成行为动力时多以扩展法律关于动、植物的保护之类的领域对法制起作用。

（二）认知对法律变迁的影响

如果说欲望是行动的内在动因，那么，正是感知、表象和思维使它发挥作用成为可能，没有认识论上的心理机制，欲望将毫无用武之地。

法律的产生凝结着人类智慧的成果。恩格斯在论及法律的起源时说："在社会发展某个很早的阶段，产生了这样一种需要：把每天重复着的生产、分配和交换产品的行为用一个共同规则概括起来，设法使个人服从生产和交换的一般条件。这个规则首先表现为习惯，后来便成了法律。"② 恩格斯这段话至少表达了这样的意思，即，后来发展为法律的"共同规则"是人们基于"需要"从社会生活的实践中概括出来的。然而，"需要"是客观的东西，它必须为人的意识所反映并转化为心理动机才能起作用，同时，从社会生活的实践中概括出"共同规则"也包含着人的感知、表象和思维的过程，"共同规则"不是从外部一下子进入人的实践而无需人们感知的。

法律是人类在实践中发明的满足自己欲望的手段之一，作为实践的创造物，法律同样也会成为意识的对象，按照它对人的意义被废除、修改和重新创造。这个创造和重新创造的过程无时不体现着人类认知活动的心理机制所起的巨大作用，而这种作用不仅在理论上是可分析的，在经验上也是可观察的。

由于人脑的反映毕竟不同于物理学的机械反映方式，通过认知而获取的经验和知识并不可能与客观外界的原形完全吻合。在法律制度中，这种情况表现出许多可观察的特征，如同样的法律在宗主国与在继受国经常被作出不同的理解，以不同的方式得以贯彻；在案件审理中，面对同样的事实和法律条文，不同的法官会作出不同的判决。

人类发展史上，长期一起从事实践活动的群体往往会形成类似的思维习惯，而彼此隔膜、交往很少的群体之间常常在思维习惯上表现出不同。这种情形同样有其法律制度上的表征。就中西而论，中国古人较重和谐、整体的思维方式同儒家伦理法的长期影响密切相连，而西方社会较重冲突、个体的思维方式也与西方法制讲究制衡、强调竞争、个体本位等品格休戚相关。思

① 《马克思恩格斯全集》第 3 卷，人民出版社 1960 年版，第 274 页。
② 《马克思恩格斯选集》第 2 卷，人民出版社 1972 年版，第 538—539 页。

维方式对于在一种运行中的法律秩序里"会发明某一种特定的法律制度的机会"的意义，用韦伯的话说，"要比人们常常习惯设想的要大得多"。①

如果从人类发展史的纵向考察，结论同样明显。随着人类的智力和知识的发达，法律的技术日趋完善，法律的领域日趋广阔，法律的内容日趋理性。以自我观念的发展为例。在文明社会的初期，人的自我意识尚不发达，普遍相信自己受自然神灵的支配，因而在法律上就表现出神明裁判方式的相应流行；欧洲中世纪和我国封建时期，人的自我意识虽有所发展，但理性水平明显有局限，宗法等级制的依附—保护关系是法律制度的显著核心；而当人终于觉悟到自己在世界中的主体地位，自己作为人的独特而不可替代的价值时，"上帝死了"，宗教世俗化，"卡里斯玛式"的权威被非人格化的"立法权威"所代替，法律因为确认、保护个体自由而具有了正当性，行为因为遵照以自由为核心的法律而具有了合法性。②

总而言之，无论欲望还是认知，都是法律产生、发展、变更的主观起因。也许可以这么说，如果有一个社会（或一种宗教）真能够成功地让人们抛却了所有的欲望，那么这个社会虽得永恒，但却是走向寂灭的永恒；如果一国的统治者确实以"焚书坑儒"之类的手段达到了使国民愚昧无知的目的，那么其统治虽得长久，但却是毫无生气的长久。也只有在这些社会或国家里，法律制度才会僵化成"木乃伊"，作为科学家的"标本"珍藏在实验室里，或者作为人类史的"古玩"陈列到后世的博物馆中。然而，人类的历史还只是从正面证明我们的结论，它最多不过是赋予不成功的压抑以衰败而非死亡，而人类的法律史也就曲曲折折地向前延续、延续。

（三）法律变迁的客观因素

法律变迁作为行动的产物，一方面与那些决定人们是否行动、如何行动的诸因素相关，另一方面也同影响人们行动结果的各种因素密切相连。从客观方面探讨法制变迁的原因必须同时注意这两个方面。

---

① ［德］马克斯·韦伯：《经济与社会》下册，林荣远译，商务印书馆1997年版，第43页。

② 一个社会中，其成员的自我意识的状况由多种因素决定，而并不必然随着历史的延续就渐趋发达。但是，自我意识的强烈程度无疑在很大程度上决定着法制的性格。还可以我国历史上的"古典时代"为例，战国至汉前期，由于三代宗法已废，中古族权未兴，其时理性昌明、思想解放，农民的政治个性与自我意识十分强烈，而"以维护财产关系而不是维护宗法秩序为目的的我国古典法，虽无罗马法那样理性化的私法体系，但也具有强烈的非伦理色彩"。而随着个性消弭、族权兴起、自我意识的沉沦，"以礼入法"，法律渐渐成为"礼"的外壳。参见秦晖、苏文《田园诗与狂想曲——关中模式与前近代社会的再认识》，中央编译出版社1996年版，第335—336页。

1. 自然环境对法律变迁的影响

人类是自然界发展到一定阶段的产物，从起源上，人直接地就是自然的创造物——"受动的、受制约的和受限制的存在物"，[1] 因而从人的诞生起，其体质、性格喜好甚至思维的方式都带有自然环境留下的"胎记"。根据孟德斯鸠的考察，不同的自然环境会给法律制度的特征带来很大影响。在《论法的精神》中，他以禁酒的法律为例阐明了这一点。他指出，穆罕默德禁止饮酒的法律是出于阿拉伯气候的炎热，禁止迦太基人饮酒的法律也一样。他接着说："这种法律对寒冷的国家是不适宜的。……在酒和气候相抵触，因此也和身体的健康相抵触的国家，纵饮要比其他国家受到更严厉的处罚，……在其他的国家，……对醉酒的人既处罚他所犯的错误，同时又处罚他的酒醉的那种法律，只适合于个人纵饮的场合，而不适合于全民族纵饮的场合。"[2]

不同的自然环境还常常决定着不同的生产、生活方式，而不同的生产、生活方式又常常决定着法律制度的不同特征。在一个以农业为主要生产部门的社会和一个以商贸为主要生活手段的社会之间，法律的差异是明显的；一个定居部落和一个游牧部落，其内部控制手段和诉讼机制也往往大相径庭。[3] 但是，没有哪一个民族生来喜欢以农业为生或是偏好商贸交往，喜欢定居或是偏好游牧，而总是他生活于其中的客观环境迫使他那么做。

自然环境影响法律的再一种途径是以"禁忌"、"习惯"为中介。人类在与自然环境作斗争的过程中，总是要形成许多因自然环境的相似或差异而相似或差异的禁忌、习惯。根据法学家们的研究成果，法律的诸多部分正是从这些禁忌、习惯转化而来。

最后一种方式用汤因比的话来说，就是自然环境提供了一种"挑战"。[4] 当自然环境改变而对人的生活及现存法律提出挑战时，法律往往

---

① 《马克思恩格斯全集》第 42 卷，人民出版社 1979 年版，第 167 页。

② 参见［法］孟德斯鸠《论法的精神》上册，张雁深译，商务印书馆 1961 年版，第 234—235 页。

③ 参见霍贝尔对"平原印第安人法律"的研究，［美］霍贝尔：《初民的法律》，周勇译，中国社会科学出版社 1993 年版，第 140 页。

④ "挑战—应战"是汤因比用来解释人类文明起源的一个模型。他认为："在文明的起源中，挑战和应战之间的交互作用，乃是超乎其他因素的一个因素。"参见［英］汤因比《历史研究》上册，曹未风等译，上海人民出版社 1997 年版，第 74—98 页。

会发生变迁。施瓦茨对美国法律史的研究提供了这方面极有力的论证。他这样概括自然环境对美国建国时期法律史的影响："地理环境的确为我们的法律提供了新的结构，直接地影响着它的重点和发展方向。"并以 1851年的吉尼西首领案的判决对此加以说明：在这个案件中最高法院拒绝遵循将海事管辖权局限在外海和内河的潮水涨落所及的范围这样一条英国规则。在最初的殖民地建立时期，由于原来 13 个州的情况同英国一样，几乎所有可通航的水流都受潮汐影响，海事管辖权的范围也就沿用英国"潮汐流动"的标准，然而西进运动、密西西比河流域及其他内陆水道商业的发展改变了他们原初的地理范围，英国标准就显得难以适用了。施瓦茨进一步指出："无限广阔的土地和财富连同各种各样的自然资源是法律必然赖以存在的决定性因素。"①

　　自然环境之所以对人类的法律产生如此影响，主要在于它对人的生存及生存方式的意义。就此而言，自然环境的改变有时并不是指客观的自然界发生了什么事实上的变化，而是由于人类自身的原因改变了自然环境对人的意义。同样富于铁矿的地区在人们尚没有发现铁的利用价值之前和已经发现之后意味着不同的环境；同样一马平川的大草原对生活宁静没有侵扰的人们与对穷兵黩武战争肆虐的人们也意义不同。② 如果仍然以施瓦茨所举的例子来说，土地广阔、资源丰富都未曾发生变化，只不过殖民者所及范围的广、狭改变而已。

　　2. 社会环境对法律变迁的影响

　　社会环境的各种成分可以通过人的中介彼此发生影响，并产生出许多更复杂和更宽广的形式。有人指出，当大致平衡的社会环境系统的某些部分发生了变化，这些已经变化的部分首先在肉体和精神方面改变人们，促使他们行动和鼓励他们去改变其他部分。③ 法律制度也是社会环境的组成要素之一，从这个意义上，不仅现有的法律制度本身提供着人们突破它的

---

① 参见［美］伯纳德·施瓦茨《美国法律史》，王军等译，中国政法大学出版社 1990 年版，第 20—21 页。

② 参见［美］丹尼尔·布尔斯廷《美国人：建国历程》，中国对外翻译出版公司译，三联书店 1993 年版，第 84—95 页。另参见［美］霍贝尔《初民的法律》，周勇译，中国社会科学出版社 1993 年版。

③ 参见［法］保尔·拉法格《思想起源论》，王子野译，三联书店 1963 年版，第 31—32 页。

机会,① 而且经济的、政治的、宗教的、道德的及其他一切社会环境都对法律制度发挥重大影响。马克思和恩格斯倾向于认为经济因素是最终的决定性因素,"经济的必然性"归根到底地为整个社会环境系统的演化"开辟道路"。其他学者,如韦伯、伯尔曼等,则在研究具体历史阶段时更强调宗教、文化的作用。一般来说,由于社会环境系统结构的矛盾运动必须以人的实践来完成,考虑到人的欲望的"层次性优势",如果从历史发展的长远图景来看,马克思的理论无疑更正确一些。不过,"经济的决定性"一旦被绝对化,企图以它来解释法律史的一切现象,就可能会走向荒谬。在不发达的俄国建立社会主义政权并相应创立社会主义法律制度,恐怕不能单纯解释为"经济的必然性","砸破公、检、法"的"文化大革命"也很难以"经济的决定性"来解释。社会环境的其他成分对法律影响力的大小要以具体历史阶段上它们对人行动的决定性程度来作结论,任何夸大某一种成分的意义的做法,都是将自己的个人意志强加于历史的武断行为,这不是客观地解释历史。

大部分社会环境都具有永不消逝的特性,诸如政治、经济、文化、法律的制度,习惯、风俗、风尚和道德观点,宗教、哲学、科学、艺术,以及生产、生活的经验、知识等,一经产生便永恒地作为外在于人的事物存在下去,保持着对后世人们行动的影响潜力。以中国为例,清末沈家本修律尽管没能带来法制的立即兴旺,但它对中国后来法制发展的重大意义是不可低估的,"文化大革命"创造了人类法律史上法律悲惨命运的一个"奇迹",但今日中国"依法治国"目标的确立显然同这一段历史不无联系。以西方社会为例,古罗马法的复兴带来了现代西方法律传统的形成。而在阿拉伯世界,伊斯兰原教旨主义的倡导掀起了席卷整个阿拉伯世界的"伊斯兰法复兴运动"。

社会环境通常具有区域性特征,与自然环境相比,不同区域的社会环境之间更可能发生碰撞和交融。就一般情况而言,外域环境对法制的影响要比内域环境间接、小得多。但是外域环境的侵入在某些情况下也可能占据影响法律变迁诸要素的主导地位。通过武力扩张、殖民征服将一种文化

① 美国经济学教授布罗姆利指出,在人们进行公共选择时,"正是制度决定了个人选择集的本质和范围"。[美] 丹尼尔·W. 布罗姆利:《经济利益与经济制度——公共政策的理论基础》,陈郁等译,上海三联书店1996年版,第7页。一般而言,现有法律制度在结构体系上的安排总会赋予人们一定的突破它自身的机会,比如法律关于其效力的某些规定,法律体系结构的不协调等。

的价值观念连同政治、法律制度直接强加给处在另一种文化类型中的人民，是自古及今的普遍现象，而尤以近代资本主义殖民扩张最为典型。另一种情形是一种文化主动通过研究甚至直接"拿来"借鉴他种文化，即"法律借鉴"。

必须引起注意的是，历史的和外域的社会环境对法律变迁的作用都不能过分地加以夸大。博大精深的儒家伦理思想对今日中国人的影响不能同缺乏理论基础又没有系统性的"中国式利己主义"相比拟，发达国家相对完善、成熟的商品交换准则同样不如"权力经济"下的"权钱交易"、"权色交易"更为实用，便都是显例。

3. 资源的分布状况对法律变迁的影响

一个社会的资源分布状况应该是环境的一部分，但这个因素不仅作为环境对人的行动产生影响，还直接地作用于人的行动的结果。

资源，在这里不仅指自然资源，还包括技术、知识、金钱、权力、名望、机会，甚至特定情况下的容貌和气质等，即一切可以影响人与人之间支配—服从关系的有形或无形的东西。在这种最广泛的意义上，每个人都占有一定量的资源。资源的分布状况就是指一个社会的所有资源在各个社会成员之间的不均衡占有程度。

尽管资源可以指示不同的事物，但每种资源在具体的社会环境中所具有的价值量并不相等。资源的价值量一般取决于该种资源的急需性。"急需性"包括两个含义：一是该资源的重要程度，二是它的匮乏程度。① 一种资源越是不可缺少越是匮乏，则"急需性"越大，该资源的价值量越大；一种资源至关重要但并不短缺，或者虽然短缺但不很重要，则"急需性"就小得多，价值量也小得多。资源的急需性并不是固定的，它常常因时因地而有差异。在一个相对落后的农业社会，土地资源、水资源、劳力资源可能比其他资源的急需性要大得多，而在金钱或权力支配一切的时代，占有知识和技术往往只是当它们是获取金钱和权力的最有效手段时才会为多数人所追求。

资源的分布状况影响社会中人与人之间的支配—服从关系，从而也就影响个人行动作出与否的可能性，尤其影响个人行动对整个社会而言

---

① 参见［英］罗德里克·马丁《权力社会学》，丰子义、张宇译，三联书店1992年版，第116页。

的意义。① 就法律变迁来说，握有较大价值量资源的个人所作出的行动影响力也更大。在"皇权至上"的历史时期，皇帝的行动和抉择最直接地关系法制是否变迁，只有当皇权衰落，其他群体或个人才有可能与之抗衡。

资源分布的不均衡程度也往往反映出法律制度的某些性格特征。奴隶社会中，奴隶主和奴隶两大阶级在资源的占有方面表现为绝对性差异，这使奴隶在法律上不具备主体资格。封建社会，地主阶级对土地资源的占有和对政治权力的宗法等级式垄断，使法律也呈现出对等级特权的保护。而在资源分布相对更均衡一些的现代资本主义社会，法律对个体权利和自由的确认和维护至少在形式上比较明显。

最重要的资源之种类的变化也会影响法律变迁。文明初期，对沟通人与神秘力量的能力的占有意味着拥有丰富的资源，这种资源的中心地位使法律具有极大的非理性的色彩。战争时代，武力资源的突出地位在法律方面的表现是极大的变动性和不稳定性。当政治权力成为一个社会最重要的资源时，法律往往将成为政治压榨和奴役的工具。"金钱至上"的社会中，法律往往形式上有正义，而实质上为金钱的主人服务。

综上所述，法律变迁作为行动的产物，毋庸置疑地离不开客观因素的作用。也许可以打个这样的比方来说明它的重要性：如果法制及其变迁可以喻为悠扬的琴韵，那么客观因素就是琴、手指以及支配手指相互协作的神经。

（四）原因的系统特征

有人曾这样写道："一切有机生物构成一个整体，一个统一的和隔离的系统——各部分的综合体，其中的各部分是互相适应的并靠互相协作的方法来促成同一的结果。"② 这段话用来描述法律变迁的诸原因事实之间的联系也非常合适。尽管以上个别的分析采取的"抽象化"方法是

---

① 由于"支配—服从"关系的不对称依赖，服从者首先可能会考虑其摆脱控制的可能性，而这种考虑通常都影响了行动是否作出，例如，尽管行为人自知自己的行为乃是正当合法的，但在遭受执法人员违法处以罚款后，并不一定提起诉讼，因为他认为诉讼不大可能令他摆脱控制；另外，由于资源占有量不等，不同个人的行为对其所构成的群体来说，在影响力上也是不等的，如一个单位的领导通常就比其他职员在行动上更具影响力。关于"支配—服从"关系的详细探讨，见《权力社会学》，第二章。

② 转引自［法］保尔·拉法格《思想起源论》，王子野译，三联书店1963年版，第27页。

必要的，① 但这不意味个别的因素都只是独立地对法律变迁起作用，实际上，它们之间也像这段话所说的那样相互协作，构成一个"原因系统"。

这一系统的核心是具体的、现实的行动。一方面，任何其他因素对法制的作用都必须以行动为中介，通过对行动施加影响来实现，另一方面，它们彼此之间也相互影响，而且这种相互的影响往往同样要以行动作桥梁。一如学者所说的："法象所谓的物理力、自然力一样，不是存在于人的行动之外的东西……相反地，它是人们为自己建立的制度。人在自己的活动中是否服从因果律或者自由地、任意地行动，——在这个问题反正一样。不论怎样，法根据因果律和自由律反正不能绕过，相反，必定通过人的活动，通过人本身才能创立。"②

行动的主体是"现实的、活生生的人"，没有人的存在——自然性存在和社会性存在——就不可能有文明、国家、法律。在此意义上，每一个个人的存在本身就构成了根本性的、具有最终决定意义的因素。

行动是主观和客观交互作用的结果。主观是对客观的反映，这种反映不是被动的、物理学的反映，而是主动的、生物学的反映；反过来，具体的客观又制约着主观的任性妄为、随心所欲。主观心理的诸内容之间相互协作提供着行动的主观基础，客观环境的排列组合提供着行动的客观前提，两者共同决定行动及其结果。③

在法律史的某一具体阶段上，"原因系统"中可能有一个或多个因素成为主导因素，但主导因素从来就不是固定不变的。在某一阶段或某个地域，经济的发展可能会占据主导地位，而在另一个阶段或另一个民族，宗教改革、政治革命、外域环境入侵等可能更为重要。

综上所述，在以行动为中心的分析框架中，每一种因素在保持自身的相对独立性的同时，都通过人的行动而彼此协作，在"原因系统"中发挥着

---

① 普列汉诺夫曾经说："社会历史因素是一个抽象的东西，关于它的概念是通过抽象化的办法产生的。由于抽象化的过程，社会整体的各个不同方面才具有不同的范畴形式，社会的人的活动的各种现象和表现——如道德、法、经济形式等等——才在我们的心目中变成似乎可以引起和决定这种活动，构成它的最终原因的特殊力量。"［俄］普列汉诺夫：《论唯物主义历史观》，载［意］安·拉布里奥拉《关于历史唯物主义》，杨启潾等译，人民出版社1984年版，第159页。

② 同上书，第179页，注1。

③ 至于到底是主观心理还是客观环境起决定性作用本章无意加以探讨。对于那些动辄就提"经济归根到底的决定性"的学者，我们以普列汉诺夫的告诫提醒他：诸如"是激情支配经济，还是经济支配激情，还是什么东西也不支配什么东西"的争议最好是"无所谓地让哲学家去解决"，"因为每个'因素'都遵从着'你活，也让别人活'的金科玉律"。同上书，第158页。

自己影响法律变迁的潜力。

第三节　过程机理考察

上述分析对于理解法律变迁来说，尚停留在一个很粗略因而也很初级的水准上。客观地说，它所解决的问题远远不及它所引出的问题那么多。而这些新的问题如果得不到及时有效的处理，众多误解就会接踵而至。但是很明显地，全部回答这些问题既不必要也不可能。我们只能希望围绕主题按照自己的预见挑选出它们中的一部分，试着给予更多的阐释。

最大也最根本的问题是，既然法律变迁是由诸原因事实所组成的原因系统所致，那么，这些不同的因素又是如何在行动中有机统一地作用于法律制度？围绕这一根本性问题，部分与它相伴随，部分由它而派生的一大堆问题也蜂拥而来：首先，如果行动只能被理解为个体的行动，那么个体行动如何导致了法律变迁？如果行动不仅仅包括法律行为，还包括那些与法律无涉的行为，那么，这些不同种类的行动对法律变迁的作用会不会表现出差异？我们曾经说，欲望——尤其是自由欲望——构成了法律史延续、发展的内在动力，可为什么在经验的现实中法律更多地表现为对欲望的限制？我们说，理性水平的提高会引致法律的进步，然而为什么在历史的细节上会常常出现"奴役"、"压制"、"独裁"、"专横"的复辟？我们考察过环境的作用，但是那些环境基本相似的社会有时恰恰在某一历史时段上就开始了完全不同的变迁，又如何解释？对于这些问题，本章不打算逐一解决它们，而是根据我们在前面强调的原因的系统性，以对根本问题的阐释为主线，围绕对法律变迁过程的理论考察，作出整体思考。

一、利益的形成和表达

青年马克思在考察莱茵省议会立法过程时惊诧地发现："省议会对下述问题进行了表决：应该为了保护林木的利益而牺牲法的原则呢，还是为了法的原则而牺牲林木的利益，——结果利益占了法的上风。"[①] 这个"新发现的事实"表明，利益是现实法律制度的核心，法律的产生和变迁实际上就

---

①　《马克思恩格斯全集》第1卷，人民出版社1956年版，第179页。我国有学者认为，"利益"是马克思历史唯物主义法哲学形成时期的法哲学逻辑起点。参见吕世伦、文正邦主编《法哲学论》，中国人民大学出版社1999年版，第106—107页。

是利益的转换、冲突和妥协过程。

　　所谓利益，简略地说，是指周围世界中的各种事物和现象对人的一定意义。这里的"一定意义"，从人的客观存在角度，是指关于"需要"的意义；从人的主观感受角度，是指关于"欲望"的意义。由此，从概念的逻辑上说，"利益"必须具备：主体——人，客体——一定事物或现象，以及主体与客体之间的特定联系——客体对于主体的意义性。

　　一定主体的存在是利益形成的先决条件。一般地，人们认为利益主体包括个人、集体、国家、社会等。不过，尽管集体、国家、社会等都实际地存在着，但它们不是独立于个人的存在，恰恰相反，它们的存在都是在这样的意义上，即作为个人存在的一种特殊方式。从此意义上，"利益"概念在根本上是指个人利益，所谓"集体利益"、"国家利益"、"社会公共利益"等都只是个人利益的一种表现形式，或者说派生形式，它们不是与个人利益相脱离或相对立的，而是相融合、相统一的。

　　与人的生存相伴随的是需要和欲望。需要和欲望总是涉足于具体的生活领域，总是指向具体的事物。这些为需要和欲望所指向的各个领域的具体事物，就是利益的客体。作为客体而存在的事物既可能同其他事物一样，自为地存在于客观世界之中，也可能由认知活动所创造，在观念世界里出现，而把它们视作"利益"，是因为它们对人的需要和欲望具有意义。因此，利益的本质属性就在于客体对主体的意义性。

　　由于作为利益主体的个人总是具体的，即在存在的意义上他具有绝对的不可替代性，也由于每个个人都有存在本身所赋予的内容丰富的需要和欲望，利益必然表现出差异，而作为这种差异的后果，同时也是可供满足那些需要和欲望的资源相对短缺的后果，利益必然具有冲突的一面。① 冲突，可能发生在不同主体之间，也可能发生在同一主体的不同利益之间。不过，差异和冲突只是利益特征上的一面，它的另一面是利益的相关性。"相关性"主要表现为利益之间的同质性、包容性和传递性。"同质性"指不同主体在利益内容上的一致；"包容性"指一种利益内在地包含于另一种利益；"传递性"是标明一种利益的实现以另一种利益的实现为必要前提或一种利益

----

　　① 利益冲突的不可避免性既与利益差异有关，又与资源的相对短缺有关。这里所谓的"相对短缺"并不一定是由资源的实际数量决定的，决定它的毋宁是不同需要或欲望指向了同一具体事物，从而造成满足与被满足之间的紧张关系。例如，住在同一房间的两个人，一个需要休息的安静，另一个需要音乐的娱乐。

的实现充分提供了另一种利益实现的条件而两种利益间又不具有逻辑上的包容关系的情况。利益的相关性主要源于利益主体之间的社会性联系、主体需要和欲望的相同或类似以及利益客体之间的重叠或承递。"相关性"导致利益差异和冲突呈现出程度上的差别，前述所谓"集体利益"、"国家利益"、"社会公共利益"等概念或许就是对此的描述。

个人生命的有限性决定现实中的个人对自己的需要和欲望、以及对周围世界的各种事物和现象不可能都有明晰的认知。而且，即使有了明晰的认知，由于需要和欲望自身的"层次性优势"以及情感上的爱憎好恶和人对于需要和欲望满足程度可能性的主观判断，会使人们从众多的需要和欲望中挑选出某些优先加以满足，即表现出对某些需要和欲望的偏好。随着这一偏好逻辑地扩展到它们所指向的事物，以及满足它们的途径和方式，一个由不同层次的偏好所组成的"偏好集"就形成了。偏好集的形成标志着人们利益需求的形成。

因为个人之间存在着利益差异和冲突，人们要实现自己的利益首先就必须以某种方式表达自己的利益需求，即进行利益表达。利益表达可以以不同的方式进行。在一般情况下，利益主体可以直接宣称自己的利益需求。但是，当直接的宣称由于环境或其他原因而不可能时，沉默、反抗也会成为人们的选择。在历史和现实中，起义、战争、违法犯罪以及规避法律等现象就属于这类方式。利益表达可以由利益主体自己进行，也可以由他人或机构代理进行。

利益表达的方式多种多样，而某一特定主体究竟采取何种方式表达自己的利益需求常常受多种因素的影响和制约。首先，社会环境因素。对于个人来说，他所处的社会环境在一般情况下都具有不可选择的特性。一个社会的文化形态、政治法律制度状况、经济发展水平等首先提供着人们进行利益表达的现实途径，从而决定了表达方式的选择集，同时，社会环境通过其资源分布状况往往赋予个人特定的角色、地位和机会，从而也就部分地决定了个人采取某种方式表达其需求的可能性。其次，主体自身因素。每个现实的主体总有着自己的喜好或习惯。在选择以何种方式表达利益需求的时候，个人的这种偏好或习惯常能发挥重要作用。另外，主体对环境的认知，对利益实现难易度的判断，对实现利益的迫切程度，也是决定他采取何种表达方式的重要因素。再次，利益的差异和冲突程度。由于利益具有相关性，个人之间的利益差异和冲突在程度上是不同的，而这种程度差别对利益表达方式的选择甚至表达与否都发挥积极的影响。

在复杂的社会关系中，有时会出现这样的情况，基于同一种利益的不同主体为提高表达效果而结合成一个群体来表达一种共同的利益需求，这个群体就是人们通常所称的"利益集团"。利益集团产生的可能性取决于相同的利益需求，而其必要性则在于，各个单个的利益主体所拥有的资源的匮乏。一位农民希望免受苛税重负，凭他自身的力量无论如何都产生不了多大影响，这时如果他能联合其他众多的有相同需求的人们，来表达这一共同的需求，则个人能力的局限总会被或多或少地克服。由于个人之间的联合需要付出一定的成本，而同时又无法避免"免费搭车"的心理，① 因此，利益集团实际能否产生就很难从理论上加以断定。② 最后，应该提请注意的是，利益集团在本质上仍然是个人利益，它至多也只能被看作个人利益在寻求实现的过程中的一个派生形式。通过利益集团来表达利益需求与个人自身的表达在本质上并没有两样。

二、从利益综合到法律变迁

主体表达自己利益需求的最终目的是实现利益。但是，利益表达在学理上的意义则在于，为在相互冲突的利益之间确认不同主体对实现其利益的资格的享有，或者说分配主体之间正当地实现利益的可能性提供前提。从这个意义来说，利益表达不仅只是实现利益的初始环节，也只是权利分配的起步阶段。从利益表达到权利的最终分配，是利益综合过程。

利益综合，是对诸多主体的各种利益需求进行整合、加工以输出权利的过程。一般来说，担当利益综合角色的可以是非专门化的也可以是专门化的人或机构。在非常简单的情况下，利益综合由利益主体通过不断地表达自己的利益需求直接进行，此时，利益综合者与利益主体和利益表达的主体是一

---

① 马克思的历史理论中，"阶级意识"是一个重要概念，运用这一概念，马克思希望能够说明，同一阶级的不同成员能够动员起来进行一致的斗争。对此，诺思认为，马克思可能"忽略了搭便车问题，而使人们的信念发生了一个大的飞跃，认为人们将会置自我利益于不顾而按一个阶级的利益行事，甚至作出相当大的个人牺牲"。参见［美］诺思《经济史中的结构与变迁》，陈郁等译，上海三联书店1994年版，第11页。

② 经济学家们认为，这种情况是由"外部性"引起的，个人若想解决这种"外部性"则必须通过磋商，由此也必须付出一定的成本，即"交易成本"或"交易费用"。可参阅［美］罗纳德·哈里·科斯《企业，市场与法律》，盛洪等译，上海三联书店1991年版；［美］科斯、诺思、阿尔钦等：《财产权利与制度变迁》，上海三联书店1991年版；陈郁编：《企业制度与市场组织——交易费用经济学文选》，上海三联书店1996年版，等等。关于"利益集团"问题除上述所列参考资料外，还可参见［美］曼瑟尔·奥尔森《集体行动的逻辑》，陈郁等译，上海三联书店1995年版。

致的，比如市场买卖中的讨价还价。但如果利益主体之间由于某种原因而致"讨价还价"没有结果，或者，由于某些原因根本不可能发生这种面对面的"讨价还价"，利益综合就将趋向复杂化，极有可能产生"第三人"来担当利益综合者的角色，即专门化的利益综合者。"第三人"可能是主体之中的某些人或者主体之外的任何人，也可能是某种特定的从事利益综合的专门化机构如仲裁机关、公证机构、法院等。但无论如何，这个"第三人"都具有一种能为"当事者"所认可的权威。在人类社会早期，专门化机构尚未出现，综合者的角色通常都由原始人群里的年长者或首领担当。随着人类社会的进步，专门化机构出现并愈来愈独立发达，依赖人的权威进行利益综合的情况渐渐退居次要地位。

从动态过程来看，任何一种利益综合都包括提取需求、处理需求和输出权利三个彼此衔接的阶段。"一个政党的大会先听取工会和企业组织、种族集团和城市贫民的申述和要求，然后玩弄权术，讨价还价，调和这些互相冲突的利益，使之成为能得到许多人支持的某种形式的政策声明，这时政党就是在进行利益综合。"① 在这里，"听取申述和要求"就是提取需求，"调和冲突"就是对需求的处理，而最终的"政策声明"就是输出，即利益综合的结果。

对需求信息的提取是进行利益综合的第一步。从利益综合的最终结果来说，所提取的需求信息的多少及其代表能力的大小具有极重要的意义。因为，综合者最终所输出权利的依据正是这些所提取的信息而不是实际地存在于社会中的客观需求状况。一般而言，表达者的表达强度和方式、表达者与提取者的利益关联程度和情感方面的密切程度、提取方式和提取成本、提取者自身的主观好恶和认知能力，以及影响提取信息的外部环境（如政治体制、上级命令、收入状况等）都可能会作用于提取的质量。"提取需求"的概念表达了一种主动性倾向，即需求提取者（有时同时就是利益综合者）对需求信息的选择。现实生活中，大量的对利益表达视而不见的"提取"实例就表明了这一点。不过需要注意，这种主动性并不意味着"提取需求"仅仅指提取者主动收集有关的信息，事实上这一概念也涵盖那种对"送上门的信息"的被动接收。

处理需求是紧接其后的一个环节。处理需求者不一定就是需求提取者，

① ［美］阿尔蒙德、鲍威尔：《比较政治学：体系、过程和政策》，曹沛霖等译，上海译文出版社1997年版，第233页。

但是就社会生活的大多数情况而言，两者通常是一致的。处理的过程是对所提取的需求信息进行整合、加工和选择，并产生具体结果的过程。

对于所提取的众多需求信息，首先需要予以整合和加工。由于需要和欲望的多样性，利益需求之间也既表现出一致，又表现出差异，既表现出和谐，又表现出冲突。整合和加工，主要是将一致的需求归类，将不同类别之间的关系梳理清晰，使其中的和谐或冲突凸现出来，以利于进行选择。选择，一方面是在彼此冲突的类别间作出取舍，一方面是在相互关联的类别间确定先后，它直接产生最后的处理结果。从对结果的影响上，关于选择的两个最重要的问题，一是选择的依据，一是选择的机制。

就选择的依据而言，无论是彼此和谐还是彼此冲突的利益需求，在选择者面前都有一个实现上的轻重缓急甚至取舍，而决定其取舍或先后顺序的主要因素一般包括利益需求量的大小、需求迫切程度、社会目标、现有的政治、法律制度、宗教信仰、风俗习惯和选择者的价值观、目标取向、自身的利益需求、主观偏好以及对利益实现可能性的判断等。

就选择的机制的而言，最简单的选择是选择者为一人的情况，它最显要的特点是前述因素约束下的"主观任性"的横行。在选择者为多数时，选择机制有多种，如一致同意制、多数票制（或简单多数）、加权投票制、否决投票制等。[①] 一致同意制，指选择者在对各类利益需求进行选择时，以所有参与选择者的同意或者至少没有任何人反对为结果产生的前提。多数票制，指这样一条规则，在此规则下，选择的结果必须由所有参与者中超过半数或超过半数之上的某一比例，如 2/3 的认可（赞同或至少不反对）才能产生。如果以 1/2 为取舍标准，规定所有参与者中有一半以上的人同意，或者反对人数低于参与者的一半，这就是简单多数制。加权投票制，以多数票制为基础，但它参照利益需求量的多少、强度大小以及社会目标的优先序列等事先对所整合的需求类别设定加权系数，以实际票数乘上加权系数作为执行多票制的前提。否决投票制又可称为排除票制，由选择者对各自所选的对象实行否定表决，按多数票制逐个排除，以确定先后顺序。这种选择机制实际上是一致同意制、多数票制的结合，它甚至也可以吸收加权投票制。

选择机制对选择结果的影响主要集中在参与选择的个人所发挥的作用上。当选择机制将决策权赋予其中某一个人或少数几个人的时候，少数人的

---

① 参见汪翔、钱南《公共选择理论导论》，上海人民出版社、智慧出版有限公司 1993 年版，第 12—25 页。

主观任性就实际地操纵了结果的产生。尽管并非总是个体的有限作用导致较为合理的结果，但它的概率的确大得多。因此，现代社会在政治发展方面的一个重要倾向就是，利益综合中的选择机构逐渐摆脱集权专断而趋向民主化，并且有一个从选择者民主但自由地进行选择，向民主且受制约地进行选择的过渡特征。

选择的结果（也可以说是处理的结果或者利益综合的结果）以权利的分配表现出来。在关于一间房屋产权的争执上，这种结果可能是将产权归于甲方或乙方，或两者各执一半，或两者皆没有产权。然而，结果表现为权利的先在前提就是利益综合的权威性。所谓权威，是指得到利益需求各方的认可，它既可能来自对"超凡魅力"的就范，或者来自传统的习惯性，也可能是来自社会上业已存在的某种合法规则，或其他任何使人们能够认可的力量。利益综合的权威性赋予了结果的合法性，从而使之表现为权利，即能够为其他人所认可的实现利益的资格。①

结果的外在表现形式多种多样，如政策、法规、裁决、决议、决定、意见、建议等。其中，有的是就一项具体利益冲突而言的，而有的则在时空上具有相对的普遍性，后者即表现为权利规则。这种权利规则即属于法律，而遵照这些规则所形成的秩序就是法律秩序。

任意以某种制度状况为始点，当利益综合的结果即权利的分配打破现有的权利规则，或者在原有制度体系外形成新的规则时，法律变迁就开始了。如果这种打破现有规则、形成新规则的情况持续地发生，那么现有的规则体系就必然走向衰败，要么被新的规则体系所代替，要么为短暂的混乱所承接。由此可见，法律变迁的发生主要依赖于利益综合的结果，而就原因而言，法律变迁的始点可能存在于权利输出前的任何一个环节上。社会环境、自然环境的变化、欲望的变更、认知的变化可能会导致利益、利益需求、利益表达、利益综合各个环节的相应改变，同样，利益形成、利益表达、利益综合任一环节上的改变也可能引发最终结果的变更。由于每个环节的制约因素都不只是一个，每一个因素最多只能提供可能性，因此，反过来说也正确，法律也会不因其中某个甚至某些因素的改变而发生变迁。

---

① "权威性"的大小及不同来源直接关系着"结果的合法性"的大小。当这种"权威"出现危机时，由其所产生权利也可能相应地受到动摇。不过，应该注意的是，作为其结果的权利对"权威"本身有相对独立性的一面。

三、法观念、法行为和法律变迁

法观念，或称法律意识，是指人们关于法律的各种看法、要求等心理反应的总和。法行为，即法律行为，包括直接参与立法、执法、司法和法律监督的活动，以及遵照或违反法律而采取的行动。"法观念"作为主观心理的一部分，"法行为"作为行动的一种，其对法律变迁的作用，我们已经在一般性论述中给出了一定的说明。本节的目的在于，通过近距离的考察提示它们在法律变迁过程中的特殊意义。

不言而喻，法观念首先来自于法律的历史和现实存在，作为意识的对象，客观存在是个必要前提。不过，由于法律本身有一个历史发生的过程，在这个过程中，指导人们以行动创造它的意识里，必定已经包含着法观念的因素。因此，当我们说法观念是人们关于法律的心理反应时，我们并不完全假定法律已经是一种外在于人的客观实在。

与主观心理的其他部分相比较，法观念的特殊性在于它对法律变迁的作用更为明显和直接。这主要表现在它所提供的心理动力以及它所引起的相应的法行为上。

一般而言，法观念包括人们对现实法律制度的认知和关于法律的要求或理想，认知和理想之间的张力是法观念为法律变迁所提供的动力。[1] 通常情况下，张力的有无决定个人采取行动促进法律变迁的可能性，张力的大小决定个人为促进法律变迁而采取的行动的强度和方式。

就个人法观念的心理发生而言，认知可能得自于社会交往中不同法观念的碰撞或某些法观念的传输，也可能就是主体在法律生活中的一种主观体验，或者是主体对法律现象内在联系的逻辑揭示。由于个人之间的差异，不同个人对法律的认知可能在深度和广度上呈现出不同，但可以肯定，无论什么样的认知都不能够单独构成法律变迁的动力，它的意义在于同心理欲望一起指导人们的行为，并且也对心理欲望本身发生影响。与认知相比较，关于法律的要求或理想就直接地表现为人的心理欲望方面。这种欲望或者直接地指向法律，视法律为一种利益客体，或者曲折地指向法律，视法律为达成其

---

①　施瓦茨在其《美国法律史》的开篇写道："美国法律史是一按照意识到的这个国家在各个发展时期的需要塑造法律制度和法学理论的历史。"参见［美］伯纳德·施瓦茨《美国法律史》，王军等译，中国政法大学出版社 1990 年版，引言。在这个意义上，西方法律传统中的自然法与实定法的紧张正是西方法律发展的动力之一。可参见［美］考文《美国宪法的"高级法"背景》，强世功译，三联书店 1996 年版。

他目的的手段或工具。在个人的心理过程中，要求或理想常常充当着心理评价系统的标准，当认知所获得的主观影像与这一标准出现背离时，一种改变现存法律的心理动力就形成了。

通常情况下，关于法律的认知和理想之间的张力将推动个人作出一定的法行为，比如发表修改法律的建议、规避法律、违反法律、直接修改法律文本等。但是，由于行为背后的心理因素极其复杂，一种具体的法观念并不必然导致相应的法行为，而可能在其他心理因素的影响下，作出与法观念相背离的行为。

从法律变迁过程角度，法行为可分为法观念的表达行为和对法律要求的综合行为。法观念的表达包括表达自己关于现实法律的认知、评价和对法律的要求、理想；对法律要求的综合包括提取、处理和输出权利，其外在表现一般为立法、执法、司法行为。

法行为本身构成法律制度的一部分，这个特殊性使法行为与一般行为在促成法律变迁方面表现出差异。当一种同现有规则不相和谐的法行为作出时，它已经预示着法律变迁的开始，尽管可能由于这一行为并没有上升为权利行为，只表明现存法制的衰微而不构成新法制的诞生。[①] 个人表达自己的法观念尤其是其中的法律理想或要求，既可能采取合法手段或方式，也可能采取为现存法律所不容的手段或方式。作为一种要求，它可能会进入利益综合的提取、处理和权利输出阶段，从而可能使个人要求转化为权利，而这种权利的表现就是新的法律规则的出现；作为一种法行为，不合法地表达法观念则已经预示该行为所违反的法律被打破，如果类似行为持续地发生，则此法律就可能渐渐转化为空洞的文本。就综合行为而言，综合的结果是权利输出，当其所输出的是关于法律要求或理想的权利时，综合行为本身直接地引致了法律的变迁，同时，由于某些综合机构已经有足够的权威性，其综合行为的变化同时也可能表现着行为所依据的机制的变化，即哈特所说的"第二性法律规则"的变迁。[②] 总之，法行为在法律变迁过程中往往发挥着一般

---

① 韦伯发现，一个"毋庸置疑的事实"是："现在法院的实践，例如德国帝国法院的实践，恰恰在公民法典生效之后，有时还在法律之外，有时甚至违背法律，提出一些崭新的法律原则。"见［德］马克斯·韦伯《经济与社会》下册，林荣远译，商务印书馆1997年版，第207页。

② 哈特认为，法律是第一性规则和第二性规则的结合。第一性规则是设定义务的规则，第二性规则是规定人们如何形成、修改或取消第一性规则，以及如何决定其作用范围，如何控制其实施的规则。第二性规则包括确认规则，改变规则，审判规则等。参见［英］哈特《法律的概念》，张文显等译，中国大百科全书出版社1996年版，第三章至第六章。

行为和特殊行为的双重作用。

四、法律变迁的方式和特征

由法律变迁的过程机理所决定，法律变迁的现实发生往往表现出不同的方式，具有不同的特征。

在正常情形下，不同社会成员按"利益形成—利益表达—利益综合"的理论逻辑而采取的行动，总是缓慢地、循序渐进地突破原有法律制度，在逐渐改造原有法律制度的基础上形成某种新的制度体系。这种法律变迁的方式，一般可称为"渐进式变迁"。渐进式变迁是法律变迁的常态。然而，在法律史的演进过程中，有时候由于某些特殊情况的出现，这种常态也可能会被打破，发生急风骤雨式地摧毁旧法制而代之以新法制的变迁情形，这种变迁相对"渐进式"可以称为"激进式"。激进式变迁是法律变迁的殊态。

激进式变迁的出现通常必须同时满足两个条件：社会系统的部分成员通过对资源的绝对性占有，取得"支配—服从"关系上的绝对性支配权力，而这些社会成员的法观念中，法律认知和法律理想的张力又大到促使他们采取摧毁原有法制另创设一套新法制的行动。第一个条件保证行动的效度，第二个条件是提供行动的可能性。

由激进式变迁所必须满足的条件决定，这种变迁方式在实际发生中必然伴随着快速、暴力性强、随意性大、短暂等特征。快速，是由于握有绝对性支配权力的那些社会成员既具备可能性又有巨大的心理动力。暴力性强，主要在于摧毁旧法制必然涉及旧法制所保护的既得利益。尽管任何激进式变迁的启动都同时包括灌输某种法观念和强制他人接受这种法观念，但毫无疑问，法观念的多样性绝不可能被消除，对自身利益的关切永远是大多数人的共有特性，由此，摧毁旧法制的行动就总是需要动用推动者手中的绝对性支配权力，即暴力工具。随意性大，是因为指导这种法律变迁的主观心理乃是部分人关于法律的认知和理想，而且，由于手中的绝对性支配权力所导致的威慑和所提供的方便，往往使推行者看不到其他社会成员的需求，从而多凭主观臆想或自己的好恶来重新分配权利。另外，个人法观念的变动性也会引起随意性大的特点。短暂，与前述所有特征都有关系。快速的变迁虽然能够在短期确立一种新的法制，但同时也给社会成员措手不及的感觉，被动适应新法制会导致他们的厌倦甚至逆反心理。这种心理对于推行者来说，会成为一种阻碍，同样也会成为阻碍的还有最初接受推行者法观念的社会成员在新旧法制生活的对比中，会对法律有新的认知，法律理想也可能发生变化，支持新法制的心理动力会因此消减而微弱。这些阻碍在极少数情况下可能引起激进变迁的结束，而多数情况则可能引致变迁的"暴力依赖"，即不断增强法律的暴力色彩。随意性大，一方面强化整个社会对变迁的不满，另一方面同时也破坏正在形成的法制。此时，要么推行者自己改变激进的行动，要么，随着时间的短暂经过，任由新法制在事实上陷入瘫痪，被无秩序状态或多元法制所代替。①

与激进式变迁相比，渐进式变迁可能要显得缓慢、温和和持久一些。渐进式变迁有两种情形：一是每个社会成员都能够比较自由地表达自己的实际需求，通过利益综合程序缓慢而有序地改变现有法律，而资源分布的不均衡程度并没有达到部分人拥有绝对性支配权力的水平；二是尽管部分人握有绝对性支配权力，但这些人对变迁方式的选择采取理性节制态度，一方面"广开言路"，拓宽社会政治参与的渠道，另一方面对现有制度进行有步骤地改造，并且为每一步行动留下较多回旋余地。一般而言，这两种情形都能够有效地改造现有法制中不适应社会生活的部分，弥补不足，提供创新。不过，如果将两种情形进行直接比较，其间的差距也是很大的。

由于第二种情形以部分人握有绝对性支配权力为条件，尽管它"广开言路"，为社会所有成员自由地进行利益表达创造条件，然而，基于"支配—服从"关系的心理威慑仍然存在，每个成员在采取行动时不可能不实际地考虑自己的处境，而在另一端，支配者因为手中所掌握的绝对性权力，在行动时也不可能处处都能够"理性地节制"，由此，利益表达、利益综合环节都可能发生心理性障碍。同时，即使社会成员真正实际地表达需求，这些需求也可能会因为触及资源的再分配即动摇支配者的绝对性支配地位而在利益综合过程中被忽略。因此，同第一种情形相比，这种形式在完善现有法制的作用上要有限得多。而从结果来看，如果变迁的推动者在变迁过程中逐渐地改变资源分布的极端不平衡，那么它可能会渐渐过渡为第一种渐进变迁的形式，而如果推动者相反地逐步增加强制力在变迁中的运用，也会走上"暴力依赖"的道路，这时，类似于激进式变迁的无秩序状态或多元法制之结果将难以避免。

---

① "多元法制"的概念通常是针对某一主权国家或地域内的多种法律秩序并存的局面而言的。关于多元法制问题可参阅［日］千叶正士《法律多元》，强世功等译，中国政法大学出版社1997年版。我们认为，除历史本身原因之外，造成多元法制的主要是法制变迁过程中的法制留存——原有法制在一定区域内保持稳定，法制衍生——新法制没有形成而原有法制又遭破坏所产生的新的法律制度。

　　到此为止，我们完成了建立一个法律变迁分析粗糙模型的最初步的工作。这个粗糙的模型是以人和人的行动为基础的，其结构由两部分构成：一是引致法律变迁的各种变量，即"原因系统"；二是法律变迁的过程结构，即各种变量相互交织引致法律变迁的过程结构。两个部分之间的关系，类似于经线和纬线，尽管从建立分析模型的便利出发将它们彼此分开，但实际上，变量是过程中的变量，过程是变量交互发挥作用的过程。

　　回到本章开篇提及的问题上，法学知识中对"从……到……"的方向性偏好，如果能够结合这里的分析模型对其加以解释、说明或验证，则至少可以提高这种知识的可接受性。韦伯曾经提醒我们，"从理论上构想的理性阶段，在历史的现实中，既非处处按照理性发展程度的先后顺序，也非处处都存在着所有的阶段"。① 弗里德曼更加明确地指出，"'演变'这词是否适用于法律还有些问题"，"毫无疑问，法律制度有变化，过去的从来不会重复。……然而，演变的理论，总的说来，不顾细节，它以一个、两个或几个大的抽象特点来讨论变化。许多理论家假设的有次序的，一个方向的顺序可能根本不会发生"。② 对于法律变迁、法律发展研究来说，这些警醒无疑值得我们高度重视。不过，寻求法律演变的方向性，可能是法律知识无法避免的宿命，因为知识的重要目的之一就是在不确定的世界里寻求相对的确定性。因而，不是这种方向性偏好本身可取不可取的问题，而是仅有这种偏好还远远不够，没有对法律变迁机理的解释和说明，"从……到……"之类法律变迁特征的确定性也就无从谈起，从而缺乏可接受性。

---

　　① ［德］马克斯·韦伯：《经济与社会》下册，林荣远译，商务印书馆1997年版，第201页。
　　② ［美］弗里德曼：《法律制度》，李琼英、林欣译，中国政法大学出版社1994年版，第327、337页。

第七章　法律与后现代主义

　　率先在西方工业发达国家兴起的后现代主义，作为一种文化思潮或意识形态主要是针对现代而言的。在后现代主义的影响下，人们不再把现代性看作所有历史一直探求以及所有社会都应该遵守的人类社会的共同规范，而认为它也存在着一些难以克服的内在矛盾和问题。现代主义世界观越来越不被人们认作是确定无疑的真理，而反现代或后现代主义则借机在一些人的意识中占据了位置，并且尝试着开展各种跨越现代的研究和运动。欧美的后现代主义发端于 20 世纪 60 年代，开始是指建筑、绘画、诗歌、小说中的一种实验性的、新奇的反现代主义风格，后来波及哲学、法学等学科领域。被称为"后现代主义"者的理论家们从尼采（Friedrich Nietzsche）等人的思想中汲取灵感，① 以新的形式在新的社会历史和知识背景条件下对现代性展开了一些批评和攻击。他们指责以启蒙思想家们的理性主义为基础而建构起来的现代社会或现代性是一项失败的工程，认为有必要从根本上加以否定和"解构"，而代之以一种不同的、以多元文化并存为特征的另类文明或生活方式。"后现代主义"者在质疑、挑战现代性世界观和方法论的同时，也把矛头指向现代法律和法学的基本原则和理念，揭露现代法律制度和法律规则维护现行统治、保护强者和富人的利益、漠视和侵犯弱者和穷人的利益。他们试图运用各种新的方法，采用不同于现代主流法学的认识论和解释方法，重新解释法律的基本原则，纠正法律的偏差。时至今日，后现代法学以及关于法律与后现代主义的研究已经成为法理学的一个重要学术领域。

第一节　后现代主义与后现代法学

　　"后现代"标志着一个多方面的变化过程。关于这一问题的讨论，起

---

　　① Lee Hardy, "Postmodernism as a Kind of Modernism: Nietzsche's Critique of knowledge", in Merold Westphal (ed), *Postmodern Philosophy and Christian Thought*, Bloomington and Indianapolis: Indiana University Press, 1999, p. 29.

初，欧洲人特别是德国人常常把它局限在美学和建筑学这两个领域，但很快，它也被扩及社会学、经济学、科学、哲学、法学等领域。①

一、后现代主义

美国的大卫·格里芬说过："如果说后现代主义这一词汇在使用时可以从不同方面找到共同之处的话，那就是，它指的是一种广泛的情绪而不是任何共同的教条——即一种认为人类可以而且必须超越现代的情绪。"② 因此，对后现代主义的最佳理解，是把它当成一种反映现有智识、文化和社会的时代思潮，它事实上仍旧处在青年阶段。有学者认为："对后现代主义提出一个定义，这会显得是把它简化成了某些基本的或核心或本质，而这会过于基础主义了，过于本质主义了，过于现代主义了。"③ 这是因为，后现代主义的本质特征就是反对任何现代的下定义的努力。

后现代主义是在西方后工业社会出现的一种反叛性思潮，具有反现代化的特点。所谓"后"，即"在……之后"，由此，"后现代主义"的意思是，在"现代"之后对"现代"的批判或"超越现在"。④ 后现代主义的基本特征是反现代，其核心是对现代性本身以及孕育、支撑现代性的思想观念进行质疑和攻击。在反对西方近 300 年来的主流文化方面，它与"文化民族主义"一致，但比文化民族主义走得更彻底和更极端。法国的利奥塔（Jean-Francois Lyotard）说："后现代主义不是穷途末路的现代主义，而是现代主义的新生状态，而且这一状态是一再出现的。……后现代主义的'后'字意味着纯粹的接替，意味着一连串历史性的阶段，每个阶段都可以清楚地确定。'后'字意味着一种类似转换的东西：从以前的方向转到另一个新方向。"⑤ 但是，"后现代性不是一个新的时代，而是对现代性自称拥有的一些特征的重写。首先是对现代性将其合法性建立在通过科学和技术解放整个人类事业的基础上的宣言的重写。但正如我们已经说过的，这种重写在现代性

---

① ［德］沃尔夫冈·韦尔施：《我们的后现代的现代》，洪天富译，商务印书馆 2004 年版，第 16 页。

② ［美］大卫·格里芬编：《后现代科学——科学魅力的再现》，马季方译，中央编译出版社 1995 年版，英文版序言，第 17 页。

③ ［美］菲尔德曼：《从前现代主义到后现代主义的美国法律思想———次思想航行》，李国庆译，中国政法大学出版社 2005 年版，第 65 页。

④ ［英］凯文·奥顿奈尔：《黄昏后的契机：后现代主义》，王萍丽译，北京大学出版社 2004 年版，第 2 页。

⑤ ［法］利奥塔：《后现代性与公正游戏》，上海人民出版社 1997 年版，第 143 页。

本身里面已经进行了很长时间"。① 也有学者认为，后现代主义至少在摒弃启蒙运动的信仰这一点上是反现代的，虽然它不愿意直接接受基督教思想和灵性（spirituality），但却包含有从现代哲学和现代文学中形成的世俗化自由思想的潜在性。② 因此，有学者指出，在某种意义上，"后现代——利奥塔恰恰把它看作为 20 世纪的科学、艺术和文学先锋派的继续——与其说是反现代的，不如说是亲现代的"。③

最早使用"后现代"一词的，可能是德国哲学家鲁道夫·潘维茨（Rudolf Pannwitz）。1917 年，潘维茨曾使用"后现代"来描述 20 世纪西方文化的怀疑论，一个来自尼采哲学的课题。1934 年，"后现代"一词又出现在西班牙文学批评家奥林斯（Federico De Onis）对文学现代主义的批判中。1939 年，这一词的运用出现了两种不同倾向，有学者认为"后现代"意味着世俗现代性的失败和向宗教的复归，有学者则用"后现代"描述第一次世界大战后大众社会的兴起。④ 此后，"后现代"一词主要指 20 世纪 50 年代到 60 年代出现的引人注目的文学批判运动，对美学现代主义的反对。当时的焦点集中在建筑学上，建筑师是第一批系统地使用"后现代主义"一词的人，在他们看来，建筑里的现代主义已经过时了，已经死亡了，现在已进入后现代主义阶段。建筑里的现代主义是崇高的，试图改造人们的生活，而后现代主义者需要的主要是愉悦和美，在后现代主义建筑中，颜色很鲜艳，这对于现代主义者来说也许是一种浮华。后现代主义建筑风格不仅在法国、德国、美国等欧美国家开始流行，而且在东方的日本也很发达。战后日本最著名的建筑设计家之一矶崎新（Isozaki Arata，1931—　　），在他关于 20 世纪 70 年代末到 80 年代的后现代建筑理论的著述中，经常使用"形式"（form）、"后建筑学"（meta architecture）、"名副其实的建筑学"（Architecture with a capital A）等概念，表示他正在寻找另一种新的建筑式样。⑤ 矶崎新是日本福冈相互银行、群马县立近代美术馆、北九洲市中心图书馆、富士间国家俱乐部、美国洛杉矶博物

① ［法］利奥塔：《后现代性与公正游戏》，上海人民出版社 1997 年版，第 143 页。

② Brian D. Ingraffia, "Is the Postmodern Post-Secular?", in Merold Westphal（ed），*Postmodern Philosophy and Christian Thought*, Bloomington and Indianapolis: Indiana University Press, 1999, p.45.

③ ［德］沃尔夫冈·韦尔施：《我们的后现代的现代》，周宪、许均主编，商务印书馆 2004 年版，第 66 页。

④ 蔡仲：《后现代相对主义与反科学思潮——科学、修饰与权力》，南京大学出版社 2004 年版，第 64 页。

⑤ Kisho Kurokawa, *New Wave Japanese Architecture*, Berlin: Ernst & Sohn, 1993, p.16.

馆和西班牙巴塞罗那体育馆等建筑物的设计者，他的"象征的比喻引用"（metaphorical quotation of symbols）建筑风格对西方后现代建筑的发展具有重大影响。进入 20 世纪 80 年代，后现代主义很快在其他艺术领域、文学和美学观念中产生了影响，与此同时还产生了一批新型学者，他们开始对现代科学各个领域的一些基本理论和理念提出挑战。

有学者认为，对犹太人的种族灭绝可能是加速从现代主义转向后现代主义的最为重要的社会事件。因为，种族灭绝最为清楚地表明，官僚制的组织所体现的现代主义的理性观念，可能会以某种方式遮盖道德，从而产生种族屠杀。在"冷战"以及一直存在的原子毁灭的可能性的重压之下，现代主义的自我收缩继续进行。作为现代主义理性典范的科学本身，也被证明是一个危险的同盟者。即使原子战争并不突然毁灭这个世界，表面的科技进步所产生的环境污染也可能缓慢地、悄悄地达到同样的效果。西方的生活方式，加上经济和技术的混乱以及生态灾难，在很大程度上导致了精神上的肢解和分裂。简而言之，现代主义对基于人类控制力和无穷无尽的进步的确信而得以维系的社会支撑，正在开始或已经崩溃。其他社会和文化因素，则进一步促进了现代主义的崩塌以及伴随而至的后现代主义的兴起。这种后现代主义的"新异端"对现代世俗权威提出了挑战，其深远意义不亚于 17 世纪的"科学异端"对教会权威的挑战。如果事实如此，这就意味着后现代世界与现代世界迥然不同，就像现代世界与中世纪迥然不同一样。17 世纪的科学革命，不仅推广资本主义制度，而且强调新价值观和文化革命，这些主张对现代世界产生了重要影响。《威斯特伐利亚条约》这样的政治变化对现代世界也有很大影响，自此，主权国家的自治成为世界的一个新的因素。所有这一切都是密切相关的，都是一场重要思想变革的一部分，这场变革最终决定了现代世界。① 对于生活在 17 世纪初期的人们来说，很难认识到信仰体系中正在发生这样的变化，更不用说去预测范式转变后的结果了。在很大程度上，我们现在处于同样的境地，向后现代世界转变的明确标志尚未显现，而我们只能感觉到后现代世界的一些宽泛特征。

法国的后现代主义也许可以说是这场采用极端化和暴烈语言对现代主义发起攻击的急先锋。后现代主义哲学最早出现在 20 世纪 70 年代的法国，它

----

① ［美］哈曼：《后现代的异端：作为原因的意识》，载［美］大卫·格里芬编《后现代科学——一种魅力的再现》，马季方译，中央编译出版社 1995 年版，第 149 页。

首先是指"后结构主义"① 哲学，其次是指所有反对近代理性主义、乌托邦主义和基础主义的运动。20 世纪 60 年代，法国哲学经历了一个重要变化，一群年轻的知识分子如福柯（Michel Foucault）、德里达（Jacques Derrida）、利奥塔等，对传统的哲学发起攻击。他们不仅深刻地批判法国的学术与政治制度，而且还批判在西方占统治地位的传统哲学，如存在主义、现象学和心理分析等。这些学者深受结构主义的影响，他们反对把研究的重心放在自我及其发展的历史上，而是更注意语言、仪式与血缘关系的超个体的结构，认为不是自我创造了文化，而是文化创造了自我，对文化符号系统中的抽象结构的研究是理解人的科学的关键。这批新的哲学家接受结构主义而否认对自我的崇拜，但同时也在一定程度上否认科学的和客观的方法。他们应用人类现象的结构—文化分析方法来分析人类自身的科学问题，认为这种人类的科学本身就是人类的文化结构。因此，他们自称为"后结构主义"。另一方面，他们否认科学的理性研究，反对一种统一的自我幻觉，认为西方文明不具有合法性，所有现代制度都具有压制本性的性质。他们想摧毁所有实证的哲学和政治立场，揭示出隐藏在所有理性活动中的矛盾与社会压迫的模式。例如，福柯选择了一种震慑人心的表达方式，宣称："无论如何，有一件事是确实的：人并不是已向人类知识提出的最古老和最常见的问题。让我们援引一个相对短暂的年代学和一个有限的地理区域——16 世纪以来的欧洲文化——我们就能确信：人是其中的一个近期的构思。……诚如我们的思想之考古学所轻易地表明的，人是近期的发明。并且正接近其终点。"② 德里达

---

① "后结构主义"是从解构"逻各斯（logos）中心主义"或"逻各斯学说"中产生的思想流派。所谓"逻各斯中心主义"指的是西方思想传统中这样一种根深蒂固的观念，即认为在我们的语言和思维之外存在着某种本源性的东西（存在、物质、理念、上帝、本我等），这种本源性实在的存在和变化受到一些确定无疑的本质或规则（即逻各斯）的支配，我们的一切经验、思想和语言都只不过是对这种本源性实在及其背后的那种"逻各斯"的表达或再现，准确地把握或再现这些本源性实在，是包括哲学、科学和日常思维在内的全部思维活动的中心任务。这种"逻各斯中心主义"又具体表现为"言语中心主义"、"在场形而上学"、"结构主义"、"自然主义"等不同形式。福柯和德里达等认为，这种"逻各斯中心主义"是根本站不住脚的。他们认为，我们的一切经验、言说和思维都是通过文字符号来进行的，我们能够言语和思维的不过是由文字符号构成的各种文本而已；文字符号以及由其构成的各种文本也不是对某种本源性存在的再现，而是一种自足性的存在，它们的意义不是来自于其所指涉的那个对象，而是来自于自身内部各个符号之间的差异；这种意义自足且永不固定的文字符号不仅是我们的言说和思维必须借助的工具，而且还是我们思维的"牢笼"，我们言说和思维的内容永远无法超出文字符号为我们所划定的范围。参见谢立中、阮新邦主编《现代性、后现代性社会理论：诠释与评论》，北京大学出版社 2004 年版，导言，第 5 页。

② ［法］米歇尔·福柯：《词与物——人文科学考古学》，上海三联书店 2001 年版，第 505 页。

则在《哲学的边缘》中使用"哲学家的上颚从其口腔中爆裂"之类的比喻来揭露现代哲学的欺骗性。①

　　当存在主义与现象学在法国盛行之时，在英国和美国盛行着逻辑实证主义。逻辑实证主义相信，把现代逻辑的确定性与"经验数据"的科学解释结合起来，人们就可能得出一种系统的知识。在逻辑实证主义者看来，哲学在传统上一直未能采用一种清楚的、逻辑的和理想的语言，因而从来就没有能够建立起一种真正的哲学。逻辑实证主义者试图摆脱传统哲学的形而上学和伦理学的所谓虚伪性，主要关心逻辑，科学方法以及结果的分类。这方面的著作，以德国哲学家弗雷格（Gottlob Frege）的《算术基础》、英国思想家罗素（Bertrand Russell）与怀特海（Alfred North Whitehead）合著的《数学原理》、奥地利人维特根斯坦（Ludwing Wittgenstein）的《逻辑哲学论》等为代表。逻辑实证主义以后，20 世纪 50 年代初开始出现一个重要转折点。曾任美国哲学协会主席和符号逻辑协会主席的奎因（Willard Van Orman Quine）在《经验主义的两个教条》中，打破了分析语言与综合语言的界限、理论解释与观察陈述的区别这两个对逻辑实证主义来说是至关重要的教条。由于观察渗透着理论，因而人们可能用某些未经证实的理论去解释对象，这就暗示着实验在严格意义上不能够最终证实一个假说。在此基础上，奎因建立了自己的整体论和逻辑哲学。而维特根斯坦的《哲学研究》则暗示，对寻求知识基础的任何企图，与思辨的形而上学一样，是毫无意义的。库恩也对实证图景的充分性提出质疑，"范式"是他的一个核心概念。作为历史发展的结果与科学探索的前提，这个概念把历史与认识的相对性引入到对科学的理解中。比库恩更激进的是时髦的社会建构主义，它把不同的社会维度引入到对科学的理解中，并作为至关重要的决定性因素，从而反对纯粹的、客观的和自主的理性。奥地利籍的美国人哥德尔（Kurt Gödel）也通过"哥德尔定理"证明，一个公理系统的相容性即无矛盾性，绝不可能在该公理系统内部被证实，一个完备而相容的知识体系是不可能的。至于自然科学自身，美国和英国的许多历史主义哲学家把它看作在部分上是非系统性的，因而在其发展过程中有着相当多的非理性因素。就此而言，美国哲学家与法国的后现代主义者是殊途同归的。他们都怀疑近代哲学的规范性目的和理性研究的基础，这导致了非基础主义的哲学研究。其中，理查德·罗蒂

---

① Jacques Derrida, *Margins of Philosophy*, Chicago：The University of Chicago Press, 1982. 转引自［美］戴维·鲁本《法律现代主义》，苏亦工译，中国政法大学出版社 2004 年版，第 99 页。

（Richard Rorty）的《哲学与自然之镜》堪称一部代表作。该书虽然没有直接讨论后现代主义，但讨论了后海德格尔式的哲学与后维特根斯坦式的哲学的发展，这些发展的主要特征就是一种实用的反基础主义。因此，罗蒂被认为是美国后现代主义的代表人物。① 20 世纪 70 年代后期和 80 年代初期，后现代主义通过各种不同渠道同时进入美国学术界，特别是哲学与文学的批评家，纷纷采纳了后结构主义的哲学。许多社会学家、女性主义者、多元文化论者等开始对福柯的著作感兴趣。20 世纪 90 年代，当法国学术界，甚至整个欧洲学术界逐渐丧失对后现代主义的兴趣时，后现代主义却在美国的大学校园中流行起来，大量法国后现代主义的著作被翻译为英语，并被学者和学生广泛阅读，后现代主义似乎又成了一种新的时髦。"后现代"一词也开始被用于描述整个西方文化的风格和状态。

　　法国的"构造主义"从 20 世纪 60 年代末就被介绍到日本，70 年代早期开始，列维－斯特劳斯（Lévi-Strauss）的《构造人类学》（1972）和《野生的思考》（1976）、福柯的《疯狂的历史》（1975）和《监狱的诞生》（1977）、鲍德里亚（Baudrillard）的《消费社会的神话与构造》（1979）和《象征交换与死》（1982）等著作陆续被翻译成日文，对日本后现代主义思潮的形成起到了催产作用。② 山口昌男、浅田彰、柄谷行人等一批知识分子，在经历了 20 世纪 60 年代末到 70 年代初的大学斗争和"新左翼"运动后，在 70 年代又受到了构造主义等新思潮的洗礼，很快成为后现代主义的支持和倡导者。

　　需要指出的是，上述"后现代主义"学者中一些人起初并不认为自己是所谓的后现代主义者，也没有一开始就被别人称为后现代主义者。例如，法国的福柯和德里达曾被称为后结构主义者，③ 后来才被认为是与哲学家海德格尔、伽达默尔等一样典型的后现代主义者。

---

　　① 蔡仲：《后现代相对主义与反科学思潮——科学、修饰与权力》，南京大学出版社 2004 年版，第 66—67 页。

　　② ［日］安丸良夫：《现代日本思想论》，岩波书店 2004 年版，第 26 页。

　　③ 在现代与后现代的争论中，人们一般把哈贝马斯看成现代主义者，而把福柯、德里达、利奥塔等人视为后现代主义者。至于在德国几乎与哈贝马斯齐名的卢曼（Niklas Luhmann），则似乎难以断定，这不仅因为对后现代主义本身的理解分歧，也因为卢曼理论本身的复杂性。卢曼的著作对"后现代"的讨论零星可见，但对后现代社会的描述却俯拾皆是，无疑也带有一点后现代主义的倾向。参见朱景文主编《当代西方后现代法学》，法律出版社 2002 年版，第 378 页。

二、后现代法学

后现代主义在一系列问题上都离经叛道。例如，主张自我表现，蔑视社会认同；反对理性和逻辑，主张非理性、潜意识或无意识的作用；反对权威，主张无政府主义；反对以人为中心，主张返璞归真；反对一元论，主张多元论；反对本质主义和基础主义，主张描述现象、解释学和解构主义；反对哲学、终极和绝对，主张相对主义；反对群体意识、国家形式，主张个体主义和放纵。① 这种由高科技、智力化、多元化和个性化等后工业化的基本特征决定的后现代思潮，也很快扩展到法学领域，引起了法学范式上的一系列革命。法学，也许是最全面、最富哲理的学问，因为在一般含义上它包括了所有的一切，不论是人事抑或神事。这一性质决定了，法学是后现代主义艺术、哲学最值得栖身和应用的学术领域。英国格拉斯哥大学的卡梯教授在《后现代法学》一文中指出：

> 启蒙运动在思想史上标志着一个特别的阶段。后现代性则标志着这个阶段的终结。一股晦涩的空气出现并环绕在它的主要倡导者，如福柯、德里达、博德里亚、利奥塔的身边。这些都是法国思想家，因此他们也许被认为是另一种"赶时髦的"（trendy）和非实体的"左岸"（left-bank）知识流行的产物。然而，这些思想家却出自非常相同的传统，这一传统被认为是促使诞生了"革命的"启蒙，从而产生了现代法，即第一部法国民法典，第一部人权宣言和第一次基于人民主权对现代宪法的尝试。②

正因为如此，后现代思想家首先抨击的也是这一传统的文化基础。另一方面，由于现代法律也确实"面临着一种与艺术上相似的现代主义困境的现象。不过，它不是对艺术质量失去信心，而是已经站在（或跨过）对法律制度的公正性失去信心的门槛，或者说（真的），是对我们鉴别公正之特

---

① 张之沧主编：《马克思主义与当代西方社会思潮》，上海人民出版社 2003 年版，第 356 页。

② Anthony Carty, "Introduction：Post - Modern Law", in Anthony Carty（ed），*Post - Modern Law*：*Enlightenment*，*Revolution and the Death of Man*，Edinburgh：Edinburgh University Press，1990，p. 1.

定能力已经或正在失去信心"。①

1994 年，德里达在美国一所大学的讲座中谈道：

> 我认为把法和正义作区别是有益的。法（law），在法语中叫 le droit，即权利，在德语中叫 Recht。在英语中，你们说到法（law）时，同时指权利（right）和法（law）两个意思，即法语中的 le droit（权利）和 la loi（法）两个方面的意思。而在法语中，我们对两者是区别对待的。因此，我把法，即权利和法律体系的历史与正义相区别。用一句话来说，那就是，法是解构的。法律体系、权利、法、实定法都是有历史的，这些历史就是法的变化的历史。之所以存在各种各样的法，原因就在于此。人类能够改善法，或者用其他法取代某一法……你们用其他法律体系取代某一法律体系，用其他法律取代某一法律，或改善法时所进行的，实际上是一种解构工作，即通过批判脱离建构。正因为如此，所以说，法本身是能够解构的，而且必须是解构的。这是历史性、革命、道德、伦理和进步的条件。但是，正义不是法，它是改善法、解构法的原动力、推进力和运动的源泉。如果没有对正义的要求，我们就一点也不会对法的解构感兴趣。因此，解构的可能性的条件就是正义的要求。②

那么，什么是正义呢？德里达指出："正义无法还原为制裁、刑罚或报偿的计算。就算这些计算都是正确的和符合法律的，也不等于就是正义。正义，在其与他人、即与他人的无限距离的关系之情况下，对他人经常是不同的，经常是不可能计算的。……正义，是与他人之间的关系，仅此而已。你们一旦与作为他者的他人产生关系，就会出现某种不可能计算的东西，即不能还原为法或法律构造历史的东西。这就是给解构以运动的东西，这一运动就是对文化、制度、法律体系的各种规定进行不断的怀疑和批判，而且不仅仅只是为了破坏、宣布它无效，而是以公平对正义、为了对作为正义的他人

① ［美］戴维·鲁本：《法律现代主义》，苏亦工译，中国政法大学出版社 2004 年版，第 472 页。

② ［法］德里达等编：《与德里达的对话——脱构筑入门》，［日］高桥透、黑田晴之等译，法政大学出版局 2005 年版，第 22—23 页。

这一关系表示敬意，才进行怀疑和批判。"① 德里达在研究卢梭的自然状态
中的法——"怜悯"时还指出："铁面无私的法律的权威只有在代替自然法
的权威，代替那个'温柔的声音'（怜悯）时才有意义……正如我们刚刚设
想的那样，当这种温柔的声音停止时，人们接受的无情命令只是文字的命令
吗？既是又不是。之所以说是，是因为人们要逐字阅读文字或把它与字母联
系起来。之所以说不是，是因为人们要理解文字的隐喻。甚至可以说，自然
法、怜悯的温柔声音不仅是由母亲的牵挂发出的，它早已由上帝铭刻在我们
的心中。"② 可见，德里达对法、自然法、正义等概念是作严格区分的。

后现代主义思潮，为法学者在重新解释法律制度的公正性方面提供了新
的方法和途径，因此很快得到了许多法学教授的采纳和应用。在 20 世纪的
最后 10 年，"后现代主义"的基本主题以它们各自的方式进入到法理学和
法哲学，由此产生了一批有关后现代法学运动、后现代法理学和后现代法学
女权主义等方面的著作。此外，也出现了一些关于诸如德里达、福柯、罗
蒂、拉康（Jacques Lacan）等后现代思想家的讨论会和专题报告会。毫无疑
问，法学界与其他学界一样对后现代主义理论的兴趣增加了。③

不仅以后现代法学为主题的法理学著作日渐丰富起来，而且，有的法理
学教材也专门设置了后现代法学的章节。有学者甚至认为后现代法学已经成
为西方法学的主导。美国有关后现代法学的许多著作，一般认为关于法律与
后现代主义研究的代表人物主要有前面提到的福柯、德里达、罗蒂等，也包
括近年来专门阐述后现代法学观点的费思（Stanley Fish）、施拉格（Pierre
Schlag）、戈登里奇（Peter Goodrich）、肯尼迪（Duncan Kennedy）等学者。④
另外，有一些学者认为，女权主义法学、法律与文学运动以及种族批判主义
法学等，也可以纳入到后现代法学的范畴。⑤ 如果把后现代法学看成是汇集
了上述多种法学流派的干流，那么，后现代法学确实可以说已成为一股强劲
的法学思潮。

---

① ［法］德里达等编：《与德里达的对话——脱构筑入门》，［日］高桥透、黑田晴之等译，法
政大学出版局 2005 年版，第 25 页。

② ［法］雅克·德里达：《论文字学》，汪堂家译，上海译文出版社 1999 年版，第 250 页。

③ Douglase E. Litowitz, *Postmodern Philosophy and Law*, Kansas: University Press of Kansas,
1997, p. 1.

④ 美国的波斯纳认为，哲学层面上的后现代主义根源于尼采和维特根斯坦，其中最著名的典
型人物是法国的福柯和德里达以及美国的罗蒂和费思。参见［美］波斯纳《超越法律》，苏力译，
中国政法大学出版社 2001 年版，第 362 页。

⑤ 朱景文主编：《当代西方后现代法学》，法律出版社 2002 年版，第 27 页。

第二节 后现代法学概观

在众多关于法律与后现代主义的讨论中，法国的福柯、美国的罗蒂、日本的柄谷行人等的研究和学说，具有较大影响和一定代表性。这三位学者分别处于欧洲、北美和东亚，本章拟通过对他们的思想的逐一考察，来获得对法律与后现代主义的一个概略理解。

一、福柯

福柯对整个法国和当代西方思想界影响巨大，以至于当代各种思想流派和人文社会科学界各门学科几乎没有一个领域可以避开他的思想光芒。[1] 法兰克福学派的哈贝马斯也不得不承认："在我这一代，对我们的时代进行诊断的哲学家圈子里，福柯是对时代精神影响最为持久的。"[2] 美国学者克利兹曼也这样评价福柯："在现代历史上，没有任何一个思想家像他那样对历史学、哲学、文学和文学理论、社会科学乃至医学产生如此之大的影响。"[3]

有学者认为，福柯是"当代法国新尼采主义和后结构主义思想的最重要的代表人物"。[4] 但是从学问的层次来看，笔者认为他主要是一位历史哲学家，同时也是一个后现代法学的急先锋。福柯的思想观点、学术进路乃至行为做派均特立独行、独具一格，好之者誉其思想"具有节日清晨般的魅力"，恶之者则认为从他的理论中可以嗅出"对真理玩世不恭"乃至"青年保守派"的气息。如同罗蒂所认为的，"福柯式的'左'派代表回归到马克思主义的困惑，这是因为科学的苛刻而导致的。这种'左'派仍然坚持把历史事件置于理论环境之中，它夸大哲学对政治的重要性，对当前事件的意义进行世故的理论分析，从而浪费了精力。但对'左'派政治而言，福柯式的理论诡辩还不如恩格斯的辩证唯物主义有用。恩格斯至少还有末世论（eschatology），而福柯连这也没有。因为他们把自由改革者当作不足信的自由'人文主义'的症状，他们没有兴趣设计新的社会实验"。[5] 这些大相径庭的看法最终均源自于福柯的思想观点与以启蒙理性为代表的现代性话语的

① 冯俊等编：《后现代主义哲学讲演录》，商务印书馆2003年版，第405页。
② ［法］米歇尔·福柯：《规训与惩罚》，刘北成、杨远婴译，三联书店1999年版，封底。
③ ［美］布莱恩·雷诺：《福柯十讲》，韩泰伦编译，大众文艺出版社2004年版，封底。
④ 高宣扬：《当代法国思想五十年》（上），中国人民大学出版社2005年版，第248页。
⑤ ［美］理查德·罗蒂：《筑就我们的国家》，黄宗英译，三联书店2006年版，第29页。

内在张力。① 尽管福柯本人曾说过："人们所说的后现代是什么？我不知道。"② 他也讨厌人们给自己贴上任何思想标签。事实上，由于他的思想的复杂多变，对之也的确难以只用一种标签涵盖或归类。然而，另一方面，他思想中典型的后现代特征及其在后现代思潮中的重要影响亦属不争之事实，他的理论和学术观点，是任何关于现代性与后现代性的哲学、法学和社会学等讨论中不容忽视的重要思想资源。后现代主义的一个重要特征是思想反叛，当这种反叛同时又具有某种针对整个西方精神传统的根本性和深远性时，它就超出现代性进入到后现代的范畴。福柯曾说："我们从以往被认为是真理的东西中分离出，追寻其他的规则，这就是哲学。把思维的框架移位和变形，改变既定的价值形态，用其他的方式去思维，做别的事情，把自己变成自己不是的那种东西——这也是哲学。"③ 其思想的"后现代性"在此昭然若揭。

福柯并没有建立一个"法的理论"，我们甚至难以把握它的思想谱系。因为，除了他的《规训与惩罚》一书直接涉及法律以外，其他论著对法律只有一些零星的联系和评论，几乎看不到专题性的论述。福柯的思想进程比较复杂，"这不仅是因为他所探索的领域包括了整个西方的根本问题，跨越了许多正常的学科界限，而且，还因为他本人始终都不愿意使自己的思维维持在固定不变的思考方向上，更不愿意使自己限于一种受外界力量限定的框框之中，同样，也不愿意使自己套入自我限定的思路和方法之中。因此，他采取了极其特殊的研究方法，不论就其研究对象或领域而言，都是难以用通行于当代科学的分类方法加以分析"。④ 但是，从福柯的论著中可以看到，其目的是要从源头上重新解构源自人们对古希腊思想的误读，即认识论建构的古希腊伦理渊源——阿波罗神庙的箴言"认识你自己"，提出和证明古典道德实践的最高准则不是"认识你自己"，而是"关怀你自己"。因此，他批判分析了自古希腊以来所形成的伦理学说，并且着重反对由笛卡儿建立的以人为主体的影响西方几个世纪的所谓科学认识论，重新解读人类的学说史，探索新的认识论。另外，在福柯的反思和主体解构中，始终无法避开"权力"话语，其思想体系甚至可以用"权力—知识—主体"这一程式来表

---

① 陈嘉明、吴开明等：《现代性与后现代性》，人民出版社 2001 年版，第 292 页。

② 杜小真编选：《福柯集》，上海远东出版社 1998 年版，第 50 页。

③ 包亚明主编：《权力的眼睛——福柯访谈录》，严锋译，上海人民出版社 1997 年版，第 108 页。

④ 高宣扬：《当代法国思想五十年》（上），中国人民大学出版社 2005 年版，第 253 页。

示。有学者把福柯的思想发展划分为四个阶段：第一个阶段是从 1946—1965 年，主要研究精神治疗史和知识史。第二个阶段是从 1966—1970 年，开始转向研究解构和知识考古学。第三个阶段是从 1970—1975 年，集中研究西方权力系谱学、社会规训制度及其历史。第四个阶段是 1975 年以后的晚年，主要关注"自身的技术"和"性"的问题，着重以人体、思想、行为、文化和权力的相互关联为中心，深入探讨他称之为"我们自身的历史本体论"的一种"生存美学"。总起来看，就政治和法律领域而言，福柯在权力以及由此对现代法的批判等方面提出了独到见解。①

（一）权力学说

自亚里士多德以来，与权力有关的各种概念就始终是政治、法律和其他社会理论中的核心概念。但是，在绝大多数学者的笔下，权力更多的是作为一个不言自明的描述性概念在理论中发挥作用，而没有成为经过严格界定的解释性概念得到充分讨论。权力在被还原为生产关系，还原为国家机器或法律的同时，关于权力关系本身的阐释很少。福柯对权力的研究，按照他自己的说法，并不是要提出权力的新"理论"，而是要探讨权力关系得以发挥作用的场所、方式和技术，从而使权力分析成为社会批评和社会斗争的工具。② 福柯之所以这样做，是因为他相信："在每一种情况下，总体性的思考都对研究构成障碍。"③ 在权力的分析上，福柯是反司法主义和反对国家中心论的。他特别强调，在分析权力时，要摆脱司法模式的限制，超越只关注国家、法律和政治领域的局限，着手从权力发挥作用的各种经验性的局部，比如监狱、家庭等，来研究权力的形态和变化。福柯在 1975 年 1 月的

---

　　① 有学者认为，福柯对法律研究的贡献主要由三个方面组成：首先，他想要挑战法律中的进化推定，即法律正在变得越来越人道和减少强制性这样一种思想。福柯的观点是，对私人和自治团体的法律权利已经被一种强制和规训的类似法律的制度（quasi‐legal system）所削弱。第二，他想要揭露和挑战这样一个理论框架，即那个由社会契约论者构建的继续统治法理学和政治理论的"古典法学理论"。这一方法把权力仅仅看作国家权力而忽视了来自非中心位置，福柯称之为"在毛细管"（at the capillaries）的权力运作方式。第三，他想要揭示，法律是如何通过所谓的规训（disciplines）变得越来越有约束力的，即法律（仅仅是代替强制性和压制性的）已经变得越来越具有控制性的、行政性的和规范性的了。Douglase E. Litowitz, *Postmodern Philosophy and Law*, Kansas：University Press of Kansas, 1997, pp. 65—66.

　　② Michel Foucault, "The Subject and Power"；"Two Lectures", in Colin Gordon（ed）, *Power‐Knowledge：Selected Interviews and Other Writings*, 1972—1977, New York：Pantheon Books, 1980, p. 80.

　　③ 包亚明主编：《权力的眼睛——福柯访谈录》，严锋译，上海人民出版社 1997 年版，第 217 页。

一次演讲中指出：

> 实际上我所攻击的，或者说我想要抛弃的，是这样一种观念，也就是说对政治权力（在人们获取它的所有形式上和某个层面上）的分析不应当基于黑格尔关于某种完美整体的视野，即权力的后果要么是无知，要么是通过抽象或通过分割来进行破坏。我觉得，把权力看作主要是进行压抑的消极机制，把权力的主要功能看作是保护、保持或再生产关系，这既是一个方法的也是一个历史的错误。认为权力是相对于力量的游戏，是某种处于上层建筑层次的东西，这是一个错误。认为它主要与无知的效果相联系，这也是一个错误。……他们只是从既过时又不同的模式出发建构了权力的某种达格雷照片，它实际是从人们认为在奴隶社会、种姓社会、封建社会和行政君主政体的社会中关于权力所能观察到的东西出发而建立起来的。而这也许没有认识到这些社会的现实，这没什么关系。不管怎样，它没有认识到特殊性的东西，有新事物的东西，这种东西发生在 18 世纪和古典时期，也就是说，建立了某种权力，它相对于生产力，相对于生产关系，相对于事先存在的社会系统，它所扮演的不是控制和再生产的角色，而是相反，它在此扮演的确实是一个积极的角色。①

在福柯的权力分析中，最能体现福柯思想特点的，是他的"权力—知识"（power-knowledge）的关系概念。在《规训与惩罚》的第一章中，福柯提出了"权力—知识"关系的假说："或许，我们也应该完全抛弃那种传统的想象，即只有在权力关系暂不发生作用的地方知识才能存在，只有在命令、要求和利益之外知识才能发展。或许我们应该抛弃那种信念，即权力使人疯狂，因此弃绝权力乃是获得知识的条件之一。相反，我们应该承认，权力制造知识（而且，不仅仅是因为知识为权力服务，权力才鼓励知识，也不仅仅是因为知识有用，权力才使用知识）；权力和知识是直接相互连带的；不相应地建构一种知识领域就不可能有权力关系，不同时预设和建构权力关系就不会有任何知识。"② 因此，他认为，对"权力—知识"关系的分析不应建立在"认识主体相对于权力体系是否自由"这一问题的基础上；

---

① ［法］米歇尔·福柯：《不正常的人》，钱翰译，上海人民出版社 2003 年版，第 51—53 页。
② ［法］米歇尔·福柯：《规训与惩罚》，刘北成、杨远婴译，三联书店 1999 年版，第 29 页。

相反，认识主体、认识对象和认识模态应该被视为"权力—知识"的这些基本连带关系及其历史变化的众多效应。在权力问题上，必须抛弃暴力—意识形态对立、所有权观念、契约和征服模式；在知识问题上，必须抛弃"有利害关系"和"无利害关系"的对立、认识的模式和主体的第一性。在《权力与知识》一书中，福柯着重分析了真理和权力的关系，以证明权力和知识的连带性。以往的真理理论和权力理论都相信，真理或知识与权力是水火不容的。自18世纪以来，权力分析总是和揭示性的批判联系在一起的，无论是经典的自由主义者，还是激进的浪漫主义者都相信：真理给人以自由，真理是权力的敌人，是通向自由的必经之路。然而，福柯指出，在现代社会，权力的运作和知识的积累之间存在密切的关系，真理或知识与权力绝对不是简单的敌对关系，真理制度（regime of truth）恰恰是权力运作的一个前提条件和重要产物。[1]

刺激福柯思考"真理"问题的直接原因是苏联的"李森科事件"。[2] 福柯认为，"李森科事件"导致了大量的问题。但所有的问题可以用两个词来概括："知识与权力。"由于原子物理学在各种社会政治活动中扮演了越来越关键的角色，原子核能威胁到整个人类与世界的命运，因此原子物理学家的话语就代表着整个世界的声音，他们在知识的秩序中的地位日益显赫。这样，科学这种知识开始被政治权力包围，科学不再代表那种一般意义上的对自然的认知。正是在这个层次上，科学家构成了一种政治的威胁。用福柯的话说："这种'特殊的'知识分子出现了一种完全不同的形象，他们不是作为法理学家或高贵的人，而是作为被雇佣者或专家。我这里所说的是原子物理学家开始进入历史的前台。"[3] 在论述了科学在社会中的特权后，福柯进一步把权力与科学的普遍真理联系起来。福柯指出，由于"左"派知识分子把自己看成是一种普遍真理的发言人，因此在第二次世界大战后产生了一种特殊的知识分子形象，即"在这种功能与威望中的知识分子不再是'真正的作家'，而是作为'绝对的奴仆'，不再担负着所有的价值，反对非正义的统治和他的部长……重要的事情是真理不再外在于权力的，或缺乏权力的……真理不再是对自由精神的奖励……真理不过是这一世界中多方面的限

① Michel Foucault, *Power / knowledge*, Brighton：The Harvester Press, 1980, p. 133.

② 指发生在20世纪30—60年代苏联科技史上科学与政治斗争、政治权威取代科学权威裁决科学论争的"李森科事件"。参见张九庆《苏联科技史上的李森科事件》，载《学习时报》（网络版）2004年3月25日。

③ Michel Foucault, *Power / knowledge*, Brighton：The Harvester Press, 1980, p. 128.

制而产生出的东西。它导致权力有秩序的影响"。① 福柯进一步把科学与特定的政治制度相联系，认为"每一个社会都有着自己的真理制度，即真理的'普遍政治学'"，真理归根结底是"整个政治争论与社会对抗（意识形态斗争）的结果"。② 在这种真理制度中，科学家沦为了争权夺利的政客。知识分子不再是"普遍价值的承担者"，而是一种特殊地位的占据者，他们所关心的是"三种特权"：他们的阶级地位、他们的生活与工作条件以及一般意义上的真理制度上的活动与斗争。总之，"真理之争"不再被理解为发现与接受真理的认识论问题，而是联系着特殊权力与利益的政治斗争，联系着知识分子在政治与经济中所扮演的角色。这也是为什么社会建构主义、女性主义、多元文化论等"科学的文化与社会学研究"者偏爱福柯的重要原因，因为福柯在一定程度上确实为"科学的文化与社会学研究"提供了一种政治学的维度。③

福柯在关于"知识考古学"的研究中也发现，知识一方面综合着整个社会各种力量相互紧张斗争的结果，另一方面，它本身又必须在同社会其他各种实际力量的配合下，才能存在和发展，才能发挥它的社会功能。因此，知识考古学的研究势必引出权力的谱系。知识成了权力运作的一个策略因素，各种所谓科学话语和知识论述实际上是在制造权力。权力因此不再是一个制度制造的东西，而是一个知识的持有者，即知识的主体与其他力量的一个关系。福柯认为，在任何一种社会中，各种知识包括哲学观念、常识、习俗、道德意识、制度等，被权力归化到了属于这个社会的特权培植的知识之中，而这种驯化的知识又通过某种理论、行为或制度回到社会之中，扮演着合法者的角色。在对权力的解构中，福柯具有独到之处。他首先批判了所谓传统的权力观，认为权力不能简约为"规则—违反规则—惩罚"这样的三点式结构，也不仅仅是规则的创始和禁止的宣示。在权力系谱学的考察中，与权力的定义相比，福柯似乎更加关注权力的运作方法，如监狱的诞生等问题。因此，他对权力的研究，不是对权力的描述，而是对权力的分析。如在《规训与惩罚》一书中，福柯认为，无论是中世纪的酷刑制度，还是现代监狱制度，都不外是权力运作的模式之一。因为，现代监狱制度实际上就是对

① Michel Foucault, *Power / knowledge*, Brighton: The Harvester Press, 1980, p. 129.

② Ibid., pp. 131—132.

③ 蔡仲：《后现代相对主义与反科学思潮——科学、修饰与权力》，南京大学出版社 2004 年版，第 78 页。

人的肉体进行"规训",而"规训"不外乎指纪律、教育、训练、训诫等意思。在福柯的眼里,监狱实际上是一种"规训"组织,是权力实施"规训"的集中表现,而整个社会是一个庞大的、充满"规训"的组织,如学校、工厂、医院、军队、家庭等。作为"规训"机构,监狱与社会的其他主要构成部分并没有太多的差别,只不过在"规训"上,监狱显得更彻底而已。监狱,就这样在根本上成了大社会的一个缩微社会,同时也为整个社会提供了一个模式。整个社会像一个庞大的监狱,其中所有的人都在接受着不同程度的"规训",在这一意义上,教师、医生、教育家和其他社会工作者实际上都充当着法官和纪律执行人。在《规训与惩罚》的最后一章中,福柯总结道:"如果说古典主义方式的大禁闭机构部分地(仅仅是部分地)被废除了,那么它又很快地复活了,并沿着某些方向重新部署和发展。然而,更重要的是,它通过监狱这个中介,一方面与法律惩罚手段相统一,另一方面与规训机制相统一。禁闭、司法惩罚与各种规训机构之间的界限在古典时代已经被弄得模糊不清,现在则趋向于消失,趋向于构成一个宏大的'监狱连续统一体'。这个系统把教养技术扩散到各种最单纯的纪律中,使纪律规范渗入到刑法体制的核心,并用纪律规范来控制最轻微的非法活动,最不起眼的不正规、偏离或反常以及过失犯罪的威胁。……最后,这个大'监狱网'包容了遍及整个社会的所有规训机制。"①

当然,福柯所说的权力,不是来自国家的宏观的权力,而是具体的、社会运作的权力。这一权力具有如下几个特征:第一,这个权力是"来自下层"的权力,是自下而上的权力,福柯称之为"微观权力"(micro-power)。第二,权力是无主体的,它既不是实体、一个事物,也不是一个少数和优越阶层人士的招牌,而更多的像是一个在所有人中间流通的要素,或一个松散的网络。权力是没有属性的,它是相对于关系而产生的,它是在不同力量的对比关系中通过家庭、两性关系、教育、经济和知识的具体运行中体现出来的。第三,作为关系中的微观权力是无所不在的,任何一种微观权力又与其他权力一起,制造出带有自身固有风险和冲突的其他权力。因此,微观权力的运行并不遵守或者并不直接遵守一个法律或规则,它也不能不受其他权力的制约而独立运行。用福柯自己的话来说:"权力无所不在:这不是因为它有着把一切都整合到自己万能的统一体之中的特权,而是因为它在每一时

---

① [法]米歇尔·福柯:《规训与惩罚》,刘北成、杨远婴译,三联书店1999年版,第341—343页。

刻、在一切地点，或者在不同地点的相互关系之中都会生产出来。权力到处都有，这不是说它囊括一切，而是指它来自各处。"① 第四，哪里有权力，哪里就有抵制，但是，抵制绝不是外在于权力的。②

杰姆逊（Fredric Jameson）在谈到福柯时指出，福柯和美国萨伊德（Edward Said）的独特见解是两方面的：首先，说明另外的事物与权力过程的关系，即和控制、掌握、决定他人命运的权力的关系；其次，指出在各研究机构和学术领域，任何研究都不是客观的、纯科学的，而是包含了权力过程，甚至某一领域的基础完全是权力的产物。③ 伦敦大学的巴伦教授也指出："米歇尔·福柯对现代社会的权力研究的主要贡献是开启了对国家行为（the practices of the state）的仔细观察，而这些行为的真实性质和解释是经常被一种先入之见和统治制度所遮掩的。特别是，福柯曾热心于对18世纪末的（权力）层创进化（emergence）分析，对此福柯把它称为对个人和团体的生活进行细致操作和控制的惩戒性权力的技术（technologies of disciplinary power）。福柯暗示，在国家机器旁和向外孳生的这些技巧，首先是逐渐地和秘密地在它们自己的结构内部产生，然后立即变成不能减缩的和对法律一般权力的支持。它们的模型就是圆形监狱（Panopticon）。"④ 福柯研究权力与知识关系的目的在于阐述权力反抗的正当性。他曾说："我所谓的反抗不是一种实体。它并不先于它所反对的权力。它与权力是共生的、同时存在的。……只要存在着权力关系，就会存在反抗的可能性。我们不能落入权力的圈套：我们总是能通过明确的策略来改变它的控制。"⑤ 不过，福柯的权力反抗的焦点并不是落在总体社会的变革上，而是寄希望于个体、局部的斗争。

（二）对现代法的批判和解构

美国的波斯纳曾指出："法律中的后现代主义到目前为止只不过是用

---

① ［法］米歇尔·福柯：《性经验史》，佘碧平译，上海人民出版社2002年版，第69页。

② 同上书，第71页。

③ ［美］弗·杰姆逊：《后现代主义与文化理论——弗·杰姆逊演讲录》，唐小兵译，陕西师范大学出版社1986年版，第18页。

④ Anne Barron, "Legal Discourse and the Colonisation of the Self in the Modern State", in Anthony Carty（ed）, *Post - Modern Law: Enlightenment, Revolution and the Death of Man*, Edinburgh: Edinburgh University Press, 1990, p. 114.

⑤ 包亚明主编：《权力的眼睛——福柯访谈录》，严锋译，上海人民出版社1997年版，第46页。

'解构'来威胁思想常规的法学教授。"① 这其中的开拓者和规划者有福柯。福柯对待现代法学的态度，不是重新构筑一个理论，而在于对现代理论的批判和"解构"。福柯曾说："为了对权力关系进行具体的研究，必须放弃统治权的法律模式。它实际上把个人预设为自然权利或原始权力的主体；把认识理想化的国家诞生当作自己的目标；最终它使法律成为权力的根本表现。"②

　　福柯对现代法的攻击是从分析"不正常的人"开始的。他认为，"不正常的人"这一概念的形成是从"人的畸形"、"需要改造的个人"等开始的，虽然它们的建构不完全是同时的。"人的畸形"是古老的概念，其参考背景是法律，因此是法律概念。但这是在广义上而言的，因为这不仅仅指社会的法律，而且还指自然的法律，亦即畸形出现的领域是法律—生物领域。"需要改造的个人"比畸形近一些，他更是受到矫正技术及其要求的改造，而不是受到法律禁令和自然的法规形式的改造。从 19 世纪末开始，如此多的制度、话语和知识与"不正常的人"有关，它源自例外的法律——自然的畸形，大量不可改造的人等。③ 那么，法律是什么呢？福柯在讨论战争与法律的关系时谈到了法律的属性。他说："法律是一种预先策划的无情无义的快乐，它以承诺过的流血为乐趣，允许不断煽动新的支配欲，上演不折不扣重演过的暴力场面。对和平的渴望，因和解而带来的宁静，以及对法律的默认，这些远远不是表现一种主要的道德变节，或引起有关法律的功利谋划，而是其结果，并且就事实而言，是它的弯曲。……人类并不是通过一场又一场的战役而逐渐进步，直至达成普遍的互让互利的，当然在这里，法律的规章制度最终代替了战争。人类将每一种暴行都安装在规则系统里，并由此从一种统治迈向另一种统治。"④ 在此，福柯实际上认为，现代法律只不过是国家统治的一个工具，是"从一种统治迈向另一种统治"的工具。法律的外在表现是规则，而规则的本质允许"暴力重创暴力"，并复兴新的力量。规则本身是空的，是充满暴力和无法终结的。

　　针对一些学者认为法律正逐渐变得人性化，其强制性正在不断减弱的观

---

① ［美］波斯纳：《超越法律》，苏力译，中国政法大学出版社 2001 年版，第 364 页。
② ［法］米歇尔·福柯：《必须保卫社会》，钱翰译，上海人民出版社 1999 年版，第 248 页。
③ ［法］米歇尔·福柯：《不正常的人》，钱翰译，上海人民出版社 2003 年版，第 365—369 页。
④ ［法］米歇尔·福柯：《尼采、谱系学、历史》，卢德平译，载江怡主编《理性与启蒙——后现代经典文选》，东方出版社 2004 年版，第 277 页。

点，福柯提出了质疑。他认为，由于法律中的隐私权和个人自治权淹没在了由"规训"和强制所构成的准法律制度之中，法律的强制性不但没有减弱，而是仍然保持着它那锋利的棱角。基于法律与"规训"的关系，福柯认为，法律正在日趋管理化和规范化了，因此它并不仅仅体现为赤裸裸的强制和压迫。针对现代法哲学和政治哲学的理论框架，福柯批判它只不过是一种伴随着"社会契约论"而产生的"经典法理学"。这一理论将"权力"仅仅看成是一种国家权力，而对"权力的运作"渗透在分散的社会机构如学校、工厂、医院和军队等的事实视而不见。因此，现代法学精英阶层所构建的"法律的神圣帝国"正在或在一定程度上已经土崩瓦解。

福柯关于现代法律理论的批判揭示了法律受到权力和真理话语支配的现代处境。一方面，法律不仅仅只是一些规则和原则，它总是伴随着权力的运作和知识的积累而不断发展的。用福柯自己的话来说，就是："法律在远征、征服和焚毁的城市中诞生；但它仍然在权力机制的内部咆哮，或至少构成制度、法律和秩序的秘密的发动机。"① 因此，如果说法律文本的解释活动本身并没有什么基本意义，而只是一种对规则体系的暴力性质的或偷偷的挪用，以使某个指令得以实施，或者使规则服从于一个新的权力意志，或者迫使规则的参与者进入另一种游戏……那么法律的发展，实际上就是一系列的解释活动。② 另一方面，真理话语决定法律，而不是相反。一如福柯所说："应当承认：我们被权力强迫着生产真理，权力为了运转而需要这种真理；我们必须说出真理，我们被迫、被罚去承认真理或寻找真理……从另一个方面讲，我们同样服从真理，在这个意义上，真理制定法律；至少在某一个方面，是真理话语起决定作用；它自身传播、推动权力的效力。"③

二、罗蒂

罗蒂是美国新实用主义的倡导者，他的学说也是后现代主义思潮的一个重要组成部分。他首先是一个有影响的哲学家，试图阐明一种充分尊重个人的和他或她的文化不确定性的道德和政治理论。尽管他曾称自己的立场属于"后现代"，也经常被人看成是一个后现代主义者，但是后来他似乎更喜欢"反基础主义者"（antifoundationalist）或"实用主义者"（Pragmatist）的标

---

① ［法］米歇尔·福柯：《必须保卫社会》，钱翰译，上海人民出版社1999年版，第250页。
② 高中：《后现代法学思潮》，法律出版社2005年版，第38页。
③ ［法］米歇尔·福柯：《必须保卫社会》，钱翰译，上海人民出版社1999年版，第23页。

签。对于罗蒂来说，反基础主义者和实用主义者熟知这一不确定性是不可避免的。因此他们认为，道德和法的理论必须建立在临近的特殊文化内的原则和实践之上，而不能妄称建立在什么更深远的基础之上。① 罗蒂于 1956 年获耶鲁大学哲学博士学位，并留校任教。他曾先后在普林斯顿大学、弗吉尼亚大学等大学任教，1979 年担任美国哲学协会东部分会主席。其主要著作有《哲学与自然之镜》、《实用主义的后果》、《偶然、反讽与团结》、《客观性、相对主义和真理》、《真理与进步》等。

罗蒂对福柯的思想既有借鉴又有批判。他在《偶然、反讽与团结》一书中说："福柯赞同马克思和尼采的意见，相信有效改革的年代已经遥不可及了，现在需要的是一个大震荡；我们的想象力和意志在社会化的捆绑之下，使我们甚至连为现有的社会提出新的可行方案，都已无能为力。福柯不愿意承认自己是站在任何'我们'的成员立场说话，所以更不可能像我一样，使用'我们自由主义者'一词。……我和福柯的主要争执，就在于'我们自由主义者'够不够好的问题上。"② 罗蒂认为，尼采、德里达和福柯等自我创造的反讽主义者所企求的那种"渴望整体革命"的自律，是永远不可能体现在社会制度中的。因为自律不是所有人类内在深处所拥有的东西，也不是社会停止压抑便可加以释放出来的东西。自律这种东西，只是若干特别的人希望透过自我创造才达到的，而且只有少数人才真正达到了自律。追求自律的欲望，与自由主义者想要避免残酷和痛苦的欲望，是毫不相干的——事实上福柯也同样具有自由主义者的这种企图，只是他不愿意用这些字眼来表达而已。因此，罗蒂同时断言："福柯的书可以被自由主义的改革式政治文化所接纳。"③

罗蒂发表的专门讨论法学理论的论文虽然仅有数篇，④ 但是他的观点已经在数百篇法学论文中得到了评论，可以说在法学研究领域正在发生越来越大的影响。虽然他并没有表示要提供一种如此这般的法学理论，但是他的讨

---

① Douglase E. Litowitz, *Postmoderm Philosophy and Law*, Kansas: University Press of Kansas, 1997, p. 134.

② [美] 理查德·罗蒂:《偶然、反讽与团结》，徐文瑞译，商务印书馆 2005 年版，第 92 页。

③ 同上书，第 93 页。

④ 罗蒂的法学论文主要有: "Unger, Castoriadis, and the Romance of a National Future", 82 *Northwestern L. Rev.* 335 (1988); "The Banality of Pragmatism and the Poetry of Justice", 63 So. Cal. L. Rev. 1811 (1990); "What Can You Expect from Anti-Foundationalist Philosophers? A Reply to Lynn Baker", 78 Virginial L. Rev. 719 (1992)。

论法律的著作却已得到诸如理查德·波斯纳、罗纳德·德沃金和斯坦利·费什等著名学者的特别关注。

（一）反基础的实用主义

实用主义是一种运用于像"真理"、"知识"、"语言"和"道德"这样一些观念和类似的哲学思考对象的反本质主义。以"真理"概念为例，实用主义的创始人之一詹姆斯将"真理"定义为"最好加以相信的东西"。按照詹姆斯及其他实用主义者的看法，真理有一个本质，这个本质就是"与实在相符合"。罗蒂却认为，追问真理的"本质"是一个毫无意义的问题，它"不会使我们更明白，为什么真理是最好加以相信的东西，对我们现在关于世界的看法基本上是否是或为什么是我们应当持有的看法，也不提供任何线索"。① 因此，罗蒂认为，人们使用的概念或话语并不是对某种世界"本质"的再现，而只是用来应对和支配环境的工具。人们对待一个句子的自然态度，不应是"它们对不对？"而应是"相信它结果会怎么样？如果我相信，那么会发生什么？我会使自己受什么东西的约束？等"。② 在《哲学和自然之镜》的导论中，罗蒂表达了自己的反基础主义："本书是根据我刚才描述的那种反笛卡儿和反康德的革命观点，对哲学、特别是分析哲学的某些最近发展所做的概观。本书的目的在于摧毁读者对'心'的信任，即把心当作某种人们应对其具有'哲学'观的东西这种信念；摧毁读者对'知识'的信任，即把知识当作是某种应当具有一种'理论'和具有'基础'的东西这种信念；摧毁读者对康德以来人们所设想的'哲学'的信任。因此，寻求有关任何被讨论主题的新理论的读者将会失望。虽然我讨论'对心身问题的解决'，但不是为了提出一种新的解答，而是为了说明何以我认为并不存在这样一个问题。同样，虽然我讨论'指称理论'（theories of reference），但我并没提出这样一种理论，而只是提出一种意见，表明追求这样一种理论何以是误入歧途的。"③ 这是因为，罗蒂认为："决定着我们大部分哲学信念的是图画而非命题，是隐喻而非陈述。俘获住传统哲学的图画是作为一面巨镜的心的图画，它包含着各种各样的表象（其中有些准确，有些不准确），并可借助纯粹的、非经验的方法加以研究。如果没有类似于镜子的心的观念，作为准确再现的知识观念就不会出现。没有后一种观念，笛

---

① ［美］罗蒂：《后哲学文化》，黄勇编译，上海译文出版社1992年版，第246页。

② 同上书，第247页。

③ ［美］理查德·罗蒂：《哲学和自然之镜》，李幼蒸译，商务印书馆2004年版，第4—5页。

卡儿和康德共同采用的研究策略——即通过审视、修理和磨光这面镜子以获得更准确的表象——就不会讲得通了。如果心灵中不怀有这种研究策略，认为哲学可由'概念分析'、'现象学分析'、'意义阐释'、检验'我们语言的逻辑'或检验'意识构成活动的结构'等晚近的主张就不可理解了。"①

　　罗蒂的实用主义来源于皮尔斯、詹姆斯和杜威等人的实用主义，但是罗蒂认为他的实用主义要比前者更为彻底。无论是皮尔斯、詹姆斯还是杜威，在他们的理论中都或多或少地保留了实在论的某些残余。皮尔斯虽然反对实证主义，但他却依然假定存在着一个"我们在研究的理想终端会一致同意其存在的东西"，真理就是我们在这个时候达成的一致意见。詹姆斯虽然已经意识到，与实在接触的想法是荒唐的，真理只是有用信念的性质，而不是与实在的符合，但矛盾的是，他依然表达了想发现一种比物理学能够更精确地表象世界的说话方式这样一个愿望。杜威相对而言是一个比皮尔斯和詹姆斯更为彻底的实用主义者，但他的思想中也依然保留了对自然科学某种程度上的崇拜。罗蒂的实用主义彻底清除了各种本质主义、表象主义和基础主义的幽灵，将自己的逻辑贯彻到底，因此被称为"新实用主义"。② 在《哲学和自然之镜》一书中，罗蒂这样表述他与杜威等哲学家的关系："我希望我们现在已有可能把人们曾经加予杜威的'相对主义'和'非理性主义'的指责，仅只看作他批评过的哲学传统的不自觉的自卫反射。如果我们认真看待杜威、维特根斯坦和海德格尔对镜子形象所作的批评，这类指责就不值一驳了。关于他们三人对传统哲学的批评，本书无所增益，然而我希望本书论述这些批评的方式会有助于穿透哲学惯习的硬壳，杜威曾想粉碎这个外壳，但惜未成功。"③

　　罗蒂曾这样表明他的实用主义立场："在我看来，实用主义的出发点是由贝恩和皮尔斯提出的反表象主义主张：信念是行为的习惯而不是表象实在的努力。根据这种信念观，一个信念之真，是其使持此信念的人能够应付环境的功用问题，而不是其摹写实在本身的存在方式的问题。根据这种真理观，关于主体与客体、现象与实在的认识论问题可以由政治问题，即关于为哪些团体目的、为何种需要而从事研究的问题取而代之。"④ 罗蒂在为自己

---

　　① ［美］理查德·罗蒂：《哲学和自然之镜》，李幼蒸译，商务印书馆2004年版，第9页。

　　② 谢立中：《罗蒂的新实用主义理论评述》，载谢立中、阮新邦主编《现代性、后现代性社会理论：诠释与评论》，北京大学出版社2004年版，第81页。

　　③ ［美］理查德·罗蒂：《哲学和自然之镜》，李幼蒸译，商务印书馆2004年版，第10页。

　　④ ［美］罗蒂：《后哲学文化》，黄勇编译，上海译文出版社1992年版，作者序，第1页。

的反基础主义辩护时指出："许多实用政治思想家和代理人似乎已经发现形而上学和认识论是极其荒谬的东西。托马斯·杰斐逊公开承认自己尽管作了多次努力，但就是无法读懂柏拉图。虽然他吸收了他们的政治著作中的思想，但是他对休谟和洛克的认识论著作也表现不出任何兴趣。有些人就是对付不了形而上学或认识论（甚至元伦理学），但是这并不妨碍他们成功地发挥其社会政治作用。"①

（二）实用主义的法律观

由于罗蒂对法律本身的论述不多，人们构筑的所谓"罗蒂法理学"必须同时和在很大程度上依赖于他的非法律著作。② 在涉及法学的论述中，罗蒂偏爱的是一种反基础主义的、实用主义的、实验的和讽刺的方法。罗蒂从不给"法官应当如何断案"这样一个法学理论的关键问题提供答案。罗蒂认为，事先不可能存在一种告诉法官如何断案的特定方法，判决实际上是一个审判的事实，一种看法和一个对新视角的开启（openness），也是一种从事逐个社会工程的意志。当然，法官在诸如罗伊诉韦德（Roe v. Wade）这样的案件中，应该遵循先例，但是在诸如德雷德·斯科特诉桑福德（Dred Scott v. Sanford）这样的案件中，先例会引导到非正义。对于判决，当不顾先例和支持一个新的社会观点时，不会有一个预先可以直接使用的程式（formula）。我们最好的希望是，法官能够有足够的同情心和敏感性，秉承美国伟大法官的传统，使用恰当的方法判决案件。与许多法学理论家不同，罗蒂没有通过呼吁诸如"自然法"、"作为正直的法"而为防止再次发生德雷德·斯科特诉桑福德案件提供一个理论替代物（a theoretical stopgap）。与提供某些断案的程式相替代，罗蒂把实用主义者的主要作用看成是围绕法哲学生长的"哲学的下层灌丛"（philosophical underbrush）。这就是说，实用主义者的方案在本质上是批判性的，它不包括总体上的国家边缘的方案，而是采纳了一个对社会实验的开启。③ 罗蒂对美国的实用主义法律观非常推崇，他在评价波斯纳法官的《实用主义的审判》一文时指出："波斯纳帮助你了解到法官务必关心的是哪一类事情，他们体验到的是哪一种自我怀疑。他对——在特定的某种特殊的美国条件下——法官制定法规必要性的坦率见

---

① ［美］理查德·罗蒂：《后形而上学希望——新实用主义社会、政治和法律哲学》，张国清译，上海译文出版社2003年版，第227页。

② Douglase E. Litowitz, *Postmoderm Philosophy and Law*, Kansas：University Press of Kansas, 1997, p. 145.

③ Ibid.

解既令人振奋又非同寻常。他的如下断言和提示同样地透彻明了：假如法官对某些情况无动于衷，那么他们就应该受到谴责；最后，每一个社会都务必信赖其富于智慧的前辈。"① 罗蒂还从实用主义角度对罗尔斯提出的"作为公平的正义：政治的而不是形而上学的"观点作出解析，他认为：由于这一观点，罗尔斯可以被救出康德主义的泥潭，而获得从黑格尔主义和杜威主义出发的重新解释。"罗尔斯所正在从事的工作并非旨在对美国自由主义进行一种超验的演绎或者为民主制度提供哲学基础，而只是试图对作为美国自由主义之特征的原则和制度进行系统化的整理。"②

　　罗蒂从杜威主义的立场，总结并提出了美国法学的发展方向。他指出："假如我们喜欢，我们仍然可以说，美国法律制度具有一个合法权威。我们有义务服从我们国家的法律。但是我们既不应该不切实际，也不应该死抠条文。杜威愿意绕过'权威'、'合法性'和'义务'这些话题而不愿意绕过'应用智力'和'民主'的话题。他希望我们停止使用康德使之在哲学家中间流行起来的法律词汇，他希望我们开始使用来自小镇会议的隐喻，而非来自法庭的隐喻。他希望政治学和哲学的第一个问题不是'什么是合法的?'或'什么是权威的?'而是'我们能够达成什么协议?'这是杜威思想的组成部分。罗尔斯——尤其在其晚期论著中——吸收了它并且将它发扬光大。波斯纳关于美国法官职责的见解——关于他们能够在现在和未来之间来回穿梭并尝试从我们的国民历史来形成一个道德统一体的见解——非常符合杜威的思维方式。我认为，波斯纳的见解与有兴趣了解美国法院尤其是最高联邦法院将做的事情的绝大多数美国人——至少那些为联邦最高法院就'布朗诉美国教育部'一案作出的裁决而高兴的那些美国人——的见解也没有很大不同。"③ 罗蒂由此认为如下思想已经不再令人可怕：法官不仅应用规则，而且制定规则。

三、柄谷行人

　　柄谷行人（Karatani Kojin），毕业于东京大学经济学部，后在东京大学

　　① ［美］理查德·罗蒂：《后形而上学希望——新实用主义社会、政治和法律哲学》，张国清译，上海译文出版社 2003 年版，第 223 页。

　　② Richard Rorty, "The Priority of Democracy to Philosophy", in A. Malachowski (ed), *Reading Rorty*, Oxford: Blackwell, 1990, p. 279.

　　③ ［美］理查德·罗蒂：《后形而上学希望——新实用主义社会、政治和法律哲学》，张国清译，上海译文出版社 2003 年版，第 234 页。

攻读英国文学硕士学位，现为日本近畿大学和美国哥伦比亚大学教授。他曾于 1975—1977 年访学美国耶鲁大学，1990 年访学哥伦比亚大学，有幸结识了批评派学者保罗·德曼（Paul Friedman）、德里达、杰姆逊和其他后现代学者。特别是在马克思的研究等方面，柄谷行人与德曼等学者有过深刻交流。有学者认为他的理论与法国德里达的研究具有一定的同步性，① 他自己也曾表示在 20 世纪 80 年代初期与德里达不约而同地思考了马克思列宁主义的社会主义问题。② 德里达曾于 1983 年作为法国政府派遣的文化使节访问日本，当时的记录后来被汇集成《别人的言语——德里达的日本讲演》一书出版。柄谷行人与德里达的同步性大概始于这一历史性的契机。在 20 世纪 80 年代早期，柄谷行人与浅田彰一起发起了一场日本后结构和后现代运动的学术性批评讨论，其成果被汇集在他于 1985 年出版的《批评与后现代》一书，有的论文被转载于三好将夫于 1989 年编辑出版的英文版《后现代主义与日本》一书。③

1974 年，柄谷行人的《夏目漱石论》获得《群像》杂志的评论奖，同年他在该杂志上开始连载名著《马克思，其可能性的中心》，显示了一种对马克思理论的后结构主义解读，令他名声大噪。1978 年，柄谷行人将上述连载修改后结集出版。除此书以外，柄谷行人的其他著作主要有《日本现代文学的起源》、《日本精神分析》、《作为隐喻的建筑》、《超越评论：论康德和马克思》④、《国家与美学》、《历史与反复》等。柄谷行人的研究和批评活动涉及的范围很广。他早期研究的重点是以现代国民国家为问题，批判

---

① 林少阳：《"文"与日本的现代性》，中央编译出版社 2004 年版，第 277 页。

② 在《作为隐喻的建筑》一书的后记中，柄谷行人说："20 世纪 80 年代的初期，我根据'作为隐喻的建筑'这一主题默默地思考的，毋宁是社会的设计问题，即马克思列宁主义的社会主义问题。这么说，不是因为只有我是特别的。实际上，德里达的解构（deconstruction）也可以说是同样的问题。他看起来好像是要专门批判西洋的神学——形而上学，但真正的用意却是以同时代的马克思主义（共产党的）意识形态为靶子的。我不是想说深远的思想中隐藏着政治性的动机这一问题，而是相反，认为没有扎根在现实状况中的思想当然没有深远的意义。而解构的深远，是建立在冷战时期的两极对立的基础之上的。因此，可以说，在二十世纪九十年代苏联圈自己崩溃时，解构也同时失去了政治性的意义，其结果是常常归结到自己韬晦的修辞的（rhetorical）技术。"见［日］柄谷行人《作为隐喻的建筑》，岩波书店 2004 年版，第 231 页。

③ Murakami Fuminobu, *Postmodern*, *Feminist and Postcolonial Currents in Contemporary Japanese Culture*: *A reading of Murakami Haruki*, *Yoshimoto Banana*, *Yoshimoto Takaaki and Karatani Kōjin*, London and New York: Routledge, 2005, p. 141.

④ Kojin Karatani, *Transcritique*: *On kant and Marx*, trans. by Sabu Kohso, Cambridge, MA: The MIT Press, 2003.

性地论证语言和文学在国民国家形成中所起到的作用，后来的研究重点是现代世界的超国家动向和构成现代社会基础的议会制民主主义、自由、平等原理的危险性等问题。他认为，如果以德国法学家施米特（Carl Schmitt）和奥地利经济学家哈耶克（Friedrich August von Hayek）的思想为两极，一味追求议会制民主主义和自由、平等理念的前一个侧面，就会归结到纳粹主义和全体主义；一味追求后一个侧面，则会归结到无止境的资本的自由。其中，法西斯主义的复活是现代社会所面临的最大危机之一，因此"他自身的立场似乎是与拥护和平宪法有密切联系的自由主义"。①

（一）马克思和马克思主义

柄谷行人在谈到研究马克思的动机和目的时说："为什么阅读马克思？要去思考任何问题，归根结底总需要一个'问题'，而对我来说，那就是马克思。不仅是马克思，凡是本质性的思想家，其文本都是多义的。不过，今日就其多义性而言，没有像马克思带来这么深刻的问题的。……当某一个思想家的思想得到社会化时，其思想的核心在事实上就会被迷失，而与此同时，某思想家的盲点也在事实上得以增加出来。就是说，马克思的文本本身就具有两种含义。"②

在《马克思，其可能性的中心》中，柄谷行人指出："如果想要了解马克思的话，只要熟读《资本论》即可。然而，人们往往通过接触式的唯物论或者辩证法的唯物论等的外在的意识形态，只为了确认这些，才翻阅《资本论》。我认为这些人的阅读态度根本谈不上对马克思的阅读。那么，何谓阅读？——除了'作品'之外，不预设任何哲学前提，也不把任何作家的意图当做前提来直接阅读。这就是我阅读作品的大前提。《资本论——政治经济学批判》在经济学史上已经是古典了，而这里的'古典'则意味着两项意义：一是它所表示的世界观和知识本身的古旧；二是正如阅读伊壁鸠鲁或斯宾诺莎时那样，阅读'古典'的行为本身就意味着，读者除了放弃一切外在的意识形态而直接从文本里试图阅读出新的解读可能性之外，其他没有任何的选择余地。"③ 柄谷行人之所以如此重视马克思的《资本论》，是因为《资本论》在解剖资本主义经济制度方面所作出的特殊贡献。柄谷

---

① ［日］安丸良夫：《现代日本思想论》，岩波书店 2004 年版，第 33 页。

② ［日］柄谷行人：《马克思，其可能性的中心》，［日］中田友美译，中央编译出版社 2006 年版，第 220 页。

③ 同上书，第 2 页。

行人在《作为隐喻的建筑》一书中写道："某一'作为隐喻的建筑'，在马克思主义中也发挥着强大的机能，即历史唯物论是建立在经济基础之上站立着国家、法律、哲学和艺术这样的形而上学的上层建筑这一印象之上的。的确，马克思提示了这样的隐喻（metaphor）。但是，本来这是在《德意志意识形态》时期，恩格斯首先提示的看法，不是特别地以马克思为必要前提的认识。所谓历史唯物主义，只不过是根据产业资本主义的发展才成为可能的历史看法。马克思自己在《经济学批判序说》中这样说，'人的解剖有益于猴子的解剖'，而不是相反，即根据历史唯物论并不能理解使之成为可能的该资本制经济。为了解明由货币和信用编织而成的世界之谜，进一步的其他的'建筑术'（architectonic）是不可缺少的，那就是马克思在《资本论》中所指示的方法。"① 他认为：马克思"在《资本论》里所做的工作，无疑是针对于资本主义社会的'有意识的体系化'（＝古典经济学）之批判，也是对于'资本主义社会的内在结构'之照明。……《资本论》的卓越之处，并不因为它暴露了资本主义生产的秘密，而是在于马克思对这种极为不稀奇、极为平凡的商品之'极其奇怪的'性质所感到的惊讶。……通过马克思把平凡视为奇异的眼光，既成的经济学体系从此被完全看破。马克思可是第一次发现了'商品'和'价值形态'"。②

　　但是，柄谷行人认为马克思主义与马克思的思想是有差别的。柄谷行人指出："形成了马克思主义的人，就是恩格斯。恩格斯是对马克思文本的名副其实的最初读者，也是最初的解释者。而问题就在于，恩格斯的确是有能力、有水平的思想家，尽管在资质上和马克思不同。所以，不容分说地断言他歪曲了'真正的马克思'，这恐怕并不妥当。因为，如果没有恩格斯的天才，实际上马克思主义则不可能拥有那种神话般的宗教性力量。……马克思主义在现实里所拥有的影响力，大部分并非由于马克思的文本，而有赖于'意义的整体'——这种意义系统首先淹没了文本，从而使文本看上去在整体系统中只担任着一部分功能。"③ 柄谷行人在研究马克思的著作中发现："马克思在不断转移研究对象——如德国哲学、法国政治思想、英国经济学等——的过程当中，他每次都把'语言'当成了问题。而且，跟随着研究

---

① ［日］柄谷行人：《作为隐喻的建筑》，岩波书店 2004 年版，第 220 页。

② ［日］柄谷行人：《马克思，其可能性的中心》，［日］中田友美译，中央编译出版社 2006 年版，第 4—8 页。

③ 同上书，第 8 页。

对象的转移，马克思的着重点也同样转移。而始终没变的，则是他之从批评
意义而言的解释者立场。可是，人们却往往只关注马克思所一贯坚持的解释
者立场，从而抽出马克思的哲学、政治学和经济学来。"①

　　柄谷行人之所以如此重视马克思的《资本论》和恩格斯的思想，是为
了挖掘出萌芽于马克思晚年思想中的非暴力的社会民主主义构想。他在
《超越评论：论康德和马克思》一书中指出："在 1848 年的时点，马克思是
支持布朗基的，即认为在革命中必须由少数的前卫党走在前头。在《共产
党宣言》中也留下了这一痕迹。但是，在 50 年代中马克思的想法转变
了。"② 马克思最初认为："只有在最先进国家的英国才有可能实现共产主
义。为什么呢？因为它只有在资产阶级社会发展的'阶段'中才有可能。
尽管如此，但它最终并没有发生。在确立了普通选举制、工会力量强大的地
方，革命好像反而遥远。但是，这时，与政治革命（资产阶级革命）的性
质不同的'社会革命'的概念就变得必要了。不能忘记的是，马克思在
《资本论》中的论述正是在这样的状况下展开的。马克思去世后，随着德国
社会民主党的跃进，恩格斯放弃了古典的革命概念，开始考虑议会革命的可
能性。最后，恩格斯的弟子伯恩斯坦去除了残留在恩格斯思想中的'革命'
幻想的残渣。当然，列宁和其他马克思主义者对之进行了批判，但是伯恩斯
坦的想法有其相应的根据。实际上，从那以后经过一个世纪，左翼最终又回
到了他的观点。但是，1848 年以后，在古典革命还是遥远的过去的情势中，
撰写了《资本论》的马克思，虽然承认了那样的事态，但确实没有追寻那
样的方向。那么，他是从何处看到了可能性的呢？正如我已经指出的那样，
资本—民族—国家扎根在人类'交换'所采取的必然的形态之中，而且很
不容易地跳出这一圈圈。马克思找到的出口是，第四交换类型，即联合
（association）。"③ 在《国民与美学》一书中，柄谷行人更加明确地指出：
"资本—民族—国家之环是非常强韧的，试图超越资本主义的计划都已接连
失败了。20 世纪末叶，这些运动的破产得到证明后，社会民主主义作为唯
一的可能性得到了承认。当然，这并不是超越了资本主义，而只是意味着资
本—民族—国家之环制度性地得到了确立。可是，同时，从此以后，资本—

　　① ［日］柄谷行人：《马克思，其可能性的中心》，［日］中田友美译，中央编译出版社 2006
年版，第 104 页。
　　② ［日］柄谷行人：《超越评论：论康德和马克思》，岩波书店 2004 年版，第 276 页。
　　③ 同上书，第 36 页。

民族—国家之环又开始受到了新的摇摆。世界资本主义为了自己的生存，曾经采取了民族—国家的形式，为了继续生存，更是不能拒绝自己破坏这一形式。"①

（二）"世界帝国"与法

柄谷行人认为，在考察"国民国家"时，不能无视其先行的"帝国"，因为"国民国家"既是在否定"帝国"的地方产生的，同时又保持有"帝国"时代的共同性。现在，通俗地被称为"文明"这样的复杂的广大地区，曾经不外是世界帝国的版图。在分析"帝国"的共同性时，不能混同"帝国"和"帝国主义"的区别，"帝国主义"和"帝国"不同，它是国民国家的一个延伸。在现代史上，对征服和建设世界帝国评价的低落，有这样那样的理由。能够建立的永久性的世界帝国，不是国民国家这样的政治形态，而是像罗马帝国这样的在本质上是基于法律的政治形态。为什么这么说呢？因为在那里存在着具体地表达肩负全帝国政治制度的人人平等有效的法律这一权威，据此，在征服后，性质非常不同的民族集团才能实际上得以统一。民族国家则不具有这样的统一原理，这是因为它从一开始就是以那个对于同样性质的住民与政府的积极同意（如人民投票）为前提的。国民或民族（nation）既然是以领土、民族、国家的历史共有为基础的，就不能建立帝国，国民国家在实施征服时，只能去同化不同性质的住民，强制取得大家的"同意"，而不能去统一他们，也不能将自己的对正义与法律的基准强加给他们。②

在阐述"帝国"的反复时，柄谷行人借助了黑格尔和马克思关于"历史的反复"的理论。柄谷行人说："下面应该提出的 representation 的问题，可以说就是作为 representation 再现的反复的问题。不用说，它与（马克思的）《路易·波拿巴的雾月十八日》开头出现的名言有关：'黑格尔在某个地方说过，一切伟大的世界历史事实和人物，可以说都出现两次。他忘记补充一点：第一次是作为悲剧出现，第二次是作为笑剧出现。科西迪耶尔代替丹东，路易·勃朗代替罗伯斯比尔，1848—1851 年的山岳党代替 1793—1795 年的山岳党，侄子代替伯父……'马克思在此所说的历史的反复，是关于 1848 年的第二次法国革命与 1789 年的第一次法国革命，那是废除君主政体以建立共和政体为目标的革命又归宿到帝政的事件。不仅如此，马克思

---

① ［日］柄谷行人：《国民与美学》，岩波书店 2004 年版，第 41 页。
② ［日］柄谷行人：《日本精神分析》，文艺春秋出版社 2002 年版，第 15—16 页。

接着开头的话指出，在法国大革命中人们'依次换上了罗马共和国和罗马帝国的衣裳'，即最初的1789年以后的事态也是过去的反复。马克思认为，1848年以后的三年只是1789年的革命到拿破仑政变的反复。前者采取了古代的再现这一形态，实现了资产阶级革命。但是，后者中却没有任何应该实现的新东西。因此，马克思称之为'笑剧'。"① 柄谷行人认为，由于历史具有惊人的反复性，因此"世界帝国"就有了可能。他认为："在欧洲，重建罗马帝国的计划从来就没有停止过，它扎根在近代国家所具有的内在问题。近代国家开始于作为主权者的绝对主义王权对罗马法和天主教教会的独立、在军事和重商主义中开始的相互竞争阶段。试图超越近代主权国家这一状态的志向，在那样的情况下，或多或少地会想起'罗马帝国'。但是，实际上，据此所从事的是一个国家对另一个国家的帝国主义统治。尽管如此，国民—国家却不能抛弃否定自身、向往'帝国'的动机。这是民族—国家自身的强迫反复。不用说，今天的欧盟就是其中的'反复'。"②

柄谷行人认为，建立"世界帝国"首先需要的是世界宗教，如罗马帝国把基督教作为国教以后，其内部多神崇拜的矛盾才得以消解，罗马才真正成为了世界帝国。因此，在真正意义上，为了成立世界帝国，可以说首先必须建立起超越各部落、各民族宗教的世界宗教。这一原理不仅适用于阿拉伯帝国，也适用于中国的帝国。中国的王朝成为世界帝国，大约在隋唐时代，那时佛教成了多民族国家的普遍宗教，实际上被赋予了国教的地位。当时处于奈良时期的日本实际上只存在于中华帝国的边缘。佛教，不仅仅只是为了建立中国的帝国，它正如日本的大和朝廷那样在确立大规模的国家时，成了必要之物。例如，在奈良时代的日本，佛教被作为国教而引进，是因为作为第一大部族的大和朝廷为了抑制其他众多部族，感觉到有必要以普遍的宗教为后盾。关于法律，也如此。帝国对于其属下的各个国家、各个部族，不介入它的文化和法律制度。帝国关心的是，与各个部族、国家本身的统治相比，更重要的是它们之间，换言之，是确保各个部族、国家间的交通和通商安全。因此，帝国的法律基本上是国际法。实际上，以往罗马帝国的法律也是自然法的渊源，与其说它是国家法，不如说是国际法更确切。这一点，就是没有明文化，在其他帝国也是基本妥当的。例如，在中国的帝国，各个部族、国家只要完成朝贡，其地位就能得到承认，从受到朝贡以上的答谢来

---

① ［日］柄谷行人：《历史与反复》，岩波书店2004年版，第26页。
② 同上书，第30页。

看，实际上不外是一种互惠的交易。帝国在不威胁帝国内部交易安全的限度内，不干涉其中的部族、国家内部事务。世界帝国之所以几乎都是一夜之间再次形成，就是因为不管新的征服者是谁，其恢复国际性法律秩序的行为受到了欢迎。① 柄谷行人进而认为，19 世纪以后的世界资本主义历史，大致可以划分为重商主义、自由主义、帝国主义、后资本主义和新自由主义等几个阶段。"近代资本主义国家的出发点在于重商主义——绝对主义王权。近代民族——国家虽然否定了这一基础，但却从中继承了国民和领土。因此，试图超越民族国家的运动就成了超越绝对主义，在某种程度上是指望恢复旧世界帝国的原理的运动。实际上，它只能成为作为民族——国家延长线的帝国主义，如二十世纪三十年代德国的'广域经济'和日本的'大东亚共荣圈'就是此类的东西。但是，即便在第二次世界大战后美苏冷战构造解除后的九十年代，也发生了类似的情况。民族——国家凭借全球性的市场经济谈化了它的框架，但是同时，它们并没有解除在单一的世界市场当中，而是通过制造出多个地域主义集团，相互对抗。在这种情况下，否定近代国家框架的地域主义，即便能够唤起近代以前文明（世界帝国、世界宗教）的共同性，那也不是因为那样的'遗制'今天仍然顽强地残留着的缘故。那些只不过是在世界资本主义的现阶段中被要求和唤起的'想象的共同体'罢了。"②

　　柄谷行人考察"世界帝国"的目的在于阐述他主张建立的"新的帝国"。他在考察"现代国家"的特征时指出："这样地把现代的民族国家放到与古代和中世纪的世界帝国之关系上来看，反而对民族国家今后怎样扬弃自己具有启发意义。扬弃民族国家，我想就意味着建立新的'帝国'。但是，必须注意的是，它不仅与古代的帝国不同，而且与作为一国（民族国家）统治扩大的帝国主义也不同。"③ 那么，柄谷行人的"新的帝国"具有怎样的特征呢？他首先分析了资本主义在全球化中所存在的问题，然后提出了解决问题的方法和设想。他说："现在，根据资本主义的全球化，出现了民族国家将会解体这样的预测。但是，国家和民族并不因此而消灭，例如根据资本主义的全球化（新自由主义），各国的经济一旦受到压迫，就会请求国家保护（再分配），并走向民族文化的同一性和地域经济的保护这样的道路。由于资本制——民族——国家是三位一体的缘故，因此它的力量非常强大。

① ［日］柄谷行人：《日本精神分析》，文艺春秋出版社 2002 年版，第 19 页。
② ［日］柄谷行人：《历史与反复》，岩波书店 2004 年版，第 53 页。
③ ［日］柄谷行人：《日本精神分析》，文艺春秋出版社 2002 年版，第 24 页。

即便想否定其中的哪一个，其结果是，只能又返回到这一环节中。这是因为，它们不仅仅只是幻想，而是扎根在各自不同的'交换'原理之中的。"①柄谷行人认为，在这种情况下，如果只想打倒资本主义，就会强化国家性的管理，或者陷入民族感情而不能自拔。其中，前者以列宁主义为代表，后者以法西斯主义为代表，现在特别要注意的是法西斯主义。因为法西斯主义是依据民族主义对抗资本主义和国家的运动，因此有可能取得广泛的支持。怎样才能够缓解和解决资本制、民族和国家之间的冲突呢？柄谷行人认为，社会民主主义所主张的依靠国民相互扶助的感情来超越三者之间的矛盾、通过议会利用国家权力来进行再分配的办法虽然具有一定的合理性，但却是不完全的。那么，除此以外，还有其他什么办法呢？柄谷行人说："我认为还有其他办法。正如我已经指出的那样，可以把面对资本制—民族—国家的对抗场所放到这一三位一体的'外部'，即联合主义中去寻求。这是另一个'交换'的原理，在某种意义上，它与市场经济是相似的，即是以每个个人的自由契约为根据的，但是它不主张资本主义那样的利润追求。另一方面，它与共同体是相似的，即它是互酬的、相互扶助的，而不是排他的、拘束性的。这样的伦理的—经济的联合，只有根据某种货币才有可能实现。……这样的交换原理或联合扩大时，扎根在三个交换原理之中的资本制—民族—国家就会失去基础，走向消亡。当然，它不是一下子就能够实现的，也许需要几个世纪，但是无论路途多么遥远，其路线方向则是清楚明确的。"②从这里可以看出，柄谷行人所设想的"新的帝国"，实际上是基于资本制—民族—国家外部广泛联合的后资本主义市场经济联合体，这一联合体需要法律的保护和调整，而这些法律主要是国际法或自然法。在《作为隐喻的建筑》一书的后记中，柄谷行人又从历史唯物主义角度，表明了其"作为联合主义的社会主义"的立场。他这样写道："随着1990年苏联的崩溃，接受资本主义性质的市场经济、根据议会制民主主义的国家规制来控制市场经济所招致的各种矛盾这样的社会民主主义，作为唯一可能的抉择（alternative），受到了良好的评价。当然，这不是什么新事物。早在19世纪末，伯恩斯坦就曾极力主张。伯恩斯坦是恩格斯的遗产继承者，在某种意义上，可以说他的主张是恩格斯晚年想法的延长线。与此相对立的，是列宁和托洛茨基。他们引用恩格斯以往的著作，在无产阶级专政这一名义下，把夺取凭借先锋党

---

① ［日］柄谷行人：《日本精神分析》，文艺春秋出版社2002年版，第51页。

② 同上书，第54页。

——知识分子的国家权力正当化了。于是，俄罗斯革命的'成功'使他们认为自己是马克思主义的正当的后继者。但是，那一'失败'，导致了1990年对一般马克思主义的放弃和向伯恩斯坦的社会民主主义的回归。而那些不承认后者的人，则想停留在根据全球性资本主义自己的解构力量的讽刺性思想（后现代主义）上。另一方面，也有人在承认完全没有复活希望的基础上，对列宁展开再评价。但是，这不过是另一类型的讽刺。那么，难道就没有这些以外的道路了吗？我的想法是，其线索正好可以在包豪斯建筑（Bauhaus）中找出。包豪斯的社会主义是什么样的呢？它当然不是布尔什维克主义，同时它也不是社会民主主义的产物。人们有这样的说法，包豪斯建筑是内部孕育着对立的多种思想、经常生长的错综复杂体。就是说，它包含了社会主义以外的多样的要素。然而，这正是作为联合主义的'社会主义'的特征。"①

第三节　理论和现实分析

在对法律与后现代主义作上述概略考察后，本章将在现代和中国语境下对后现代法学作一些理论和现实分析。

一、后现代法学与现代法学

在一定程度上，后现代法学还只是一个发展和塑造中的理论，它尚不具备全面取代西方现代法学的能量和规模。后现代法学的"反叛"是以对现代法学的论战为界限的，因此它与现代法学是建立在共同的经济基础之上的，它的成就主要在于对现代法学理论的调整和补充。

后现代理论主要来源于法国和德国的思想家，虽然后现代主义的拥护者也对现代法律和法学提出了许多耐人寻味的质疑，企图从根本上改变人们的法律意识形态，但是他们与英美的法律思想家之间却很少有真诚的对话。这一方面，有时似乎是因为分隔主流法学家和后现代主义者的鸿沟是如此的宽阔，以致他们说着不同的语言，针对着不同的问题和在很大程度上忽视了对方的工作。采用后现代主义方法研究法律的学者，他们主要聚焦在德里达、利奥塔和福柯的思想上，倾向于嘲笑那些按照主流思想家，诸如哈特、德沃金等的传统方法研究法学的学者，认为那些主流法律思想在后现代时期已经

---

① ［日］柄谷行人：《作为隐喻的建筑》，岩波书店2004年版，第235—236页。

过时了。另一方面，这也是因为英美主要的现代主义法学家（如罗尔斯、德沃金和阿克曼等）不想应答这些后现代主义者，甚至不愿意指出他们著作中的错误。① 当然，也有一些法律现代主义者尖锐地批评了后现代的跨学科学者，说他们是半瓶醋。但是，在他们试图保护自己的专业和学科领地时，这些现代主义的批评者常常显得有点声嘶力竭。因此，在许多重要的事情上，后现代主义者还没有与英美法理学中比较主流的学派之间建立起和谐的关系。

从现代主义到后现代主义的运动代表了一场广泛的文化、社会和政治变迁，它本身早已超越了学科界限，触及许多学术领域。由于后现代主义思潮的强烈冲击，欧洲、美国和日本等国的法律思想实际上都或多或少地发生了向后现代主义的某些转向。如美国学者菲尔德曼指出："因为多种起因的结果，美国法律思想已经绕过了一个模糊的边界，从现代主义过渡到了后现代主义。……总体上的美国人、包括法学教授的共识和自信的崩溃；最高法院在格里斯沃德诉康涅狄格州案和罗伊诉韦德案中极具争议的判决，以及学者们后来对这些案件的反应；包括法律在内的很多领域中的跨学科研究的兴盛，以及后来来自于像哲学、文学批评和文化人类学的其他学科的后现代思想对法理学者的影响；法律思想、特别是宪法理论中的解释转型的出现；带有图形用户界面的计算机辅助法律研究的发展；以及法律学术界人员构成的变化，它促进了局外人法理学的发展。"②

后现代主义也使一些法理学者蔑视现代主义的法律学术观本身，认为它过于专注于教义和公共政策。后现代主义者倾向于从文化研究和社会研究的角度理解法律。他们认为，立法问题、争议和事件并不必然整齐地符合学科边界。专业的和学术的学科是因为多种多样的原因才出现的，其中包括财富、声望和权力的积累，而不是仅仅因为它们全面的解释力。任何一个单独的学科，包括法律，都不足以充分地理解社会事件。如果一个学者一直在一个预先定义好的学科或专业中闭关自守，那他就可能无法全面、准确地理解一个事件。因此，后现代法学者常常冲破学科和专业的藩篱，从一个学科跳到另一个学科，从一个专业跳到另一个专业。他们对法律的研究虽然显得有

---

① Douglase E. Litowitz, *Postmoderm Philosophy and Law*, Kansas: University Press of Kansas, 1997, p. 3.

② ［美］菲尔德曼：《从前现代主义到后现代主义的美国法律思想———一次思想航行》，李国庆译，中国政法大学出版社 2005 年版，第 162 页。

点，有时甚至非常零碎，不够系统，但却常常激发出有关法律制度的创新性和反思性构想。一如当代德国法哲学家考夫曼指出的，"后现代（postmodern）这个词被谈论得很多……实际上，这个来自美国和法国的概念已经进入我们思想领域很久了。人们对此曾嗤之以鼻或付之一哂，可事实却使人们不得不予以正视"。①

二、后现代法学与马克思主义

如果说，解构主义、女权主义是广义的后现代思潮的积极推进力量的话，那么，西方马克思主义就是后现代中一股激进的批判力量。英国牛津大学的特里·伊格尔顿曾指出："就普遍历史进步的概念而言，在马克思主义和后现代主义之间似乎没有可以选择的东西。其差异在于这样一个事实，即关于现代时期是多么进步的或者相反，马克思主义能够比后现代主义更加精确细致地加以表达。"② 被称为"后现代主义"倡导者的福柯、德里达、利奥塔、罗蒂、杰姆逊、柄谷行人等学者，都曾对马克思主义有着强烈的兴趣，都不同程度地从马克思对资本主义制度的批判理论中汲取了有益的营养，具有新马克思主义的某些特征。有学者指出，从 20 世纪六七十年代到 20 世纪末，由于马克思主义思想的历史遭遇，人们称之为"后马克思时代"，而在从 1968 年学生运动结束到八九十年代之间，存在着一个历史过渡时期。在这个时期内，法国、德国和英国都先后出现过一些重要的思想家，对马克思的理论、方法论及其策略的转变，进行了具有重要意义的研究。这些思想家，包括法国的一批"后结构主义"思想家福柯和德里达等人、英国的汤普森（E. P. Thompson）等人以及德国的哈贝马斯（Jürgen Habermas）等人。他们当中有相当多的人，原来是属于"新马克思主义者"，但随着时代的转变，他们也逐渐从新马克思主义者转变成为"后马克思主义"的思想家，哈贝马斯便是其中的一位。这也说明，"新马克思主义者"同"后马克思主义"思想家，有时是相互重叠的；而"新马克思主义"同"后马克思主义"之间，也存在着某些相互重叠和相互渗透的现象。③ 英国格拉斯哥大学的彼得斯教授在《后结构主义、马克思主义和新自由主义》一书中也

---

① ［德］阿图尔·考夫曼：《后现代法哲学——告别演讲》，米健译，法律出版社 2000 年版，第 5 页。

② ［英］特里·伊格尔顿：《后现代主义的幻象》，华明译，商务印书馆 2002 年版，第 67 页。

③ 高宣扬：《当代法国思想五十年》（上），中国人民大学出版社 2005 年版，第 47 页。

指出："当福柯在谈论某一种马克思主义文化（a certain Marxist culture）的死亡和非马克思主义左翼文化随着结构主义的出现而兴起时，人们能够看到，在不同的时间和不同的理论轨道上，被福柯、德里达、德勒兹和利奥塔发起的一个与马克思主义的约会，尽管那个约会可能被延缓或推迟（如德里达），或者一直是内含的（如德勒兹）。"①

福柯曾在《谱系学和社会评论》中对马克思主义是否是科学的问题提出独到见解。他指出："在过去的许多年里，或许是半个多世纪里，不知有多少人一直在问着一个问题：马克思主义究竟是科学的，还是非科学的？……谱系学或谱系学家的回答是：如果您真想知道，那么您的过错就在于您决心从马克思主义或心理分析或这种、那种研究中造出一门科学来。如果我们对马克思主义有任何反对意见，那么它就存在于马克思主义可以有效地成为一门科学这一事实之中。"② 福柯认为，当某人竭力试图确定马克思主义的科学性时，实际上是正在赋予马克思主义话语和那些坚持马克思话语的人以某种权力的效应，而这种权力是自中世纪以来人们一直把它视为科学的属性并把它保留给那些从事科学话语活动的人们。他反对的是，那种试图把知识按照与科学相关的权力等级进行登记注册的规划，而想把历史知识从隶属地位中解放出来，使它们能够对抗理论化、统一化、形式化的科学话语的压迫。因此，在福柯看来，马克思主义是一种方法并且是发展的，其"科学"地位与权力有关。福柯在谈到马克思的阶级斗争理论时曾说："我对马克思主义的分析印象很深的一点是它们总是关注'阶级斗争'的问题，可是对这个短语中的一个词，即'斗争'，却忽视了。……但这是有例外的：马克思自己的非理论化的、历史的文本就好得多，也不同得多。"③ 按照福柯自己的说法，马克思主义曾经是他"延续青春期憧憬另一种世界的梦想的工具"。④ 马克思主义对福柯的影响是很深刻的，即使后来他对激进的共产主义运动产生了反感，但却依然在不少著作中对马克思的许多观点加以肯定和引用。

---

① Michael A. Peters, *Poststructuralism, Marxism, and Neoliberalism: Between Theory and Politics*, New York: Rowman & Littlefield Publishers, 2001, p. 26.

② ［法］米歇尔·福柯：《谱系学和社会评论》，载［美］史蒂文·塞德曼编《后现代转向：社会理论的新视角》，吴世雄等译，辽宁教育出版社 2001 年版，第 56 页。

③ 包亚明主编：《权力的眼睛——福柯访谈录》，严锋译，上海人民出版社 1997 年版，第 47 页。

④ 刘北成编著：《福柯思想肖像》，上海人民出版社 2001 年版，第 39 页。

德里达在《马克思的幽灵》一书中则大声疾呼："不能没有马克思，没有马克思，没有对马克思的记忆，没有马克思的遗产，也就没有将来：无论如何得有某个马克思，得有他的才华，至少得有他的某种精神。"① 德里达还主张："要想继续从马克思主义的精神中汲取灵感，就必须忠实于总是在原则上构成马克思主义而且首要地是构成马克思主义的一种激进的批判的东西，那就是一种随时准备进行自我批判的步骤。这种批判在原则上显然是自愿接受它自身的变革、价值重估和自我再阐释的。"②

利奥塔也从马克思主义话语本身寻找紧张感。他的方法是把马克思主义利比多化、欲望化。他说，我们应该把马克思的文本"看作是一种疯狂，而不是一种理论"，我们应该"移开他的理论壁垒，既不鄙视也不虔诚地梳理他的胡子"，"把他的胡子当作是复杂的利比多体来梳理，重新唤起他隐蔽的欲望，并在此过程中唤醒我们的欲望"。③ 他曾称："在资本与先锋派艺术之间存在着一种默契。从某种意义上说，马克思曾不断地分析和确认，资本主义启动的怀疑甚至破坏力量鼓励艺术家拒绝信赖陈规，不断实验新的表达方式、风格和材料。在资本主义经济中也有崇高。资本主义经济不是经院式的，它不是重农主义的，它不接纳任何自然。从某种意义上说，它是根据一种理念即财富或无限的动力来调节的经济。"④ 彼得斯教授曾指出："后结构主义者建立了一个有效地否认物质历史的真理和历史'终极'可能性的方向。针对无所不包的马克思主义的历史认识，后结构主义思想家，如利奥塔，鼓励我们对超叙述——建立在形而上学的假设之上的，即自称使当代的事件和制度合法化的统一的叙述表示怀疑。与人道主义者的马克思主义特别强调个人的或集团主体的政治机构不同，后结构主义思想家强调除'人'（Man）之外的力量，而不管这些力量是语言学的还是超理性的、生态学的或经济的。"⑤ 有学者指出，利奥塔的看法实际上属于法国"后马克思主义"

---

① ［法］雅克·德里达：《马克思的幽灵——债务国家、哀悼活动和新国际》，何一译，中国人民大学出版社 1999 年版，第 21—22 页。

② 同上书，第 124 页。

③ 秦喜清：《让-弗·利奥塔：独树一帜的后现代理论家》，文化艺术出版社 2002 年版，第 86 页。

④ ［法］利奥塔：《非人——时间漫谈》，罗国祥译，商务印书馆 2001 年版，第 117 页。

⑤ Michael A. Peters, *Poststructuralism*, *Marxism*, *and Neoliberalism*: *Between Theory and Politics*, Lanham and New York: Rowman & Littlefield Publishers, 2001, p. 8.

中的一个支派。①

美国的罗蒂曾指出："《共产党宣言》激励了大多数现代大工会的创立者。通过引用它的语言，这些工会的创立者才能够把数以百万计的人民团结起来，为反对恶劣的条件和入不敷出的工资而举行罢工。那些语词支持着罢工者的信念，他们决不会白白地牺牲，他们宁愿看到他们的孩子挨饿也不愿意屈服于所有者们提出更高投资回报要求。这个已经取得如此建树的文献将永远保留在我们的思想精神遗产宝库中。……《福音书》和《共产党宣言》的语词提供的勇气和激励或许是相等的。不过在许多方面，《共产党宣言》是比《新约》更值得向年轻人推荐的著作。"② 当然，罗蒂对理想社会的向往没有局限在传统的马克思主义世界观上，而是主张首先创立一个资产阶级民主福利国家。他在《真理与进步》一书中指出："我认为，成为比马克思更彻底的唯物主义者的最好的方式是使左派的政治考虑摆脱黑格尔派的浪漫主义倾向。我们不应该再把'历史'作为一个对象的名称使用，围绕它来编织我们的减少不幸的幻想。我们应该承认福朗西斯·福山（Francis Fuku-yama）的观点（见于他著名的论著《历史的终结和最后的人》）……福山提出，而我也同意，在左派面前展现的最浪漫的景象莫过于尝试创立资产阶级民主福利国家，并通过重新分配由市场经济创造的剩余来平衡那些国家的居民之间的生活机会。"③

杰姆逊早在 1985 年北京大学的讲座中称："我将要阐述一种新马克思主义，人们称之为'西方马克思主义'。我不喜欢这个说法，但我将说明这究竟是什么东西。在马克思主义中的一对关键性的对立概念是'基础'和'上层建筑'……马克思认为每一种生产方式都具有一定的结构，包括生产关系和生产力，也包括一个'上层建筑'，即文化、宗教、政治，等等，精神分析学发现的心理也应属于上层建筑。生产方式也称基础或下层建筑。于是某些有简单化倾向的马克思主义理论便认为基础或下层建筑决定、包含了上层建筑。我们称这个基础为经济，于是有人便认为成了决定性的东西，经济基础决定了上层建筑，经济基础其实是某种技术和某种劳动进行方式的结合，包含着对物质的利用和对人的利用两个方面。这种经济基础、上层建筑

---

① ［法］利奥塔：《后现代状况——关于知识的报告》，岛子译，湖南美术出版社 1996 年版，第 6 页。

② ［美］理查德·罗蒂：《后形而上学希望——新实用主义社会、政治和法律哲学》，张国清译，上海译文出版社 2003 年版，第 352 页。

③ ［美］理查德·罗蒂：《真理与进步》，杨玉成译，华夏出版社 2003 年版，第 201 页。

的划分很容易被歪曲利用，一些教条马克思主义认为只有经济决定了一切，除此之外一切都是'多余现象'，无关紧要。这实在是对马克思的误解。"①马克思曾指出："技术的胜利，似乎是以道德的败坏为代价换来的。随着人类愈益控制自然，个人却似乎愈益成为别人的奴隶或自身的卑劣行为的奴隶。"② 这种现象在杰姆逊看来，注定了当今世界已被文化复制品（冒牌货）所包围。杰姆逊对此指出："后现代主义的文化已经是无所不包了，文化和工业生产和商品已经是紧紧结合在一起……在19世纪，文化还被理解为只是听高雅的音乐、欣赏绘画或是看歌剧，文化仍然是逃避现实的一种方法。而到了后现代主义阶段，文化已经完全大众化了。"③ 杰姆逊认为，当代西方社会文化的内在矛盾是同资本主义的逻辑和商品化紧密联系在一起的。他曾明确地指出："任何真正的马克思主义阐释都必须坚持两个老的且很熟悉的基本术语：商品生产和阶级斗争。也许有人会提及那些庸俗马克思主义的幽灵或者苏联教条主义，那么我就会列出一系列马克思主义的辉煌著作来反驳。"④ 对于杰姆逊这样的马克思主义者而言，后现代主义是晚期资本主义文化逻辑卸掉假面具后露出的真面目。⑤ 因为文化生产在总体上已经与商品生产融为一体了，因此，以前局限在生产领域的斗争现在已经扩展到了文化领域。

后现代理论与马克思主义之间的迂回关系，同样也多次出现在日本柄谷行人的著作当中。柄谷行人对马克思的重新阅读和理解在后现代主义的进程中具有发扬传统和另辟蹊径的双重意义。在经受了苏联东欧社会主义变迁的打击与刺激后，虽然有一些后现代主义者开始远离马克思主义，表现出接近新自由主义的倾向，但同时也有一批后现代主义者发出了重新阅读和理解马克思的呼声，前者的代表是福柯，后者的代表是柄谷行人。柄谷行人与福柯的不同倾向源自于他们对历史认识的差异。用柄谷行人自己在1990年的话来说，就是：从20世纪70年代开始，随着信息理论和结构主义的兴起，历

---

① ［美］弗·杰姆逊：《后现代主义与文化理论——弗·杰姆逊演讲录》，唐小兵译，陕西师范大学出版社1986年版，第8—11页。

② 《马克思恩格斯选集》第1卷，人民出版社1972年版，第640页。

③ ［美］弗·杰姆逊：《后现代主义与文化理论——弗·杰姆逊演讲录》，唐小兵译，陕西师范大学出版社1986年版，第187页。

④ 王逢振主编：《詹姆逊文集第一卷：新马克思主义》，中国人民大学出版社2004年版，第184页。

⑤ ［加］大卫·莱昂：《后现代性》，郭为桂译，吉林人民出版社2004年版，第120页。

史仅仅是卑劣的构造的一个变种这一思想变得兴盛起来了。例如，米歇尔·福柯的"人死了"（Man is dead）的说法就源自这一思想。但是，我们必须指出的是，这种思想是扎根在关于历史的超验意识（transcendental consciousness）之中的。在这一历史认识上，"人"之所以死了——是因为它仅仅是各种结构的一个结果；然而，至少"人死了"或"历史已经终结"的真正意识仍然继续存在着。这一意识，当它鄙视那些仍然坚持如"人"或"历史"这样过时的概念时，承认它自己的优越。在这一道路上，实际上后现代主义又以某种时尚的方式回到了罗曼蒂克的讽刺，而这种讽刺被认为是很久以前就已经被埋葬了的。①

　　总之，后现代主义与马克思主义既有连续性又有基因转换的局面，这种情况也许可以借助罗蒂的话来表达：在重要的法国哲学家和社会批评家利奥塔的后期著作中，马克思主义成了关于"人性"和"人类历史"的伟大"元叙说"之一。但是，利奥塔认为，在尼采、海德格尔和福柯以后，我们再也不能相信这样的元叙说了。尽管有些人，特别是瑞安，企图调和马克思主义和解构主义，但实践解构主义批评的大多数人则都认为，自己进入的理智世界与马克思的理智世界、卢梭的理智世界和孔狄亚克的理智世界，是同样遥远的。福柯、德里达和德·曼在当代英语国家政治激进分子的理智生活中所起的作用相当于50年前马克思、恩格斯和托洛茨基的作用。②

三、后现代主义与中国

　　"后现代主义"运动与中国的"文化大革命"看上去有内在联系，在一定程度上，甚至可以说，"后现代主义"运动是在"文化大革命"浪潮的影响下开始的。1968年5月，正当中国的"文化大革命"开展得"如火如荼"时，法国、美国、日本等国的"左"翼知识分子与激进学生对之充满了罗曼蒂克的幻想。在巴黎、纽约和东京都出现了激进学生模仿和学习"文化大革命"的气息。尤其是在传统"左"翼知识分子大本营的巴黎，人们聚集在塞纳河"左岸"，掀起了一场反体制的运动。这场史称"巴黎五月革命"的"左"翼运动，也被称为"法国'文化大革命'"，尔后扬名的后结构主义思想家们与这场运动具有深刻的思想关系。如1969年1月，福柯

---

　　① Hosea Hirata, *Discourses of Seduction*：*History*，*Evil*，*Desire*，*and Modern Japanese Literature*，Cambridge，MA：Harvard University Press，2005，p. 83.

　　② ［美］理查德·罗蒂：《后哲学文化》，黄勇编译，上海译文出版社2004年版，第132页。

和一群学生曾因在放映"巴黎五月革命"的宣传片时与警察发生冲突而被捕。1972 年 2 月，著名的毛派分子彼埃尔·维克多（Pierre Victor）等人就"大众司法"和建立"人民法庭"等主张与福柯展开讨论，维克多援引中国革命为例，说明在无产阶级"文化大革命"中可以实现符合法律的人民报复，可以"矫枉过正"。由于同萨特以及毛派分子的密切交往与合作，福柯接受了他们的一些观点。他虽然不同意"人民正义"的提法，因为他认为"正义"观念是资产阶级意识形态的一部分，不可能有什么人民的对抗性正义，但完全赞成"非无产阶级大众应该在无产阶级领导下联合起来进行革命斗争"等主张。[①] 在 20 世纪 70 年代，诸如德里达、巴尔特（Roland Barthes）、克莉斯蒂娃（Julia Kurisuteva）等活跃在《太·凯尔》（Tel Quel）杂志上的批评家们，怀着对追随苏共政策的法国共产党的失望，转而向与苏共分道扬镳的"人民中国"来寻找批判资源。1974 年，《太·凯尔》杂志社还组团不远万里访问中国，体验当时"热火朝天"的"批林批孔"运动。但是，不久他们开始怀疑和担忧中国"文化大革命"的性质和趋向，又转而与处于他们的理论影响下的美国多元主义相结合。[②] 而美国的"文化大革命"，由于美国对越南的侵略，一开始就与反战运动集合在一起。在 70 年代，它通过嬉皮士运动等方式得到了很好的表达。法兰克福学派的马克思主义者马尔库塞就是他们重要的理论家。杰姆逊曾指出："第一世界 60 年代的政治模式的确要归功于第三世界主义，比如象征意义上的毛主义。"[③] 罗蒂也曾指出："对美国来说，1964 年到 1972 年席卷全国的愤怒浪潮是一笔永远的精神财富。没有这抗议的怒火，不知道这个国家今天会是什么样子，但可以肯定的是，远不如现在。"[④] 几乎同时，日本东京的学生也不例外。日本的知识分子与激进学生不仅对法国的"文化大革命"保持高度的关注，对一衣带水的中国"文化大革命"则抱有更大的期待。开始于 20 世纪 60 年代末的"日本全国学生共同斗争运动"（简称"日共斗"），虽然具有独特的"民粹主义"或"农本主义"色彩，但也是在中国和法国"文化大革命"的影响下展开的。进入 70 年代后，法国的德里达等学者开始怀疑中国

---

① 刘北成编著：《福柯思想肖像》，上海人民出版社 2001 年版，第 254 页。

② Keith A. Reader, *Intellectual and the Left in France Since* 1968, London：Macmillan Publishers, 1987.

③ ［美］詹明信：《晚期资本主义的文化逻辑》，张旭东编译，三联书店 1997 年版，第 343 页。

④ ［美］理查德·罗蒂：《筑就我们的国家》，黄宗英译，三联书店 2006 年版，第 52 页。

的"文化大革命"，并在实践与理论上与之保持了一定的距离，法国知识界的"新哲学"正是在这样的语境中出现的。这一点同样表现在部分日本的知识分子身上。从 70 年代开始，在日本知识界风行的法国"新哲学"，也在 90 年代初开始与美国的多元主义及英国的文化批评思潮相结合。在因 1989 年的东欧事件而产生了一段时间的迷惘之后，这些新的批判理论又变本加厉地出现在了日本的学界。①

　　尽管"后现代主义"与中国的"文化大革命"具有思想上的渊源关系，但是在"文化大革命"和"文化大革命"结束后的数年中，我国的学者却无暇顾及和研究西方的"后现代主义"思潮。"后现代"一词，最早出现在 1980 年《读书》杂志上的一篇文章。② 1982 年有学者在《国外社会科学》上专门介绍了"后现代主义"思潮，③ 引起了学界的注意。它在中国的急速蔓延，据说与美国杜克大学的杰姆逊教授于 1985 年 9 月至 12 月在北京大学开设的"当代西方文化理论"专题课有关。杰姆逊是美国著名的马克思主义学者，曾长期执教于耶鲁大学、加州大学等名校，他的主要目的也许像他所说的那样，是为了"阐述一种新马克思主义"，而他对马克思主义的认识，部分的是建立在后现代主义理论基础之上的。

　　可以说，中国的"后现代主义"首先是一种"舶来品"。从 20 世纪 80 年代开始，各个领域的学者开始陆续介绍西方的后现代主义理论与学说，其中有名的"文化：中国与世界"丛书就引进了不少后现代主义代表人物如福柯、德里达、加达默尔、杰姆逊、丹尼尔·贝尔等人的著作。后现代主义在西方具有一定的合理性和市场，它从人文主义价值立场出发，对现代化过程中人性、价值和理想的失落，充满了文化上的忧虑。这种"人文主义"色彩获得了我国一些知识分子，特别是年轻知识分子的共鸣，所以很快在各个学科领域蔓延。在 20 世纪 90 年代初，不少学者开始反省 80 年代的激进思潮和乌托邦情结，并从后现代主义那里获得了新的学术资源和进入问题的新突破口，于是后现代主义研究迅速发展起来。④ 法学界对"后现代主义"思潮的介绍和研究始于 20 世纪 90 年代中期。有学者在 1994 年评论波斯纳著作时提到并分析了"后现代主义"的一些思想来源和特点，⑤ 又在 1996

---

① 林少阳：《"文"与日本的现代性》，中央编译出版社 2004 年版，第 239—245 页。
② 董鼎山：《所谓"后现代派"小说》，载《读书》1980 年第 12 期。
③ 袁可嘉：《关于"后现代主义"思潮》，《国外社会科学》1982 年第 11 期。
④ 王岳川：《后现代后殖民主义在中国》，首都师范大学出版社 2002 年版，第 39 页。
⑤ 朱苏力：《什么是法理学？》，载《中国书评》1995 年总第 5 期。

年进一步谈到了后现代主义对中国法学和法制发展的意义。① 1996 年，《对西方法律传统的挑战——美国批判法律研究运动》一书专门介绍了深受结构主义和后现代主义（特别是解构主义）影响的批判法学学者的法律思想。进入 21 世纪，《当代西方后现代法学》（2002）、《后现代法学思潮》（2005）等著作相继出版，法律与后现代主义的研究逐渐深入。

随着我国市场经济的急剧推进，人性、价值和理想的失落等现象也在中国成为突出的社会问题，有些学者由此借鉴西方后现代主义思潮的精神，批判现代化，主张回归传统，回归自然。所谓"新左派"就曾借取后现代主义的某些"后结构主义"批判理论，对帝国主义文化霸权和国内渐趋优势的资本主义展开锐利批判。② 而另一方面，后现代主义理论似乎也与中国传统思想存在某些契合。如果我们不把后现代主义作为一股思潮，一场运动，而是作为一种理论看待，那么可以说，它与中国传统思想中的反理性主义、阐释主义和个体主义等思想是有吻合之处的。有学者甚至认为："马克思的实践唯物论出现于作为时代思潮的后现代理论之前，但是在彻底批判资本主义这点上，正如这个词的字面意思，属于后现代思想。"③ 实际上，在后现代主义的阵营中确实也汇集了一批如法国的德里达、美国的杰姆逊等新马克思主义者。可见，后现代主义无论在西方还是在中国传统思想中都有着深厚而广阔的历史根基，在中国它也可能由单纯的工具论而渐入本体论。

作为一个国际文化现象，我们不能拒绝签发后现代主义的入境签证，更不应把它看成是一个封闭的理论对象或给予严格的定性界定。包括后现代法学在内的后现代主义是一个流动的和生成性的文化思潮，它在进入中国时如果能善加利用和转化，将有益于我们避免和克服现代化的某些缺失。就此而言，在中国语境下，"后现代"与"现代化"同时存在，二者互为补充。

① 朱苏力：《后现代思潮与中国法学和法制》，载朱苏力《法治及其本土资源》，中国政法大学出版社 1996 年版，第 268 页。
② 金惠敏：《后现代性与辩证解释学》，中国社会科学出版社 2002 年版，第 189 页。
③ ［日］岩佐茂：《实践唯物论与生态思想》，载《马克思主义与现实》2001 年第 2 期。

第八章　法律与全球化

从传统中走来，我们的理论和观念，深深地打上了传统社会生活条件的烙印。作为一种意识形态，我们的法律理论也不例外，它基本上是传统的民族国家生活环境的产物。民族国家限定了社会生活的时空范围，提供了分工和联合的基本组织形式，划分了伦理意义上的公与私、善与恶，确定了个人、集体和社会的时代内涵。正是在这些基础上，现代法律制度得以建立和运行；也正是结合这些社会条件，法理学试图回答什么是法律、什么是法律的价值追求、法律应当如何运行等一系列基本问题。然而，20世纪80年代后期以来，借助于科技发展带来的便捷交通与发达通信，人类活动的时空范围极度扩展，社会生活日益突破民族国家有形的和无形的边界，国际性的社会交往日益频繁和深入，世界性的经济联系、政治互动和文化共识日益加强。概言之，人类社会步入了全球化时代。社会环境变化必然带来观念、理论和制度的变化，而相对于民族国家的社会环境来说，全球化因素的日益增强，是一种革命性的社会变迁，可以想见，传统的法律理论和法律观念因此会受到重要乃至颠覆性的影响。那么，在全球化因素日益增强的当今社会，法律制度发生了哪些变革？法律理论发生了哪些反思和重构？我们是否应当以及如何推动这种变革或重构？显然，解答这些问题，是指导全球化时代法制实践的理论需要，也是法理学超越自身、获得重大发展的历史契机。

全球化对传统法律理论的冲击，是深层次的、全方位的，需要进行理论回应的领域和角度也是多方面的，既有法理学的一般性探讨，也有部门法学的应用性探讨。本章将从法理学角度，集中考察法律全球化问题，由此反思和重构法理学。具体地说，本章考察的问题包括四个方面：什么是法律全球化？法律全球化是如何进行的？法律全球化是否可欲？法学研究在全球化条件下应当如何进行范式转换？在我国当前法学界，这些问题充满歧见和争议，希望本章的讨论，有助于深化对这些问题的认识，有助于推进全球化时代的法制实践。

第一节　什么是法律全球化？

考察法律全球化，首先需要回答什么是法律全球化。对于这一问题，学界已表达过多种多样的看法。比如，美国加州大学教授夏皮罗认为，法律全球化是指全世界生活在一套单一的法律规则之下的程度。① 德国学者德尔布鲁克认为，全球化应当解释为市场、法律和政治非国家化的过程，其目的是促进各个密切联系的民族和个人的共同利益。② 英国学者图伊布纳认为，法律全球化意味着私政府立法。③ 在国内学界，有学者认为："法律全球化是全球分散法律体系向全球法律一体化的运动或全球范围内的法律整合为一个法律体系的过程。"④ 还有学者认为，法律全球化可以理解为"人类不断地跨越空间障碍、社会制度和社会意识形态等方面的障碍，在全球范围内实现充分的交流、沟通，彼此互相借鉴和吸收优秀的法律成果，在法律理念、法律价值观、执行标准与原则乃至法律和法制方面达成更多的共识或向趋同的方向发展"。⑤ 此外，也有学者将法律全球化概括为三个方面的表现：世界法律的多元化，世界法律的一体化和全球治理的法治化。⑥ 接下来，本章将综合不同学者的看法，结合语义分析的结论，正面界定和系统阐述什么是法律全球化。

为了界定法律全球化的含义，首先需要确定其字面意义。法律全球化对应的英文单词是 globalization of law，其中容易产生分歧的是中心词 globalization，这个单词又是 globalize 派生来的。从构词法上看，globalize 由形容词 global（全球的、全世界的）加一个动词后缀"-ize"构成。在这里，"-ize"表示"使成为……"、"变成……状态"、"……化"的意思。这里的省略号所表示的，就是前面的名词或者形容词所描述的属性或者状态。由于这里 global 是形容词，所以，globalize 就是"使成为全球的"、"变成全球的（状

---

① M. Shapiro, "The Globalization of Law", *Indiana Journal of Global Legal Studies*, Vol. 1, No. 1, 1993.

② J. Delbruck, "Globalization of Law, Politics and Markets", *Indiana Journal of Global Legal Studies*, Vol. 1, No. 1, 1993.

③ G. Tuebner, *Global Law without a State*, Aldershot：Dartmouth, 1996, Foreword.

④ 周永坤：《全球化与法学思维方式的革命》，载《法学》1999 年第 11 期。

⑤ 郭玉军：《经济全球化与法律协调化、统一化》，载《武汉大学学报》2001 年第 2 期。

⑥ 黄文艺：《法律国际化与法律全球化辨析》，载《法学》2002 年第 12 期。

态)"、"全球化"的意思。这三种翻译表达的意思是一样的，其中借助于汉语中"化"的含义，"全球化"成为其中最简洁的表达。因为在汉语中，"化"正好有"使成为……"、"使变成……"的含义，如绿化、电气化、现代化等。总之，全球化就是"使成为全球的"、"变成全球的（状态）"的意思，相应地，法律全球化最直接的含义就是"使法律成为全球的"、"法律变成全球的（状态）"。

进一步考察可以发现，"使成为……"、"使变成……"这个表达实际上暗含了一个意思，就是特定事物存在两种状态或者性质，一种是原本的、原初的状态或性质，一种是经由变化所要达成的目标状态或性质。所以，"化"这个词所要表达的完整的含义，是某事物从一种状态（或者性质）转化为另一种状态（或者性质）的趋势、过程或结果。而在法律全球化这个词语中，逻辑上包含了法律将要从一种状态转变成全球的状态这一含义。那么，在变成全球的状态之前的那个原初的状态是什么？由于这个状态在这个词语中省去了，因此，要揭示这种状态，需要回到这个词语实际被使用的语境中去。

这个语境告诉我们，在向"全球的"法律转变之前，法律所处的状态就是"国家的"。因为在传统的法理学看来，法律是民族国家领土范围内的实践，是独立运行、逻辑自洽的规范体系。因此，结合起来看，法律全球化所要表达的完整含义是：法律从"国家的"变成"全球的"这样一种趋势、过程或结果。但是，这里仍然有一系列问题不明确：什么样的状态是"国家的"？什么样的状态是"全球的"？趋势、过程和结果又如何理解？

首先，"国家的"有着特定的含义。这里的国家不是一般意义上的国家，其典型形态是"民族—国家"意义上的国家，因此，"国家的法"就是民族国家的法。综合此前学者们的研究，在典型意义上，民族国家的法具有这样几个特征：（1）民族国家的法是以民族国家的建立为基础的，而民族国家又是相对于此前的封建制国家而言的，其特点是对外部环境来说，民族国家具有明确的疆界，在疆界范围内（领土上）拥有独立的、排他的主权；对内部的统治关系来说，民族国家具有最高的、排他的统治权，并且垄断了暴力的行使。（2）基于国内统治权的垄断、集中行使，在民族国家范围内，法律是一元的、统一的、普遍有效的，同时也是实在的法律体系。（3）法律表现为民族国家的意志，由国家制定或认可，并由国家强制力保证施行。（4）由于在国际上，国家主权彼此是独立的，所以各自的法律体系也是独立运行、互不隶属、互不干涉的。由于各国的历史、国情不同，因此世界上并存着众多分散的、互不相同的法律体系。（5）民族国家普遍实行民主和法治。在笔者看来，民族国家和民主法治之间只有经验上的联系，而非逻辑上的必然。换言之，只是在历史实际中，多数民族国家建立了民主和法治。实际上，民主和法治只是民族国家发展到一定阶段才实现的。即使到当前阶段，仍然有一些民族国家未能实现典型意义上的民主和法治。而所谓民主和法治，又是在民族国家范围内的民主和法治，其基本内容包括代议民主制、分权与制衡、司法独立、宪政制度等方面。

上述五个方面，是民族国家的法的基本特点。需要补充说明的是，在法律全球化进程中，这些特点是变化的起点，但是这些起点本身又是从其他特征转变而来的，是一系列社会条件变化所产生的结果。在西方国家的历史上，确立民族国家的法的这些属性的社会条件主要包括：（1）在中世纪后期，西方的封建制度逐步解体，君主专制逐步建立。通过君主专制的建立，一个在国内集中和垄断暴力行使的公共权力建立起来了，统一的、一元的、普遍有效的法律体系随之产生。（2）1648年30年战争结束后，签订了《维斯特法利亚和约》。通过该和约的签订，民族国家之间互相承认主权的平等和独立，形成了近代以来的国际关系。（3）在启蒙运动、商品经济等的推动下，西方的民族国家或早或晚进行了民主和法治方面的改革，使得民族国家普遍变成了民主法治国家。（4）民族国家在西方建立以后，作为现代性的一种特征，随后在现代化过程中逐步向非西方扩散，非西方民族也逐步建立起了民族国家。这个过程在第二次世界大战后加速进行，广大的亚非拉殖民地在第二次世界大战后普遍实现了民族独立。

其次，什么是"全球的"法？这个问题充满了歧见和斗争。这是因为，一方面，在很大程度上，法律全球化只是一个趋势，各种变化刚刚开始并正在演变，最终的结果并未形成，因此，对于未来的"全球的"法是什么，我们现在只能根据初显的端倪进行预测。另一方面，基于人类历史的主观意志性，任何预测和理论都具有一定的自我实现能力，而全球化的不同路径对于不同的主体来说，可能意味着不同的利好，因此，人们基于不同的立场，对于全球化的特征和趋势作出不同的预测和论证，并予以宣扬和实践。尽管如此，我们仍然可以针对民族国家的法的特征，结合全球化已经显现的种种端倪，化约不同的歧见，综合得出"全球的"法的基本特征：（1）法律趋同化，即此前各自独立、风格各异的国家法，由于全球社会条件的趋同、彼此的学习和交流、共同的国际义务等，可能在内容和风格上，互相靠拢，渐趋一致。（2）法律非国家化，即可能出现民族国家以外的主体，以不同于民族国家的权力和立场进行法律实践，包括法律的制定、解释和实施。（3）法律一体化，即可能出现基于全球利益、高于民族国家的法律，并在这种法律的统领下，各国的法律整合为一个体系。（4）绝对主权受到限制。由于法律是以相应的权力为基础的，因此，伴随着法的非国家化和法的一体化，民族国家的主权可能受到各种各样的国际组织削弱，国家权力可能最终被整合进全球的公共权力之中，成为全球公共权力的一个环节。（5）法律多元化。趋同化、一体化都是就一种趋势而言的，其最终完成——如果能够完成的话——需要一个长期的过程，而在这个过程中，国家法仍然存在并发挥重要作用，因此，将长期存在一个国家法和非国家法多元互动的局面。

再次，准确理解法律全球化，还应当注意两个微妙的区分。一方面要区分趋势、过程和结果的不同含义。单纯从字面上讲，"全球化"包含了这三个方面的含义。但是，从实际情况来看，由于全球化刚刚开始，并且将是一个漫长的过程，所以我们所界定的"全球的"法，是就其结果和完成状态而言的，实际生活中的全球化可能仅仅只是一个趋势，只是显示了"全球的"法的特点的某些端倪。掌握这一点，对于我们判断法律全球化是否存在至为重要，因为我们所面对的，并不是一个充分展现的全球化，我们要根据初显的端倪分析其未来演化的走向，进而判断全球化的趋势是否存在。根据这样的标准，如果法律从"国家的"向"全球的"转变的趋势显现，我们就可以判定法律全球化存在。而所谓趋势，是指从历时的维度上看，"国家的"和"全球的"两种属性呈现出持续的、此消彼长的态势。换言之，如果法律的"国家的"性质逐步弱化，"全球的"属性逐步增强，那么，这种趋势就是存在的。

另一方面要区分事实和价值。法律全球化意味着全球多元利益的整合，同时也意味着冲突和斗争。由于这种利益分化的态势，加上不同国家在这种斗争中的现实力量极不均衡，使得法律全球化不可能完全公正地兼顾各方面的利益，甚至可能很不公正，于是，国际上的不同主体对于法律全球化的态度就可能判然有别：赞美者有之，批评者有之；推动者有之，阻止者有之。但是，作为理论研究，我们要自觉意识到这种基于不同立场所导致的不同价值评判，需要暂时保持中立，冷静地考察其客观的事实方面。强调这种区分，并非认为价值判断不重要，而是因为价值立场容易遮蔽事实方面的许多面相，不利于全面准确认识法律全球化。当然，这种区分只是暂时的，只是为了有效考察事实的需要，而当事实考察完成以后，价值评判的任务就接踵而至。总之，结合价值和事实，才能制定正确有效的行动纲领。但是，价值和事实只有在适当分离的情况下，各自才能分别得到充分深入的考察。

基于这样的理论认识，本章接下来将分为三个部分，分别考察法律全球化的三个问题：一是"法律全球化的事实考察"，将根据这里对法律全球化的界定，结合法律发展变化的具体表现，考察法律全球化是否存在，如何表现，分析导致法律全球化的原因；二是"法律全球化的规范分析"，选择特定的立场，对法律全球化进行利弊分析；三是"全球化条件下法学研究的范式转换"，探讨面对全新的全球化环境，法学研究如何有效应对。

第二节　法律全球化的事实考察

法律全球化为法学研究提出了许多课题。在这些课题中，我们首先需要解答的，是考察它的事实方面，即考察法律全球化这样一种社会变革是否存在，如果存在的话是如何表现出来的，以及发生这种变革的原因。这样的考察是以事实和价值可以分离为前提的，事实考察所要回答的问题是"是什么"，而是否可欲、应当如何之类，则属于价值评判的范畴，对此本章将在下一节考察。

一、法律全球化是否存在？

这是考察法律全球化首先要回答的问题，也是进一步讨论法律全球现象的前提和基础。然而，目前对这个问题的回答，无论是在国外学界，还是国内学界，都存在一定的分歧。

在欧美发达国家，人们一般认为法律全球化是客观存在的。在很大程度上，这也是法律全球化的理论首先在欧美兴起并主要盛行于欧美的原因。其中，一些欧美学者持比较激进的观点，认为法律全球化不仅作为一种趋势存在，而且正在快速演化。比如，法国著名刑法学家、人权学者马蒂指出："法的世界化已不再是一个人们是否赞成或反对的问题，而是因为事实上法正变得越来越世界化。"① 美国法学家伯尔曼则透过对法律史的研究，得出结论说，在当前正在形成一种融汇世界东西南北各色各样文化的不同法律传统而成的"新法律传统"——世界法（world law）传统，其内容已不限于经济法，还包含诸如世界环境法和世界人权法，并将有助于建立世界秩序和

① ［法］米哈伊尔·戴尔玛斯·马蒂：《法的世界化——机遇与风险》，卢建平译，载《法学家》2000 年第 4 期。

世界司法制度。① 一些学者则持比较温和、稳健的观点，虽然认为"从根本的意义上说，这是一个法律文化趋同的时代，即随着时间的流逝，法律制度会变得更加相似"，但是这是长期性的、渐进性的过程。② 当然，也存在一些反对的声音。反对者认为，一方面，国家主权仍有其深刻的现实合理性，在相当长的时期内，主权国家仍然是国际冲突、交流与合作的基本平台；另一方面，法律是一种"地方性知识"，是根植于特定的国家、民族及具有时代特色的土壤之中，并符合本国、本民族大多数人利益的行为规范，那种普适于全球各地、作为唯一最高真理的"世界法律"是不存在的。③ 当然，这种反对声音是非主流的。而且，在一定程度上，他们反对的其实不是全球化是否存在的事实，而是在声明一种价值判断。

在国内学界，人们对经济一体化、全球化的趋势是高度认同的，由此形成的共识也得到了国家领导人公开讲话的认可，认为经济全球化作为世界经济发展的客观趋势，是不以人的意志为转移的，任何国家也回避不了。④ 但是对于法律全球化，则是另一道风景，充满着歧见和争议。对于法律全球化是否存在的问题，归纳起来，大致有如下三种观点。

第一种观点明确肯定法律全球化的趋势，认为国家的法正在朝着全球的法的方向演变。这一观点认为，全球化涉及经济、生态、政治和文化各个领域，这些领域的全球化不可避免地带来法律的全球化。有学者指出："这个运动的结果将产生真正的全球法或世界法，笔者乐观地预计人类有能力在下世纪中叶达到这一目标。"⑤ 其他一些学者也明确阐述了这样的看法。例如，有学者认为，国际经济关系的全球化必然推动国际法制的统一化，由各主权国家公认或默认的国际法必然要逐步演变为世界公认、全球公认的世界法或全球法。有学者甚至认为，随着科学技术再进一步地发展，外层空间法完全可能酝酿出一个"宇宙法"来。⑥ 另有学者则认为，全球化根源于人的需要和人的发展，是为了满足这种需要和发展所进行的交往的不断扩大已遍及全

　　① ［美］伯尔曼：《展望新千年的世界法律》，译文转引自冯玉军《法律与全球化一般理论述评》，载《中国法学》2002 年第 4 期。

　　② ［美］弗里德曼：《存在一个现代法律文化吗?》，刘旺洪译，载《法制现代化研究》第 4 卷，南京师范大学出版社 1998 年版，第 415—416 页。

　　③ 参见冯玉军《法律与全球化一般理论述评》，载《中国法学》2002 年第 4 期。

　　④ 参见《新华日报》1998 年 8 月 29 日第 1 版。

　　⑤ 周永坤：《全球化与法学思维方式的革命》，载《法学》1999 年第 11 期。

　　⑥ 潘抱存：《论国际法的发展趋势》，载《中国法学》2000 年第 5 期；《论当代国家主权原则的发展》，载《法学杂志》1999 年第 6 期等。

球范围的必然结果，所以它是一种不可改变的历史趋势，是一个必须面对的客观事实，虽然它存在着不好的方面，但从总的方面看有利于人类的发展与进步。"经济的全球化必然导致社会生活的各个方面，如政治、法律、文化等的全球化，差别只在于程度和先后。"①

　　第二种观点否认法律全球化现象的存在，并认为这是一种不切实际的幻想。这种观点的总体特点是，一方面，肯定经济全球化的总体趋势，并肯定这种趋势势必对各国的法律，包括中国的法律，产生深刻的影响；但是另一方面，又否认法律全球化的存在，或者否认法律全球化的可能性。否认的原因，综合起来主要有两点：（1）法律是主权国家的产物，而主权又是国际秩序的基础，不可能出现世界政府；（2）虽然经济发展的趋势是一体化，但是政治发展的趋势却是多极化，世界文化发展也是多极化的。持此观点的学者认为："经济全球化是当今世界经济发展的重要趋势，是不以人们意志为转移的客观现实，但'法律全球化'却基本上是西方国家一些法学家不切实际的幻想。"理由在于：一方面，当今世界不仅存在经济全球化趋势，还同时存在政治多极化趋势；另一方面，法律不同于经济，法律是国家意志，即国家主权的体现，不可能存在超国家的或者国家之外的法律。而且，"就国内法而言，它是由特定国家制定或认可，并适用于本国主权所及范围的法律，国内法律关系的主体一般是个人或组织（机关、团体），国家仅在特定法律关系中成为主体。国际（公）法是由参与国际关系的国家通过协议制定或公认、并适用于国家之间的法律，国际法律关系的主体主要是国家。但'法律全球化'理论所讲的法律却是'不受任何国家控制的'、是'私政府制定的'，甚至是'没有国家的'。"② 国内其他一些学者也持有类似的观点。③

　　第三种观点肯定了法律全球化趋势的存在，但是对全球化的范围、程度进行了限定，因此和第一种观点比较起来，可以说是一种比较温和的、有保留的肯定。概括起来看，这种观点对法律全球化所做的限定或说明主要包括五个方面：（1）法律全球化不否认国家主权的存在；（2）法律全球化不否

---

① 严存生：《"全球化"中法的一体化和多元化》，载《法律科学》2003 年第 5 期。

② 沈宗灵：《评"法律全球化"理论》，载《人民日报》1999 年 12 月 11 日第 6 版。

③ 参见罗豪才《经济全球化与法制建设》，载《求是》2000 年第 23 期；李昌道：《切忌"法律全球化"理念泛滥》，载《法制日报》2002 年 3 月 6 日；公丕祥：《全球化与中国法制现代化》，载《法学研究》2000 年第 6 期；范愉：《从司法实践的视角看经济全球化与我国法制建设——论法与社会的互动》，载《法律科学》2005 年第 1 期。

认政治多极化的存在；（3）法律全球化体现的是总的趋势，不否认其他趋势，比如地方化、文化多样性等的存在；（4）法律全球化是一个漫长的过程，不同的阶段"化"的程度也不同；（5）在不同领域，法律全球化的程度和必要性各不相同。当然，在不同的学者那里，对这些方面的强调又各有侧重。有学者指出："我们习惯上的或宣传上所说的全球化好像就是经济全球化，政治上不能是全球化，只能是多极化，文化上只能是本土化而谈不上全球化。我想这样的概括是非常片面的"；"政治领域当然要强调国家主权的作用，当然要强调政治上的多极化，但是，是不是就没有全球化的趋势？我看也未必如此"；"在文化领域，是不是只有本土化而没有全球化呢？我看这也说不通"。[①] 此外，也有学者在肯定法律全球化是不以"人们意志为转移的客观存在"时，又作出了一定补充说明："全球化在其初级、中级和高级阶段，其'化'的程度是不同的；全球化在不同领域（经济、政治、法律、文化等），其'化'的程度也是不同的，甚至在同一领域的不同部门、不同事务，其'化'的程度也不相同，如法律中涉及经贸的民商事法律与涉及政治、社会管理的宪法性、行政性法律，其全球化的程度就明显存在差别"，"全球化并不与多元化相冲突，相反，多元化恰恰是全球化的一个重要特征"。[②] 还有学者在明确肯定法律全球化存在的同时也进行了限定："必须承认的是，法律全球化在目前仍是一个进程，一个过程，一种趋势；法律全球化并不是所有法律的全球化，那些不具有涉外性、国际性的法律不可能也根本没有必要'化'为'全球性'或'世界性'法律；法律全球化并不意味着国家主权概念的过时或消失，而只是意味着主权概念的进步和丰富，各国之间的法律仍将呈现多样性、多元化。"[③]

这里虽然列举了人们关于法律全球化是否存在的各种观点，然而，仅仅综合这些观点，并不能得出关于全球化是否存在的明确结论。这是因为，一方面，这些观点之间本身存在差异；另一方面，不同的学者在进行判断时，使用的全球化概念并不完全相同，有的判断甚至混淆了事实和价值、结果和趋势这些必要的区分。因此，要判断法律全球化是否存在，还需要实际考察在全球化时代下法律的属性所发生的变化，归纳这些变化，对照前文界定的

---

① 张文显、邓正来、朱景文等：《全球化时代的中国法学学术研讨会——发言摘要》，载《法制与社会发展》2004 年第 2 期。

② 姜明安：《法律与全球化》，载《求是学刊》2002 年第 5 期。

③ 朱振、张文显：《全球化进程中的中国法学——访张文显教授》，载《学习与探索》2006 年第 1 期。

法律全球化概念，然后确定法律全球化是否存在。

二、全球化时代法律的发展变化

为了判断法律全球化是否存在，我们需要考察全球化时代法律发展变化的种种表现，然后再看看这些表现是否符合前文关于法律全球化的界定。

（一）各国法律加速趋同化

当前法律发展的一个趋势就是加速趋同化，即以前各个民族国家内容和风格迥异的法律制度，由于彼此的学习、借鉴和移植，或者由于国际标准的参照作用，存在着内容、模式、风格方面越来越一致的趋势。这种趋势也被一些学者称为法律的国际化。比如，有学者认为："所谓法律发展的国际化，主要是指在法律文化的传播与交流的过程中，各个主权国家的法律制度蕴含着世界法律文明进步大道上的共同的基本法律准则，使各国的法律制度在某些方面彼此接近乃至融合，进而形成一个相互依存、相互联结的国际性的法律发展趋势。"① 还有学者认为："法的国际化是指法顺应国际社会的法律合作、交流、融合乃至局部统一的趋势。"②

法律趋同化乃是人类历史发展进程中始终存在的一个趋势。法律最早只是属人的部落习惯，随着部落之间的交往和互动，产生了适用于各个部落的、共同的规则，这可以说是最早的法律趋同。西方民族国家的建立，使得社会上原来分散存在的城市法、庄园法、教会法等得到了统一，这是法律在民族国家范围内的趋同。在中世纪后期，随着罗马法的复兴和注释法学的发展，一种共同法的观念不断增长，使得西方国家的法律在内容和精神上具有很多相通之处。自15世纪末"地理大发现"以来，伴随着西方国家的殖民活动，西方的文化和法律得以向非西方国家传播，从而在更大范围内导致了法律趋同。在全球化时代，法律趋同继续存在，并且表现出全新的特点：（1）全球化时代的法律趋同表现为全球范围内的趋同，比如联合国的人权公约文件得到了世界上绝大多数国家的认同和遵守；（2）全球化时代的法律趋同得益于世界标准的存在，由联合国、国际组织、经济联合体制定一些法律范本，提供给各个国家作为立法的标本或参照，是法律趋同化的一种全新路径；（3）全球化时代的法律趋同并不仅仅是为了学习其他法律体系的

---

① 公丕祥：《国际化与本土化：法制现代化的时代挑战》，载《法理学论丛》第1卷，法律出版社1999年版。

② 孙笑侠：《法的现象与观念》，山东人民出版社2001年版，第23页。

知识和经验，而且是，有时主要是为了协调行动，履行承诺，比如各国修改国内法以适应世界贸易组织的要求即是如此。

（二）法律日益非国家化

在以民族国家为主要活动空间的传统社会中，由主权国家制定或者认可的实在法体系是唯一的法律渊源，我们可以称之为国家法。然而在全球化时代，除了国家法以外，还有各种并非国家制定的超国家法、跨国家法，由于这类法律的绝对数量和相对比例都在快速增长，因此出现了法律的非国家化现象。法律的非国家化主要是通过两种形式出现的：超国家的法和跨国民间法。

1. 超国家的法

超国家的法包括两种形式，一种政府间的法，即传统意义上的国际法，其调整对象只能是国家政府间的关系。这种法虽然在形式和性质上没有什么变化，但是在全球化时代其数量远远大于过去任何时候。另一种是各国共同法即世界法，各个国家法律中一致的部分。过去这类世界共同法是通过法律移植、法律文化传播的，而第二次世界大战以来，这类共同法的制定和实施不完全是国家政府的事，国际组织在其中起了重要的作用，既负责提出有关的国际标准，又负责评估和监督国际标准的实施。对于世界共同法的效力，有学者指出："任何国际组织都不是世界政府，但是国际组织也并不完全是一种'没有长牙齿的'虚幻的力量，它不仅管理跨越边境的国际事务，甚至调整国家边境以内的事务。世界贸易规则、国际人权法、人道主义法的发展充分证明了这一点。传统的国际法由于缺乏有效的执行机制，许多国际问题只好诉诸武力或相互报复解决。二战后、特别是冷战结束后国际法的发展表明这只'没有牙齿的老虎'正在长牙齿。前南法庭、卢旺达法庭和国际刑事法院的设立，世贸组织争端解决机制的建立，以及一些国家国内法院对国外事务的管辖权，所有这些发展都使得国际法正在变硬，正在变成一种有强制力保证的、可以执行的规则。"[①] 也有学者表达了类似的看法："政府间国际组织虽然是基于成员国签订的条约建立起来的，但是它一旦建立就成为有别于其成员国的相对独立的实体。政府间国际组织在国际社会承担和履行着多种职能，其中包括造法或准造法的职能。"超国家组织是各成员国共同让渡其主权范围内的权力而成立的联合体。尽管超国家组织是建立在国际条

---

　　① 朱景文：《全球化与法治国家的历史演进——国内与国际的连接》，载《学习与探索》2006年第1期。

约的基础上，但由于各成员国已向它转让了主权范围内的权力，而使它成为凌驾于成员国之上的"准国家"（quasi-state）。[1]

2. 跨国民间法

严格说来，在传统的民族国家除了国家法以外，各种社会规范实际上也有一定的约束作用，因此被一些学派界定为法律的一种类型，这里暂且称之为民间法，以和国家法相区分。然而，传统社会中的民间法是民族国家内部的亚国家组织或者亚文化制定、形成的，较少具有跨国的约束力。然而，在全球化时代，民间力量跨国的交往和融合发展迅速，由此出现大量跨越国境的具有约束力的民间法，这里暂且称之为跨国民间法。跨国民间法主要有两种类型。一种是国际商事习惯法，主要包括跨国公司的内部规则、国际行业组织的规则、标准化合同、国际仲裁机构的仲裁、国际商事公约等。国际商事习惯法本是古已有之，然而，19世纪以降，随着民族国家的巩固和加强，国际商事习惯和其他民间法一道，被整合进了国内法。但是，第二次世界大战以后，国际商事习惯法出现了"返祖"现象，纷纷突破各民族国家国内法的差异，在国家主权之外形成了统一的、自治的国际商事习惯。[2]另一种跨国民间法是国际非政府组织制定和实施的规则。第二次世界大战以后，各种国际非政府组织大量产生，各自在国际社会的不同领域发挥作用。与此同时，国际非政府组织也在相关的领域制定了大量规则，形成和维护着特定的社会秩序。譬如说，国际红十字会在国际救灾、捐助方面，具有相应的规则体系，形成了特定的秩序；国际奥委会在国际体育运动方面发挥着制定规则、维持秩序的重要作用，等等。

3. 法律更趋多元化

虽然出现了两种非国家的法律，但是，国家法并没有退出历史舞台。相反，就目前的全球化程度来说，主要的法律依然是国家法。但是，各种非国家的法大量涌现，其调整范围和约束力都呈现为扩大和增强趋势，由此形成了国家法、非国家法多元共存以及复杂互动的局面。应该说，在传统的民族国家，也在一定程度上存在国家法和民间法的多元互动，但是，在全球化时代，法律多元具有更丰富的内涵、更复杂的实践。

对于这种多元法律复杂互动的状况，英国伦敦大学的法理学教授威廉姆·特瓦宁进行了整理和归类，按照地质空间划分法律层次，绘制了一幅展

---

[1] 黄文艺：《法律国际化与法律全球化辨析》，载《法学》2002年第12期。
[2] 参见冯玉军《法律全球化的实现途径刍议》，载《求是学刊》2004年第1期。

现全球化时代多元法律共存和互动的图景：

（1）全球的（环境问题，人类法，月球上的矿产权利，星系间或空间法）；

（2）国际的（传统意义上的主权国家之间的关系和受人权法和难民法调整的更广泛的关系）；

（3）区域的（欧盟，欧洲人权公约，非洲统一组织）；

（4）跨国的（伊斯兰法，印度法，犹太人法，吉卜赛法，跨国仲裁，商人习惯法，因特网法，以及有争议的秩序，如跨国公司的内部治理，天主教堂，有组织的犯罪组织）；

（5）共同体间的（宗教共同体之间的关系，基督教堂，不同的道德群体）；

（6）领土国家的（包括民族国家的法律体系，亚国家管辖权，如佛罗里达、绿岛、魁北克和北爱尔兰）；

（7）亚国家的（被统治者的立法，或在一个多元法律体系中为有限目的被官方认可的宗教法）；

（8）非国家的（北美土著人，毛利人，吉卜赛人的法或被视为非法的法律秩序，如苏丹南部的南部人民自由军的法律体制）。①

4. 世界法律渐趋一体化

所谓世界法律一体化，是指目前多元的超国家法、国际民间法和国家法整合为一个法律体系的趋势或者状态。在绝对主权的民族国家时代，世界各国的法律体系彼此是独立存在的，在逻辑上是封闭的、自我决定的体系。然而，在当今社会，国际法高于国内法的信念日益增强，一些"全球性法律"、"世界性法"已经出现，这表明存在着世界法律一体化的趋势。

世界法律一体化，首先需要存在世界标准。在目前阶段，这样的标准已经非常普遍，比如联合国的多个人权公约文件，世界贸易组织的法律规则，生态、环境治理中的公约文件，等等。其次，世界法律一体化要求这些标准对主权国家具有约束力，主权国家有义务以这些标准为依据制定或者修改国内法，从而将国内法和世界标准整合为一个体系。然而对于这一点是否实现，目前还有争议。但是可以说，已经初步具备了这样一些因素。这表现在

---

① William Twining, *Globalization and Legal Theory*, Evanston: Northwestern University Press, 2001, p. 139. 转引自周晓虹《一般法理学的"乌托邦"——述评〈全球化与法律理论〉》，载《法制与社会发展》2005 年第 6 期。

三个方面。一是许多制定国际标准的组织已经具备了相当的权力或者权威，要求主权国家遵守或者执行。正如有学者所指出的，第二次世界大战后，特别是冷战结束后，国际法正在变硬，正在变成一种有强制力保证的、可以执行的规则。① 二是许多世界标准实际上也得到了主权国家的尊重和执行，比如联合国的人权公约，世界贸易组织的公约文件，等等。三是除了欧盟这样的区域标准外，一些国际标准也获得了在主权国家内部是直接适用的效力。例如，有学者指出："由于前南国际法庭、卢旺达国际法庭和国际刑事法院的成立，对反人道主义犯罪的个人责任的追究，个人已经成为这类法律关系的主体，公民个人和社会组织都有权利因为人权和反人道主义犯罪到有关的国际或国内法院控告自己政府的领导人，凡是成员国都有义务加以配合。"②

如果说世界范围的法律一体化还处在初级阶段，那么欧盟的实践表明，法律的区域一体化却是达到了相当的程度。因为在欧盟，欧盟委员会、议会和法院都独立于其成员国行使权力，由其所创造的欧盟法，包括各种条例、决定和判例，在与成员国法的关系上确立了优先性和直接效力原则。这种超国家的法已经不同于传统意义上的国际法，具有要求各成员国必须遵守的效力，并可以在各个成员国国内直接使用，而且效力高于国内法。

5. 国家主权受到多方面的侵蚀

法律是以权力为基础的，法律的非国家化，同时伴随着权力的非国家化。在传统的社会中，民族国家的权力对外是独立的，对内是最高的、垄断的，并保障了国家法对外的独立性和对内的普遍性。然而，在全球化日益发展的当今社会，国家的主权正在受到削弱。

和法律的非国家化相对应，国家主权的削弱主要是通过两种途径实现的。一种是国际政府间的组织逐步获得独立的并高于民族国家的权力。对于这种变化，有学者指出："政府间组织虽然都是由主权国家组成，国际组织的协议和章程虽然都通过成员国的同意，但是战后的发展表明，国际组织正在取得越来越大的相对独立性，成员国加入国际组织就意味着把原来属于自己主权范围内的某些权力交给凌驾于它们之上的共同体。一旦加入，在国际组织规则的范围内，主权国家就没有任意处置的权力，而必须服从国际组织

----

① 朱景文：《全球化与法治国家的历史演进——国内与国际的连接》，载《学习与探索》2006年第1期。

② 同上。

有关机构的裁决。这种趋势在世界贸易组织和欧盟的发展中最为明显。"①
这种情形在欧盟已经发展到相当的程度，因为除了欧盟理事会外，欧盟委员
会、议会和法院都独立于其成员国行使权力，由其所创造的欧盟法令和判例
在成员国国内具有直接适用的效力，并且效力高于国内法。对此，有学者指
出："超国家的法尽管也反映成员国的意志和利益，但它是由超国家组织直
接制定的，是对成员国的法律主权的一种限制。"②

　　另一种途径是各种跨国民间组织在相应的领域内分享或者架空了民族国
家的权力。一方面，我们看到，跨国公司的内部治理，跨国的商事交易活动
等，一般都是以国际商事习惯为准，国家法实际上难以深入其内部进行规
治。另一方面，各种国际非政府组织对于相应的领域的规则、标准的制定，
事实上享有极大的话语权，它们日益侵蚀着国家主权的治理空间。比如说：
"以国际奥委会为例，它不仅制定了大量有关奥林匹克运动的竞赛规则，而
且对奥林匹克运动中的争议和问题行使着最高裁判权，实际上已经在体育领
域创立了一种跨国的法律秩序。各国政府都尊重国际奥委会在国际体育运动
领域的权威，认可国际奥委会所建立和维护的法律秩序的相对独立性。各国
国内的法院通常拒绝受理对国际奥委会的惩罚性决定提起的诉讼，也就是不
给予受惩罚者任何法律救济。因此，国际奥委会被人称为体育运动领域的
'世界政府'或'联合国组织'。"③

　　上述考察表明，当前存在着世界法律趋同化、法律非国家化、世界法律
一体化、国家主权日益削弱等现象，结合前文关于法律全球化的界定来看，
这些现象正好消解了传统的国家法的属性，其演变的方向又正好切合了
"全球的法"的特点，因此可以确定，法律全球化的趋势是存在的，法律正
在由"国家的"转变成"全球的"。但是，应当看到，除了欧盟这样的区域
性一体化以外，在世界范围内，法律的全球化、一体化还处在非常初级的阶
段。这种初级阶段表明，在相当长的时期内，国家法仍将是社会生活中最主
要的法律规范，国家法和非国家法的多元共存将长期存在。此外，由于处在
非常初级的阶段，全球化的社会生活的形态尚未完全展现，将来法律全球化
具体如何演化，也尚难断言。

---

　　① 朱景文：《全球化与法治国家的历史演进——国内与国际的连接》，载《学习与探索》2006
年第 1 期。
　　② 黄文艺：《法律国际化与法律全球化辨析》，载《法学》2002 年第 12 期。
　　③ 同上。

需要进一步说明的是，我国也被卷进了这场法律全球化的历史变革。这一点可以从四个方面得到说明。一是中国自近代以来，一直将西方的法律和制度当作先进的文明成果进行学习和引进。改革开放以后，这种学习和引进的速度进一步加快。迄今为止，中国所制定的大量的法律制度，几乎都参考了发达国家的做法。这种学习和引进，使得中国的法律制度和国际上的通行做法具有很强的相似性，体现了法律趋同化的趋势。二是我国签署了大量的国际公约文件，并自觉履行这些公约文件的要求和义务。例如，仅签署和加入的国际人权公约就有22项，此外还有大量的环境、生态等方面的国际治理公约。三是我国在2001年底正式加入世界贸易组织，成为其第143个成员国，为了履行加入WTO承诺，最近几年来大规模地清理和修改国内法律制度，加上经济领域日益增强的开放程度，表明中国已经完全融入国际社会。四是国家领导人在多种场合表明中国要做一个负责任大国，反映了我们不断增强的国际主体意识和责任意识。

三、法律全球化的原因分析

法律全球化的原因是什么？这个问题的回答，对于我们理解法律全球化的条件、动力、性质以及未来走向具有基础性的意义。导致法律全球化的原因是多方面的，归纳起来，主要有下列四个方面的因素。

（一）交通和通信技术的发展

法律全球化的原因是多方面的，但是，其中最为根本性的原因，是交通和通信技术的发展。正是由于交通和通信技术的革命性变化，导致人类活动范围活动扩大，从而导致社会组织方式和治理模式的变革。依据英国学者赫尔德在《全球大变革》中的观点，人类的发展大体经历了前现代、现代和后现代三个阶段，人类活动的空间范围和组织形式随着经济和技术条件的发展有一个逐渐扩大的趋势：从本土到国家到全球。其中每一个进步，都伴随着生产力的提高和技术的进步：主要依靠畜力的前现代人们生活的领域一般不可能超出本土，民族国家的产生与工业革命和机械化大生产有着密切的联系，全球化和信息产业的出现息息相关。① 当今社会，由于交通和通信的革新导致时空挤压，地球变成了"地球村"：人们在全球范围内的流动就像在一个村子里走动一样便利和频繁，于是有了全球性的、频繁的、全方位的社

---

① 参见［英］戴维·赫尔德《全球大变革：全球化时代的政治、经济与文化》，杨雪冬等译，社会科学文献出版社2004年版。

会交往，经济的、政治的、文化和法律的全球化才成为可能。

（二）经济全球化

经济全球化，或者全球经济一体化，是指经济活动突破民族国家的领土边界，资本、信息、技术、货物、劳动力等生产要素在全球范围内自由流动，以追求资源的最佳配置和效益的最大化。对于经济全球化本身，国内学界很少有分歧。即使是那些反对法律全球化存在的学者，也认为经济全球化的趋势是客观的、显著的。比如，有学者认为，"虽然'法律全球化'基本上是一种不切实际的幻想，但我们也应认真考虑经济全球化对法律的巨大影响"。[①] 有学者也认为："作为世界经济发展不可逆转的潮流，经济全球化所带来的冲击和影响是全方位的，世界各国的法律制度显然也不能例外。"[②]而赞成法律全球化的学者则认为，经济全球化的发展必然要求和带来法律全球化。比如有学者认为："如果承认经济全球化，难道经济全球化没有法律的表现吗？投资的全球化、贸易的自由化、金融的全球化等等如果没有法律的保证是不可想象的。同样，如果我们承认马克思主义的一个基本原理，经济是基础，政治是经济的集中表现，经济全球化也不可能没有它的政治表现。"[③] 事实也的确如此，法律全球化在很大程度上源于经济全球化的要求和推动。比如，世界贸易组织的规则体系以及纠纷解决机制被认为是法律全球化的一个最好的例证，但是它们完全是为经济全球化服务的。此外，世界范围内的许多国家，特别是第三世界国家和苏联及东欧国家，出现了一股以市场为导向的法律改革潮流，其目的就是改善投资环境，增强法的可预测性、可计算性和透明度，即实现法治，以保证资本跨国界自由流动，保证世界范围内的贸易自由，以此争夺市场和投资。

需要说明的是，经济全球化对法律全球化的影响并不仅限于经济方面的法规，实际影响到民族国家整个政治和法律制度的改革。因为经济的市场化要求以法治化作为保障，而法治化所要求的，不仅仅是经济方面的法律法规的完善，而且要求依法行政，要求司法独立，要求严格划分政府行为和市场行为，要求严格保护财产权利和契约自由，等等。从这个意义上说，经济全球化是法律全球化最强大的推动力，最为深刻的社会根源。

（三）社会问题的全球化

自20世纪后期以来，人类面临着越来越多的社会问题，这些问题超越

---

① 沈宗灵：《评"法律全球化"理论》，载《人民日报》1999年12月11日。
② 罗豪才：《经济全球化与法制建设》，载《求是》2000年第23期。
③ 朱景文：《欧盟法对法律全球化的意义》，载《法学》2001年第12期。

了传统的主权国家的边界。一方面，这些问题是所有国家共同面临的问题，影响到所有国家的利益和前途；另一方面，这些问题需要所有国家联合起来，才可能有效解决。这样的问题越来越多，也越来越严峻。这样的一种趋势，可以称之为人类面临的社会问题的全球化。而这些问题大致又可以划分为两种类型，一类是环境和生态问题，一类是社会管理问题。

首先，在当代社会，已经出现了越来越多的环境和生态问题，这些问题危害到全球的人类的利益，需要全球的协调、合作和努力。比如，由于二氧化碳排放的大量增加，导致全球气候变暖，进而导致冰川融化海平面上升，导致全球气候反常干旱和洪涝灾害增加；由于大量使用氟利昂，使得臭氧洞逐步扩大，紫外线得以直接照射到地球表面；由于植被破坏严重，导致水土流失、生物多样性减少，等等。为了解决这些问题，目前国际上签订了大量的公约文件，各民族国家依照公约文件开展治理，成为法律全球化的一种重要形式。此外，国际上还成立了大量的国际非政府组织，比如绿十字会，这些组织在改善生态环境、加强环境保护方面也发挥着重要的作用。

其次，越来越多的社会管理问题超越民族国家的能力范围，需要国际上的联合行动才能有效治理。比如，由于人口的跨境流动更加容易和频繁，一些犯罪分子利用这种便利潜逃他国，因此，国际刑事司法协助十分必要；民事领域同样如此，一个国家的判决书的标的物可能在另外一个国家，没有司法协助判决书将无法执行；传染病控制又是一个典型的例子，由于人口和货物的跨境流动十分频繁，使得传染病的控制形势变得十分严峻，比如最近发生的疯牛病、SARS，以及仍然在传播的艾滋病、禽流感等，都是棘手的社会问题，这些问题的解决需要国际联合行动，单凭一国之力已不足以胜任。

（四）文化和伦理的全球化

文化和伦理的全球化，是指随着人类在政治、经济、文化等众多领域的广泛交往，文化和价值理念互相影响，逐步形成一些文化认同和价值共识，比如国际贸易中的交易习惯，国际政治中的外交惯例，国际人权事业中的基本规则和理念，等等。

文化认同和价值共识是法律全球化的一个重要的中介条件。也就是说，无论是经济全球化，还是社会问题的全球化，都不能自动地导致法律全球化，而必须经过文化认同和价值共识这样一个中介。比如说，在全球的经济交往过程中，人们逐步在经济开放的意义、产权保护的方式、法治的价值等方面达成一定的共识，然后才能形成经济一体化所需要的国际公约。同样，各种社会问题出现之后，人们经过长期的交流和思考，最后才能形成文化共识和价值认同，进而形成统一的行动方案。

　　而在人权领域，人类文化和观念的趋同是推动人权法律全球化的最主要力量。人权最初是一个西方概念，其内容与西方的社会背景密切相关。然而，随着全球人类交往和互动，人权观念在全球传播，如今已经成为全球性的最为基本的价值共识。正是由于人类在人权问题上的高度共识，人权法才成为世界化、一体化程度最高的领域。前南国际法庭、卢旺达国际法庭和国际刑事法院成立后，一些人权国际规则甚至获得了直接在主权国家实施的效力，这是其他领域的国际公约所不能及的。

　　需要说明的是，国际非政府组织的活动在文化认同和价值共识的形成方面，发挥着十分重要的作用。比如说，国际动物保护协会提倡尊重生命，善待自然，维系生态平衡，促进社会和谐；国际奥林匹克提倡"和平、友谊、进步"，追求"更快、更高、更强"，等等，它们不遗余力地进行宣传和实践，极大地促进了全球人类在特定领域的文化认同和价值共识，进而增加了法律全球化的可能性。

　　总之，正是由于交通和通信技术的革命性发展以及由此带来的上述众多领域的全球化，要求和导致了法律全球化。从这个意义上说，法律全球化是其他领域的、更为一般意义上的全球化的一个结果，同时反过来又保障和推动了其他领域的全球化，形成了覆盖众多社会领域、各个领域互相依赖、互相促进的全球化趋势。对此，有学者指出："全球化涉及到人类生活的各个方面，它不可避免地带来法律的全球化。事实上，法律全球化不但是经济、生态、政治、文化全球化的产物，也是全球化的重要组织部分，它本身又推进全球化向深度和广度发展。"[1]

　　除了上述这些方面之外，值得一提的是，还有两个因素对法律全球化也有一定的推动作用。一是现代民族国家，尤其是西方发达国家国内的法治经验，在很大程度为法律全球化提供了智识支持；二是西方发达国家对法律全球化的热心和推动。当然，这两种因素也带来了一些负面的影响，这就是，法律全球化在很大程度上体现为西方化、美国化，法律全球化更多地考虑了西方发达国家的利益，而非西方国家的利益在很大程度上受到了忽视。当然，这种影响涉及法律全球化的价值评判，本章将在下一节进行探讨。

---

　　[1]　周永坤：《全球化与法学思维方式的革命》，载《法学》1999 年第 11 期。

第三节　法律全球化的规范分析

如何看待法律全球化？如何评价与之相伴随的一些观念和现象？这属于法律全球化的规范分析问题。

一、法律全球化价值评价的观点分歧

法律全球化是否可欲？对这个问题，无论是在国际上，还是在国内学界，都有争论。由于人们在争论时没有就事实和价值问题进行自觉区分，因而在实际中，许多名为关于法律全球化的事实的观点，事实上反映的是论者关于法律全球化的价值评判。

（一）国外学者的观点

法律全球化犹如一头大象，而且是一头生长中的、尚未定型的大象，人们对其看法各执一端，莫衷一是。综合起来看，在国际上，人们关于法律全球化的价值评判可以划分为三种类型。

1. 肯定评价。新自由主义的态度是其代表。新自由主义认为，法律全球化可以削弱国家主权对经济的干预，实现全球经济一体化，贸易自由和效益原则得以在全球范围内推行。对于发达国家来说，虽然全球化可能带来削减福利措施及社会公正问题，只要主权国家政府不加干预，市场本身会提供所需要的一切社会保证。而对发展中国家来说，全球化也是一个福音，当资源在寻求利益的过程中，从资本主义的"中心"流向"外围"时，将导致全球收入的趋同。

2. 否定评价。依附理论的观点是其代表。这种理论认为，世界近代历史400多年来，资本主义扩张造成的一个结果，是世界呈现为中心和外围两极分化，西方发达国家处于世界的中心，具有优势地位，发展中国家处于外围和边缘，处于竞争劣势地位。当今社会全球化的发展，并不能改变这种不平衡的格局，相反，南北差距进一步扩大，全球的冲突和不平衡进一步加剧。这种理论还认为，发展中国家利益并不能在全球化中自动获得实现，国家主权仍有其深刻的合理性，国家干预、国家保护等措施是在全球化条件维护发展中国家的利益、维护其国内的社会公正的必要前提。

3. 折中评价。这种观点综合了上述两个方面的看法。一方面，这种观点认为在全球化的实际进程中，存在着依附理论所描述的那些问题；但是另一方面，又认为经济全球化以及由此带来的法律全球化是客观的必然的进

程，目前存在的各种不公正问题可以在推进全球化的进程中，通过更公正的机制、更充分的对话得到解决。

（二）国内学者的观点

国内学者对全球化的看法，一方面以国际全球化思潮作为智识渊源，另一方面又受到我国现实国情的影响。同样，我国学者对法律全球化的态度也较为明显地呈现为三派。

1. 积极肯定的观点。持这种观点的学者认为，法律全球化是因为出现了其他领域的全球化，需要法律与之相适应。如果不否认经济全球化客观必然性，如果不否认人权等价值观念的普适性，不否认各种社会问题需要全球合作的现实紧迫性，就必须承认法律全球化是可欲的，因为法律全球化是经济全球化的基础和条件，是国际合作的制度和框架。比如，有学者指出，"全球化涉及到人类生活的各个方面，它不可避免地带来法律的全球化"，"这个运动的结果将产生真正的全球法或世界法，笔者乐观地预计人类有能力在下世纪中叶达到这一目标"。[1] 有学者也认为："在各种各样对时代特征的概括当中，'全球化'这一概括可能是最具有普适性和共识性的。我们生存的这个世界正在发生着历史性变迁，全球化正在有力地改变着人类的生产方式、生活样式和生存状态，也在深刻地影响着人类社会的经济、政治、法律制度及其变迁。在这样一个全球化时代，无论是观察和处理经济问题、文化教育科技问题，还是观察和处理政治问题、军事问题、外交问题，我们都必须有全球意识、全球视野、全球眼光、全球思维，要有全球化的问题意识，应对全球化的战略意识。同样，依法治国，建设社会主义法治国家的一些根本性问题也必须在全球化的背景中和全球治理结构中加以研究和解决。"[2] 但是，另外一些学者认为，这是一种浪漫化的倾向，同时也是最危险的一种倾向，因为这种观点"遮蔽了全球化时代一些至为要害的面相"。[3]

2. 消极怀疑的观点。国内一些学者只同意"经济全球化"的提法，而否认政治全球化、法律全球化。从字面上看，这些学者所否定的，是法律全球化的客观存在，但是具体分析他们的观点的内容发现，他们实际上是不赞成法律全球化，具体地说，是不赞成目前由美国等西方国家主导的法律全球

---

① 周永坤：《全球化与法学思维方式的革命》，载《法学》1999 年第 11 期。

② 张文显：《全球化时代的中国法治》，载《吉林大学社会科学学报》2005 年 3 月第 2 期。

③ 邓正来：《全球化时代与中国法学——"主体性中国"的建构理路》，载《学习与探索》2006 年第 1 期。

化，尤其反对借口人权问题干涉别国内政的理论和做法。有学者分析揭示了这种观点的理论基础："保有这种倾向的论点基本上可以概括为两种：一是以新'左'思潮为支撑的观点，二是以狭隘民族主义为支撑的观点。前者主要以化约论为基本趋向，即把全球化这种现象化约成美国化、资本主义化，认为全球化时代是一个新帝国时代的开始，而这个新帝国时代所依凭的不再是军事、战争和鲜血，而是信息、知识、资本和市场；后者所依凭的理论工具主要是区隔论，即把全球化与中国隔开，用各种各样的大话来掩盖全球化这样一个事实的存在，认为中国至今还只是一个发展中国家，所谓全球化的问题离中国还很遥远，根本就不是当下中国的问题。"① 毫无疑问，这种观点对当下的法律全球化的缺陷的批评是成立的，但是由此得出的结论，即否定全球化存在或者主张逃避全球化，却是值得商榷的。因为一方面，是否存在和是否可欲，是两个不同的问题，全球化虽然有不合理不公正的一面，但是客观存在却是事实，而且中国也已经选择了主动融入全球化进程；另一方面，既然法律全球化客观存在，并且无法逃避，我们所能做的，只能是积极参与全球化的重构，使全球化朝着有利于发展中国家的方向调整和转变。

3. 应对挑战的观点。这种观点指出全球化存在很多问题，但是同时又承认法律全球化是无法回避的客观趋势或情势，因此，我们不能回避，只能直面全球化，并积极应对其中不利于发展中国家的结构性因素，争取法律全球化朝着有利于发展中国家的方向转化。在这方面，有学者指出，全球化要面临国际标准和国内法的协调问题，"在这个领域有很多问题可以研究"，"随着时代的发展，我们会遇到越来越多的东西"。② 有学者认为，一方面，中国由于加入 WTO 的承诺，融入全球化已是不可避免的趋势；但是另一方面，"中国在冷战结束以后所参与的世界结构与此前的世界结构一样，对于发展中的中国都具有特定的支配性"，而且这种支配性是强制性的或者结构性的，中国只是在形式上获得了主权上的平等地位，但是并没有多少话语权。因此，我们的对策，是构建"一种根据中国的中国观和世界观（亦即一种二者不分的世界结构下的中国观），并根据这种中国观以一种主动的姿

---

① 邓正来：《全球化时代与中国法学——"主体性中国"的建构理路》，载《学习与探索》2006 年第 1 期。

② 张文显、邓正来、朱景文等：《全球化时代的中国法学学术研讨会——发言摘要》，载《法制与社会发展》2004 年第 2 期。

态参与世界结构的重构进程"，使得中国在世界结构中从"主权性的中国"进一步发展成为"主体性的中国"。①

二、法律全球化的利弊分析

为了更为全面客观地评价法律全球化，需要进一步考察法律全球化的后果，分析其利弊。总体来看，法律全球化并非一无是处，但是也并非无可指责。

(一) 全球治理法治化的意义

在很大程度上，法律全球化是国际上现行的关系、秩序和价值的法律化、制度化。人们评价法律全球化，容易混淆两个概念，一个是法律化、制度化这种措施本身，另一个要通过法律、制度确定下来的那种世界结构、文化观念。这两个概念在经验世界中是扭结在一起的，所以我们在评价时常常不加以区分。就像我们在评价国内法的时候，评价的通常不是法律化本身，而是法律所确认和维护的那个社会关系。实际上，法律化本身在一定的程度上可以分离出来，使其作为一种措施，得以和政治、军事、道德等手段进行对比，法律自身也因为技术因素的发展变化而体现出优劣来。

根据这样一种划分，如果相对于法律全球化所要确定和维护的世界结构和普遍伦理来说，法律本身是中性的，因为我们所要反对的——假如是反对的话——是其所制度化的世界结构和文化观念，但是当我们对这种世界结构和文化观念进行改造并符合我们的利益需要时，我们仍然愿意用法律将其制度化。由此可见，法律化本身，只是一个形式问题，只是现行的经济、伦理、环境、社会管理等各个领域的全球化的制度化而已。因此，如果我们赞成经济全球化，就不能否定法律全球化。由此也可以看出，那些主张经济全球化而反对法律全球化的观点，其实是一种矛盾的观点。

然而，相对于政治、外交、军事和道德手段来说，世界结构的法律化无疑体现出一定的进步性。人类的利益是多元的、分化的，但是人类又需要合作，这一点适用于小型的社区，也适用于民族国家，同样适用于全球社会。所以我们看到，在国际社会中，充满着复杂的斗争，同时彼此又需要合作。从人类历史发展的经验来看，这种斗争和合作的方式、途径有多种。在过去，政治上的统治，军事上的征服，外交上的合纵连横，以及宗教和伦理上

---

① 邓正来：《全球化时代与中国法学——"主体性中国"的建构理路》，载《学习与探索》2006 年第 1 期。

的传播，等等，都是经常使用的手段。相比这些手段来说，法律的手段，或者说，法治的手段，具有明显的优势，符合最大多数国家的利益，尤其符合弱小国家的利益。我们假定，如果纯粹用政治和军事作为解决国际问题的主要手段，这对弱小国家更为不利。我们看到，法律方式在现代国际斗争与国际合作中越来越流行，比如大量的国际公约的签订，世界贸易组织纠纷解决机制的法制化，国际刑事法院的建立，等等。当然，法律的背后，通常都有强权的影子，比如对萨达姆的审判，对米洛舍维奇的审判，等等。但是，或多或少，法律对强权多少会有一些牵制作用。也由于这种牵制，法律化在很大程度上增加了国际秩序的稳定性和可预测性，一如民族国家的法治化对人们生活的意义一样，全球治理的法治化也有利于人们对国际活动的计划和安排，有利于经济的发展和生活的安定。

此外，从技术的角度来说，法律全球化也体现了法律自身的一种发展。法律是实践性的，需要回应和解决各个时代所面临的社会问题。在这种回应和解决的过程中，法律自身的技术不断累积和创新，使得法律作为一种社会治理措施不断发展。在全球化时代，人类面临许多新型的社会问题，比如，如何能够既尊重民族国家的主权，又能确保各国履行国际义务？如何协调法律的国际标准和地方性特色之间的冲突和矛盾？等等。人类在解决这些社会难题的过程之中，必然促进法律在技术上的进步。另外，法律全球化过程之中，不同法律体系之间的交流和学习，也在客观上促进了法律技术的发展。比如，两大法系互相学习和融合，彼此可以取长补短，增加法律的效能；发展中国家对西方法治经验的学习和借鉴，可以增进前者的法律知识并完善其法律制度。

（二）世界结构的合理性分析

人们对于法律全球化的批评，主要集中在法律全球化背后的那个世界结构的合理性。根据沃勒斯坦的理论，我们现在所处的世界，是16世纪以来逐步发展形成的、以资本主义为主体和特征的世界经济体系。这个世界体系具有三个特征，一是它是按照资本主义的要求建立起来，它的法律、文化、观念都是资本主义的，也可以说是西化的、美国化的。二是在西方国家和非西方国家之间，它并不是平等地分配生产的剩余产品，而是通过经济的和超经济的手段，使得财富不断积聚在少数西方国家，如此不断发展，导致了一个中心化和边缘化的过程，即一些国家不断地垄断商品并利用国家机器在世界经济中使其利润最大化，这些国家也因此成了"核心国家"，另一些国家在世界经济中因只有不太先进的技术且使用大量的劳动力而成为"边缘国家"。三是与这种经济两极化相对应的政治两极化，即在中心区出现了强国，而在边缘区则出现了弱国。① 现在法律全球化所要制度化的世界，很大程度就是这样一个世界，这是一个按照资本主义发展逻辑建构起来的世界，是存在中心与边缘并且差距仍在扩大的世界。

显然，这样一个世界结构对于发展中国家来说，并非福音。它充满了掠夺、剥削、歧视和陷阱。因此，发展中国家的人们批评和反对当前的全球化也就不难理解了。但是，如果再进一步，抵制全球化，退出世界经济体系，对发展中国家的发展也并不有利。这是因为，虽然世界经济结构不合理，但是在世界经济体系之中，通过吸引资金、技术和信息，通过社会分工所获得的比较优势，相比关起门来搞建设更有利于经济的发展。其次，更为重要的是，虽然现行的世界结构不合理，但是广大发展中国家积极参与法律全球化的重构，可以在一定程度上修正其中的一些不合理之处，使得法律全球化背后的世界结构逐步合理化。实际上我们看到，由于广大发展中国家的斗争，世界结构正在变得更加公正、更加合理。虽然截至目前这个世界结构仍然是很不合理的，但是相比殖民地时代，毕竟已经有了很大的改进。

由于世界结构存在不合理性，发展中国家强调当前阶段主权的重要性是容易理解的。一方面，由于世界经济秩序并非公正合理，因此发展中国家需要借助国家主权来维护自己的利益，比如治理环境污染，加强社会福利保障等，都需要借助于国家权力和公共财政的力量。另一方面，由于当前的世界秩序实际上被美国等西方发达国家所主导，如果削弱主权，实际上可能使得超级大国更容易把持世界利益分配，全球化会变得更加不公正。因此，在全球化的当前阶段，在目前的世界结构之中，还必须强调国家主权在国内治理中的主导作用，必须强调国家主权在国际关系中的基石地位。

三、法律全球化对中国的影响

价值评价很大程度上取决于评价者的立场，因此，有必要单独考察法律全球化对中国的影响。笔者以为，就中国的特殊国情来说，这种影响同样包括有利的方面，也包括不利的方面。而综合起来看，则是利大于弊。

（一）法律全球化对中国的利好

第一，法律全球化对于建设社会主义法治国家具有重要的推动作用。法

---

① Immanuel Wallerstein, *The Modern World - System*, New York: Academic Press, 1974, pp. 37—38.

律全球化的一个重要方面是法律趋同化，而在当前的国际语境中，趋同的标准，其实就是西方的法律。然而实践证明，西方国家在法治建设方面，具有许多成功的经验，它们的许多法律制度被实践证明是比较有效的。比如说，刑法中的罪刑法定原则，民法中的契约自由原则，商法中的公司制度、票据制度，诉讼法中的司法独立、无罪推定原则，等等，对于特定社会目标的实现都是强有力的，是公认的人类优秀的文明成果。当然，对这些法律经验的学习，不能照搬，还必须结合中国的国情进行调整和创造性地转换。

第二，法律全球化有助于中国融入世界经济体系。这里有一个前提，就是改革开放已经确定为我们的基本国策，加入 WTO 已成定局。在这种情况下，法律全球化有助于我国融入世界经济体系。因为法律全球化的一个重要方面，就是按照 WTO 的要求，改革国内法律制度，使之与国际标准接轨。实现国际接轨以后，国内市场才能对境外的资金、技术产生吸引力，国内资本到境外投资才能得到互惠、公平的对待。

第三，法律全球化有助于推进我国的人权事业。在目前的国际标准中，有相当一部分属于人权领域，我国履行这些标准的要求，调整国内法律实践，对于我国的人权事业具有重要的促进作用。这是因为，一方面，保障人权已成为我国社会发展的基本目标，"国家尊重和保障人权"已经载入我国宪法；另一方面，联合国的人权公约文件是基本的国际共识，是人权保障的最低标准。因此，我国加入和履行这些公约文件的要求，改革国内的法律制度，对于我国人权事业发展来说是重要历史契机。

第四，法律全球化彰显我国的全球主体意识、责任意识。"全球法"或者"世界法"大多数是基于全球公共利益的需求制定的，比如保护生态环境、裁减军备、保障人权，等等。虽然其制定过程中西方发达国家发挥着主导作用，但是仍然具有一定的合理性。所以，中国作为一个文明国家，作为一个拥有 13 亿人口的大国，积极参与全球法律实践，勇于承担国际义务，可以彰显我们在全球人类社会中的主体意识，可以树立我们文明的、负责任的大国形象。

（二）法律全球化对中国的弊害

当然法律全球化对我国也有一些不利之处。首先，一些国际标准不太符合中国的国情。一方面，由于我国是一个发展中国家，物质和文化生活水平都还比较落后，一些国际公约在西方国家看来可能是最低标准，但是对于我国来说可能仍然有些超前。另一方面，目前的国际标准主要是由西方发达国家主导制定的，可能不符合中国的文化传统，或者可能会损害我国的公共利益。在这种情况下，我国可能很难执行这些标准。但是，由于中国具有加入WTO 承诺，由于国际伦理中流行西方国家的价值观念，使得这些要求对中国具有很大的强制性。比如说，最近 WTO 组织初步裁决中国对超过整车60% 的零部件征收整车关税的办法不符合 WTO 规则，这个裁决所反映的贸易规则就没有充分考虑我国作为发展中国家需要保护和发展自己的汽车零部件产业的国情。世界结构的这种支配性，是包括中国在内的所有发展中国家共同面临的严峻问题。

其次，对于全球化中的法律实践，我国存在着知识和经验不足的问题。目前的全球法律实践已经具有较强的技术性，比如如何利用 WTO 组织的纠纷解决机制，如何防止反倾销调查，如何引渡犯罪嫌疑人，如何规治跨国公司，如何保护侨民的权益，等等。但是，我国作为世界体系的后来者，对于如何应用这些法律技术，还缺乏知识和经验，因此吃亏的事例也不少。比如我们的产品屡屡被一些国家实施反倾销调查，一些跨国公司在中国实行更低的质量安全标准和劳动保障标准，等等。这种知识和经验的缺乏，是全方位的，包括实务界的人士，也包括法学科研和教育行业。一个事例可以说明这一点。张文显等教授到前南国际刑事法庭旁听了对米洛舍维奇案件的审判，晚上，刘大群法官宴请他们时介绍，在前南国际刑事法庭 1000 多名雇员中，中国籍的工作人员只有 3 人，而 30 万人口的塞内加尔共和国居然有 6 个工作人员。我们国家每年至少有 60 多人到那里去应聘，参加那里的考试和面试，而且联合国的秘书长安南特意讲，中国是一个安理会的常任理事国，你们在录用的时候一定要优先考虑中华人民共和国的考生。可是，这么多年来，只有 3 名中国人通过了考试而被录用。[①] 这个事例说明，一方面，我们非常缺乏国际法律实践方面的知识和经验；另一方面，由于这种缺乏，使得活跃于国际法律机构的中国人数量太少，中国的文化和利益被反映和关注的渠道也因此严重不足。

第四节　全球化条件下法学研究的范式转换

不同的时代有不同的法学理论，不同的时代课题有不同的研究范式。有学者考察西方历史发展得出结论，经济全球化发展的不同阶段，对应着不同

---

① 张文显、邓正来、朱景文等：《全球化时代的中国法学学术研讨会——发言摘要》，载《法制与社会发展》2004 年第 2 期。

法学发展的不同的阶段：第一轮经济全球化导致法学独立，第二轮经济全球化导致法学分科，第三轮经济全球化导致法学流派多元化，第四轮经济全球化正在进行之中，法学也应当有相应的创新。① 有学者则提出，全球化时代的中国法学应当进行视角转换，建构并向世界提出法律的"中国理想图景"，进而确立中国在世界结构中的主体地位。② 威廉姆·特瓦宁认为，传统的英美法理学是以民族国家为基础的法理学，这种法理学已不能有效应对全球化时代相对非领土化的社会生活，因此需要创建（复兴）一般法理学，为描绘世界的总体法律图景提供适当的概念工具，为在更广阔的背景中审视法律现象选取有效的观察视角，为提炼和概括超越特殊法律文化的元语言探求实际可行的道路。③ 那么，全球化时代的中国法学应当如何回应时代的要求？应当如何凸显中国在世界结构中的主体性？应当如何保证其概念和理论在全球化生活形态中的有效性？本节接下来，将对这些问题进行探讨。

一、全新的研究对象

我们当下所处的社会背景，是在技术革命所带来的时空挤压之下，所形成经济、政治、文化、法律等全面的全球化。根据赫尔德的划分，在全球化之前，人类的活动范围和组织方式经历过两个阶段，最早是以依靠畜力的本土社会，其后是以工业革命和机械化大生产为特征的民族国家时代。然而，相比较而言，全球化时代的社会生活出现了一系列新的特征：（1）人们的活动，经济交往，技术、资金的流动，已经突破了民族国家的领土边界。（2）由于人类活动范围的扩大，由于人类影响自然环境能力的增强，也带来一系列问题，这些问题的危害跨越了国境，这些问题的解决仰赖不同国家的合作。（3）由于跨国境的交往日益深入，由于人类面临着共同的问题，人们在一定程度上不断凝聚文化共识，在人权、环境、战争等方面，价值共识日益增长。但是另一方面，人们交往过程中，文化和价值的冲突也十分激烈。（4）人类社会的组织方式和治理方式也正在相应地发生改变，各种超国家或者跨国家的政府间组织和民间组织在各种社会事务的管理上发挥着越来越重要的作用。

---

① 李龙：《经济全球化与法学的演进》，载《中国法学》2002 年第 1 期。

② 邓正来：《直面全球化的主体性中国——谈"中国法学的主体性建构"》，载《中国法学》2007 年第 2 期。

③ 参见周晓虹《一般法理学的"乌托邦"——述评〈全球化与法律理论〉》，载《法制与社会发展》2005 年第 6 期。

全新的社会背景，必然出现新型的法律问题，需要法律理论予以关注和解答。一方面，由于传统的、以民族国家为核心的社会生活仍然在一定程度上存在，所以，传统的法律问题依然是需要法律理论予以关注和解答。这些问题包括，如何建构国家和社会的关系？如何保障和规范经济秩序？如何保障弱势群体？等等。相对来说，这些问题在发达国家的分量相对较轻，因为它们的民族国家的建立已经有了数百年的历史，人权启蒙、法治发展也比较充分。然而在广大的非西方国家，民族国家还需巩固，国内法制需要统一，政治权威需要重塑，因此传统的社会问题仍然需要法学研究给予充分的关注。

另一方面，全球化进程带来社会背景的新变化，又带来新型的社会问题，需要法学研究予以关注和解答。这些问题是多方面的，包括：国际标准应当依照什么程序制定？如何规范国际组织的全球治理活动？如何处理主权国家和国际组织之间的关系？超国家的法、跨国民间法和国内法之间是什么关系？国际标准的普遍性和国内法的地方性如何协调？如何在尊重主权的前提下确保主权国家履行国际义务？如何解决尊重主权和保障人权之间的矛盾？如何构建和保障世界经济秩序？如何在生态、环境、社会公害的治理方面，加强国际合作？等等。显然，这些问题在传统法学理论的视野之外，而这些问题的研究与解答，构成了全球化时代法学研究的特色。而这些问题的有效解答，必须进行相应的思维方式转变，必须反思和重构传统法学的概念和理论。

二、必要的思维转换

全新的社会背景，新型的社会问题，以及原有法学理论的诸多误区，要求我们法学研究进行必要的思维方式转换。对于中国学者来说，这种思维方式的转换主要体现在下列两个方面，以及这两个方面的协调上。

（一）更切实关注和体察中国的本土情景，实现本土化思维

由于两个方面的原因，中国法学研究形成了所谓的"现代化范式"。[①]一个原因是，现代性的法律制度和观念在西方国家的历史经验中被证明是比较有效的，因此，历史性地成为我们法制现代化过程中学习、借鉴和移植的对象，成为我们批判和检视现实的标准；另一个原因是，由于法律全球化的

---

① 所谓"现代化范式"，参见邓正来《中国法学向何处去——建构"中国法律理想图景"时代的论纲》，商务印书馆 2006 年版。

需要，我们过于强调和国际接轨，从而忽视了国内生活情景特殊的文化性和地域性。由于这种现代化范式的盛行，导致我们对于国内经验现实的考察和体验不足，对于本土生活的文化意义的尊重和关怀不足。

然而，这种研究范式是必须转换的，必须更加关注和体察中国的本土情景，确立本土化思维。这是因为：

第一，在全球化发展的当前阶段，仍然有许多领域的社会生活完全在民族国家范围内，或者主要在民族国家范围内。正如有学者所指出的，"全球化确实是一个趋势，越来越多的商品、货币、技术和人员在跨境流动，但是，还有大量的活动只局限在一国或一个地方的范围内。在法律领域，单就我们的律师领域来讲有多少跨境提供法律服务的，它的比例是非常小的，大量的律师活动领域是在国内。大量的有关家庭的、婚姻的、经济的法律活动还是主要集中在它的本土范围内，甚至就是在那个地方的范围内"。① 由于大量的问题完全属于国内的性质，因此，深入的本土研究仍然必须被强调。

第二，法律在很大程度上，是和特定地区的文化意义和想象世界联系起来的，法律只有被特定文化所理解，才能被信仰和尊重，才能有效地、低成本地推行。尽管全球人类不断交往，文化和想象不断接近，但是截至目前阶段，除了一些基本的价值原则外，文化大多数还是地区性的，尤其是像中国这种文化传统深厚的国家。因此，只有探寻本土人们的意义世界，才能确保我们的法律能够被人们理解和信仰，才能确保法律的有效实施。

第三，关注和体验本土的特殊情景，还是民主和人本主义的需要。强调关怀和体验地方性的意义世界及其特殊需要，表明我们把每个地方的民众当成目的，而不仅仅是工具。国际通行的原则需要被尊重，但是地区的独特想象和现实需要也应得到关切。如果法律应该具有民主的属性，而不是学者手中用以实现普世主义的工具，那么实际使用法律的人们就应当成为评定和选择法律的决定性因素。

第四，即使需要在国内法中贯彻国际标准，通常也需要一定具体化，或者通过某种转换，借以和主权国家的国情相衔接。即使是那些在国际上已经取得共识的价值或者制度，共识通常也只是停留在原则或框架阶段，因此这种转换总是必要的。而要确保这种转换获得成功，本土化的研究是不能缺少的。

---

① 张文显、邓正来、朱景文等：《全球化时代的中国法学学术研讨会——发言摘要》，载《法制与社会发展》2004 年第 2 期。

（二）回应全球化的时代要求，确立全球社会的主体性思维

在前民族国家时代，人们生活在一个家族之中，一个村落之中，一个领地之中，或者一个宗教组织之中，家族、村落、领地或者宗教派别，构成"我们"和"别人"、"自己人"和"外人"、"内部的"和"外部的"这种划分的边界。在民族国家时代，各种社会组织式微，社会权力被民族国家以公共利益的名义集中和垄断行使，个人从各种社会组织中解放出来，在公民—国家的二元结构中享有权利，履行义务。在这种社会形态中，主体性体现为公民身份，民族国家的公共生活构成了公民主体的范围和边界，人们作为政治主体所热爱的、献身的、享受权利和履行义务的对象，是民族国家。民族国家取代了家族、村落、领地或者宗教派别，成为"我们"和"别人"、"自己人"和"外人"、"内部"和"外部"的划分边界。然而在全球化时代，民族国家的边界再度被突破，人们越来越深切地感受到，全球社会是一个大家庭，彼此的利益休戚相关：一方面，不同国度的人们越来越有同类的认同感，彼此关切每个人的尊严和利益。当"9·11"事件发生时，其他国家的人们同样感到悲伤和愤怒；当美军的"虐囚事件"曝光后，全球社会都为之哗然，因为每个人的权利和尊严都感到遭受了深深地侵害。另一方面，越来越多的事件，虽然只是发生在地球的某个角落，但是其他地区的人们也能感受到自己的利益与之密切关联。比如，美国的次贷危机，东南亚的禽流感，南极冰川的融化，等等，对我们每个人的利益都可能产生影响。于是，虽然是其他国家的人，但是我们不再把他当"外人"；事件虽然发生在其他地方，但我们不能再置身事外。每个人在全球范围内，成为一个主体，全球社会越来越成为一个政治和价值的共同体。这种新型的共同体要求，每个个体都应当不断滋长全球社会的主体意识。作为法学家，这种主体意识尤其重要，因为法学家要在全球政治共同体和价值共同体的构建中，提供智识支持。具体地说，这种全球主体意识，应当包括以下四个方面的内容：

1. 确立全球普遍主义的人本观。人本主义要求把人当成目的看待，自由平等是其基本的要求。然而，在民族国家实现法治之前，人的自由非常有限，同时也极不平等。费孝通指出，在中国古代，社会上每个人对他人的看法是根据远近亲疏的不同而区别对待的，由此形成了人际关系的"差序格局"。[①] 同样，在政治生活中，也存在着这种差序格局，每个人的权利义务，

---

① 费孝通：《乡土中国　生育制度》，北京大学出版社1998年版。

不同身份的个人的政治机会，都是不同的，因此，这是一种遍及社会生活每个领域的特殊主义价值观。然而，这种差别对待不仅在中国古代如此，也是所有前法治国家的共同特点。民族国家建立以后，随着法治的逐步实现，个人在民族国家的范围内，获得了民主、自由和平等的权利，概括地说，就是获得了"公民权"。但是，公民权是严格以民族国家为边界的，其他国家的人民并不能当然地享有公民权。比如说，西方国家虽然在国内实现了"公民权"的普及，但是殖民地的人民却并没有这一权利。然而，在全球化时代，日益增长的人权观念已经突破了公民权的限制，赋予了任何个人以人的尊严和价值，由此形成了一系列的人权原则和规则。人权和公民权的区别，就在于前者突破了民族国家的边界，是全球范围内的普遍主义人本观。坚持这种普遍主义的人本观，要求我们将全球范围内的个人视为同类，予以尊重和保护。基于这样的认识，一方面，我们应当关怀其他国度的人们的生存状况，也应当接受其他国度的人们对我们的关切；另一方面，也要求国际上要有相应的政治组织，促进人权事业在全球范围的发展，要求每个国家和个人都应当践行已取得国际共识的人权原则。

2. 确立全球本位主义。全球主体意识要求确立全球利益本位主义。所谓全球利益本位主义，是指将全球社会的利益作为新型的公共利益，民族利益和个人利益在特定的情况下，应当让位于全球利益的需要。对于法学研究来说，需要从过去的民族国家的公共利益立场，调整到全球社会的公共利益立场，检查和审视原有法律理论和制度安排。之所以要确立全球利益本位主义，正如有的学者形象地指出的，因为"全球人类具有真正的共同利益，简单地讲就是 60 亿人同在一条船上，需要共同保持船的安全和航向"。① 然而，这不只是比喻，事实上也确实如此，全球公共利益已在许多方面充分体现出来。首先，在经济领域，全球经济已经高度一体化，一个国家，尤其是经济总量较大的国家的经济出现了问题，其他国家难以独善其身，所以，一个国家的经济政策，要考虑对国际经济的影响。其次，环境、生态问题治理的全球公共利益的性质尤其显著。比如说，温室效应继续增强，几乎每一个国家都将受害；臭氧层破坏殆尽，强烈的紫外线将照射到地球表面的每一寸土地。

3. 确立国际合作双赢的价值观。人是社会的动物，总是生活在一定的社会秩序或者社会关系之中。根据涂尔干的理论，社会关系或者社会秩序具

---

① 周永坤：《全球化与法学思维方式的革命》，载《法学》1999 年第 11 期。

有两种基本的类型，一种是基于共同的目的进行合作，一种是基于不同的目的进行交换。无论是哪一种关系，个人都可以从中获得更多的收益。而随着通信和交通技术的发展，人类活动的范围逐步扩展，人类也在更为广阔的范围内合作和交换，由此在更大的范围内促进了社会分工的发展（交换），在更大范围内促进了人类力量的集中（合作），人类社会征服自然和改造自然的能力也日益增强。在前现代社会中，由于交通和通信的限制，人们的活动范围很小，只是在较小的熟人圈子中发生交换和合作。然而，在民族国家时代，人类迎来了产业革命，交通和通信的巨大发展，使得人类交往和合作的范围也大幅度扩大，以交换为目的的民族国家统一市场普遍建立，以民族国家的政治活动为基本模式的人类合作也普遍实现。而在全球化时代，交通和通信技术进一步发展，世界上的时间和空间极度挤压，地球变成了一个村落，于是，在全球范围进行合作和交换变成了可能。而由于合作和交换对于人类发展的巨大意义，因此，人类有必要建立全球范围内的交换和合作秩序。作为法学家，要理解这种更大范围的社会秩序对人类发展的意义，相信突破民族国家边界的交换和合作，可以极大地增进全球社会的福利和效益。

4. 提升国际参政意识。无论是全球公共利益的界定，还是国际交换和合作秩序的维护，都不是自动实现的，都需要国际政治活动的实践。而法律全球化，则可以为国际政治活动提供制度化的框架，规范国际政治活动的进行，制度化国际政治活动的成果，一如民族国家内的法治之于政治一样。而广泛地关注和参与国际政治，是全球化时代新型的主体意识的要求和体现，一如在民族国家之中公民应当具有参政意识一样。这是因为，在全球化时代，社会秩序依然是以利益的分化和多样性为前提的，而国际政治无非是全球范围内不同利益的表达和整合机制。同样，我们有我们自己的特殊利益，因此，只有具有国际参政意识，才能积极关注和参与国际事务，我们的利益才能在国际秩序中得到表达和尊重。另一方面，利益的分化也说明，参与国际政治活动的主体同样是自私自利的，在缺乏世界政府的有效监督的情况下，国际机会主义必然盛行，因此，只有积极的参政意识和参政行为，才能通过人类的理性能力，在一定程度上抵制国际机会主义和国际霸权主义，建立民主、公正的国际秩序，准确界定国际公共利益，合理分配国际权利和义务。

全球参政意识的强调对于中国法学家来说，尤其重要。这是因为，一方面，我们是后来加入的，世界结构对我们有强制性，这种强制性可能在很多方面于我们是很不利的，因而我们只有参与全球规则的制定，才能改变不合理的世界结构，体现和维护我们的特殊利益。另一方面，正是由于世界结构的诸多不合理性，导致一些学者从根本上否定了全球化的趋势，采取逃避全球化的鸵鸟政策。然而，在理论上躲避它，并不能躲避它的实际作用和影响。中国既然选择了改革和开放，选择了融入国际社会，就应当面对、接受和参与全球化，对于其中不合理的结构性安排，要通过提高参政意识和话语能力，去改变和纠正。当然，我们也应当看到，作为新融入国际社会的国家，这个国际社会又是西化、美国化程度很高的世界体系，我们话语能力并不是很强。但是，这种局面可以通过参政活动逐步去改变。通过这种改变，就可以确保我们从"主权性"的中国转变为"主体性"的中国。①

（三）两种思维方式的协调

前面提到，全球化时代的法学研究要求法学家实现两方面的思维转换。其中，一是关注中国本土情景的特殊主义思维，二是回应全球利益的普遍主义思维。显然，这两种思维是对立的。然而，这种对立是合理的，因为现实中具有对立的两种社会因素。即，我们处在一个从民族国家的社会形态向全球化的社会形态转变的过程中，一方面，民族国家的社会生活依然占有相当的比重，甚至在中国这样幅员辽阔的国度，国家内部还有具有多种多样的特殊的地区情景需要关怀和体验；而另一方面，全球化的趋势又在加速发展，全球人类的价值认同逐步加强，全球范围的交换与合作的社会秩序日益联结，各种问题的全球治理日益迫切，这些都需要我们具有基于全球价值和全球利益的普遍主义思维。

然而，两种思维毕竟是对立的，因此，这里存在一个如何协调的问题。我以为，这里的协调应当把握三个原则：一是不同的问题全球化程度是不同的，对于那些全球化程度较高的问题，比如刑事司法中的人权问题等，就应当更多地采取普遍主义思维，对于那些全球化程度较低的问题，比如农村土地政策，民事纠纷的解决等，就可以更多地考虑本土情景。当然，在当今时代，普遍主义已经广泛渗透，很难有完全没有普遍意义的问题，区别只在程度方面。二是对于高度全球化的问题，比如国际广泛认可的原则和规则，国际公约规定的国家义务等，则可以将普遍主义的原则和规则视为最大公约数，视为基本原则和目标，具体的实现形式则可以发挥特殊性思维，尊重本国的文化想象和资源状况。比如，国际公约规定二氧化碳排放量的最低标

---

① 参见邓正来《全球化时代与中国法学——"主体性中国"的建构理路》，载《学习与探索》2006 年第 1 期。

准，具体如何实现，则可以考虑本国的国情；联合国的刑事司法准则虽然内容比较丰富、具体，但是其中仍然有相当的空间需要各民族国家结合国情予以调整和落实，等等。三是由于全球化本身是一个趋势，是发展和演变的，因此两种思维的协调也应该根据全球化的发展程度变化而不断调整。比如有些领域，以前是各个民族国家各自治理的，现在由于一个新的公约的签订，有了国际标准，于是，民族国家的治理就要考虑回应普遍主义的要求。

三、反思和重构传统的法律理论

全球化时代法学的范式转换还要求反思和重构传统的法学原理和理论。反思和重构不意味着完全否定，而是有选择地扬弃，对于原有的概念、原理和理论，结合全球化社会中特殊的法律问题和经验素材，注入新的时代内涵。

（一）关于普遍性和地方性

法律规则既有一定的普遍性，又有一定的地方性。一方面，规则总是要对不特定的人和事反复适用的，因而总是要有一定的普遍性；另一方面，规则又总是在一定的时空范围内实践的，并且要根据特定的人们的想象来解释和运用，因此又总是地方性的。在一定程度上，普遍性和地方性呈现为此消彼长的关系。在人类历史上，法律的发展体现为普遍性逐步增长、地方性逐步弱化这样的过程和趋势。在人类社会早期，社会是以较小的群体的形式存在的，彼此完全是一个熟人社会，文化价值上是一个高度同质的共同体。由于价值共识高度一致，甚至使得成文的法律没有必要，彼此心照不宣的习惯就足够了。这种习惯可以说是高度地方性的。随着社会的发展，不同文化的人们开始接触和交往，彼此的文化和价值出现多元化，原有的习惯规则已经不能应付，于是成文法律开始出现，法律也因此具有了超越多个文化群体的普遍性。因此，昂格尔指出，法律既是文化和价值冲突的结果，又立于价值共识之上。① 在现代化进程中，随着民族国家的建立，在民族国家的范围内，法律实现了统一，实现了超越社会亚文化群体的普遍性。但是，这种普遍性仍然具有一定的地方性特征。因为虽然法律超越了民族国家内部特定的亚文化群体，但是，不同的亚文化群体通过接触和交往，会形成新的价值共识，进而形成民族国家的法律。而相比其他的民族国家而言，这些法律仍然

---

① 参见［美］昂格尔《现代社会中的法律》，吴玉章、周汉华译，中国政法大学出版社1994年版。

是地方性的，特殊性的，包含着特定的意义和想象。

在全球化时代，普遍性和地方性之间，存在着比以前任何时代都要复杂的互动。一方面，全球化形成了最大范围的合作和交换的社会秩序，因而要求法律比任何时候都具有普遍性。另一方面，全世界具有将近 200 个国家，每个国家内部又有不同的地区、阶层、民族等亚文化群体，由此构成了复杂的、多样的、多层次的地方性法律的竞争和交汇，要在如此复杂多样的地方性法律基础之上整合全球共识，是何其困难。然而正是这种困难，为法学理论的发展提供了契机，通过这种困难的克服，寻找到一条普遍性和地方性兼顾的法治模式，法学理论必将获得新的提升。

那么，在全球化时代的法治实践中，如何解决法律的普遍性和地方性之间的矛盾呢？笔者以为，如前文提到的，中国具体情景的特殊主义思维和全球利益需要的普遍主义思维之间的兼顾和协调，是克服这种矛盾的一个基本原则。当然，这里仅仅确立了笼统的原则，具体如何协调和解决，还需要专门的理论进行研究和讨论。但是毫无疑问，这是未来法学理论的一个重要增长点。

（二）关于法的国家意志性

传统的法理学认为，法律是由国家制定或者认可、并由国家强制力保障实施的规范体系。法的这种属性通常被概括为法的国家意志性。在以民族国家为社会生活的中心的时代，国家意志性比较准确地概括和描述了法的特征。因为在那个时代，随着民族国家的建立，社会权力被国家所垄断，只有经由国家制定的规则才能获得正当性并在社会上强制实施。当然，国家意志性的概括，其实具有一定的相对性。在民族国家建立之前，社会权力实际上是多元的、弥散的，因此法律也可能有多种形态。即使是在民族国家已经建立数百年的西方世界，民族国家也并没有在事实上绝对地垄断所有的社会权力，各种社会组织仍然可以在一定范围内制定规则并予以推行，形成所谓的民间法。虽然如此，我们仍可以说，在民族国家时代，国家意志性仍然是法的一个重要属性。

然而，到了全球化时代，法的国家意志性理论的有效性受到了更为严峻的挑战。这是因为，法律非国家化的趋势日益增强，越来越多的法律不能简单归结为国家意志。根据前面考察，这种非国家的法律包括多种类型，一种是政府间国际组织制定的超国家的法，另一种是国际民间力量制定的跨国民间法。由于这些非国家的法并不是由主权国家制定和保障实施的，因此，传统的法律理论不能有效解释这一现象。

　　当然，有学者为法的国家意志性辩护，认为主权国家融入国际社会、接受国际规则是基于本民族的利益考虑；主权国家遵守和履行国际规则也是基于自愿和承诺，国际社会并没有强制主权国家遵守和履行的权力，因此，所谓非国家的法，也是基于主权国家的国家意志的。事实上，这里涉及如何理解"强制"一词。如果强制仅仅限于通过军队和警察对身体或财产强制性的限制或剥夺，那么可以说，在国际社会，这样的强制几乎没有出现。但也不是绝对的，国际上的经济制裁，国际刑事法院的审判，联合国的托管，实际上也包含了这样的强制力。然而，即使是基于自身利益的考虑"自愿"接受，其实和民族国家在国内的强制没有什么本质上的区别。因为根据契约理论，人们之所以成立政治社会（民族国家），也是基于自身的利益考虑，因为人们的理性发现，这是实现自己的利益最大化的必要措施，当然，理论上人们也是可以退出契约的、退出政治社会的。因此，全球社会的公共权力和民族国家的公共权力并没有本质的不同，区别只在于，全球化层面的公共权力尚处在生长之中，处在非常初级的阶段。

　　虽然尚处在初级阶段，非国家的法的约束力已经显著地存在。这是因为，一方面，由于全球化公共利益的存在，必然形成全球的价值认同，导致全球的主体意识增长，最终形成极其强劲的道义力量。在很多领域，这种道义力量可以说非常强大，从"伊拉克虐囚事件"可以看出，即使是当今世界最为强大的美国，也能感受到国际道义的强大约束力。而道义力量和全球生活相互性的发展结合起来，约束力更为强大。由于相互性的发展，一个开放的文明国家对全球社会具有极大的依赖性，如果一个国家违背国际道义，就容易受到整个国际社会的孤立，这种孤立很可能是灾难性的。在 SARS 事件中，可以切身感受到，一纸旅游警告对中国造成的经济损失，超过有史以来任何一笔罚款。在全球化发展的当前阶段，对于一些十分重大的全球公共利益，由于人们感觉到道义谴责和相互性的制约仍然不足以维护其有效性，于是通过主权的让渡，成立了全球性的公共权力，这些公共权力在特定领域，可以发挥类似民族国家内部的公共权力那样的强制力。比如，联合国安理会可以通过制裁措施，WTO 组织可以裁决国际贸易争端，国际刑事法院可以审判国际人权犯罪，等等。

　　（三）关于法律多元主义

　　讨论法的国家意志性，必然要提到法律多元主义。法律多元主义是以民族国家为主要生活空间的时代出现的一种法律理论。在 19 世纪的西方，随着民族国家的普遍建立和巩固，实在法成为主要的法律渊源，这一变化也迎合了当时统一市场发展的需要。和这种社会形势相应，法律形式主义开始盛行。这种理论认为，所谓法律，就是由民族国家制定的、自足的、普遍有效的逻辑体系。然而，在事实上，国家法并未完全一统天下，在民族国家之外，许多社会组织依然在事实上享有一定的权力，相应地，在国家法之外，社会上还存在其他形式的社会规则，它们在事实上具有一定的约束力。针对这种现实，一些法社会学家提出了法律多元理论，指出国家法只是法律的一种，还存在各种各样的民间法、固有法。而在非西方国家，法律多元理论作为一种理论工具，尤其有效，因为这些国家在移植西方现代性的法律之后，国内的传统文化及其规则仍然还在很大程度上以固有法、传统习惯等方式发挥作用，有时甚至完全消解了国家法的实效。

在全球化时代，法律多元主义的基本原理依然成立，但是，需要注入许多新的时代内涵。

首先，在全球化时代，在民族国家内部，除了国家法之外，依然还存在不同形式的民间法。由于这些民间法对应的社会组织、社会权力及其适用范围小于民族国家，所以可以称为亚国家的法。无论是在西方发达国家，非西方发达国家，还是非西方发展中国家，亚国家的法事实上都是存在的，但是又各有特点。对于西方发达国家的亚国家法，马考利就曾经作过考察和描述。在《私政府》一文中，马考利指出，像黑手党、全国大学生田径协会、美国仲裁委员会、商贸中心、居民委员会乃至旅馆等都和"公政府"一样具备管理的职能，它们是"公政府"之外的"私政府"，它们能够像"公政府"一样制定法律、解决纠纷以及制裁违规行为。例如，像国际钻石商行这样的商业机构以"不来不怪，来者受戒"为原则推行其内部决定、实施社会控制，一个人要想做买卖就必须获准进入该群体，而且，要想长久地做下去，还得依照相应的规则谨慎地维持自己的声誉。[①] 在日本，作为非西方的发达国家，一方面，类似马考利所说的私政府、私的法律体系同样存在，与此同时，还因存在国家法和固有法之间的冲突和竞争而闻名。在中国这样的非西方发展中国家，亚国家的法更是因为多种原因而存在。一方面，从权力的集中和垄断行使这个角度看，中国的民族国家尚未完全巩固，弥散的社会权力大量存在；另一方面，中国的文化传统积淀深厚，同时又快速引进西方现代性的法律，因此二者之间存在着较为显著的冲突和竞争。这些原因使

① Stewart Macaulay, "Private Government", in Leon Lipson and Stanton Wheeler (eds), *Law and the Social Sciences*, New York: Sage Foundation Press, 1986, pp.445—518.

得中国的国家法在实效性上面临着更多的竞争和挑战。

　　其次，在全球化时代，又出现了其他形式的非国家的法。前面的考察指出，非国家的法包括两种类型，一种是超国家的法，另一种是跨国民间的法。而特瓦宁教授的整理和分类，在国家法之外，还有前文提到的八种法律类型，每一种类型还可以进一步划分。如此一来，全球化时代法律的类型更加多样化，由此也导致在法治实践中，如此众多的法律类型彼此之间如何互动显得更加复杂微妙。而这种复杂微妙的实践，为法学研究提出了全新的研究课题，使得法律多元主义可以大显身手，同时该理论也将借机得以丰富和发展。

第九章　知识与法理：构建中国的法理学

中国法理学的发展必须被放置在中国 100 多年来大变革的背景之中进行考察，法律思想的发展必须被置于"现代中国思想的兴起"① 的脉络之中进行理解，法理学的发展也必须被放置在与国家法律实践互动的层面上来进行观察。"西法东渐"与"现代化"的历史事实决定了，必须从学术史与思想史的双重维度，从学术思想与国家建构的二元互动，来对鸦片战争以来一个半世纪，特别是改革开放以来中国法理学研究的基本动力、进取路径、内在理路、深层结构、资源汲取、价值取向进行梳理，从而考察它的基本规律与经验教训，以继承其优良传统，解决其结构性矛盾，会通古今中西。本章旨在分析近一个半世纪以来中国法理学研究的历史轨迹，钩索其中所潜藏的隐秘逻辑，并发掘出对未来中国法学发展的启示。

本章的第一个任务是试图论证，清末修律变法实践对"自强"、"求富"精神或者战略的贯彻，对以"模范列强"而图废除治外法权以巩固统治的权宜与战术的执行，已经在很大程度上决定了中国法理学后来的命运与品格，那就是，中国法理学必须被纳入到整个国家转型、国家重构以及国家建设的整体布局之中，而很难有其独立与自足的地位。近代以来的中国法律乃变革之律，中国法学乃关于"变法之法"的学问，这是现代中国法理学自其诞生以来的历史使命。中国在修律变法的起始，并不仅仅是为法学而法学，更大程度上则是为挽救民族危亡而法学，主要不是为了"依法治国"，而是要"以法强国"。受此影响，法理学研究主要是求法律与法学之"用"而非其"体"，从而导致了中国法理学在根本上追问能力的欠缺。

尽管也有传统的挣扎与纽结，但在追求"自强"这一中国法制变革隐秘的主题之下，中国法学仍然义无反顾地与自己的历史文化传统决裂，而走向"模范列强"、学习西法的道路。但问题并不止于此，本章的第二个任务是试图论证，以与传统决裂的方式而迈向"自强"道路，已经逾越了法律、

① 参见汪晖《现代中国思想的兴起》，三联书店 2004 年版。

政治、经济或者军事而进入到文化的层面,[①] 不管此后一系列的现代化运动是否在实质上是"西化",[②] 这种"自强"必然的意蕴就是对"自己"与"传统"的"自贬"。于是,西方与东方事实上的"强弱"转化成了价值上的"是非",空间上的"差异"转化成了时间上的"差距",西方的"特殊"经验成了全世界的"普遍"规律,从而世界被纳入以进化论为底色的一元直线史观的、欧洲中心主义的现代化进程之中。其中,科学作为现代化的动力机制之一,也从自然走向了社会,从科学走向科学主义,成为"现代化"中最为有力的一种意识形态(而在实践中则走向技术主义)。因此,在现代中国思想兴起的背景之下,中国法理学或者法律思想的发展与进化论、科学主义还有着尚需揭示的隐秘逻辑。而正是在这里,中国法学遇到了它的困顿,中国法学的问题变成了"西方法学文本中"的问题;中国的法学研究,就是对"西方法学"的研究;中国法律思想家的工作,就是对西方法律思想家的研究。于是,中国法律人所拥有的往往不是中国的法律知识,而是西方的法律知识;法学学者所了解的不是中国法学,而是西方法学;法律思想家(姑且这么称之)所言说的,则是西方法律思想家的思想。从某种意义上说,我们所拥有的不是"法学",而是关于西方法学的知识;不是"法律思想",而是关于西方法律思想的"知识",这是"知识"对"思想"的僭越。法学被知识化、客观化、技术化、科学化了。事实上,唯西方法是从,用西方话语言说西方故事,长期以来曾是中国法理学的主流。在以学习西方为途径,为"自强"而进行的中国法制现代化过程之中,发生了主体被虚置的危险,法的现代化成了主题,中国反而成了被淡化的背景,最终导致了一种没有国家的法理学。[③] 这是一个从"中国法的现代化"到"法的现代化"的"去中国化"的过程,最终可能导致的是中国法学的虚无。就此而言,重构中国的法理学,复兴汉语法律文明构成了我国法理学发展的一个重要方向。

---

① 梁治平也曾指出,19世纪中国的古老文明所遇到的挑战,从表面上看是西方列强与清朝政府之间的较量,实际上隐伏于后的,乃是两种文明、两种生活方式、两种社会形态的角斗。近代中国在面临挑战时所发生的种种,使我们在探究中国近代法律制度形成演变之时,"首先把它们作为一个文化问题来把握"。参见梁治平《中国法的过去、现在和未来:一个文化的检讨》,载甘阳主编《八十年代文化意识》,三联书店2006年版,第237页。

② 梁治平认为,清末法律改革所开创的方向,如果用最简练的语句来概括的话,那就是"西化"。他指出,"清末法律改革只是近代中国人实现现代化的一个尝试,而这场改革恰恰又是'西化'"。同上书,第238—239页。

③ 参见强世功《立法者的法理学》,三联书店2007年版,第6页。

第一节　变法与强国

直到 19 世纪中期，"中国国家和社会仍然认为自己是东亚文明的中心。它和周围非中国人的关系是假定以中国为中心的优越感这一神话为前提的"。① 其实，这一切并非"神话"，广袤的土地，众多的人口，悠久的历史，发达的学术，深邃的思想，强悍的军队，有效的政治，独特的律法，富庶的经济，中国这个多民族统一国家在长达近 3000 年的历史中一直有着足以傲视全球的资本。正是这傲人的传统，为"日之将夕"的晚清在古今中西的时空挤压中，提供了缓冲的余地与折冲樽俎的背景。从 1840 年，五战五败，丧权辱国，创巨痛深，当发现傲人的过去不再是资本而是累赘，当巨大的祖国不再是依靠而是需要挽救的病夫时，晚清巨变中的世人与世相，就别有一种异样的滋味。

中国近代法律的历程，就是伴随着这个民族救亡图存的社会运动与实践，以及 100 多年来富国强兵的梦想而进行的。② 这个进程交织着国人的民族主义、复仇主义，体现在思想上就是自强求富的功利主义或者实用主义。其中没有浪漫，只有辛酸。1840 年一战割地赔款，已经是奇耻大辱；1860

---

① 〔美〕费正清编：《剑桥中国晚清史 1800—1911 年》上卷，中国社会科学出版社 1985 年版，第 35 页。

② 金耀基曾言，"中国现代化是中国在'兵临城下'，人为刀俎，我为鱼肉的劣势下被逼而起的自强运动，这是中国有史以来所受最大的屈辱，过去一百年，即是中国的'屈辱的世纪'。天朝之败于'西夷'，是一屈辱，一败再败，则是大屈辱，败于西夷而又必须学于西夷，更是屈辱之至。故而，中国百年来之现代化运动，实是一雪耻图强之运动。而此一雪耻图强运动，分析到最后，则是一追求国家'权力'与'财富'的运动"。见金耀基《现代化与中国现代历史》，载张玉法主编《中国现代历史论集》第 1 辑，台北联经出版事业公司 1980 年版，第 125—126 页。王尔敏亦言："中国近代思想，万途同归，其原始基础，实以富强为中心主流。然此富强观念之发生，则西方文明之刺激，列强侵逼之压力，又为此种观念之动因。近代中国，患贫而又患弱，知识分子所觉醒，与所最关心热望，梦寐以求之远大目标，即在要达成国家富强人民康乐之理想境界。所有思想理念之酝酿，政治社会之创制，唤醒民众之言论，奔走呼号之行动，在无非为此最基本之富强目标所起因。是以百余年来中国思想之发展嬗变，自以谋富强为原始动力，并为支配此时代所有观念潜流之核心。"见王尔敏《中国近代思想史论》，社会科学文献出版社 2003 年版，第 170 页。法制现代化乃正是作为整个中国现代化的一部分而被发起的，法律作为求富与自强之具，乃当前法学界的共识。正如学者所言："在近代中国人追求民族复兴的历程中，曾经拥有一个伟大的梦想：这就是希望通过构筑一个近代化的法律体系，收回治外法权，实现国家富强，获得民族独立、统一和自尊。"见曹全来《国际化与本土化——中国近代法律体系的形成》，北京大学出版社 2005 年版，第 1 页。但西法东渐初期的这种状况，对中国法学学术研究的影响，却鲜有人论及。

年再战甚至丢了京城，更是创痛巨深。如果说这两次战争还不足以让所有中国人警醒的话，那么甲午败于蕞尔小国日本之手，1900 年八国联军侵华，光绪与慈禧再次逃奔，1905 年日本战胜俄国，则使中国人不得不用全新的目光来审视他者与自身。中华民族到了最危险的时候，救亡自然成为时代的任务与主题。[①]

　　魏源与林则徐开风气之先。魏源说："不善师外夷者，外夷制之。……欲制外夷者，必先悉夷情始，欲悉夷情者，必先立译馆翻夷书始。"[②] 通过使"西洋之长技，尽成中国之长技"，从而"尽收外国之羽翼为中国之羽翼，尽转外国之长技为中国之长技，富国强兵不在一举乎?"[③] 最终要"师夷长技以制夷"。[④] 而早在咸丰十年十二月初一（1860 年 1 月 11 日），统治集团的上层奕䜣就在其《通筹洋务全局酌拟章程六条折》提出了"自图振兴"，13 天之后，更进一步提出，"探源之策，在于自强"。[⑤] 这是自强口号的初次提出，并在事实上成了此后指导中国一切政治、社会、法律变革的根本国策。[⑥] 李鸿章率先发现，中国正处于"数千年大变局，识时务者当知所变耳"，[⑦] "合地球东西南朔九万里之遥胥聚于中国，此三千年一大变局也"[⑧]，中国遭遇"数千年未有之强敌"，[⑨] "以后若不稍变成法，徒恃笔舌以与人争，正恐长受欺侮"。[⑩] 直到 19 世纪 90 年代后期，他在致伍廷芳的信中仍然强调，"根本之计，尤在变法自强"。[⑪]

---

①　梁启超接连撰写了《波兰灭亡记》、《越南亡国史》、《朝鲜灭亡之原因》、《灭国新法论》、《瓜分危言》等篇章。康有为也撰写了不少关于日本、俄国变法的著作。由"灭亡"、"瓜分"、"亡国"等可以想见，这些字眼当时是如何触动中国人的。

②　魏源：《海国图志·大西洋欧罗巴洲各国总叙》。

③　魏源：《圣武记·道光洋艘征抚记》。

④　魏源：《海国图志·筹海篇一》。

⑤　奕䜣等：《奏请八旗禁军训练枪炮片》，咸丰朝《筹办夷务始末》卷 27，转引自夏东元《洋务运动史》，华东师范大学出版社 1992 年版，第 180 页。

⑥　费正清等人非常清晰地指出了第二次鸦片战争之后清廷所采取富国强兵政策的实质："从 1861 年开始，'自强'一词在奏折、谕旨和士大夫的文章中经常出现。这表现出人们认识到需要一种新的政策，以应付中国在世界上的地位所发生的史无前例的变化。……既然欧洲各国的军事力量看来是依靠技术强大起来的，那就应把采用这种技术视作根本的任务。"参见［美］费正清编《剑桥中国晚清史 1800—1911 年》上卷，中国社会科学出版社 1985 年版，第 531—532 页。

⑦　李鸿章：《复鲍华谭中丞》，《李文忠公全集·朋僚函稿》卷十一。

⑧　李鸿章：《筹议制造轮船未可裁撤折》，《李文忠公全集·朋僚函稿》卷十九。

⑨　李鸿章：《筹应议海防折》，《李文忠公全集·奏稿》卷二四。

⑩　李鸿章：《复孙竹堂观察》，《李文忠公全集·朋僚函稿》卷十三。

⑪　李鸿章：《李文忠公尺牍》第 31 册。

正是在这些有着敏锐眼光的中国人的努力下，"中体西用"思想渐成体系，洋务运动及一系列的社会变化亦逐次展开。而早期维新派基于自己对西方的了解，在提出重商的同时，不可避免地要涉及对法律的观察。郑观应说：

> 六十年来，万国通商，中外汲汲，然言维新，言守旧，言洋务，言海防，或是古而非今，或逐末而忘本，求其洞见本原，深明大略者，有几人哉？孙子曰："知己知彼，百战百胜。"此言虽小，可以喻大。应虽不敏，幼猎书史，长业贸迁，愤彼族之要求，惜中朝之失策，于是学西文，涉重洋，日与彼都人士交接，察其习尚，访其政教，考其风俗利病得失盛衰之由，乃知其治乱之源，富强之本，不尽在船坚炮利，而在议院，上下同心，教养得法；兴学校，广书院，重技艺，别考课，使人尽其才；讲农学，利水道，化瘠土为良田，使地尽其利；造铁路，设电线，薄税敛，保商务，使物畅其流。[①]

1909 年，他在澳门郑家大屋完成 16 卷巨著《盛世危言后编》，自序中所念兹在兹者，仍为国家富强，但认识上更进一步，提出了从经济到政治到法律这样的系统化变革：

> 有国者苟欲攘外，亟须自强；欲自强，必先致富；欲致富，必首在振工商；欲振工商，必先讲求学校、速立宪法、尊重道德、改良政治。

郭嵩焘则旗帜鲜明地以"法治"来区别中西兴衰之源。他在日记中认为中国重德治，西方重法治：

> 圣人之治民以德，德有盛衰，天下随之以治乱。德者，专于己者也，故其责天下常宽。西洋治民以法。法者，人己兼治者也，故推其法以绳之诸国，其责望常迫。其法日修，即中国之受患亦日棘，殆将有穷于自立之势矣。
>
> 英国之强，始自国朝。……推原其立国本末，所以持久而国势益张者，则在巴力门（议院）议政院有维持国是之义，设买阿尔（市长）

---

① 郑观应：《盛世危言初刻·自序》。

治民，有顺从民愿之情。二者相持，是以君与民交相维系，迭盛迭衰，而立国千余年终以不敝。人才学问相承以起，而皆有以自效，此其立国之本也。……中国秦、汉以来二千余年适得其反。①

但无论是对于法治还是对于议院，郭嵩焘的角度却并不是它们本身，而是自立与富强。也正是在这个意义上，他们才提出了张民权。王韬说：

> 《书》有之曰："民惟邦本，本固邦宁。"苟得君主于上，而民主于下，则上下之交固，君民之分亲矣，内可以无乱，外可以无侮，而国本有若苞桑磐石焉。由此而扩充之，富强之效亦无不基于此矣。②

甲午战争的失败为中国进行法律、制度的变革提供了历史的紧迫感与推动力。这次战败对中国知识分子造成的心灵创伤是空前的。与清廷不同，日本不仅进行了器物上的变革，更进行了制度与文化、特别是律法上的更张。这被当时的中国知识分子认作是日本战胜的原因。两相对照，人们开始对洋务运动以来的"中体西用"思想进行反思。有学者指出，如果回顾历史，可以看到一个深刻的曲折，从明末清初面对西洋新学时士人关于"西学中源"的历史制作，到阮元《畴人传》中所表现的对天文算学的实际重视和对西洋学术的习惯蔑视，以及李锐、李善兰等人试图在算学上超越西洋学问；从冯桂芬《采西学议》的"以中国之伦常名教为原本，辅以诸国富强之术"，到张之洞的"中体西用"，在面对西方文明时，中国大体上都是坚持克拉克（Edward A. Kracke）所说的"在传统中求变"（change within the tradition）。可是，1895 年以后，在这种追求富强的心情中，一切却似乎在

---

① 郭嵩焘《郭嵩焘日记》卷三，湖南人民出版社 1982 年版，第 373 页。
② 王韬：《弢园文录外编·重民下》。事实上，郑观应也曾从天赋人权的角度看待此问题，但显然不是主流："民爱生于天，天赋之以能力，使之博硕丰大，以遂厥生，于是有民权焉。民权者，君不能夺之臣，父不能夺之子，兄不能夺之弟，夫不能夺之妇，是犹水之于鱼，养气之于鸟兽，土壤之于草木。故其在一人，保斯权而不失，是为全天。其在国家，重斯权而不侵，是为顺天。勿能保于天则为弃，疾视而侵之于天则为背，全顺者受其福，而背弃者集其殃。何者？民与权俱起，其源在乎政府以前。"参见郑观应《原君》，收录于夏东元编《郑观应集》上册，上海人民出版社 1982 年版，第 334 页。

向着西方式的"现代"转化，出现了"在传统外变"（change beyond the tra-
dition）的取向。很多人都开始废弃传统旧学而转向追求西洋新知。① 有美
国学者在研究中国晚清史时也发现：

> 在 1898 年百日维新前夕，中国的思想和体制都刻板地遵从了
> 中国人特有的源于中国古代的原理。仅仅 12 年后，到了 1910 年，
> 中国人的思想和政府体制，由于外国的影响，已经起了根本性的变
> 化。从最根本含义来说，这些变化是革命性的。在思想方面，中国
> 的新旧名流（从高官到旧绅士、新工商业者与学生界），改变了语
> 言和思想内涵，一些机构以至主要传媒也藉此表达思想。在体制方
> 面，他们按照外国模式，改变了中国长期以来建立的政府组织，改
> 变了形成国家和社会的法律和制度。如果把 1910 年中国的思想和
> 体制与 1925 年的、以至今天中国相比较，就会发现基本的连续性，
> 它们同属于相同的现实序列。另一方面，如果把 1910 年和 1898 年
> 年初相比，人们发现，在思想和体制两大领域都明显地彼此脱离，
> 而且越离越远。②

戊戌变法的直接动力就来自于甲午之败。梁启超更明确地说，我国
4000 年"大梦之唤醒，实自甲午战败割台湾偿二百兆以后始也"。③ 自
此，戊戌变法开始冲破"中体西用"，不仅仅要求"稍变成法"，而且已
经公然倡导变法。④ 康有为于光绪二十四年六月（1898 年 7 月）所上
《请定立宪开国会折》中，开宗明义地提出，"东西各国之强，皆以立宪

---

① 葛兆光：《中国思想史》第 2 卷，复旦大学出版社 2001 年版，第 540 页。克拉克的说法从
余英时那里也能找到印证。杜牧曾有一个"丸之走盘"的比喻："丸之走盘，横斜圆直，计于临时，
不可尽知。其必可知者，是知丸之不能出于盘也"（《樊川文集》卷十《注孙子序》），余英时借此
比喻，指出："我们不妨把'盘'看做是传统的外在间架，'丸'则象征着传统内部的种种发展动
力。大体看，18 世纪以前，中国传统内部虽经历了大大小小各种变动，有时甚至是很激烈的，但始
终没有突破基本格局，正像'丸之不能出于盘'一样。"参见余英时《朱熹的历史世界》，三联书
店 2004 年版，总序。
② ［美］任达：《新政革命与日本——中国，1898—1912》，江苏人民出版社 1998 年版，第
215 页。
③ 梁启超：《戊戌政变记》（一），上海人民出版社 1957 年版，第 249 页。
④ 梁启超：《〈西学书目表〉后序》，《饮冰室合集》文集之一。

法开国会之故",① 希望朝廷能够"上师尧舜三代，外采东西强国，立行宪法，大开国会，以枢政与国民共之，行三权鼎立之制，则中国之治强，可计日待也"。甚至说，若是听了他的话，立了宪法，开了议院，"皇上之圣治，驾汉轶唐超宋迈明而上之，岂止治强中国而已哉？"② 那时提出超英赶美可能还不能让光绪动心，但治隆汉唐，远迈宋明，对清代任何一个皇帝恐怕都是极有诱惑力的。变法必然地涉及了法律制度的更张，如康有为所说，"须自制度法律先为改定，乃谓之变法"。③ 正是这种自强与求富的精神，才是包括法制变革在内中国近代变革的深层动力。

随着 1840 年以来的屡番惨败，清廷统治的合法性资源④在不断流逝，以慈禧为首的统治集团面临前所未有的危机，一向温顺的百姓甚至都要抗粮闹漕了。⑤ 八国联军侵华，流亡途中的颠沛流离也使慈禧不得不痛定思痛。岑春煊回忆说："太后虽在蒙尘困苦中，尚刻意以兴复为念。"⑥ 为了"自强"，慈禧不得不重新拾起"变法"的旧旗。清廷于 1900 年发布改革诏书，正式提出学习西方制度与文化，但其念兹在兹的，仍然是国家"富强"：

> 晚近之学西法者，语言文字制造器械而已。此西艺之皮毛而非西方之本源也。居上宽，临下简，言必信，行必果，服往圣之遗训，即西人富强之始基。中国不此之务。徒学其一言一语一技一能，而佐以瞻循情面，肥利身家之积习。舍其本源而不学，学其皮毛而又不精，天下安得富强。……世有万古不易之常法，无一成不变之治法。穷变通久，见于大易。损益可知，著于论语。盖不易者三纲五常，昭然如日月之照世。

---

① 康有为：《请定立宪开国会折》，载夏新华等整理《近代中国宪政历程：史料荟萃》，中国政法大学出版社 2004 年版，第 16 页。早在《上清帝第一书》中，康有为就曾说："皇太后皇上知旧法之害，即知变法之利，……尤望妙选仁贤，及通治术之士，与论治道，讲求变法之宜而次第行之，精神一变，岁月之间，纪纲已振，十年之内，富强可致，至二十年，久道化成，以恢属地而血仇耻不难矣。"康有为：《上清帝第一书》，载《康有为政论集》，中华书局 1981 年版，第 59 页。

② 康有为：《请定立宪开国会折》。

③ 康有为：《康南海自定年谱》，载中国史学会主编《戊戌变法》（四），上海人民出版社 1957 年版，第 145 页。

④ 参见萧功秦《危机中的变革：清末现代化进程中的激进与保守》，上海三联书店 1999 年版，第 144—148 页。

⑤ 霍照：《立宪私议》，《东方杂志》乙巳年十一月（1905）。

⑥ 岑春煊：《乐斋漫笔》，载荣孟源、章伯锋主编《近代稗海》第 1 辑，四川人民出版社 1985 年版，第 88—89 页。

而可变者令甲令乙，不妨如琴瑟之改弦。伊古以来，代有兴革。……大抵法积则弊，法弊则更。惟归强国利民而已。……著军机大臣大学士六部九卿出使各国大臣各省督抚，各就现在情弊，参酌中西政治，举凡朝章国政吏治民生学校科举军制财政，当因当革，当因当变，如何而国势始兴，如何而人才始盛，如何而武备始精，如何而度支始裕，各举所知，各抒己见。①

在此指示精神下，各级官员纷纷发表见解。其中张之洞与刘坤一连署的"江楚会奏"力主学习西方的政治与法律制度。② 清廷在批阅刘坤一、张之洞奏疏后，1901 年 8 月 20 日再次下旨指出，"国势如此，断非苟且补苴所能挽回厄运，惟有变法自强，为国家安危之命脉"。③ 具体到法律制度之变革，1902 年 2 月，清廷为法制改革下诏：

　　中国律例，自汉唐以来，代有增改。我朝《大清律例》一书，折衷至当，备极精祥。惟是为治之道，尤贵因时制宜，今昔情势不同，非参酌适中，不能推行尽善。况近来地利日兴，商务日广，如矿律、路律、商律等类，皆应妥议专条。著出使大臣，查取各国通行律例，咨送外务部，并著责成袁世凯、刘坤一、张之洞，慎选熟悉中西律例者，保送数员来京，听候简派，开馆纂修，传旨审定颁行。总期切实平允，中外通行，用示通变宜民之至意。④

被保送者就是在中国近代法制史上有名的沈家本与伍廷芳。⑤ 开馆、修律、译书、培养人才，沈家本媒介中西，变法次第展开。然而，观诸清末的修律变法，我们也可以发现，其实质上不过是"功夫在诗外"。在更大程度与意义上，清末的修律变法绝不仅仅是由于当时之人对西方法律的"体"或者说其核心与精义有多少高妙与深邃的理解，相反，他们主要看到的乃是其"用"。一是看到了西方法律在富国强兵中的作用，希望能够通过变法而自强。沈家本曾言："倘蒙俞允，并请明降谕旨，宣示中外，俾天下晓然于

---

① 朱寿朋编：《光绪朝东华录》第 4 册，中华书局 1958 年版，第 4601—4602 页。
② 同上书，第 4754 页。
③ 同上书，第 4771 页。
④ 《清德宗实录》卷四九五。
⑤ 朱寿朋编：《光绪朝东华录》第 4 册，中华书局 1958 年版，第 4864 页。

朝廷宗旨之所在，而咸钦仁政之施行，一洗从来武健严酷之习，即宇外之环伺而观听者，亦莫不悦服景从，变法自强，实基于此。"① 可见，变法的终极目的，不过是自强。又言："泰西各国，……19 世纪以来，科学大明，而研精政法者复朋兴辈作，乃能有近日之强盛。其偶然哉？方今中国，屡经变故，百事艰难。有志之士，当讨究治道之源，旁考各国制度，观其会通，庶几采撷精华，稍有补于当世。"② 二是希望通过修律变法来解决某些现实的问题，比如废除领事裁判权。这些都可以从修律的实践中很清晰地发现。③换言之，修律的直接动力主要有两个，一是巩固清廷的统治，二是即废除治外法权。巩固统治最为明显，如果不是内外交困而急于寻找脱困之道，清廷统治集团不可能启动修律变法。比如，戊戌失败后，清廷对康有为定罪中有指控康党"保中国不保大清"之语，④ 后来重拾变法旗帜时，也声明并不反对变法，只是反对保中国而弃清廷，其顽固固权而罔顾国家利益昭然若揭。

　　废除治外法权乃是更为直接的考量。近代欧美日列强或通过条约，或根据最惠国待遇原则等一系列不平等条约，以及观审、自审、会审公廨等一系列步骤，获得了在中国的领事裁判权，⑤ 成为当时中国朝野有识之士的心头之痛。光绪二十八年（1902）八月英国商业大臣马凯与清朝大臣吕海寰、盛宣怀在上海议定《通商行船条约》时，在第 12 款特别规定："中国深欲整顿本国律例，以期与各西国律例该同一律，英国允愿尽力协助以成此举，一俟查悉中国律例情形及其审断办法，及一切相关事宜皆臻妥善，英国即允

---

　　① 沈家本：《寄簃文存》卷一。

　　② 沈家本：《政法类典序》，《寄簃文存》卷六。

　　③ 值得注意的是，修律变法之前，当时朝野已经注意到对西法的学习，特别是国际公法。1892 年，薛福成在《论中国在公法外之害》中痛切言之："中国与西人立约之初，不知万国公法为何书，有时西人援公法以相诘责，秉钧者尝应之曰：'我中国不愿入尔之公法。中西之俗，岂能强同，尔述公法，我实不知'。自是以后，西人辄谓中国为公法外之国，公法内应享之权利，阙然无与，如各国商埠独不许中国设领事馆，而彼之领事在中国者，统辖商民，权与守土官埒；洋人杀害华民，无一按律治罪者；近者美国驱禁华民，几不齿中国于友邦：此皆与公法大相刺谬者也。公法外所受之害，中国无不受之。盖西人明知我不能举公法以与之争，即欲与争，诸国皆漠视之，不肯发一公论也，则其悍然冒不韪以凌我者，虽违理伤谊，有所不恤矣。……秉钧者初不料一言之失，流弊至于此极也。"他建议，"宜将《万国公法》、《通商条约》等书，多为刊印，……一临事变，可以触类旁通，援引不穷也。"参见薛福成《庸庵海外文编》卷三。而清廷的一些开明官员，比如李鸿章、曾纪泽等人已经有意识地利用国际法为国家争取权益。

　　④ 朱寿朋编：《光绪朝东华录》第 4 册，中华书局 1958 年版，第 4205 页。

　　⑤ 值得注意的是，"领事裁判权"与"治外法权"并不是一回事，清末修律变法所欲废除的治外法权，实际上乃是领事裁判权。

弃其治外法权。"① 以后，法国等其他部分列强也作出了类似的许诺。董康以"校对"亲身参与了晚清新刑律的制定，他这样回忆修律变法与收回领事裁判权之关系："清自五口通商以来，政府昧于国际情形，法权寝失，外人遂有领事裁判权。李文忠马关订约，深知其弊，即于约内，声明政府修改法律，即收回领事裁判权。迨匪乱后，两宫加胙，翌年派沈家本、伍廷芳为修订法律大臣，奏请将律例馆更名修订法律馆，派提调等职，开始进行。"②

沈家本在修律过程中，显然是贯彻了这种实用主义的精神的。光绪三十三年（1907）八月，沈家本在《进呈刑律草案折》中也痛陈领事裁判权之害："国家既有独立体统，即有独立法权，法权向随领地以为范围。各国通例，惟君主大统领，公使之家属从官，及经承认之军队、军舰有治外法权，其余侨居本国之人民，悉遵本国法律之管辖，所谓属地主义是也。独对于我国藉口司法制度未能完善，予领事以裁判之权，英规于前，德踵于后，日本更大开法院于祖宗发祥之地，主权日削，后患方长。此悬于时局不能不改也。"③ 关于《草案》的立法原因和动机，沈家本在奏折中提到了对《大清律例》的三条修改理由，其中第一个就是领事裁判权问题。另外两个，一个是国际承认问题，"方今各国政治日跻于大同……传闻此次海牙之会，以我国法律不同之故，抑居三等，敦盘减色，大体攸关，此鉴于国际不能不改者也"；一个是教案问题，"教案为祸之烈，至今而极，神甫、牧师势等督抚，入教愚贱气凌长官。凡遇民教讼案，地方阇于交涉，绌于因应。审判既失其平，民教之相仇益亟。盖自开海禁以来，因闹教而上贻君父之忧者，言之滋痛。推其原故，无非因内外国刑律之轻重失宜，有以酿之，此又惩于教案而不能不改者也"。④ 无论是获取国际承认，还是教案问题，最终关涉的还是国家尊严问题。

在关于该草案分则的修订上，"是编修订大旨，折衷各国大同之良规，兼采近世最新之学说，而仍不戾乎我国历世相沿之礼教民情"。⑤ 但随后不久，沈家本在《奏请编定现行刑律以立推行新律基础折》中又提出了几乎

---

① 《光绪朝东华录》第 5 册，中华书局 1958 年版，第 4919 页。
② 董康：《中国修订法律之经过》，载何勤华、魏琼编《董康法学文集》，中国政法大学出版社 2005 年版，第 461 页。
③ 沈家本：《寄簃文存·进呈刑律草案折》。
④ 沈家本：《为刑律草案告成分期缮具清单恭呈御览并敬陈修订大旨折》，见《钦定大清律例》（1911 年，国家图书馆藏），书前所附奏折。
⑤ 沈家本：《为刑律分则草案告成缮具清单折》，同上。

是全盘西化的宗旨，"方今瀛海交通，俨同比伍，权力稍有参差，强弱因之立判，职是之故，举凡政令、学术、兵制、商务，几有日趋于同一之势，是以臣家本上年进呈刑律，专以折冲樽俎，模范列强为宗旨"。[①] 这样的转变，其底色都是"自强"。

修律变法的另外一个重要原因乃是在自强的同时巩固清廷统治，这可以从"模范列强"的具体选择中看到。有学者在思考 20 世纪初的中国法学转型时，[②] 特别注意到对德国法的引进——所译著作，德国法占了极大的比重，在立宪运动中更是如此。但之所以引进德国法，却不仅仅是由于当时的德国法是欧洲最优秀的大陆法，更重要的原因则是清人考察后认为德国与中国具有某些类似的社会情况，袁世凯在任直隶总督时曾言，"各国政体，以德意志、日本为近似吾国"，因此应"请特简明达治体之臣，分赴德、日两国，会同出使大臣专就宪法一门，详细调查，博访通人，详证故事"。[③]

对比清廷对英美的看法，更能说明问题。1906 年，戴鸿慈、端方对美国的考察结论是，"大抵美以工商立国，纯任民权，与中国政体本属不能强同"[④]，而载泽、尚其亨、李盛铎对英国的考察更有意思："惟其设官分职，颇有复杂拘执之处，自非中国政体所宜，弃短用长，尚须抉择。"[⑤] 但戴鸿慈、端方所上《出使各国考察政治大臣戴鸿慈等奏到德后考察大概情形暨赴丹日期折》中对德国的考察结果，却大异其趣："德皇论及中国变法必以练兵为先，至于政治措施，正宜自审国势，求其各当事机，贵有独具之规模，不在徒摹夫形式。"更重要的是，"查德国以威定朝，不及百年，而陆军强名，几震欧海。揆其立国之意，专注重于练兵，故国民皆尚武之精神，即无不以服从为主义。至于用人行政，则多以兵法部勒其间，气象森严，规矩正肃。其人民习俗，亦觉有勤俭质朴之风，与中国最为接近。盖其长处，在朝无妨民之政，而国礼自尊，人有独立之心，而进步甚猛。是以日本维新以来，事事取资于德，行之三十载，遂致勃兴。中国近多欣羡日本之强，而不知溯始穷原，正当以德为借镜"。[⑥] "练兵"、"尚武"、国民之"服从"、

---

① 故宫博物院明清档案部：《清末筹备立宪档案史料》下册，中华书局 1979 年版，第 852 页。
② 参见王立民《20 世纪初中国法学转型的两点思考》，载何勤华主编《律学考》，商务印书馆 2004 年版，第 583—594 页。
③ 故宫博物院明清档案部：《清末筹备立宪档案史料》上册，中华书局 1979 年版，第 202 页。
④ 同上书，第 8 页。
⑤ 同上书，第 10 页。
⑥ 同上。

"进步"，这些才是效法德国的真正原因。

其实早在距此十几年前的光绪十六年（1890），"出使英法义比大臣"薛福成就发表过类似的意见："西洋各邦立国规模，以议院为最良。然如美国则民权过重，法国则叫嚣之气过重；其斟酌适中者，惟英德两国之制颇称尽善。"① 有学者打趣说，"随着十多年来了解的深入，到五大臣的时候，当得上'尽善'之评的，只剩下德国一国了"。② 德国"尽善"的原因，绝不仅仅是由于其法学学术之"昌明"、义理之精妙，而是由于它的法律有助于它以威定霸。③

特别是，日俄战争中俄国的惨败，给当时中国知识分子极为重大的震撼。④ 严复于1905年9月3日在《外交报》发表《原败》，总结俄罗斯战败原因："是故东方之溃败，于俄国非因也，果也。果于何？果于专制之末路也。……东方之败之于俄，譬诸人身，其肢末之痿欤。"⑤ 事实上，日本自1853年"黑船事件"到19世纪80年代开始效法普鲁士，再到1895年甲午之战以及1905年日俄之争，中间时日甚短，很难说对德国法有多么精深的研究，也很难说是因为欧陆法已经根深蒂固，其中更大的原因恐怕是普鲁士德国法与日本的国家目标深相契合。有论者一语中的，"早在日本政府派遣以岩仓具视等人组成的大型使节团访问欧美时，该团的成员就对普鲁士德国深感兴趣。当时以政府内最进步者自诩的木户孝允到达德国后就得出'吾之道即于此'的结论，他们深信刚刚在1871年的普法战争中获胜的普鲁士才是'富国强兵'的标本。于是确定了明治政权的目标既不是旧式的封建顽固不化也不是资产阶级民主主义的英美法，而是王权昌盛由文武官僚统治的普鲁士德国"⑥。

而五大臣不负众望，考察报告中对宪法评价极高："窃维宪法者，所以

① 薛福成：《出使英法义比四国日记》，岳麓书社1985年版，第197页。
② 贺卫方：《比较法研究/英美法专号·代引言》，《比较法研究》1991年第4期。
③ 其实，修律变法还有一个极为重要的因素就是慈禧为了维护自己的权力。她之所以同意修律变法，乃是因为八国联军威胁要剥夺她的权力，还政给光绪，这才触动了其神经中枢。参见李贵连《沈家本传》，法律出版社2000年版，第198页。当然，还一个重要的原因乃是迫于革命党的压力。
④ 张君劢回忆说："在日俄战争以前，我正在日本念书……等到日俄战争后，俄国亦变为宪法国，当时大家认定日本人能战胜俄国的原因，在于日本是立宪的国家，俄国是专制国家"。张君劢：《宪政之道》，清华大学出版社2006年版，代序第5页。
⑤ 严复：《原败》，载王栻编《严复集》（一），中华书局1986年版，第157页。
⑥ 华夏：《日本法制的近代化与日本法的西洋化》，《比较法研究》1990年第3期。

安宇内，御外侮，固邦基，而保人民者也。"而且，"窃迹前事"，竟然还发现，立宪都是弱国先立，比如瑞典、葡萄牙、比利时、荷兰、日本等，大概是为了御外侮；而强大之国受外来之"震撼轻"，故而难以轻易立宪。但强大如俄国者，在日俄战争中惨败之后，"计无复之，不得不出于立宪，以冀挽回国势"。而"观于今日，国无强弱，无大小，先后一揆，全出宪法一途，天下大计，居可知矣"，"环球大势如彼，宪法可行如此，保邦致治，非此莫由"，因此，要尽快"宣示宗旨……一以宪法意义为宗，不得少有违悖"，"布地方自治之制"与"定集会、言论、出版之律"，这被认为是"宪政之津髓"、"富强之纲纽"。而且，这也被认为有利于统治者：如果能行立宪，则"从此南针有定，歧路不迷，我圣清国祚，垂于无穷，皇太后、皇上鸿名，施于万世，群黎益行忠爱，外人立息觊觎"。① 载泽在次年（1906）所奏密折中，更是非常"坦率地"认为立宪可以收到"皇位永固"、"外患渐轻"、"内乱可弭"之三大功用。② 端方也在奏折里明白地说，他是"特举闻见所悉列邦所以强盛之源，中国所以陷危之故"，而他找到的原因就是专制与立宪之别，要言之，就是专制之国危，而立宪之国安。虽然端方凭其政治智慧指出中国不可骤然立宪，而应有计划地平稳推进，但中国要富强，就必须立宪。他沉痛地指出："贫弱之国立于今世，即欲不与人争，但求自守，亦不可得。不能自存，即将就亡；不能夺人，即将为人所夺。断无苟且偷安而可图生存者。中国今日正处于世界各国竞争之中心点，土地之大，人民之众，天然财产之富，尤各国之所垂涎，视之为商战、兵战之场。苟内政不修，专制政体不改，立宪政体不成，则富强之效将永无所望。……中国欲国富兵强，除采用立宪政体之外，盖无他术矣。"③ 最终，清廷接受了这些意见，在1906年的宣示预备立宪谕旨中明确提到，"各国之所以富强者，实由于实行宪法"。④

清季以还，朝野有志之士所念兹在兹者，不外自强求富，所谓颠沛必于是，造次必于是。维新者如此，变法者如此，革命者亦如此。陈独秀曾说："五四运动的精神是什么？大概的答词必然是爱国救国。"⑤ 胡适在1916年

---

① 参见《出使各国考察政治大臣载泽等奏请以五年为期改行立宪政体折》，载夏新华等整理《近代中国宪政历程：史料荟萃》，中国政法大学出版社2004年版，第38—39页。

② 载泽：《奏请宣布立宪密折》，同上书，第41页。

③ 端方：《请定国是以安大计折》，同上书，第43、47—48页。

④ 《宣示预备立宪谕》，同上书，第52页。

⑤ 胡明选编：《陈独秀选集》，天津人民出版社1990年版，第115页。

也说："国之多患，吾岂不知之。"① 1923 年，孙中山重新解释三民主义时仍然说："什么是三民主义呢？用最简单的定义来说，三民主义就是救国主义。"② 事实上，后来国民党所有创建，也无不围绕富强之目标："自 1895 年至 1949 年，当政的国民党主要而一贯的事务，不管反对帝国主义与否，是国家的建构，特别是政府的制度——在富强的目标下，完成宪法的起草、文官制度的重建、国防的重建、经济的重建。"③ 中华人民共和国政权的建立，也同样延续着国家富强这个任务——"这个新政权是带有强烈民族主义特征的运动的产物。它恢复了清中叶以后不复存在的国家统一和中央集权，并与社会基层建立起一种强有力的组织联系，也就使它可以发起蓬勃的发展计划。由此产生的中国国力的提升和国际地位的提高，满足了某些民族主义者的渴望，同时使国内外人士意识到，中国有可能去实现他们高涨的民族主义抱负"。④

由于救亡压倒了一切，所谓法律制度的变革也不过成了以"修律变法"为名的救亡与自强运动。法律或者法治被看重，实在不过是由于法律能够导致"富强"。一如有人所说："英吉利，即俗称红毛邦，开邦一千年来，未易他姓，于今成为最强之邦，由法善也。"⑤

同时，还有一个值得关注的问题。1913 年，沈家本在为《法学会杂志》复刊欣然作序时说："吾国近十年来亦渐知采用东西法律。余从事斯役，延访名流，分司编辑；并聘东方博士，相与讨论讲求。复创设法律学堂，以造就司法人才，为他日审判之预备。规模略具，中国法学，于焉萌芽。"⑥ 照此说，在甲午海战 10 年后，第一次鸦片战争近 70 年后，"中国法学"才开始萌芽。由此也可以说，在修律变法之前，还没有所谓的"中国法学"，自然也没有"中国法理学"。当然，沈氏无意否定修律变法之前中国也有某些

---

① 胡适：《文学改良刍议》，《新青年》1917 年第 2 卷第 5 号。

② 孙中山：《民族主义》第一讲，转引自夏新华等整理《近代中国宪政历程：史料荟萃》，中国政法大学出版社 2004 年版，第 549 页。

③ 陈志让：《现代中国寻求政治模式的历史背景》，载张玉法主编《中国现代化论集》第 1 辑，台北联经出版事业公司 1980 年版，第 277 页。

④ ［美］詹姆斯·汤森：《中国的民族主义》，载复旦大学历史系、复旦大学中外现代化进程研究中心《近代中国的国家形象与国家认同》，上海古籍出版社 2003 年版，第 193 页。

⑤ 洪仁玕：《资政新篇·法法类》，夏新华等整理：《近代中国宪政历程：史料荟萃》，中国政法大学出版社 2004 年版，第 5 页。

⑥ 沈家本：《法学会杂志序》，转引自张国华、李贵连合编《沈家本年谱初编》，北京大学出版社 1989 年版，第 268—269 页。

法理学的思想与法理学的研究，但是，我们今天意义上的中国法学或者中国法理学作为一门学问而被进行系统研究，的确是在修律变法之后。在此之前所做的工作主要是"介绍"，而且所介绍的实质上是西方的法律"知识"，或者关于西方政治法律思想的"知识"。它们本身不算是有独立思想与原创意义的法理学研究，介绍的重点也不是西方的法理学研究，而是法与强国之间的关系。

迄今，我们仍然缺乏对中国近代以来法理学的学术史与思想史足够细致的梳理，以至于很多问题都还处于蒙混的状态。① 梁启超称得上近代对法理学的萌芽影响最大之人，他在 1896 年即已认识到，"今日非发明法律之学，不足以自存"，而且表示，"愿发明西人法律之学，以文明我中国"。② 1904年，他还写出了《中国法理学发达史论》。③ 事实上，即使存在着梁启超的这些法理学研究，以及当时其他一些我们今天所承认的法理学研究，④ 但正如有学者所指出的，直到 1901 年清政府开始修律活动之后，随着外国法律专家的来华参与立法和讲授法律，法学留学生的派遣和陆续回国，法律教育活动的蓬勃展开，西方法理学著作的大规模翻译，以及中国法学工作者自己撰写的法理学著作的出版，中国近代法理学才开始形成。⑤ 这个判断与沈家本的说法显然是吻合的。

事实上，我们必须将"法理学研究"与"法理学"本身区分开来。前

---

① 这方面的著述较少，典型的如李贵连《二十世纪初期的中国法学》（上、下），载李贵连主编《二十世纪的中国法学》，北京大学出版社 1998 年版，第 1—66 页；李龙、汪习根：《二十世纪中国法理学回眸》，《法学评论》1999 年第 4 期；张骐：《继承与超越——二十世纪前半叶中国法理学回顾论纲》，《中外法学》2000 年第 1 期；孙育玮：《中国法理学的世纪回顾》，《上海师范大学学报》（哲学社会科学版）2003 年 7 月；何勤华：《中国近代法理学的诞生与成长》，《中国法学》2005 年第 3 期。到目前为止，中国近代法理学的学术史仍然缺乏精致梳理和翔实考证。

② 梁启超：《论中国宜讲求法律之学》，《饮冰室合集》文集之一。

③ 参见范忠信选编《梁启超法学文集》，中国政法大学出版社 2000 年版，第 69—119 页。梁启超的这篇论文被认为是中国第一部法理学论述，并得到了其他学者的认可，参见李龙、汪习根《二十世纪中国法理学回眸》，《法学评论》1999 年第 4 期；孙育玮：《中国法理学的世纪回顾》，《上海师范大学学报》（哲学社会科学版）2003 年 7 月。实际上，如何断定"中国第一部法理学著作"是一个相当困难的问题，标准不同，结果就不同。首先，要看中国古代有没有"法理学"，如果有的话，那么梁启超的这篇论著就不能算是中国第一部法理学著作；其次，即便假定中国古代没有法理学，梁启超的这篇论著能否算是"第一部"依然存疑。而从内容上看，这篇论著未尝不可视为法律史著作。有一点是大致肯定的，这是我国比较早的"法理学史"研究著作。

④ 比如，1900 年 12 月 6 日创刊的《译书汇编》上所发表的一系列法理学论文和译文。参见何勤华《中国法学史》第 3 卷，法律出版社 2006 年版，第 127 页。

⑤ 同上。

者是一个相当泛化的概念，只要论述涉及了法理学或者法理学所关注的问题，就可以算作是法理学研究了。而我们今天意义上的"法理学"则指的是一个专门的学科和专门的学问，用一本教科书的说法，它的研究内容乃是"关于法律的性质和法律体系的一般理论性问题，关于法律与正义和道德的关系，关于法律的社会特性的研究。对于诸如此类这些问题的恰切的讨论，涉及对于哲学、社会学理论和成果运用于法律的理解和运用"。① 其中一个重要方面在于对"法律是什么"及"为什么要遵守法律"这样一些元命题的追问，以及对某些法律原理、规律或实践的经验研究。而且，作为一个学科及一门学问，它还须同时满足其他的一些标准。当存在着对这些"元命题"的追问或者对法律的某些原理、规律或实践所做的经验研究时，可以说已经存在着法理学研究，甚至可以说已经存在法理学学问；但只有在法理学研究或者法理学学问的研究者明确地认识到自己的地位、职责与使命，并且只有当这样的法理学研究者已经形成规模时，法理学才能成为一门专门的学问；而只有当这些研究者之间形成了某些获得了大致公认的研究规范，特别是法理学成为大学学科设置中的一个专业或者研究方向时，法理学才既是一门专门学问，也是一门学科，也就成了今天我们所言之意义上的"法理学"。即便在西方，"十九世纪以前，法律理论基本上是哲学、宗教、伦理学或政治学家的副产品。大法律思想家主要是哲学家、僧侣政治学家，从哲学家或政治学家的法律哲学向法学家的法律哲学的根本转变，还是距今不远的事实。这一转变伴随着一个法律研究、技术和专业训练巨大发展的时期"。② 只是到了 1832 年约翰·奥斯丁出版《被界定之法学的范围》，③ 英国才有了我们今天意义上的法理学；德国等西欧国家的"法理学"也都是在 18 世纪之后方始形成。

　　然而，英、德等西欧国家的法理学与我国法理学不同的是，它们的法理学主要是在其国内自发衍生出来的，④ 这显然是实践先于理论。但中国法理学乃与修律变法相伴而生，在此之前中国既不存在今天意义上的法律实践，

---

① ［英］丹尼斯·劳埃德：《法理学》，许章润译，法律出版社 2007 年版，第 4 页。

② W. Friedmann, *Legal Theory*, 5th edition, New York: Columbia University Press, 1967, p. 4.

③ Justin Austin, *The Province of Jurisprudence determined*, ed. by David Campbell and Philip Thomas, Aldershot: Dartmouth, 1998.

④ 当然它们内部是存在相互影响的。比如，奥斯丁在任教于伦敦大学之前，就先到德国游学。参见［英］约翰·奥斯丁《法学讲演录》第 1 册，支振锋译，中国社会科学出版社 2008 年版，萨拉·奥斯丁所撰前言。

也不存在专门的法理学，它的研究乃是为了配合修律变法，所以一开始它陷于成为附庸或工具的境地。正如沈家本在诗中所云，"公孙遗爱圣门推，论学原须并论才。国小邻强交有道，此人端为救时来"①，中国法理学的诞生，也是为"救时"而来。法律既为工具，法理学研究亦同为工具。

对于清末法理学的研究，从其研究者的身份，我们便可以看出某些端倪。在作品中较早涉及法理学内容的往往是外国传教士以及沿海的早期改革者，② 或者一些对外国有所了解的思想家与评论家。这些法理学的研究，乃是思想家与评论家的"法理学"，而非法学学者的法理学；其研究也多为对西方法律与法学知识的介绍，或者中西之间的一些简单的对照和褒贬。③ 直到戊戌变法之时，仍是如此。迨至修律变法，特别是在立宪运动之后，研习法律与法学者影响最大的乃是沈家本、戴鸿慈、端方等官员，比如，立宪运动中，清廷派出考察的大臣中，没有一个真正意义上的法学学者，而都是官员。此时，法学或者说法理学，乃是一种政治选择，或者说是政治家的法学，而非法学学者的法学。这种状况，只是随着后来修律变法的深入以及法律学堂（大学）的设立，才开始有所改变。而且，如我们上文所论，这些法理学意义上的研究，大多也并非纯粹的法理学研究，内容上多为介绍及简单的中西之间的比附与褒贬。

就连修律大臣沈家本的法理学素养，也难逃后人之讥。有学者在研究中指出，《大清刑律草案》"折中各国大同之良规，兼采近世最新之学说"，实际上完全袭取了西方，很是脱离中国实际。④ 随着清末开始的中国近代化，其主要命题就是向西方学习，晚清刑事法律改革，移植西方的刑法制度也有其必要性。但一如研究者所言，问题关键在于斟酌中国的国情背景，移植得多或少以及是否得当。20 世纪初期修订法律馆诸人的心态，在很大程度上不过是一种出于敌对状态下强烈的民族主义情绪。这种状况，固然反映了清末为自强而修律变法的急切，但实际反映的则是当时中国法理学研究的贫困。其表现就是在法学研究中，对法律"用"的研究，遮蔽了对法律"体"的关注，从而决定了中国法学此后的性格与命运，一是对西方的崇拜，二是功利性。对西方的崇拜使得虽是为解决中国问题而引进法律及法学，但此后

---

① 沈家本：《枕碧楼存稿·稿一》。

② 参见［美］柯文《在传统与现代性之间——王韬与晚清改革》，雷颐、罗检秋译，江苏人民出版社 1994 年版，第 9 章。

③ 参见夏勇《批评本该多一些——答谢、反省与商榷》，《中国书评》1996 年第 10 期。

④ 参见高汉成《〈大清刑律草案〉立法宗旨的历史错位》，《环球法律评论》2006 年第 4 期。

法学（法理学）研究越来越与中国无关，与中国问题无关。功利性则使得当初引入法律与法学时，并未对法律本身给予足够的重视，而只是重视法律的作用——而且主要是一部分能够致力于富强的功用。当然，这已经超越了政治或者法律的层面，而进入到文化的层面，要理解这一点，我们必须考量现代中国思想兴起的整体背景。

第二节　西化与进化

象征是一种修辞，也是一种征兆，其根源在于人类所具有的为现象赋予意义的能力。征兆往往是被追认的，在历史上，每当重大事件发生之后，人们回头去看时，总会发现一些蛛丝马迹，并从中"发现"事变的征兆，尽管在事实上，由于"历史的多情"，这样的"征兆"也许不过是事情发生时可以被信手拈来的常态。

1895 年，离科举制的废除还有 10 年，年轻的光绪皇帝仍然在保和殿测试天下贡士。但这一次，他特别问了两个问题，其中一个是：

> 孙子练兵，吴子治军，李靖之问对，所详手法足法，明王骥、戚继光所论练兵之法，其目有五有六，能备举之欤？……究极精微，谙求韬略，若淮南子兵略训、杜牧战论、苏轼训兵旅策，见诸施行，果能确有成效否？①

思想史家很快发现了问题所在，光绪皇帝的策试问题并非以往儒学经典中的问题，而是诸子之学，而人们还发现，19 世纪至二十世纪之交学术界关于诸子之学的讨论也越来越多。这是相当有象征意味的。它也许只是无意中的资源转移，但连带地引出了知识中心与边缘的互相转化。如果我们知道这次策试是在甲午战败之后进行的，那么这种象征的征兆意味将会更浓，因为这意味着"中国知识、思想与信仰世界真正的大变化"。② 李大钊说，"惟夫海禁大开至于甲午，由甲午以至今，我国外交历史，概可分为二时期：甲午以前，我国朝野士大夫，昧于天下大势，心目中惟以中国处华夏之中，礼

---

① 《大清德宗景皇帝实录》卷三六六，台北新文丰出版公司影印本第五册，第 3320 页，转引自葛兆光《中国思想史》第 2 卷，复旦大学出版社 2001 年版，第 536 页。

② 同上书，第 510—511 页。

义文化远出他邦之上，所有东西各国，非虏即夷，皆不足与我较，此时外交可谓夜郎自大之时期；甲午之役，挫于日本，举国大哗，方知国力不足恃，旧法不足尚，对于外人亦一变前日骄矜之态度，而出之以卑训，前倨后恭，判若两人，是甲午以后之外交，可谓痛心疾首之时期。"① 创剧痛深，甲午海战激起了中国最为深刻的变革愿望，揭开了中国在传统外求变的序幕。《剑桥中国晚清史》认为："这种愿望，是一重要新起点的标志；在此以前改良主义的思想，都是以以下两个想法为依据的：一是假定传统政体具有合法性，一是假定只有在传统政治体制内才能实现适当的改革。现在它的合法性受到了怀疑，那么这就要在另外的基础上考虑组织政体的可能性了。"② 的确，治国平天下从来都是非儒家经典不可，可现在既然皇帝都已经问计于几近异端的兵学乃至诸子之学，那么还有什么资源是不可利用的呢？正是在这种象征的意味上，从 1862 年同文馆的设立以及我们将之与明末所设四夷馆③的对比，直到百日维新和清末新政，这所有的大事变便都能得到合适的解释了。

　　另一个是关于财赋的问题：

　　　　国用必有会计，禹巡狩会诸侯之计，其说何征？《周礼·小宰》，岁终令群吏致事，郑注：若今上计。《司会》：逆群吏之治，听其会计，有引申郑注，受而钩考，可知得失多少，见于何书？④

　　实际上，两个问题的主旨并不新奇，一个练兵，一个财政，也即富国强兵。其时，朝野激荡着一股悲愤情绪，由此产生了对国际国内问题前所未有的重视与深刻认识，以及对富强之术更为深层的渴望，"国势衰微，不能不兴功利以自救"。⑤ 然而，富强之术却只能在西方寻得。1895 年以后"西方

---

　　① 李大钊：《我国外交之曙光》，《甲寅》1917 年 2 月 9 日。

　　② ［美］费正清编：《剑桥中国晚清史 1800—1911 年》下卷，中国社会科学出版社 1985 年版，第 321 页。

　　③ 四夷馆为四夷朝贡的交际需要所设，始建于 1407 年，即明朝的永乐五年，是中国最早的官方译员培训机构，但实际上并不被重视，工作水准也不高，在有明一朝即开始没落。明亡后，被清朝接收，并更名为四译馆。《大明会典》及《明实录》均有记载。

　　④ 《大清德宗景皇帝实录》卷三六六，台北新文丰出版公司影印本第五册，第 3322 页，转引自葛兆光《中国思想史》第 2 卷，复旦大学出版社 2001 年版，第 536 页。

　　⑤ 宋育仁：《泰西各国采风记》，收录于《郭嵩焘等使西记六种》，三联书店 1998 年版，第 402 页。

文化在转型时代有着空前的扩散"。① 如果说 1895 年以前的士人们尤其是大儒、甚至沿海士大夫对西学还有一种普遍的漠视，一般士大夫思想上的门仍然紧紧关闭着，但此后"开始有了极大的转变"。② 正如有学者所言，1895 年之后，如康有为、梁启超、谭嗣同等人已经与"自强运动时期颇不相同，自强时期的求变求新，尚是相信中国的道统、中国的文化不可变，故其求变求新仅及于器物层面，而他们已经开始相信精神文化层面亦必须改变……他们较自强运动派更相信西学，视为是国家民族求富求强的万灵丹"。③ 到 1898 年，《湘报》发表的《开诚篇》，提出了最早的全盘西化论："洗旧习，从公道，则一切繁礼细故，猥尊鄙贵，文武名场，恶例劣范，铨选档册，谬条乱章，大政鸿法，普宪均律，四政学校，风情土俗，一革从前，搜索无剩，为泰西是效，用孔子纪年。"④ 同年，《湘报》还发表《中国宜以弱为强说》，要中国"易鼎"，认为中国"若毅然自立于五洲之间，使敦槃之会，以平等待我，则必改正朔，易服色，一切制度悉从泰西，入万国公会，遵万国公法"。⑤

于是，中国开始从以伦理道德为中心的文明优劣观，整体上转变到以权势强弱为中心的文明优劣观。从此，世界以强弱论英雄，"富""强"开始与文明相等，并成了甲午后中国知识者最为重要的价值标准。⑥ 正如学者所言：

> 一方面，帝国主义用文明掩饰着侵略，将扩张行为表现为"君子爱财取之有道"，而致力于征服和侵略的合理化，使人们渐渐忽略了这种扩展和侵略而把它当成了"文明"的"竞争"；另一方面西洋诸强用重新奠基的"理性"缘饰"科学"，把"科学"当成唯一的合理尺度或普遍原则向外推行，使人们渐渐忽略了这种理性背后的问题，心甘情愿地接受它并将其当作衡量一切的真理。于是，是非渐渐以事后的得失

---

①　张灏：《再论戊戌维新的历史意义》，《二十一世纪》1998 年第 45 期。

②　张灏：《晚清思想发展试论——几个基本观点的提出与检讨》，载周阳山、杨肃编《近代中国思想人物论——晚清思想》，台北联经出版事业公司 1980 年版，第 27 页。

③　李国祁：《满清的认同与否定——中国近代汉民族主义思想的演变》，载台北中研院近代史研究所编《认同与国家》，台北中研院近代史研究所 1994 年版，第 91—130 页。

④　樊锥：《樊锥集》，中华书局 1984 年版，第 11—12 页。

⑤　易鼎：《中国宜以弱为强说》，《湘报》1898 年第 20 号，中华书局 1965 年影印本，第 77 页。

⑥　参见葛兆光《中国思想史》第 2 卷，复旦大学出版社 2001 年版，第 463 页。

判断，优劣渐渐由竞争的强弱划分，本来并不一致的评价和判断，似乎有了一个可以考量的共同标准。①

这就是所谓"现代性的入侵"（inbreak of the modernity），富强在"理性"的名义掩护下，以"实用"和"有效"的方式，被当作"文明"的标准，这给中国人提供了一个实际上源自西方的思考方式，一个一元的普遍的价值尺度，它使得急于保存自身文化存在的中国人在西方强势的全球背景中，在坚船利炮的威胁下，放弃文明评价上的独自立场，也放弃文化与价值上的传统观念。②

就这样，在中国与西方的关系上，侵略者因为是"强者"而成了"是"，被侵略者因为是"弱者"而成了"非"，正所谓"自我屡为所败，则强弱即成是非".③ 不仅武力决定价值，而且，在根本上，以武力为基础的实力问题被转化成了价值问题。实力就是价值观，当时的世界可谓"纯任国势之强弱以为是非"④ 的丛林世界。正如有学者所指出的，在"富强"等于"文明"的时代，当觉悟已晚的中国人突然意识到简单地模仿西洋致富强之技术并不能自强的时候，相当多的人开始觉得传统文明需要从根本上重建，这种思想在一种四面楚歌式的紧张心情中越来越强烈。究竟什么才是根本？人们不约而同想到了教育，新式教育与分科之学最终摧毁了传统知识系统。⑤ 当变革触及教育时，实际上已经触及了文化的变革。这还只是问题的一个方面。事实上，不管模仿西洋致富之技术是否能够达致富强的目标，人们好奇与求知的天性必定会把他们引向表象背后的深层逻辑。更重要的是，技术的背后是知识，知识的背后是思想、信仰和意识形态，对技术的模仿与学习，必然引致对知识，甚至思想、信仰和意识形态的兴趣与关注。

1923 年，梁启超对近代中国西学东渐的过程总结出三个阶段。⑥ 从器物到制度，再到文化，在此过程中，"模范西方"在逐步推进，而自己的"不足"也不断地被发掘出来。只是，这并非学术理路的自然延伸，而是时势

---

① 参见葛兆光《中国思想史》第 2 卷，复旦大学出版社 2001 年版，第 462—463 页。

② 同上书，第 465 页。

③ 钱穆：《国史大纲》下册，商务印书馆 1996 年修订本，第 891 页。

④ 黎庶昌：《西洋杂志》卷八，贵州人民出版社 1992 年版，第 252 页。

⑤ 葛兆光：《中国思想史》第 2 卷，复旦大学出版社 2001 年版，第 473 页。

⑥ 梁启超：《五十年中国进化概论》，载李华兴、吴嘉勋编《梁启超选集》，上海人民出版社 1984 年版，第 833—834 页。

使然，国势困顿使然。梁启超对"第一二期"的表现很不满意，要"好等第三期以后看"。这第三期，就是文化问题，是中国文化要不要保留，要不要全面采用外国文化的问题。还有人在《东方杂志》撰文指出：

> 现在横在中国文化运动当前的问题，不是我们应不应该准备文化运动的问题，乃是我们应当向什么方向，或者怎么去做文化运动的问题。……旧文化的不能完全持续于今日，除了极少数的人以外，大约没有不承认这个事实的。我们须知这已是事实，事实不是能以口舌争的。我们现在所可以口舌争的，是在这个旧文化业已破裂以后，我们对于未来的新中国的新文化，应当采取何种态度？我们还是用全力来恢复中国的固有文化呢？我们还是以旧文化为主，部分的吸取西洋文化呢？我们还是分中西文化，择善而取之呢？我们还是彻底抛弃中国旧文化，去迎受西洋的新文化呢？我们迎受西洋文化是迎受希腊罗马的文化呢？还是迎受基督教的文化呢？还是迎受文艺复兴以后的新文化呢？还是迎受欧战以后的世界新文化呢？还是迎受尚在虚无缥缈之际的未来派文化呢？倘若我们也不要全盘成西洋文化，则我们是不是要抛弃了本国和西洋两层文化的固有形式而彻底去自由创造新文化呢？除了这些方式以外，我们没有其他更好的方式了吗？这些都是研究中国新文化问题的当前必须先解决的问题。①

解剖的刀子一旦指向文化，更为激进的变革便接踵而来，"祖宗革命"、"三纲革命"、"家庭革命"等口号迭起，公开向传统文化挑战。② 于是，尽管一直有着国粹派、学衡派、新儒家甚至遗老遗少们的保守与抗衡，但无论是从政治意识形态还是学术思想上，社会都已经不可逆转地开始"向西"倾斜了。比如，有人提出这样的质疑："事实上采纳西洋之长来调和中国之长的折中论调，我们至少已唱了七十年。然而七十年来，这种论调，除了一般时代的投机者，用为采纳所谓西洋文化之短来加上中国文化之短的护符外，我们不见得有过相当的成绩。"③ 甚至于认为，"从东西文化的程度来

① 常乃惠：《中国民族与中国新文化之创造》，《东方杂志》1927 年第 24 卷第 24 号。
② 参见张枬、王忍之主编《辛亥革命前十年间时论选集》第 2 册（下），三联书店 1963 年版，第 978，1015 页。
③ 陈序经：《走出东方——陈序经文化论著辑要》，中国广播电视出版社 1995 年版，第 256 页。

看，我们无论在文化哪一方面，都没有人家那样的进步。从文化本身的各方面的连带关系来看，我们不能随意的取长去短。从东西文化的内容来看，我们所有的东西，人家统统有，可是人家所有的很多东西，我们却没有。从文化的各方面的比较来看，我们所觉为最好的东西，远不如人家的好，可是我们所觉为坏的东西，还坏过人家所觉为坏的千万倍"。① 在此时期，很多知识分子认为，无论是物质文化还是精神文化，西洋都高于中国，"具有超越中国文化的高超价值"。② 既然如此，那为什么不变的和西方一样呢？

　　事实上，在内忧外患的激迫之下，思想界发生了分化。正如有学者指出的，在五四运动后，一些受变革的狂热所驱使的青年人认为，中国问题可以按照某种特定的西方理论一揽子全部解决。另一方面，自由派认为，问题的解决只能一步一步地实现，因而避免提出"根本解决"的建议。③ 蔑弃中国，力主全盘向西方学习的思想本就不绝如缕，内政外交的一再失败，越发加深了中国人对于自身文化的失望。作为中国文化坐标的孔子首先蒙难："孔子尊君权，漫无限制，易演成独夫专制之弊"；"孔子讲学不许问难，易演成思想专制之弊"；"孔子少绝对主张，易为人所藉口"；"孔子但重作官，不重谋食，易入民贼牢笼"。④ 继之就是家族制度，人视之"为专制主义之根据"。⑤ 宗法制度也在劫难逃："宗法制度之恶果，盖有四焉：一曰损坏个人独立自尊之人格；一曰窒碍个人意思之自由；一曰剥夺个人法律上平等之权利（如尊长卑幼，同罪异罚之类）；一曰养成依赖性，戕贼个人之生产力。"⑥ 最后，"打孔家店"的说法也被误会为"打倒孔家店"而流传开来。⑦

　　正如有人指出的，在"科技救国"（路矿船炮，夷务洋务），"政改救

---

　　① 陈序经：《走出东方——陈序经文化论著辑要》，中国广播电视出版社 1995 年版，第 255—256 页。

　　② 王青云：《论中国的文化建设问题》，《济南通俗日报》1935 年 4 月 21 日。

　　③ ［美］周策纵：《五四运动：现代中国的思想革命》，周子平等译，江苏人民出版社 1999 年版，第 223 页。

　　④ 易白沙：《孔子评议》（上），《青年杂志》1916 年第 1 卷第 6 号。

　　⑤ 吴虞：《家族制度为专制主义之根据论》，《新青年》1917 年第 2 卷第 6 号。

　　⑥ 陈独秀：《东西民族根本思想之差异》，《青年杂志》1915 年第 1 卷第 4 号。

　　⑦ 有人考证，五四时期并没有人提"打倒孔家店"之说，只是胡适 1921 年在《晨报副刊》上所发表之《〈吴虞文录〉序》中，才有"盛赞其为'四川省只手打孔家店'的老英雄"，而且胡适所"打"的不过是孔家店的"招牌"，而不是摧毁"孔家店"本身。参见林非《"打倒孔家店"之误》，《南方都市报》2004 年 4 月 7 日。

国"（变法维新），"立宪救国"（清末民初的自治和立宪运动）和"革命救国"（辛亥革命和二次革命）失败后，人们或要彻底"打倒孔家店"，"全盘西化"，甚至"废除汉字"，或把中国所有的旧东西和旧制度，以"辫子"和"小脚"为代表而概括之，视之为旧时代的"封建残余"。① 远不止此，有人还倡导更深层的"全盘西化"，提出要接受西方文化，必须是"全部的而非部分的"。② 1929 年，胡适发表《中国今日的文化冲突》一文，提到现在是我们清楚地认识文化冲突这个问题的现实而予以解决的时候了。这个问题就是，中国应当怎样自我调整，才能使她处在已经成为世界文明的现代西方文明之中感到安适自在。这个问题可以有三种解决办法：抗拒；一揽子西化；有选择性地采纳。胡适赞同一揽子西化，认为"中国之所以未能在这个现代化世界中实现自我调整，主要是因为她的领袖们未能对现代文明采取惟一可行的态度，即一心一意接受的态度"。③ 胡适的言论后来被理解为"全盘西化"，成为 20 世纪 30 年代关于中国文化建设路向之大论战的导火线。1933 年，《申报月刊》编发"中国现代化问题专号"，集中探讨中国现代化的困难和障碍所在、需要什么样的条件才能现代化、中国现代化采取何种方式等问题。同年，陈序经正式喊出"全盘西化"口号，力主彻底西化为中国文化的唯一出路。他指出："救治目前中国的危亡，我们不得不要全盘西洋化。但是彻底的全盘西洋化，是要彻底地打破中国的传统思想的垄断，而给个性以尽量发展其所能的机会。但是要尽量去发展个性的所能，以为改变文化的张本，则我们不得不提倡我们所觉得西洋近代文化的主力的：个人主义。"④ 这一讲法显然没能注意其自身存在的逻辑矛盾，"中国的传统思想的垄断"需要打破，但"彻底的全盘西洋化"是否会导致另一种西方文化的垄断呢？

关于"全盘西化"论，应者如潮。有人指出："这一派主张把中国文化连根扫荡，而来全盘接受西洋文化。这个见解当然比那折衷派高明得多。因为西洋资本主义的文化正比中国封建式的文化高着一个阶级，拿人家的好的来代替我们的坏的，当然是合理的主张。他们看透了文化接触是优者胜，劣

---

① 唐德刚：《论五四后文学转型中新诗的尝试、流变、僵化和再出发》，载欧阳哲生、郝斌主编《五四运动与二十世纪的中国》（上），社科文献出版社 2001 年版，第 550 页。

② 陈序经：《东西文化观》，《社会学刊》1931 年第 2 卷第 3 期。

③ 参考胡适《中国今日的文化冲突》，《中国基督教年鉴》（*China Christian Year Book*）1929 年英文版。

④ 陈序经：《中国文化的出路》，上海商务印书馆 1934 年版，第 123 页。

者败，所以主张应使中西文化有接触的完全自由。他们又认清了这其中的障碍是中国文化的惰性，所以他们与折衷派不同，不畏惧中国本位之动摇，而是焦虑着中国保守性之太大。"① 激进的"全盘西化"论调一时成为潮流。

而且，西化还要彻底才行。有人认为，"唯有从根西化，是中国民族的惟一出路，若抱残守缺，夜郎自大，亟亟于中国文化的保守，是非亡国不可的"；② "既在二十世纪建立民国，便该把法国美国做榜样；一切'圣功王道'、'修、齐、治、平'……断断用不着再说"。③ 有人主张，中国"今日大部分的事物都应该西化，一切都应该现代化"④。有人坚持"从根本上或是从基础上的西化论"，认为"目前最主要的工作，就是整个改造我们的头脑，要将中式的头脑换上一西式的头脑。由一个《论语》式的头脑换上一个柏拉图《共和国》式的头脑。……从根本上西化才是我们民族的出路"。⑤ 还有人提道："应放大了胆来做采纳整个西洋文化以培养中国的新精神的运动，不应怕全盘西化有成为西洋文化的附庸的危险而不敢，却应以大的魄力驾驭整个的西洋文化，使中国采纳后的消化有良好的经过，这是创造中国新的文化的出路。"⑥ 而胡适 1934 年在《独立评论》上连续发表三篇论述"信心与反省"的文章，继续毫不留情地揭露传统文化落后的一面，把一些道德看作世界公有道德，坚持的依然是新文化运动时期激进西化派的基本主张。不过，20 世纪 30 年代之后，虽然西化的底色未变，话语却开始有所转换，西化开始渐渐为现代化的提法所取代。而从根本上说，在西化派看来，"其实西化就是现代化，因为现代化的强国都拥有这些制度文物知识学问，我们若要和他们并于天地之间，便非学他们这些东西不可"。⑦ 如果说"西化"还让人"有伤自尊"，有"损民族感情"的话，现代化则是更为中立，也更能让中国人接受的说法。但现代化能被愉快接受的背后，是否也有着更为深层的隐秘逻辑呢？

回到梁启超的"三段论范式"，我们可以发现，在《五十年中国进化概论》这篇文字中，对"新"字的使用频频出现，达 13 处之多。而事实上，

---

①　王虚如：《中国文化建设的途径》，《青年文化月刊》第 2 卷第 1 期。

②　王青云：《论中国的文化建设问题》，《济南通俗日报》1935 年 4 月 21 日。

③　钱玄同：《钱玄同文集》第 2 卷，中国人民大学出版社 1999 年版，第 14 页。

④　张熙若：《全盘西化与中国本位》，《国闻周报》1935 年第 12 卷第 23 期。

⑤　张佛泉：《西化问题之批判》，《国闻周报》1935 年第 12 卷第 12 期。

⑥　沈昌晔：《论文化的创造》，《国闻周报》1935 年第 12 卷第 14 期。

⑦　严既澄：《〈我们的总答复〉书后》，《大公报》1935 年 5 月 23 日。

人们已经发现，"遍布'五四'文本中的关键词，并不是'科学'和'民主'，而是'新'、'旧'。我们把崇高和神圣之物都寄托在对'新旧'的极其廉价的使用中，似乎我们一旦使用了'新旧'，一切问题就能迎刃而解"①。不仅如此，"'五四'几乎把'新旧'范式泛化到一切方面或者说是各个具体的领域和事物中。我们把来自'西方的'或要'提倡的'东西，都名之为'新'，把本土上所固有的、或要反对或要守护的'东西'都称之为'旧'"②。在1915年的《青年杂志》创刊号上，即有这样的话："政有新政旧政，学有新学旧学，道德有新道德旧道德，甚而至于交际酬应，亦有新仪式旧仪式，上自国家，下及社会，无事无物，不呈新旧二象。……所谓新者无他，即外来之西洋文化也；所谓旧者无他，即中国固有之文化也如是。"③ 陈独秀在《法兰西人与近世文明》一文中也指出：

> 近世文明东西洋绝别为二。代表东洋文明者，曰印度，曰中国，此二种文明虽不无相异之点，而大体相同，其质量举未能脱古代文明之窠臼，名为近世，其实犹古之遗也；可称曰近世文明者，乃欧罗巴人之所独有，即西洋文明也。亦谓之欧罗巴文明。

该文认为近世文明的特征是"人权说"、"生物进化论"和"社会主义"，其历史叙事明确地将东方/西方的文明关系理解为古代/现代的文明关系，从而将东西方文化的时空并列关系转化为一种时间关系。这种时间关系也可以是一种新旧关系，在这种以时间关系为框架的安排中，有人认为："新旧之不能相容，更甚于水火冰炭之不能相入也。"④ 而且时间关系也被转移到空间关系之上，欧美各国之家族制度、社会制度以至于国家制度"无一焉可与中国之旧说勉强比附者"⑤。

就这样，东西文明的空间差异不仅被放在时间的轴线上进行比较，更清楚的是，这种差异已经被理解为先进与落后的差异、强与弱的差异、好与坏的差异、是与非的差异。正如孙中山所认为的，"就人群进化的道路说，旧

---

① 王中江：《新旧之辩的推演及文化选择形态》，载欧阳哲生、郝斌主编《五四运动与二十世纪的中国》，社会科学文献出版社2001年版，第516页。

② 同上书，第517页。

③ 汪叔潜：《新旧问题》，《青年杂志》1915年第1卷第1号。

④ 同上。

⑤ 同上。

思想总是妨碍进步的，总是束缚人群的。我们要求人群自由，打破进步障碍，所以不能不打破旧思想"①。陈序经的"全盘西化"论也是以其"文化演进"理论作为依据的，其实质就是文化进化论。在他看来，文化作为人类的创造品，是按一定原则不断进步的，进步又是层累的，大致是由宗教时期—政治时期—经济时期—伦理时期。由于西方文化在每个方面都比中国文化进步快，并且所处的"层累"也比中国高，因此，中国在每个方面都应该向西方学习。"进步的学说，是解释文化的发展的正确的学说。因为，文化的发展，是进步的，而且文化现象所以异于其他的现象，也是因为他是进步的。"② 在此过程中，中国传统文化与西方近世文化被视为水火不容，由此，"若是决计革新，一切都应该采用西洋的新法子，不必拿什么国粹，什么国情的话来捣乱！"③

也正是在这个意义上，有人甚至认为："近世文化，并不包括东方文化在内，因为我们承认东方文化，发生甚古，不属于近代的。"④ 冯友兰也明确认定，"在五四运动时期，我对于东西文化问题，也颇感兴趣。后来逐渐认识到这不是一个东西问题，而是一个古今的问题。一般人所说的东西之分，其实不过是古今之异……至于一般人所说的西洋文化，实际上是近代文化。所谓西化，应该说是近代化"。⑤ 更详细地说：

> 近来近代文化或现代文化一名已渐取西洋文化之名而代之。从前人常说我们要西洋化，现在人常说我们要近代化或现代化。这并不是专是名词上改变，这表示近来人的一种见解上底改变。这表示，一般人已渐觉得以前所谓西洋文化之所以是优越底，并不是因为它是西洋底，而是因为它是近代底或现代底。我们近百年来之所以到处吃亏，并不是因为我们的文化是中国底而是因为我们的文化是中古底。这一个觉悟是很大底。即专就名词说，近代化或现代化之名，比西洋化之名，实亦较不含混。⑥

---

① 孙中山：《孙中山全集》第 8 卷，中华书局 1981 年版，第 469 页。
② 陈序经：《文化学概观》（三），上海商务印书馆 1947 年版，第 115 页。
③ 陈独秀：《今日中国之政治问题》，《新青年》1918 年第 5 卷第 5 号。
④ 任鸿隽：《科学与近世文化》，《科学》1922 年第 7 卷第 7 期。
⑤ 冯友兰：《三松堂自序》，三联书店 1984 年版，第 256 页。
⑥ 冯友兰：《三松堂全集》第 4 卷，河南人民出版社 1986 年版，第 225—226 页。

　　西方与东方的空间差别，就这样被转化成了新与旧、现代与传统的时间差距，甚至，新旧、空间的差别最终与价值的高劣相等同。① 亦即，西方与东方事实上的"强弱"转化成了价值上的"是非"，空间上的"差异"转化成了时间上的"差距"，西方的"特殊"经验成了全世界的"普遍"规律，从而，世界被纳入了以进化论为底色的一元直线史观的、欧洲中心主义的现代化进程之中。而且，这种差异既以时间为轴线，因此也可通过时间的维度而克服，在当时，这自然极大地鼓舞了国人。然而，认定可以在时间的维度中克服差距的同时，思想又推进到了更为深刻的层面上。有学者指出，"中国现代性话语的最为主要的特征之一，就是诉诸'中国/西方'、'传统/现代'的二元对立的语式来对中国问题进行分析"。② 既然中国（东方）与西方的空间性质上的差异可以转化为时间上的新与旧、传统与现代等时间上的差距，这种时间与空间上的差异或者差距又可以转化为价值上的高劣与是非，那么，在西学东渐，学习西方的语境下，西方自然就成了中国努力去实现的目标，并因此成了判断东方成功与否的标准。不仅如此，标准不仅能够判断中国的成败，更能够判断价值上的是非，因此这个标准就必定是普遍的。换言之，西方就是世界的中心，不仅是物质文明的中心，还是知识、思想与信仰的中心，因而也是普遍的。在此潜移默化之中，西方实现了由特殊而至于普遍的转化。由此，我们还需要寻找西方由世界之一隅转化为普遍性存在的更深层的动力机制及转化工具。

　　我们知道，甲午海战拉开了中国在传统外求变的序幕，而其思想动力则又来自"天演"与"进化"。1898 年，大约与张之洞《劝学篇》同时发表的一部中译西书引起了知识界的大地震，这就是严复所译《天演论》。严复自认，比起以前译著只关注"汽机兵械之伦"的"形下之粗迹"，他译的这部著作找到了学习西方的"命脉之所在。其命脉何如？……不外于学术则黜伪而崇真，于刑政则屈私以为公而已"。③《天演论》所贯穿的乃是达尔文

　　① 19 世纪 20 年代，吴宓曾批判这种新旧与是非的错乱："旧者不必是，新者未必非，然反是则尤不可。"见吴宓《论新文化运动》，载尚扬、郭兰芳编《国故新知论——学衡派文化论著辑要》，中国广播电视大学出版社 1995 年版，第 81 页。陈大齐也认为："新旧是事实上的性质，是非是价值上的性质。说某事物是'新的'或'旧的'是事实判断；说某事物是'是的'或'非的'，是价值判断。"见陈大齐《新旧和是非》，《东方杂志》1923 年第 20 卷第 14 号。这些批判，表明新旧与是非挂钩在当时已相当普遍。

　　② 汪晖：《死火重温》，人民文学出版社 2000 年版，第 45 页。

　　③ 严复：《与张元济书》，《严复集》第 1 册，中华书局 1986 年版，前言第 5 页。

进化论，它最先流行于英国，并且从一种作为科学哲学的生物进化论思想，走向了作为哲学的社会进化论。特别是，《天演论》所体现的社会达尔文主义，使苦苦思索救亡图存的中国学者眼前一亮。通过科学的进化理论和社会达尔文主义的双重解释，他们发现中国的危机全在于进化的自我意识太低，使中国长期落在"先进"文明之后而不自知。有学者在解释《天演论》为何具有如此重大之影响，为什么《天演论》这样一本小书即能打垮数千年的传统史观时指出，救亡图存的言论是造成这个特定的历史现象的原因。过去我们习惯地认为，中国的知识精英意识到救亡图存的压力是进步的表现，但同时我们也忽略了问题的另一个方面，即忧患意识也有负面的影响。荷兰哲学家斯宾诺莎在批判基督教把人和神的关系倒置时尖锐地指出，本来神是人创造的，但当人把外来因素即神当成宇宙万物的第一原动力时就会发生所谓的"神学幻觉"。同样，当民族忧患意识来源是外部世界，而民族意识由于救亡的紧迫压力而不能把自身的文化传统看作是解脱的原动力时，就会产生一种带有神学色彩的幻觉，以为摧毁传统就能够得到思想解放。欧洲启蒙运动和中国的五四新文化运动有着类似的历史特点。① 换句话说，外部世界既是忧患的来源，也是救亡图存的希望。

　　然而，如果说"天演"还有"天人合一"之嫌的话，那么，从日本转口的"进化"一词，就开始具有了绝对"进步"的含义。严复主张"鼓民力，开民智，新民德"，梁启超提出"新民"，鲁迅要"疗救"国人，都是这种进化论的表现，带着某种程度上的种族优劣痕迹。而胡适也认为，从"适者生存"的进化标准来看，中华文明必然是落后于西方文明的。② 一言以蔽之，盛行于西方的欧洲中心史观披着进化论的科学外衣开始打入中国知识界，并成为主导史观和评判"落后"与"先进"的唯一参照坐标。③ 晚清以降，进化论提供了进步的社会观念的自然观念基础。现代变革——政治变革、道德变革和文化变革——都以进化观念为前提。进化观念提供了关于未来的指向，关于现在的界定，关于传统的批判框架，并把这种直线进步的理念伸展到社会和文化的各个领域。正是进化论为中国思想文化界提供了现

---

　　① 相蓝欣：《传统与对外关系——兼评中美关系的意识形态背景》，三联书店2007年版，第65页。

　　② 胡适：《我们对于西洋近代文明的态度》，收录于《胡适哲学思想资料选》（上），华东师范大学出版社1981年版，第296—309页。

　　③ 相蓝欣：《传统与对外关系——兼评中美关系的意识形态背景》，三联书店2007年版，第62—67页。

代性的时间观念。① 就连孙中山在提倡共和时也讲，"吾侪不可谓中国不能共和，如谓不能，是反夫进化之公理也，是不知真文明之价值也"。②

关于进化与现代性，有学者指出："对现代化史的研究发现，进步的信仰，无论在西方还是在中国，都是现代化运动的观念前提。没有作为价值的'进步'观念，就无法理解所谓现代性。因此，进步的信仰理所当然地主导了 20 世纪的中国精神。或者说，'进步'的观念，是 20 世纪中国精神传统不可分割的一部分。"③ "现代性概念产生于欧洲，它首先是指一种时间观念，一种直线向前、不可重复的历史时间意识。……这种进化的、进步的、不可逆转的时间观不仅为我们提高了一个看待历史与现实的方式，而且也把我们自己的生存与奋斗的意义统统纳入这个时间的轨道、时代的位置和未来的目标之中。"④ 现代性概念与欧洲中心主义有着紧密的一致性，而它本身"就起源于基督教的末世教义世界观"。⑤ 而欧洲中心主义的核心是直线史观。⑥ 这种直线史观设想人类历史不但有明确的方向，而且有终极目标。这显然是基督教传统的本体论与目的论相结合的历史观。从 19 世纪以来，这个历史观开始以崭新的面貌出现，将人类划分为先进和落后的阶段，并全然以西方的价值观为划分标准，于是"现代"概念应运而生。鉴于基督教传统的二元论思维方式，现代必须有对立面，且其对立面就是"传统"，而且是欧洲之外的"传统"。

现代概念有两个极为重要的思想资源。一个是基督教的末世论教义，以原罪—救赎为历史发展的主线，这种末世论与目的论讲求的是二元论，推崇黑与白、光明与黑暗、上帝与撒旦、天堂与地狱的二元对立，并且历史就是在这种对立之统一中达到圆满的。但欧洲人开始有直线史观意识乃是在 18 世纪中叶以后才出现的现象，它反映欧洲资产阶级主流社会的渴求和欧洲在军事和经济实力的世界地位上升时期的需要，欧洲实力的崛起给欧洲人提供了解释"世界历史"的话语霸权。待到"现代"概念出现，具有神学色彩

---

① 汪晖：《现代中国思想的兴起》下卷第二部《科学话语共同体》，三联书店 2004 年版，第 1189 页。

② 参见孙中山《孙中山选集》上卷，人民出版社 1956 年版，第 66—67 页。

③ 高瑞泉：《中国现代精神传统》，上海东方出版中心 1999 年版，第 43 页。

④ 汪晖：《死火重温》，人民文学出版社 2000 年版，第 3、4 页。

⑤ 参见〔美〕马泰·卡林内斯库《现代性的五副面孔：现代主义、先锋派、颓废、媚俗艺术、后现代主义》，顾爱彬、李瑞华译，商务印书馆 2002 年版。

⑥ 以下参见相蓝欣《传统与对外关系——兼评中美关系的意识形态背景》，三联书店 2007 年版，第二章。

的救赎历史同启蒙运动史观开始和平共处，并给直线史观披上了"科学"的外衣。另一个重要的思想资源是黑格尔哲学。在黑格尔看来，世界历史是精神自身发展的过程。精神是人类共有的、用语言和文化所创造的一切。历史是精神自我发展的历程，也是走向自我意识的过程。历史的目标就是精神的充分发展和充分的自我意识，这个充分的自我意识就是自由意识，它是宇宙发展的顶点。历史就是我们的理性达到自由的过程。这种哲学具有明显的末世论色彩，精神自我发展的目标一旦达到之后，历史就圆满了，此后，经验的历史还会继续，但精神的可能性则已穷尽。所以，美国有学者才会在"冷战"结束时用这种末世论来解释近期的历史，宣称历史已经终结。① 可以说，黑格尔是欧洲中心论历史哲学的集大成者，在他那里，欧洲的历史就是直线史观的最佳典范，因为它极具传统与现代的对立，而与此相反的中国，讲求的是王朝循环，没有这种对立，因此根本没有历史。② 事实上，黑格尔的辩证法所强调的对立之统一也是来源于基督教神学的二元论，即使马克思的唯物辩证法也没有脱离二元论的思维框架，同样以对立统一作为历史发展的原动力，以直线历史发展阶段论为先导，以"东方专制主义"与欧洲中心论的对峙为解释东西关系的工具。

　　"现代"本身还是一个政治概念，它的基础是 18—19 世纪出现的民族国家和国家主权。以法国大革命和美国革命为起点，现代标志着人类从此走出"中世纪的黑暗"，步入进步和理性的时代。本来，进步和理性不过是早期的科学家如伽利略和笛卡儿等人，在逻辑和自然哲学基础上建立的理性主义的延伸，但美国和法国大革命将这些本来适用于科学领域的理性主义转变为"放之四海而皆准"的政治伦理。正是"现代"概念使得西方成为普遍的，也正是对"现代"的诉求使得观念歧异的中国知识分子们开始有可能被统一起来。

　　不过，虽然我们能够从深层次上解释欧洲中心论及直线史观与西方基督教神学和黑格尔哲学的隐秘关系，③ 这种以"现代"而呈现的欧洲中心论和直线史观能够为清末，特别是五四新文化运动以来的中国精英所接受，凭借

---

　　① 参见［美］弗朗西斯·福山《历史的终结和最后一个人》，吴万伟译，中国社会科学出版社 1993 年版。

　　② ［德］黑格尔：《历史哲学》，王造时译，上海人民出版社 1980 年版，第 116 页。

　　③ 汪晖指出，19 世纪，现代性概念开始与"时代"或者"新时代"的概念相连，黑格尔的历史观就是这种时间观念的最为完整的表达。参见汪晖《死火重温》，人民文学出版社 2000 年版，第 4 页。

的却是另外两样东西——进化论与科学主义，而它们又都与清末的实证主义思潮有关。如果说，现代性（现代化）的总体叙事是中国100多年来最大的意识形态，[①]那么，进化与科学则又构成其基本背景。

正如有学者所指出的，自鸦片战争以降，文化论战迭起，学校科举之争，中学西学之争，旧学新学之争，文言白话之争，东方文化西方文化之争，等等，环环相扣，从未间断。[②]除了陈序经、胡适等人的全盘西化外，文明调和论也同样盛行。在甲午战败后，严复、梁启超等人发展了中西对比的论述模式，坚持文明的异质性，为全面引进西方科学技术和社会政治经验提供思想依据。在《论世变之亟》中，严复对中西作了比较：

> 尝谓中西事理，其最不同而断乎不可合者，莫大于中之人好古而忽今，西之人力今以胜古；中之人以一治一乱、一盛一衰为天行人事之自然，西之人以日进无疆，既盛不可复衰，既治不可复乱，为学术政化之极则。[③]

五四文化运动前后更是兴起了一阵比较中西文化异同的热潮。不过，对东西文化进行举例式的对比，明显地依赖于有关历史进化规律和最终目标的元叙事，否则这种历史叙事本身无法为变革自身的文化和社会提供价值的标准。正如学者所言，[④]如果不能将异质的文化安排在统一的历史进程之中，那么，人们有什么理由相信另一种文化能够为自己的文化提供变革的规范呢？一个奇特的现象是，五四文化运动时期东西文化论战的双方都坚持文化或文明的异质性，并在东/西对比的论述模式中各执一词，但为什么其结论却又截然相反呢？另外，虽然中西在空间上的差别可以转化为时间上的差距，但这种空间上的差别也是不容抹杀的；而且，即便排除民族自尊的因素，对中国传统粗暴的全盘否定也并不是在任何时候都能自圆其说的。显然，人们还需要别的解释方式。

第一次世界大战的爆发给乐观激进的新文化运动主将们泼了一盆冷水，从梁启超《欧游心影录》开始，人们不得不去考虑东西方文明是否各有优

---

① 陈赟：《困境中的中国现代性意识》，华东师范大学出版社2005年版，第1页。
② 陈崧：《五四前后东西文化问题论战文选》，中国社会科学出版社1985年版，前言第1页。
③ 严复：《论世变之亟》，《严复集》第1册，中华书局1986年版，第1页。
④ 以下参见汪晖《现代中国思想的兴起》下卷第二部，《科学话语共同体》，三联书店2004年版，第13章。

劣。有人指出："东西洋之现代生活，皆不能认为圆满的生活；即东西洋之现代文明，皆不能许为模范的文明。"① 在《东西文明根本之异点》中，李大钊也已开始关注地理环境对文明的影响，明显地从空间关系中去考虑文明差异，由此，东西文明的差异也就不能简单地从价值上给予判断了。② 欧洲战争中西方人惨烈厮杀的现实，也使得新文化运动的主将们无法再纯以他们的文明为世界未来发展之标准，从而必须对那已经按时间轴线排列的中西文明先后关系进行调整，承认东西文明在空间上的并列关系。然而，若西人之思想不足为资，而中国又必须改变，就只能通过讲"宇宙大化"而发展出一套超越两个文明之上的新标准，从而宣扬文明的调和：

> 中国文明之疾病，已达炎热最高之度，中国民族之运命，已臻奄奄垂死之期，此实无庸讳言。中国民族今后之问题，实为复活与否之问题，亦为吾人所肯认。顾吾人深信吾民族可以复活，可以于世界文明为第二次之大贡献。然知吾人苟欲有所努力以达此志者，其事非他，即在竭力以受西洋文明之特长，以济吾静止文明之穷，而立东西文明调和之基础。
>
> ……竭力铲除种族根性之偏执，启发科学的精神以索真理，奋其勇气以从事于动性之技艺与产业。此种技艺与产业，足致吾人之日常生活与实验之科学相接近。如斯行之不息，科学之演试必能日臻于纯熟，科学之精神必能沦浃于灵智。此种精神，即动的精神，即进步的精神。一切事物，无论其于遗袭之习惯若何神圣，不惮加以验察而寻其真，彼能自示其优良者，即直取之以施于用。时时创造，时时扩张，以期尽吾民族对于改造世界文明之第二次贡献。③

西方文明虽然存有弊端，不能称为最优秀的榜样，但其优点却不再仅仅是其自身的优点，而成了一种超越具体文明类别的一种真正优良文明的优点。因此，由对媒介中西文明的期许，形成了一种新的文明调和的历史观。文明调和论具有明显的超验性和非历史性，科学的大旗由此也前所未有地高举起来。有学者指出，文明调和论：

---

① 伧父：《战后东西文明之调和》，《东方杂志》1917 年第 14 卷第 4 号。
② 李大钊：《东西文明根本之异点》，《言治》1918 年第 3 册。
③ 同上。

　　并没有改变李大钊对于中国文明的激烈批判，但却改变了东西文化论战的叙事方式。动的、进步的和科学的文化等原先被视为西方文明的特质现在被组织到一种超越具体文明和种族的更大叙事之中，在这个叙事中，人们的行为以追索"真理"为目标，历史的发展也以"真理"的达至为终极。如果历史以追索"真理"为目标，那么作为追索"真理"的唯一方式的科学就成为现代人类生活的唯一方式；如果在东西文明二元论中科学需要文明和历史作为合法性论证，那么在现在的叙事中科学则成了合法性的源泉和历史的元叙事。本质主义的真理概念是整个叙事的核心。在东西文化冲突的语境中，科学、进步等价值的中立化和客观化抚慰了中国人一方面抵抗西方入侵、另一方面接受其价值的内心冲突。[1]

而其时的陈独秀，已经在高呼科学神圣了：

　　宇宙间物质的生存与活动以外，世人多信有神灵为之主宰，此宗教之所以成立至今不坏也。然据天文学家之研究，诸星之相毁，相成，相维，相拒，皆有一定之因果法则。据地质学家之研究，地球之成立，发达，其次第井然，悉可以科学法则说明之。据生物学者，人类学者，解剖学者之研究，一切动物，由最下级单细胞动物，以至最高级有脑神经之人类，其间进化之迹，历历可考各级身体组织繁简不同，势力便因之而异。此森罗万象中，果有神灵为之主宰，则成毁任意，何故迟之日久，一无逃于科学的法则耶？有神论者其有以语我！[2]

　　一些不得不折中中西的人，也抬高科学的地位："现时代之新思想，对于固有文明乃主张科学的刷新，并不主张顽固保守，对于西洋文明亦主张相当的吸收，惟不主张完全的仿效而已。"[3] 这表明，"新"与"科学"实际上已成为合法性的基本资源，[4] 科学被法则化，成了标准，由此印证了科学

---

　　① 汪晖：《现代中国思想的兴起》下卷第二部，《科学话语共同体》，三联书店 2004 年版，第 1297—1298 页。
　　② 陈独秀：《随感录·科学与神圣》，《新青年》1918 年第 5 卷第 1 号。
　　③ 杜亚泉：《新旧时代之折中》，《东方杂志》1919 年第 16 卷第 9 号。
　　④ 汪晖：《现代中国思想的兴起》下卷第二部，《科学话语共同体》，三联书店 2004 年版，第 1304 页。

乃社会/文化变革的证成力量。即使在欧战所引发的对现代文明的怀疑情绪中，梁启超、梁漱溟等人关于东西方文化差异的比较，也不再具有以往那种倡导文化的异质性与不可通约性的目标，而开始以诊断和疗救现代性的危机为目的。① 这种转变，已经蕴涵了中国从思想上完成了从传统向现代转换的动员。

　　其实，知识分子较早就认识到科学之作用。康有为当年即宣扬物用科学以救国，倡导用科学方法以改造传统。科学概念的广泛运用构成了 20 世纪中国思想的主要特征之一。在晚清以降的中国思想氛围中，科学不仅是解放的象征和召唤，而且也为各类社会文化事务提供了客观根据。它不仅证明了新文化运动时期知识分子所期望的变革的必要性，而且也提供了这种变革的目标和模式，并成为一种替代性的公理世界观。② 五四运动时期的重要刊物《新潮》，明确地将"科学主义"列为办刊的宗旨之一。③ 孙中山于 1922 年也曾把"发展教育、提倡科学"作为实现三民主义的方法。20 世纪 30 年代，有人提倡"以科学的方法整理中国固有的文化，以科学的知识充实中国现在的社会，以科学的精神广大中国未来的生命"。④ 梁漱溟也深刻地认识到："欧洲社会到近世晚世以来，其机械性亦愈演愈深……使得近世社会日益演成为机械的关系者，举其大要有三：一是经济；二是工业；三是科学。三者各为一有力之因；而尤在社会关系的一切经济化，经济的工业化，工业的科学化，互为连锁因缘以成此局，而归本则在科学。"⑤ 不仅知识分子如此，政治阶层同样受此影响。从孙中山开始即注重接引西方资源，重视科学，到后来的"向科学进军"、《科学十四条》、"科学技术是第一生产力"等，可见"科学"之重要性，绝不仅仅在于认识世界、改造世界、增值财富，也在于依循规律，设立法则乃至合法性判准。

第三节　知识与思想

　　有学者指出，中国知识精英对西方世界观如此痴迷，至今不肯割舍，原

---

①　汪晖：《现代中国思想的兴起》下卷第二部，《科学话语共同体》，三联书店 2004 年版，第 1309 页。
②　汪晖：《死火重温》，人民文学出版社 2000 年版，第 95 页。
③　傅斯年：《〈新潮〉之回顾与前瞻》，《新潮》1919 年第 2 卷第 1 号。
④　顾毓琇：《"中国科学化"的意义》，《中山文化教育馆季刊》1935 年夏季号第 2 卷第 2 期。
⑤　梁漱溟：《梁漱溟全集》第 2 卷，山东人民出版社 1994 年版，第 135 页。

因之一正在于它的"科学"光环，特别是科学主义在中国的流行。所谓科学主义，也称唯科学主义，就是认为宇宙万物的所有方面都可以通过科学方法来认识。中国唯科学主义的出现是近代从追求科学到科学崇拜的必然结果。到 20 世纪初，科学不仅是一种认识方法，同时更是一种崭新的人生观、世界观，一种完全可以取代传统价值的新观念。科玄之战中论战双方的理论基础也都有同一个西化语境，自然不会有什么结果。从 20 世纪 40 年代的陆王"心学"的东山再起，直到 90 年代之后向东方人文传统回归，全然跳不出欧洲中心史观的思维方式。新儒家试图从中国古老的传统文化中寻求科学、民主的种子，费尽心机，力图解决从儒家心性之学到现代科学民主过渡的逻辑必然性问题，也未能做到。而只要坚持儒家的史观，"究天人之际"，即有可能摆脱现代新儒家所面临的理论困惑。① 另有学者也指出，中国近代思想的主要特征之一，是调和机械论世界观与目的论世界观，进而把科学技术的进步与社会政治、道德信仰以至审美领域的发展在知识上联结成为一个整体。所谓科学世界观，指的就是这样一个普遍性的知识体系，它为现代中国社会的体制变革和文化发展提供思想依据和意识形态基础。在这种科学世界观中，科学和技术成为社会合理化的模式，或者说，科学技术具有了某些范式的特点。②

虽然在 20 世纪之初，科学与政治等概念尚在形成之中，但当时有些知识分子言论已颇能说明"晚清时代的科学选择则是变法改革和革命宣传的有机部分"。③ 1900 年，杜亚泉撰文指出："自其内部言之，则政治之发达，全根于理想，而理想之真际，非艺术不能发现；自其外部观之，则艺术者固握政治之枢纽矣。"④ 这里，"政治"指的是内治外交、兵政工商、士风学政等各种社会生活领域，"艺术"其实有类于今天的科学，明显涉及的是"航海之术"、"军械之学"、"蒸汽、电力之机"、"铅字、石印之法"等科技实业领域。⑤ 1903 年，有人甚至指出，"国家富强、文明福泽与对事物的认识

---

① 相蓝欣：《传统与对外关系——兼评中美关系的意识形态背景》，三联书店 2007 年版，第 60—61 页。

② 汪晖：《现代中国思想的兴起》下卷第二部，《科学话语共同体》，三联书店 2004 年版，第 1281 页。

③ 同上书，第 1110 页。

④ 杜亚泉：《亚泉杂志序》，《亚泉杂志》1900 年第 1 期。

⑤ 汪晖：《现代中国思想的兴起》下卷第二部，《科学话语共同体》，三联书店 2004 年版，第 1114 页。

构成了一个意义的连锁关系"，[①]"通世界万国，有急剧的战争，有平和的战争，或战以工，或战以农，要莫不待助于理科。是故，理科者，实无形之军队，安全之爆弹。……生存竞争将于斯卜之，优胜劣败将于斯观之"。[②]就此来看，在某种意义上，"科学"与中国的"近代化"形成了某种共谋关系。在论述中国早期科学刊物的科学观念时，有学者特意指出，当时的科学概念是在科学/政治、科学/文明、科学/时代的修辞方式中提出的，这表明科学需要有关政治、文明和时代的历史叙事对自身进行合法性证明：科学的意义和价值是由它的政治、文化和时代的特殊功能所提供的。在晚清民初的中国语境中，科学还没有能够运用关于自身的元叙事来证明它自身的能力，它必须利用"通俗"知识来论证自身。这表明，科学的合法性是由特定的文化或文明形态提供的，而不是由科学的原理提供的。[③]而反过来，它后来又成了其他一切方面的合法性基础。

由于科学在中国不仅代表的是能够增进物质财富和认识自然的工具，更寄托着中国知识分子寻求富国强兵之道的期望，所以它与现代中国思想的兴起与政治的嬗变总是有着剪不断理还乱的联系。20世纪40年代，有学者就"科学与政治"在《思想与时代》上撰文指出，"真正的科学事业，应当由认识现实，进而把握现实，改造现实。科学家若忽略这一点，即为放弃其本身应尽之责任。在许多现实问题中，尤以政治问题为总依归"，因此，"科学非但必须和物质建设相配合，并且应当和思想建设相配合，亦惟有如此，现实的民主政治事业方能顺利进行，科学事业亦方能在良好政治之下顺利发展"。[④]也有学者认为，"近代的精神……是为科学所领导，环绕科学而形成的"[⑤]；科学乃是构成现代中国思想的一个重要。[⑥]然而，正是科学与思想及政治的这种缠绕不清的关系，却使得科学在某种程度上走向了自己的反面，成了未必"科学"的科学主义。因为，科学在现代中国成为主流的意识形

---

①　汪晖：《现代中国思想的兴起》下卷第二部，《科学话语共同体》，三联书店2004年版，第1115页。

②　王本祥：《论理科与群治之关系》，《科学世界》1903年第7期。

③　汪晖：《现代中国思想的兴起》下卷第二部，《科学话语共同体》，三联书店2004年版，第1291、1292页。

④　卢于道：《科学与政治》，载段怀清编《传统与现代性：〈思想与时代文选〉》，浙江大学出版社2007年版，第86页。

⑤　牟宗三：《牟宗三先生全集》，台北联经出版公司2003年版，第244页。

⑥　蒋梦麟：《中西文化演进与近代思想之形成》，载明立志等编《蒋梦麟学术文化随笔》，中国青年出版社2001年版，第215页。

态，并不是由于长期的科学文化在完成了它的日用化过程后产生的历史结果，而是通过科学运动进入现代中国的。与西方不同的是，这是科学主义先行而科学继之而至。在中国语境中，科学价值的确立并不是通过科学本身在人们洒扫应对或经济生产中已经产生的效益，以及以试验与理性批判为核心的科学精神本身等方式，相反，它必须先被确立为某种政治正确的意识形态，成为某种主义或者世界观的力量，通过不容置疑的服从与信仰来完成。①

中国的现代性是通过作为主义话语与世界观特性的科学而确立其合法性的。近代中国身处国际丛林社会之中，正如梁启超所说，"竞争者进化之母也，战事者文明之媒也"。② 因此，"夫以文明国而统治野蛮国之土地，此天演上应享之权利也；以文明国而开通野蛮国之人民，又伦理上之责任也"。③ 这些话语包含了价值观的重大转化——强弱转化成是非。由此，文明开通并统治野蛮之国，也就成了顺理成章的事情。而野蛮之国则要么被文明国所统治，要么自己变成文明之国，实质上就是变成有实力的强国。然而，强弱决定是非的"拳头哲学"与赤裸裸的弱肉强食丛林规则毕竟不符合人类的基本道德，于是，在进步与进化的名义下，实现由传统向现代的转变，进行现代化，就成了具有价值中立之表象的选择。

然而，"中国的现代性与西方的现代性之不同，最明显的是：西方是'生长型的现代性'，而中国一开始是'学习型的现代性'。西方是内生型的现代性，其现代性是其社会演变中的自然产物；对于中国人而言，现代性最初则完全是外在的。为追求民族自救而学习西方，本质上就是以西方已有的现代性在中国的实现作为目标。在某种意义上，这样一种追求构成了自 19 世纪 60 年代到 20 世纪末中国社会变革的重要内容。目的转变为动力，曾经借助进步、竞争、创造、民主和科学等等一连串现代性观念，它们成为现代中国人普遍认可的价值，由此使得现代性转变为现代中国内在的文化要素"。④ 然而，我们已经知道，现代性的正当性奠基于进步—进化的价值观

----

① 陈赟：《困境中的中国现代性意识》，华东师范大学出版社 2005 年版，第 1 页。比如，丁文江等人甚至有直接将科学当作信仰本身的倾向。参见丁文江《我的信仰》，载《独立评论》1934 年第 100 期。

② 梁启超：《论近世国民竞争之大势及中国前途》，载《梁启超全集》，北京出版社 1999 年版，第 309 页。.

③ 梁启超：《张博望班定远合传》，载《梁启超全集》，北京出版社 1999 年版，第 799 页。

④ 高瑞泉：《从学习型现代性到反省型现代性》，《学术月刊》2001 年第 1 期。

念以及它所衍生的历史主义叙事，这种"以力代神，以论理代实在"① 的叙事，把人类带到先进—落后或文明—野蛮之紧张对立的逻辑中，一方面鼓吹征伐—扩张—战争—竞争的现代性态度，另一方面它又通过逻辑的法则替代真实的历史过程。②

　　科学以其"分科之学"的名义给现代中国带来了"现代"的知识分类体系，后者既是确立现代社会分工、知识生产、教育制度的根据，又是平民化社会以及个人独立的基础，然而，科学所带来的合法性是确立在知识的秩序而不是存在的秩序之上的。于是，不是"世界"，而是"世界观"这种"世界的观看"，特别是"众所认同"（也就是所谓"公理"）的世界图像，才是人生在世的总体性依据。③ 根据海德格尔的说法，现代的本质在于它是一个"世界观"的时代，"存在者的存在是在存在者之被表象状态中被寻求和发现的"。④ 就世界观而言，重要的不是世界是什么样子，而是人们是怎样理解世界的，在其所建构的知识秩序中，事物不再作为事物自身，而作为被观看的事实而出现。现代作为世界观的时代，说到底就是把世界整理为待加工的材料的时代。因此，现代性意识与古代思想的一个重要差别就是，古代思想中关于世界的理解建基于人们的生活世界，它对应着常识与个人的日常生活感觉，而现代性意识则转向科学的世界观，它意味着以理想化或观念化的方式去对世界的主观确定，在这个转换过程当中，生活或实践本身的兴趣已经被纯粹理论的兴趣所替代。⑤ "科学主义把世界设置为一种观看，在这种观看之中，宇宙仅仅是等待主体去加工使用的材料，因此，也只有通过主体，它才能被赋予价值和意义。就此而言，以'世界观'（世界图像）为标识的时代，总是预设了主体与客体、主观与客观的对立。"⑥ 这正是章太炎所言的"以论理代实在"。种种抽象的法则代替了活生生的经验世界，在"主义"、"规律"的旗帜下奔向幽远的乌托邦。

　　与此相应，科学主义之科学进入中国的进程，也堪称一个非科学的、将

---

　　① 章太炎：《四惑论》，载《章太炎全集》第4卷，上海人民出版社1985年版，第445页。

　　② 陈赟：《困境中的中国现代性意识》，华东师范大学出版社2005年版，第3页。

　　③ 同上书，第2页。

　　④ ［德］海德格尔：《世界图像时代》，载孙周兴选编《海德格尔选集》，上海三联书店1996年版，第897—899页。

　　⑤ 陈赟：《困境中的中国现代性意识》，华东师范大学出版社2005年版，第6—8页。

　　⑥ 同上书，第17页。

科学神话的造神运动。科学成了一种"替代宗教"的"信仰形式"，[①] 不仅在实验室里，举凡一切学术、政治、经济、军事、生活等几乎所有人世生活方面，都被放到科学的平台上。科学是包括现代国家合法性在内的一切思想、行动与社会组织的合法性基础，甚至"近世文化都是科学的，都是科学造成的"。[②]"科学发达以后，一切知识道德问题，皆得由科学来证明。"[③]"通过科学来证明，也就是通过知识的秩序而不是存在的秩序来证明，知识秩序建基于人类理智对现象的理解，而不是植根于事物自身。"[④] 然而，科学本身又是由什么来证明的呢？这在当时鲜有人追问，而事实上，由于科学主义，他们也无需证明，而只需要对科学的信仰与服从。于是，世界与事物本身不再重要，重要的是对世界与事物的"科学"看法；思想与学术本身也不再重要，重要的是关于科学与学术知识的"科学"看法。由此，存在（世界与事物）与思想都被知识化了。

在由传统向现代的转化过程中，也同时完成了从思想到知识的转化。而这正是革命激进主义的渊薮。既然理论可以替代实在，则一切皆可打破重来，革命因而取得了合法性。一如有人所指出的，"革命都是要根本解决，不根本解决，依然不算革命"。[⑤] 甚至，"革命和进化，根本只是一个，革命的时候，就是进化的时候，进化的时候，便是革命的时候，即因进化就是生生不已自强不息的'动'，而在'动'的时候，同时必伴有不可思议的破坏力，以排山倒海的力量，去冲破一切网罗，这便是'革命'。可见革命自身就是生活进行，就是进化"。[⑥]"革命这回事，实根据于真正的进化观念而来，我们假使承认进化是一种事实，那末无论何人都不能否定革命了。"[⑦]而进化本身，自然也要有轨可循，"这就是历史法则。这种法则——无—有—无……永远向上向前，为一直线之流动；他的结果，绝非偶然，绝非纷乱而无意义。故进化的真理，有自由，亦有法则，能创造，亦能消灭。而革命是依着法则，做自由的活动，消灭现实，做创造的功夫；所以革命就进化

①　郭颖颐：《中国现代思想中的唯科学主义》，江苏人民出版社 1989 年版，第 26、17 页。

②　任鸿隽：《科学与近世文化》，载《科学》1922 年第 7 卷第 7 期。

③　蔡元培：《致〈新青年〉记者函》，载《新青年》1917 年第 3 卷第 1 号。

④　陈赟：《困境中的中国现代性意识》，华东师范大学出版社 2005 年版，第 5 页。

⑤　朱谦之：《革命哲学》，载《朱谦之文集》第 1 卷，福建教育出版社 2002 年版，第 303 页。

⑥　同上书，第 306 页。

⑦　同上书，第 311—312 页。

之说，其成立也正在此"。①

但是，科学本身实际上也是可以有其不同层次结构的，至少可以分为仅仅以探索自然为目的的自然科学，或者说是基本理论的科学，以及以改造世界获取效益为目的的技术科学。海森堡（Werner Hisenberg）曾把人类对自然的态度变化形容为从"沉思的"（contemplative）转变为"实用的"（pragmatic），科学探索的目的转变为"不再是自然自身，而是它有什么用"，自然科学由此变成了技术科学。科学描述的不是自然本身的图画，而是我们与自然的关系。② 鉴于此，让·拉特利尔（Jean Ladriere）指出："科学作为理解实在的方法主要不是依靠想象，而是依靠行动，这就是'知识就是力量'之含义。……科学不再是获取知识的方法，也不再只是知识体系，而是极为重要的文化现象。"③ 这样，"自然"越来越作为一个客体而存在，成为"社会"所欲支配的对象。

据此，我们也可以发现，科学转化为科学主义乃是一种双重运动。一方面，它与文化和意识形态纠缠不清，甚至成为衡量一切的合法性判准；而另一方面，它却同时变得越来越技术化，成为以增值财富的科技知识，甚至劳动技能。就前者而言，它导致的结果是主义代替了问题，理论代替了实在；就后者而言，它越来越工具化，成为可以脱离思想支撑的知识与技艺。因此，在理论脱离现实的同时，知识也可以脱离思想，理论与思想都开始被知识化。

在著名的科学与人生观论战中，思想知识化的问题尤为显著。论战双方互相指责对方"袭取"西方学术成果。虽然张君劢本人希望能够"融合而贯通，以期超越于英德之上而自成一家之言"，④ 但毕竟也承认与论战方的分歧在学理上几乎就是英国经验主义与德国理性主义之间的分歧。与梁漱溟的东西文化论比较起来，作为文化范畴的中国与西方在这里已然让位给"英国经验主义"与"德国理性主义"。一如有学者所指出的，张君劢试图按照德国唯心主义哲学为中国提供一种区别于英美思想的知识模型，并以之

① 袁家骅：《朱谦之〈革命哲学〉序文》，同上书，第 292—293 页。

② Hisenberg Werner, *Physics and Philosophy*, Trans. by A. J. Pomerans, London: Hutchinson, 1958, pp. 196—197; *The Physicist's Conception of Nature*, New York: Harper and Row, 1962, p. 24.

③ ［法］让·拉特利尔：《科学和技术对文化的挑战》，吕乃基等译，商务印书馆 1997 年版，第 2 页。

④ 张君劢：《再论人生观与科学并答丁在君》（中），载《科学与人生观》，辽宁人民出版社1998 年版。

作为现代中国的知识谱系、道德谱系和教育体制的前提。而在这里，问题的重要性并不在是否援用西方学术的成果，而在为什么中国社会的文化问题需要用诸如心理与物理、直觉与理性、道德与认识等特殊的知识范畴来把握？为什么有关中国社会和文化问题的讨论转化成了西方不同的学术派别之间的理论差异？

有学者敏锐地将这场科玄之争与现代知识体系的重构和文化现代性的分化联系起来。① 在科玄论战的模式中，中体与西用的差别、东西方文明的对峙已经退居次要地位，代之而起的是科学与玄学、物理与心理、理性与直觉的对立。这种对立涉及宇宙的存有方式，是超越文化差异的对立，是无论在东方还是在西方都存在的对立。基于这种二元对立而产生的结论，不是针对某一种文化或社会的结论，而是针对整个人类文明的结论。换言之，文化问题为知识问题所取代。这些产生于特定历史和文化的知识是普遍的知识，而这些知识所要解决的问题是普遍的人类问题。"普遍的人类问题"必须用"普遍的"论证方式（即科学的方式）和"普遍的"概念和语言来表达，而这些"普遍的"因素只能通过袭取外人之言达到。显然，采用"知识论争"的形式是以承认超越文化价值的"真理"即"科学"为前提的。而"科学"与"抄袭外人之言"的论证形式的关系表明，在采用知识争论的形式（西方科学的形式）之前，人们已经承认了只有这种形式能够通达"真理"。因此，文化间的等差观念经由这种普遍的或曰"科学的"论证形式而合法化了。张君劢等人抵拒科学的普适性的斗争可被理解为文化抗争，即拒绝承认不同文明间的等差观念的斗争。然而，这种反抗的方式已经决定了反抗的结局，因为反抗是在承认对方的规则为普遍规则的前提下进行的。在此意义上，一旦承认了科学及其方式的普遍性，文明间的等差关系就被决定了。②

历史的悖论在于，尽管张君劢、梁漱溟等人都以民族主体性来看待东西文化问题，但通过激烈的科玄论战和科学知识谱系的重组，中国和西方不平等的文化关系最终被纳入知识领域的分类关系，并以制度化的形式得到了认可。③ 也即是说，科学主义为不同问题提供了普遍适用的衡量标准，从而为

---

① 汪晖：《现代中国思想的兴起》下卷第二部，《科学话语共同体》，三联书店 2004 年版，第1280 页。

② 同上书，第 1338—1340 页。

③ 同上书，第 1409 页。

不平等的、等级化的全球关系与国内关系创造了前提。然而，在科学所导致的普遍主义中，不仅科学思想的传播者及其科学制度的实践者，而且科学及其制度的批判者及其挑战者也对此有所帮助。[①] 20 世纪 20 年代中国知识分子所宣扬的反科学主义的道德中心论或文化论，仍然是现代性思想纲领和命题的内在固有内容。他们以差异和分化的知识观与文明论为内核的文化理论，不是削弱而是强化了普遍主义的前提。[②]

　　总之，从固守传统，到中体西用，再到某种意义上的全盘西化，这是已然发生在近代中国的历史进程。这一进程虽然是在内忧外患、求富求强的背景下展开的，但作为一个表象，它也有着亟待揭示的隐秘思想逻辑，现代中国思想的兴起构成了其整体背景。这一历史进程的递嬗，实现了中西方之间的三个转换：强弱与是非的转化；空间与时间的转化；特殊与普遍的转化。其背后的动力基础是从传统到现代的转换，而其思想与哲学基础则是单一直线论的历史哲学与科学主义。可以说，近代中国救亡图存的历史变迁过程，自强与求富是其最为直接的目的与动机，进化论与科学主义是其深层的思想动力与历史逻辑，现代化则是其具体表现，而所有这一切，构成了中国现代法理学所由以诞生的思想背景与历史语境。因此，我们必须在整个现代中国思想兴起的思想背景和国家转型与建构的历史语境这个整体之中来理解中国法学，正是这个思想背景和历史语境铸就了中国法理学的性格。

　　虽然早在 1900 年，《译书汇编》杂志的编者就已经认识到，研究各国法律制度，"非可徒求诸形迹，要当进探乎'学理'，否则仅知其当然，仍不知其所以然。盖各种经营之结构，莫不本乎'学理'之推定。而所谓学理者，盖几经彼国之巨儒硕学朝考夕稽，以得之真谛也"。[③] 沈家本在 1907 年亦曾指出，"方今世之崇尚西法者，未必皆能深明其法之原，本不过藉以为炫世之具，几欲步亦步，趋亦趋。而墨守先型者，又鄙薄西人，以为事事不足取。抑知西法之中，固有与古法相同者乎"；"我法之不善者当去之，当去而不去，是为之悖；彼法之善者当取之，当取而不取，是为之愚。夫必熟审乎政教风俗之故，而又能通乎法理之原，虚其心，达其聪，损益而会通焉，庶不为悖且愚乎。……古今中外之见，又何必存哉"。[④] 但中国法律实

---

　　① 汪晖：《现代中国思想的兴起》下卷第二部，《科学话语共同体》，三联书店 2004 年版，第 1408 页。

　　② 同上书，第 1409 页。

　　③ 《译书汇编发行之趣意》，载《译书汇编》1902 年第 2 卷第 1 期。

　　④ 沈家本：《裁判访问录序》，载《寄簃文存》卷六。

践与法理学研究的实际，却最终在很大程度上偏离了这个轨道。正如钱穆在评论清末变法时所指出的，变法自强本属相因之两事，而当时人则往往并为一谈，原因就是非彻底变法不足以自强，而所变之法也只是有关自强之法。① 这个变法，从法理学上而言，就是全盘引进西法。只是，学理准备尚不充分的仓促引进，所导致的只能是政治家之法而非法学家之法。

政治家并不需要对"法"有高深研究，他们只需要对法好与不好，或者什么"法"好，什么"法"不好——比如英美法的不好，日德的法好——有所认知，就够了。在他们那里，法本质上是一种"办法"，一种实现其政治目标的工具或手段。而法学家则不同。如果说，政治家对法的理解是功能性的，他们只从历史以往的经验上判断法好不好，从而在是否采用法治方案等问题上作出抉择，而无需过多地思考学理，那么，法学家对法的理解则是规范性的，法有没有好的功能自然需要关注，但法本身的发生、本质、内在结构在他们那里更值得探究。法学家之法甚至可以不与政治发生联系而只关注学理，在关注政治时，也不能罔顾学理。质言之，政治家之法之关注法之"用"，而法学家之法则更注重关注法之"体"。

在很大程度上，正是政治家之法对法学家之法的取代，才导致了中国法学在实践以及学理上的全盘西化。吴经熊曾提到，如果将中华民国新《民法》从第 1 条到第 1225 条仔细研究一遍，再和《德意志民法》及《瑞士民法》和"债编"逐条对校一下，倒有百分之九十五是有来历的，不是照账誊录，便是改头换面。② 在吴经熊看来，由于泰西的法律思想，已经从刻薄寡恩的个人主义立场一变而为同舟共济、休戚相关的连带主义，③ 所以，泰西最新法律思想和立法趋势，刚好和中国原有的民族心理适相吻合。④ 但现实并不如他所认为的那样乐观，即使吴经熊本人也主张，"研究法制，先要找到几个总枢纽，才能触类旁通，左右逢源；而所谓总枢纽就是贯统那个法制的哲学背景"，⑤ "仔细研究起来，随便哪一国的法制总有几个主要的哲学观念做它的背景的"。⑥ 而中国法学不顾背景地抄袭西方所带来的结果是什么呢？王伯琦在西法东渐将近一个世纪时曾

---

① 钱穆：《国史大纲》下册，商务印书馆 1996 年修订本，第 893 页。
② 吴经熊：《法律哲学研究》，清华大学出版社 2005 年版，第 172 页。
③ 同上书，第 176 页。
④ 同上书，第 173 页。
⑤ 同上书，第 57 页。
⑥ 同上书，第 56 页。

经这样自问自答：

> "西洋的法律制度在中国生了根了么？"我们已能接受西洋20世纪的新文化了吗？我的答复最多是貌合神离。惟其貌合不觉其神离，惟其神离，于是沉溺于貌合。这是极端危险的现象。[①]

所以，他"近年来觉得中国法律方面的问题，愈来愈多，愈来愈严重，萦回心头"。[②] 脱离背景地引入西方法律，除了靠政治强力外，就只能靠意识形态灌输。即使是法治建设，也主要不是靠社会的自发衍生，而是靠政府主导和培育，甚至通过政治运动这最不"法治"的方式推行。而且，长期的意识形态灌输，也导致了包括法理学者在内的法律学者的思想惰性与思维僵化。

上述诸端，终使中国法理学主要成为知识之学而非思想之学。1923年，梁启超总结"五十年中国进化"之概况，提出中国"模范西方"的从器物到制度再到文化的三阶段论，而在历数50年来"中华民族之扩大"的重大事件之后论及"学问思想"时，梁启超的乐观开始谨慎起来，他说：

> 拿过去若干个五十年和这个五十年来比，这五十年诚然是进化了；拿我们这五十年和别人家的这五十年来比，我们可是惭愧无地。试看这五十年的美国何如，这五十年的日本何如，这五十年的德国何如，这五十年的俄国何如？他们政治上虽然成败不同，苦乐不等，至于学问思想界，真都算得一日千里！就是英法等老国，又哪一个不是往前飞跑？我们闹新学闹了几十年，试问科学界可曾有一两件算得世界的发明，艺术家可曾有一两种供得世界的赏玩，出版界可曾有一两部充得世界的著述？哎，只好等第三期以后看怎么样罢。[③]

几乎在同时，张君劢对于中国学术也有针对性地指出：

---

① 王伯琦：《近代法律思潮与中国固有文化》，清华大学出版社2005年版，第403—404页。

② 同上书，第400页。

③ 梁启超：《五十年中国进化概论》，载李华兴、吴嘉勋编《梁启超选集》，上海人民出版社1984年版，第833—834页。

> 今日中国号为学问家者，何一人能真有发明？大家皆抄袭外人之言耳。各人读书，各取其性之所近者，从而主张之。然同为抄袭，而有不抄袭者在，以各人可以自由选择也。①

这些认识大致符合 19 世纪中后叶"西学东渐"以来中国的学术思想状况。

就法律学术，蔡枢衡 1947 年也曾感言，"今日中国法学之总体，直为一幅次殖民地风景图：在法哲学方面，留美学成回国者，例有一套 Pound 学说之转播；出身法国者，必对 Duguit 之学说服膺拳拳；德国回来者，则于新康德派之 Stammler 法哲学五体投地"。② 时隔半个多世纪，这一现象似乎仍然没有太大改观，有学者就此指出：

> 当代中国法学的发展现状，在我看来，是很不令人满意的，大而空的研究，从条文到条文的法条主义的研究，处处可见，好一点的也只是倚重国外或我国台湾地区一些学者的著述和国外或我国台湾地区的一些做法。……我们的法学基本上是在炒西方学者的冷饭。没有自己的见识和洞察力，没有自己的发现，乃至在国内的其他学科面前，也被讥笑为"幼稚的法学"。这种状况是中国法学家的一种耻辱。我们这些学术法律人有义务改变这种状况。③

对于中国的公法学术，也有学者认为，我们虽然面对的是中国的问题，但却需要在西方的思想传统中思考对策，这是我们的知识困境；在这样的背景下，随意地讲大话，远不如就事论事地作实证的、技术性的研究可贵和可靠。④ 虽然也有学者以民国时期的中国法学为例指出："中西法学的关系是复杂的，当中国法学在批判西方法学的时候，这种批判不是单向的批判，而

---

① 张君劢：《再论人生观与科学并答丁在君》（中），载《科学与人生观》，辽宁人民出版社 1998 年版。

② 蔡枢衡：《中国法学与法学教育》，许章润主编《清华法学》第 4 辑，清华大学出版社 2004 年版，第 14 页。

③ 苏力：《为什么研究中国基层司法制度——〈送法下乡〉导论》，载《法商研究》2000 年第 3 期。

④ 参见陈端洪《宪治与主权》，法律出版社 2007 年版，序言。

是至少出现部分回应的批判，从而是种包含'相互竞争'的批判。即使是就中国法学'学习'西方法学而言，我们同样可以觉察中国法学内部也是存在相互学习的，甚至发觉西方法学也在学习中国法学。"① 然而，即使如其所言，在"亲历"西学的背景中，特别是在注重学理这一背景中，学习西方法学不是单纯的模仿、"拿来"、唯西学是尊，一如民国法律学者所言，学习是在"世界各国法律思想之趋势与时俱进"②、"一切学术之性质与时俱进"③ 的精神中展开的，但这在中国法学或者法理学研究中恐怕也只是特例而非普遍状况。

在笔者看来，迄今为止，我国法理学除极少数学者的努力外，仍主要是知识之学而非思想之学。虽然知识（knowledge）与思想（intellectual/thought/idea）很难截然分开，知识往往还是思想的载体，但两者仍然有其区别。在对两者作适当区分的意义上，重要的是，思想是原创的、主动的、能动的。相比知识而言，思想更为鲜活、动态、开放，它是主体针对某些实践或理论问题，在物质领域或思维领域所进行的分析、推理、演绎等思维活动及其结果。而知识主要是"习得的"、被动的、工具性的，相对思想而言，它相对确定、静态和封闭，它是思想的载体，或者说是人们对他人思想或人类的某些经验和做法的归纳、整理、记录的结果。比如说，作为法理学家的哈特有着深邃的法律思想，而哈特的研究者们对于哈特法律思想的阅读、整理、归纳，通常只能说拥有的是关于哈特法律思想的知识，而不能说也具有了其法律思想；然而，一旦研究者对于哈特所欲解决的那些法学基本命题也进行了自己的思考和分析，并能够由此对哈特的法律思想作出自己的肯定或批评，捍卫、否定、修正甚至重构之，对哈特所欲解决的问题也提出自己的见解，并且言之有据、持之有故、论证精当，那么，就可以说研究者也具有了自己的法律思想。在此意义上，知识只是对思想的记录，是"死的"，而思想则是直涉问题的原创性思维活动及其结果，是"活的"，

---

① 刘星：《民国时期的"法学权威"——一个知识社会学的微观分析》，《比较法研究》2006年第1期。

② 丁元普：《法学思潮之展望》，《法轨》1934年第1卷第2期。

③ 陈启修：《护法及弄法之法理学的意义》，载何勤华、李秀清编《民国法学论文精粹·基础法律篇》，法律出版社2003年版，第231页。

是人们对物质领域或思维领域的原创性探索。①

　　就现实而言，中国的法治变革绝非单一的修律变法，它具有多元的维度，涉及法治与政治的纠缠、中国与西方的对峙、传统与现代的离合，其间也至少包含着学术、政治、民族以及文化四大问题。这些决定了中国法制变革的底色和历史位置，也决定了在法治变革期间中国法理学的走向和特质。一方面，修律变法所直面的首先是救亡图存，从直接的废除"治外法权"目标，到通过法律变革来达到立于"文明"国家之林的企图，都可谓"用法律保家卫国"的无奈之举。另一方面，从礼法向法治的转变不仅涉及法律秩序的建构，也不可避免地涉及政治秩序的重建，在此过程中，民主和权利成了法治变革的核心。民主涉及权力的分配与政府的构架，而权利则涉及公民具体实在的法律生活，而主权、自由、宪政、法治等，从制度落实的层面讲都未脱离这两大核心。无论未来中国法理学走向何处，它都必须立足中国，面向中国，有自己的价值观念与理论体系，能够解决中国的法律实践问题，同时又能对世界作出有效回应。② 实现这些，我们需要从学术史和思想史的双重维度，结合学术思想与国家建构的二元互动，来对近一个半世纪以来，特别是改革开放 30 多年来中国的法理学研究进行思考和反省，在新的历史起点上开拓中国的法理学，振兴汉语法律文明。

---

　　① 还必须指出，思想是主动的、能动的。偶然的、无意识的发现不会产生思想，就像人们每天都看见水往低处流，可以说是具有关于水流的知识，但第一个指出"水往低处流，人往高处走"的人却是有思想的；人们一般都具有苹果往地上掉的知识，但当牛顿主动去探索背后的原因，发现了万有引力定律时，就可以说他有了思想。其实，还要区分"思想"与"想法"。思想往往具有体系性和连贯性，是对物质领域或思维领域，或者说实践和理论问题的主动的、能动的系统探索，与之相对，"想法"则不必具有体系性和连贯性，它只是主体针对某个具体问题的看法、认识或解决方法。事实上，想法多是思想的组成碎片。当然，区分知识与思想并不是为两者像梁山好汉一样排个座次，也不是鼓吹思想对于知识的无端傲慢。事实上，两者密不可分。知识是思想的载体，思想离开知识系统的支持，将失去语境；而思想是知识的灵魂与深层动力，知识离开了思想，就像风干的树叶，不复具有生命（这里借用了葛兆光的说法，参见葛兆光《中国思想史·导论·思想史的写法》，复旦大学出版社 2001 年版，第 30—31 页）。

　　② 正如有学者所指出的："晚近西学东渐的一百多年时间，汉语文明一直处于被迫接受西方法律文明的境地，迄今而未止。……（但）无论是从历史看还是就理性言，其内在目的与终极结果当然并非只在验证西方法律文明的普适性，毋宁乃在经由此番东渐过程，实现汉语文明的复兴，包括建设现代汉语法律文明。"见许章润《法学家的智慧：关于法律的知识品格与人文类型》，清华大学出版社 2004 年版，第 270 页。